# BAUKUNST
# IN BRANDENBURG

Der Druck dieses Buches wurde unterstützt von:

Suter & Suter GmbH Berlin
VEWA Baubetreuungs- und Immobiliengesellschaft mbH Berlin
Henning, von Harlessem & Co. GmbH Berlin
Trigon Wohn- und Gewerbebauten GmbH Berlin
Diplom-Kaufmann Henning Dohm, Berlin
Genossenschaft für Wohnungs- und Bauwesen eG. Berlin

# BAUKUNST IN BRANDENBURG

Herausgegeben von der
Landesregierung Brandenburg

mit Beiträgen von Marion Gräfin Dönhoff, Hartmut Dorgerloh,
Hans-Joachim Giersberg, Peter Goralczyk, Wilfried Hansmann,
Hans-Christian Hoffmann, Karl-Heinz Hüter, Detlef Karg,
Günther Köpping, Adelheid Schendel, Thomas Topfstedt
und Ernst Wipprecht

DuMont Buchverlag Köln

Eine Publikation der Landesregierung Brandenburg, organisiert durch das Ministerium für Stadtentwicklung, Wohnen und Verkehr und das Ministerium für Wissenschaft, Forschung und Kultur

Idee und Koordinierung: Hans-Christian Hoffmann, Ministerium für Stadtentwicklung, Wohnen und Verkehr des Landes Brandenburg
Herausgeber: Landesregierung Brandenburg
Redaktion und Lektorat: Karin Thomas
Gestaltung: Winfried Konnertz
Produktion: Peter Dreesen
Farbfotografie: Heinpeter Schreiber
Umschlagvorderseite: Kloster Chorin, Westfassade
Umschlagrückseite: Atrium im Römischen Bad, Potsdam-Sanssouci



Die Deutsche Bibliothek – CIP-Einheitsaufnahme
**Baukunst in Brandenburg** / hrsg. von der Landesregierung Brandenburg.
Mit Beitr. von Marion Gräfin Dönhoff... [Organisiert durch das Ministerium für Stadtentwicklung, Wohnen und Verkehr und das Ministerium für Wissenschaft, Forschung und Kultur]. – Köln : DuMont, 1992
ISBN 3-7701-3021-9
NE: Dönhoff, Marion Gräfin; Brandenburg <Land> / Landesregierung



Reproduktion: Litho Köcher, Köln
Papier: 200 g/qm Ikonofix special-matt chlorfrei ZANDERS FEINPAPIERE AG
Satz und Druck: Rasch, Bramsche
Buchbinderische Verarbeitung: Bramscher Buchbinder Betriebe

Printed in Germany ISBN 3-7701-3021-9

# Inhalt

*Potsdam-Sanssouci, Orangerie*

## Zum Geleit

Brandenburg ist seit jeher ein Land mit vielen kulturellen Kontakten über Grenzen hinweg. Menschen aus Holland, Frankreich, Böhmen und Rußland besiedelten einst Landstriche, brachten mit ihren Baustilen auch kulturelle Vielfalt ins Land.

Auf dieses Erbe können wir stolz sein, stellt es doch Brandenburg in die Reihe der reichsten Kulturlandschaften Deutschlands. Landesregierung und Kommunen fördern und bewahren dieses Erbe, nehmen nach erzwungener, noch augenfälliger Abriß- und Verfallspolitik gute Traditionen wieder in den Dienst der Bürger. Restaurierungs- und Rekonstruktionsarbeiten sind vielerorts im Gange – an Stadt- und Dorfkirchen, an Wohnhäusern und Stadtbefestigungsanlagen, Gutshäusern und Schlössern, technischen Denkmalen und historischen Parkanlagen.

Kirchen, Schlösser, Denkmäler, Parks belegen das Wirken großer Architekten wie Knobelsdorff, Lenné und Schinkel. Stets zählten gerade Architekten zu jenen, die eigene künstlerische Bestrebungen gekrönter Bauherren beeinflußten, deren Selbstgefühl und Überzeugung stützten, Schöpfer und Liebhaber glanzvoller und nützlicher Bauten zu sein.

Die Autoren dieses Buches vermitteln dankenswerterweise einen detaillierten Einblick in unsere wechselnde und eigenwillige Architekturgeschichte. Kultursoziologische Zeitbezüge helfen dem Leser, die stummen und doch so beredten Zeugen brandenburgisch-preußischer Baukunst historisch einzuordnen.

Baukunst in Brandenburg – dieses Buch verhilft sehr anschaulich zu Erkenntnissen über die Entwicklung des Landes vom Mittelalter bis heute, weckt anhand kurzweiliger Beschreibungen Interesse an eigenen Entdeckungen und gibt uns Mut und Orientierung zur Bewältigung anstehender Aufgaben.

Dr. Manfred Stolpe
Ministerpräsident des Landes Brandenburg

Marion Gräfin Dönhoff

## I Das fortschrittliche Preußen

Voltaire, einer der großen Geister seiner Zeit, berichtete 1750 aus Potsdam an Thierot über das Leben am Hofe Friedrichs des Großen, den er einen der größten Könige nannte, die je gelebt haben – »einen Philosophen auf dem Thron, der in Potsdam wie Plato mit seinen Freunden lebt«. Voltaire schrieb: »Noch nie hat man so viel Größe und so wenig Dünkel gesehen; noch nie war der klarste und solideste Verstand mit so viel Anmut geschmückt. Das beständige Studium von Musik und Literatur (seine Belesenheit ist unvorstellbar, er liest Französisch, Deutsch, Griechisch und Latein) bilden seine Beschäftigung.«

Später haben sich der preußische König und der französische Philosoph oft gestritten, aber noch ein Vierteljahrhundert später schreibt Voltaire in einem Gedicht, wenn er ins Jenseits komme, dann werde er »um einen Schemel am Thron Friedrichs« bitten.

Ganz anders die Alliierten nach dem Zweiten Weltkrieg. Sie zogen eine gerade Linie von Luther über Friedrich den Großen zu Adolf Hitler. In ihrem Kontrollratsbeschluß vom 25. Februar 1945, mit dem sie die Auflösung des preußischen Staates verkündeten, heißt es: »Geleitet von den Interessen der Erhaltung des Friedens und der Sicherheit der Völker wird folgendes verfügt: Der preußische Staat, von jeher der Hort des Militarismus und der Reaktion in Deutschland, ist abgeschafft.«

Zwischen diesen beiden Aussagen über Preußen pendeln die Urteile der Nachwelt hin und her, wobei die jeweilige Mode eine gewisse Rolle spielt. Nach dem Zweiten Weltkrieg glich das Urteil vieler Deutscher dem der Alliierten: Hitler, ein Erbe des preußischen Militarismus. Heute beginnt sich, angesichts von exzessivem Wohlstand und Korruption, allmählich wieder ein Gefühl für Preußens Sparsamkeit und Gemeinsinn zu entwickeln.

Die alliierten Umerzieher hatten allen Ernstes geglaubt, daß Friedrich der Große und Bismarck die Vorläufer Hitlers gewesen seien. Sie haben offenbar die Perversion Preußens durch Hitler für das Original gehalten und nicht gemerkt, daß auch sie dem Lügner aufgesessen sind – genau wie zuvor viele Deutsche.

Die Alliierten wollten nicht so sehr den preußischen Staat abschaffen – den hatten Papens Staatsstreich von 1932 und Hitlers Reichsstatthaltergesetz von 1933 sowie schließlich das Nazi-Gesetz »über den Neuaufbau des Reiches« von 1934 längst ausgelöscht. Nein, sie wollten die Idee dieses Staates ein für allemal beseitigen.

Sie wollten dieses seltsame Preußen treffen, dem eigentlich alle Voraussetzungen für einen ernstzunehmenden Staat fehlten. Weder handelte es sich um ein imponierendes, seit eh und je zusammenhängendes Gebiet in festen Grenzen, noch hatte Preußen eine lange, bedeutende Geschichte aufzuweisen, auch besaß es keine natürlichen Reichtümer. Nichts prädestinierte Preußen zur Größe, allein Wille und Energie haben es zu dem gemacht, was es geworden ist. Dies war nur möglich, weil der Staatsidee und Staatsgesinnung – ja, dem Staat als etwas Absolutem – eine so entscheidende Bedeutung zugemessen wurde, daß schließlich der Staat das höchste Ethos verkörperte – was dessen Perversion durch Hitler zweifellos entgegenkam.

Als der Große Kurfürst (1640–1688), der das Fundament Preußens gelegt hat, die Regierung übernahm, war die Mark Brandenburg der ärmste und rückständigste unter den deutschen Kurfürstenstaaten. Als Friedrich der Große starb (1786), war Preußen die fünfte Großmacht in Europa.

Zugegeben, Friedrich hatte dies durch Kriege und Eroberungszüge erreicht, aber das war dazumal nichts Ungewöhnliches, wie anders wären wohl das britische Empire oder andere große Reiche entstanden? Überdies wurde Schlachtenruhm damals von aller Welt mehr bestaunt als alle anderen Leistungen. Als Friedrich 1756 bei Roßbach die Franzosen, die für unbesiegbar galten, vernichtend schlug, bewunderten ihn viele in Europa.

Weit größere Anerkennung aber wurde ihm – vor allem in England – im Hinblick auf die Justiz und den Geist der Aufklärung zuteil. In den Universitäten Königsberg, mit Immanuel Kant, und Halle, mit Christian Wolff, war die klassische deutsche Philosophie beheimatet. Beide Universitäten boten den Professoren Zuflucht, die aus katholischen Ländern vertrieben wurden, und auch denen, die das gleiche Schicksal ereilte, weil die sächsisch-protestantische Orthodoxie sie zur Flucht zwang. Kant und Wolff, beide Philosophen, gehörten übrigens der Akademie der Wissenschaften in Petersburg an, Wolff war überdies Mitglied der Akademien in London und Paris – ein Zeichen für den offenen Geist der Zeit.

In Preußen wurden Folter und Judenpogrome, wie auch jegliche Intoleranz gegen Andersgläubige untersagt, lange, ehe die meisten anderen Staaten für religiöse Toleranz eintraten. In Österreich wurde die Idee der Toleranz von Maria Theresia sogar ausdrücklich verboten. Im Grunde war Preußen weit fortschrittlicher, als es Frankreich vor der Revolution von 1789 gewesen ist: Preußen hatte die in Frankreich verfolgten Hugenotten und die durch die Gegenreformation aus Böhmen und Mähren vertriebenen Glaubensflüchtlinge aufgenommen; Friedrich Wilhelm I. – der Vater Friedrichs des Großen – hatte die Salzburger in Ostpreußen angesiedelt, und sein Sohn gewährte dem Jesuitenorden Asyl, als dieser aus den großen katholischen Staaten Europas vertrieben wurde.

Gewiß entsprang dies auch Zweckmäßigkeitserwägungen, aber in erster Linie entsprach diese Haltung doch dem Geist der Toleranz, der schon mit dem Edikt von Potsdam 1687 Einzug in Preußen gehalten hatte. Aber natürlich konnte dies nur durch Befehl von oben geschehen, denn anders wäre es bei 80 Prozent Analphabeten wohl auch nicht möglich gewesen, die Ideen der Aufklärung durchzusetzen. Den Pastoren beider evangelischer Konfessionen – Reformierter und Lutheraner – wurde unter Androhung empfindlicher Strafen befohlen, einander nicht anzugreifen und auch die Katholiken in Ruhe zu lassen.

Das Preußen des 18. Jahrhunderts war für seine Zeit verhältnismäßig nah an dem, was man einen Rechtsstaat nennen kann. Das preußische Landrecht wurde allenthalben als das zweifellos fortschrittlichste Recht der Zeit angesehen. Der König beanspruchte zwar die absolute Macht für sich, aber das Ethos der Staatsraison – dem alle, auch der König – verpflichtet waren, legte die geistige Grundlage für einen aufgeklärten Absolutismus. Die Kombination von Menschenrechten für das Individuum und zentraler Entscheidungsbefugnis für den König war eine für die damalige Zeit sehr einleuchtende Kombination.

Jedenfalls solange ein König die Entscheidungen traf, der wie Friedrich II. ein geborener Skeptiker war. Zu einem Professor, der nicht lange vor Friedrichs Tod über die Verehrung des Volkes für den König sprach, sagte er: »Setze Er einen alten Affen aufs Pferd und lasse Er ihn durch die Straßen reiten, so wird das Volk genauso zusammenlaufen.«

An die Feldprediger erließ er eine Order, sie sollten langatmige Gebete für den König und seine Familie unterlassen und sich beschränken auf: »In Sonderheiten empfehlen wir Dir, lieber Gott, Deinen Knecht, unseren Herren.«

Häufig wird die Geschichte vom Müller Arnold, der die gelegentliche Willkür des Königs in erschreckender Weise enthüllt, als typisch für Friedrich II. angeführt; oft ist dies und sein harscher Fluch an Soldaten, die sich zu drücken suchten: »Kerle, wollt Ihr ewig leben?«, das einzige, was Kritiker Friedrichs II. über ihn wissen.

Die Geschichte vom Müller Arnold, die sich über viele Jahre hingezogen hat, wäre nur zu beurteilen, wenn sie in allen ihren übrigens außergewöhnlich interessanten Phasen dargestellt werden könnte, was nicht möglich ist, darum wenigstens ein paar Stichworte: Der Müller weigerte sich, die Pacht an seinen Verpächter, einen Grafen Schmettau, zu zahlen, weil seine Mühle nicht mehr genug Wasser bekomme, seit der Landrat von Gersdorff oberhalb der Mühle einen Karpfenteich angelegt habe. Eingaben, Bittschriften, Gerichtsverfahren, Berufung, wieder Eingaben: Die Klagen des Müllers werden abgewiesen. Nachdem er drei Jahre lang keine Pacht gezahlt hat, beantragt Schmettau Zwangsvollstreckung. Arnold wird verhaftet und sechs Kühe gepfändet. Seine Frau schreibt an den König, sie sei von Schmettau geschlagen worden, ihres Mannes Gesundheit sei ruiniert, weil er sieben Wochen bei großer Kälte ins »Hundeloch« gesetzt worden ist.

Auf Antrag Schmettaus wird die Zwangsvollstreckung eingeleitet. Nach Verlust der Mühle neue Beschwerden des Müllers, Bittschrift an den König. Der König ist überzeugt, daß hier auf Kosten eines kleinen Mannes Recht im Sinne der Herrschenden gesprochen worden ist. Er setzt eine Untersuchungskommission ein, die zu dem Schluß kommt, der Müller sei im Recht. Der König weist erst die Kammer in Küstrin an und dann das Kammergericht in Berlin, »die Sache nunmehr nach Recht und Billigkeit abzumachen ..., damit solche endlich zu Ende komme«. Das Gericht erklärt jedoch, das Urteil sei bereits gesprochen, bleibe also nur die höhere Instanz. Diese bestätigt wiederum, die Mühle sei ordnungsmäßig zwangsversteigert worden.

Als alle feststellen, daß es der Müller ist, der Unrecht hat, gerät der König außer sich vor Zorn, weil er seinen Verdacht bestätigt sieht. Er entläßt den als Reaktionär bekannten Kanzler von Fürst und verfügt, daß der Justizminister von Zedlitz die zuständigen Kammergerichtsräte mit Festungshaft bestrafen soll, weil ein Exempel statuiert werden müsse.

Zedlitz prüft noch einmal und stellt fest, daß den Räten nicht das Geringste vorzuwerfen ist und daß er darum nicht in der Lage ist, eine Verurteilung auszusprechen. Friedrichs Antwort: »Wenn Sie nicht sprechen wollen, so tue ich es: Diese Scheißkerle, die Justizbeamten, werden hiermit kassiert ...«.

Erst viel später sah er ein, daß er Unrecht gehabt hatte: »Ich habe mich übereilt, aber es geht nicht anders ...«. Er weigert sich, sein Wort zurückzunehmen, weil dann »die Unterdrückungen noch ärger werden«. Zwar hatte der König seine rechtsstaatlichen Ideale und seine Toleranz schmählich verraten, aber sein Motiv war aller Ehren wert, und die Preußen haben Gelegenheit gehabt zu beweisen, daß die Werte der Aufklärung festen Fuß gefaßt hatten: Die Bürger waren empört über des Königs Willkür und ließen ihn dies empfinden, und die Minister, Gerichte und Kammerräte hatten sich durch königliche Order nicht vom Weg des Rechts abbringen lassen.

Schon früher, als Friedrich II. an den Justizminister von Münchhausen das Ansinnen gestellt hatte, er solle ein bereits gefälltes Urteil umstoßen, schrieb dieser zurück: »Mein Kopf steht Euer Majestät zur Verfügung, aber nicht mein Gewissen.«

Auch der Fall des Obristen von der Marwitz machte deutlich, daß die Loyalität dem König gegenüber seine Grenzen hatte. Als Repressalie für die Zerstörung der wertvollen Antikensammlung im Schloß Charlottenburg durch die Sachsen hatte Friedrich dem Marwitz befohlen, das kurfürstliche Jagdschloß Hubertusburg auszuräumen. Den Inhalt machte er Marwitz zum Geschenk, weil dessen Besitz Fredersdorff in der Mark ein Jahr zuvor von den Russen total ausgeplündert worden war. Nach einiger Zeit fragte der König den Marwitz, warum er die Sachen – Möbel, Teppiche, Silber – noch nicht abgeholt habe; Antwort: »Weil sich dies allenfalls für Offiziere eines Freibataillons schicken würde, nicht aber für den Kommandeur Euer Majestät Gendarms.« Der König war ob dieser Belehrung sehr zornig.

Im Zusammenhang mit dem Fall des Müllers Arnold gab es dann noch ein Nachspiel. Der König ließ in den Berliner Zeitungen folgendes verlautbaren: »Sämtliche Justizkollegien müssen wissen, daß der geringste Bauer, ja, was noch mehr ist, der Bettler ebensowohl ein Mensch ist wie der König. Denn vor der Justiz sind alle Menschen gleich; es mag sein ein Prinz, der wider einen Bauern klagt oder auch umgekehrt. Ein Justizkollegium, das Ungerechtigkeiten begeht, ist gefährlicher und schlimmer als eine Diebesbande. Vor der kann man sich schützen; aber vor Schelmen, die den Mantel der Justiz gebrauchen, um ihre üblen Passiones auszuführen, vor denen kann sich kein Mensch hüten.« Diese Erklärung wurde zu einer Sensation ohnegleichen. Alle Welt war voller Bewunderung: Die Zarin Katharina ließ den Wortlaut in russischer Übersetzung an ihre Gerichte verteilen.

Das 18. Jahrhundert hatte die Fundamente für den Aufstieg Preußens gelegt mit militärischen

Leistungen, Askese, Pflichterfüllung und nie endendem Dienst. Aber es gab eben gleichzeitig auch eine geistige Erneuerung im Sinne der Aufklärung. Kants Wirken in Königsberg strahlte weit aus in die Welt.

Unter Napoleons Hammerschlägen war das Staatensystem Europas zusammengebrochen. Ganz Preußen war von den Franzosen besetzt, der König Friedrich Wilhelm III. hatte in den äußersten Winkel von Ostpreußen, nach Memel, flüchten müssen. Am Schluß aber, als dann nach Tauroggen die preußische Armee doch siegreich blieb, begann die zweite große Epoche Preußens. Ungeachtet der Verwüstungen im Lande und der allgemeinen großen Armut, von der die Staatskasse genauso betroffen war wie die Bürger, erfolgte nun ein großes Reformwerk.

Die Stein-Hardenbergschen Reformen führten die Bauernbefreiung ein und die Selbstverwaltung der Städte; Humboldts Ideen erneuerten das Schul- und Erziehungssystem; die Universität in Berlin wurde gegründet; die Namen von Scharnhorst, Gneisenau und Boysen stehen für die Militärreform.

Eine Fülle von Geist und Talent brach auf, Schelling, Kleist, Schleiermacher; Gilly, Schinkel und Schadow formten das Gesicht der Städte Potsdam und Berlin. Schinkel, der bedeutendste Architekt des 19. Jahrhunderts, wirkte in ganz Europa: Er entwarf die Universität für Oslo, einen Palast für Athen, ein Chateau im Auftrag des Zaren für die Krim.

In Preußen wurden keine Paläste gebaut, dort entwarf Schinkel das alte Museum und das Schauspielhaus. Wolf Jobst Siedler schreibt: »Nicht ein Schloß ist nach dem 18. Jahrhundert in Berlin gebaut worden, während doch die Repräsentationslust der Habsburger, Bonapartes, der Romanows und Windsors gerade im späten 19. Jahrhundert eine Nachblüte erlebte. Die Stadt an der Spree ist im neuen Jahrhundert erst einmal die Stadt der Bildungsbauten, dann die des Verkehrs und der Industriearchitektur.«

Heute verstehen wir unter Europa eine Zweckgemeinschaft: wirtschaftliche Zusammenarbeit, Harmonisierung der Steuern, Zollfreiheit ... Das alte Europa hingegen war von der Renaissance bis fast zum Ersten Weltkrieg ein Raum der geistigen Auseinandersetzung. Die Denker, Gelehrten und Schriftsteller kannten einander. Jeder las des anderen Werke. Man studierte heute in Paris, morgen in Padua oder Krakau. Grenzen spielten keine Rolle. Luther und Melanchthon hatten regen Austausch mit Erasmus, Goethe und Diderot korrespondierten miteinander, Leibniz kannte die gesamte Kulturwelt.

Erst der beginnende Nationalismus veränderte das Klima in Europa. Kaiser Wilhelm II., der zwar gleichzeitig König in Preußen war, aber mit Preußen und seiner Tradition nicht das geringste zu tun hatte, entfesselte in aller Welt aggressive Gefühle. Als dann der Erste Weltkrieg ausbrach, Propaganda und Feindbilder die Beziehungen vergifteten und Ludendorff seinen totalen Krieg propagierte, da gab es keinen gemeinsamen geistigen Raum mehr in Europa. Und danach wurde das, was man vielleicht noch hätte retten können, von Stalin und Hitler zerstört. Für beide war ›intellektuell‹ ein Schimpfwort und ›Toleranz‹ eine Degenerationserscheinung.

Um noch einmal zum Anfang zurückzukehren: Der Österreicher Hitler ein Preuße? Was für eine Idee. Da sind die Alliierten wirklich noch, nachdem alles vorbei war, auf Hitler hereingefallen, der sich zu Beginn als Inkarnation Friedrichs des Großen camoufliert hatte, um die Deutschen für sich zu gewinnen. Adolf Hitler mit seiner Intoleranz, seinem Antisemitismus, seiner Großmannssucht, war so fern von Preußen wie ein Dschingis Khan.

Nur einmal noch hat sich der Geist Preußens manifestiert, das war im Widerstand gegen Hitler am 20. Juli 1944. Die Namen jener, die dann am Galgen endeten, kennen wir noch aus der Zeit des alten Preußen: Moltke, Yorck, Schwerin, Lehndorff, Kleist, Schulenburg.

Peter Goralczyk

# II Baukunst in Brandenburg vom Mittelalter bis zu den kurfürstlichen Schloßbauten

Das Land Brandenburg als eine einheitliche Kulturlandschaft zu betrachten hat seine Schwierigkeiten. Zur Charakterisierung des Gebietes fehlen eindeutige topographische Besonderheiten, wie sie etwa Thüringen und Mecklenburg aufweisen. Brandenburg wurde einst die »Streusandbüchse des Heiligen Römischen Reiches« genannt. Aber das allein kann nicht zur topographischen Kennzeichnung ausreichen.

Die Grenzen des Landes haben sich im Laufe der Jahrhunderte immer wieder verändert. Hervorgegangen aus dem sogenannten altsächsischen Teil westlich der Elbe, der Altmark, kamen mit der Ostkolonisation vom 10. bis 12. Jahrhundert das Gebiet um Havel und Spree, die Neu-, später als Mittelmark bezeichnet, und weiter östlich die Mark über der Oder, die sogenannte Neumark, hinzu. Diese drei Gebiete bildeten einst das Kurfürstentum Brandenburg. Hier hatten die Bischöfe von Havelberg, Brandenburg und Lebus ihre Besitzungen, und hier bewirtschafteten die Klöster Lehnin, Chorin, Doberlug, Himmelpfort und Neuzelle ausgedehnte Ländereien. Obwohl die reichen Adelsfamilien dieser Region zeitweise ganze Landstriche – wie zum Beispiel die Gänse von Putlitz die Prignitz, die Grafen von Arnstein das Ruppiner Land – besaßen, lebten hier auch freie Bauern, und in den großen Städten wurde unter der Herrschaft reicher Kaufmannsfamilien lebhafter Handel betrieben.

Bis zum Dreißigjährigen Krieg war die Mark identisch mit dem Staat Brandenburg. Als der brandenburgische Kurfürst in den Besitz des vom alten Reichskörper unabhängigen Herzogtums Preußen gelangte und sich 1701 zum König krönen ließ, bildete sich der Staat Brandenburg-Preußen heraus, der in der Geschichte des 18. und 19. Jahrhunderts so erfolgreich in Erscheinung trat, dann aber unrühmlich endete und im Jahre 1947 von den Siegermächten des Zweiten Weltkrieges endgültig aufgelöst wurde.

Seit der Neuordnung Europas nach den Napoleonischen Kriegen im Jahre 1815 gehörte im Süden die Niederlausitz zu Brandenburg-Preußen, das sich bereits im 15. Jahrhundert die Herrschaften Cottbus und Peitz erfolgreich einverleibt hatte. Gleichzeitig wurde die Altmark ausgegliedert, und es bildeten sich die preußischen Provinzen Brandenburg und Sachsen. Nach dem Zweiten Weltkrieg kamen die Gebiete der Neumark zu Polen. Aus den Provinzen Brandenburg und Sachsen gingen nach der Auflösung Preußens die Länder Brandenburg und Sachsen-Anhalt hervor, bis dann mit der Gebietsreform der DDR die Länder 1952 zugunsten einer Bezirksordnung aufgelöst wurden. Mit der Wiedervereinigung Deutschlands kam es 1990 zu einer neuerlichen Bildung der Länder, wobei Brandenburg wieder das Kernland der einstigen Mark zwischen Elbe und Oder umfaßt, mit den ehemaligen Mittelmarkgebieten des alten Kurfürstentums einschließlich der 1815 zur preußischen Provinz hinzugekommenen Niederlausitz. Die Altmark ist heute Teil des Landes Sachsen-Anhalt, während die Neumark, d. h. die Gebiete östlich von Oder und Neiße mit dem Warthebruch und Teilen der Niederlausitz, zu Polen gehört.

Die für die Herausbildung einer Kulturlandschaft so wichtige Struktur der Bevölkerung ist ebenfalls weit weniger homogen als etwa die in Thüringen, Sachsen oder Mecklenburg. Die Mittelmark, das eigentliche Kernland, war als Kolonisationsgebiet ein Schmelztiegel, in dem sich eine ortsansässige slawische Bevölkerung mit Siedlern aus nahezu allen Gegenden des deutschen Kulturraumes mischte. Der Dreißigjährige Krieg trug zu einer weiteren Veränderung bei. Als Folge des Krieges wurde im 17. und 18. Jahrhundert die Physiognomie des Landes nachhaltig durch die protestantischen Einwanderer aus Frankreich, der Schweiz und Böhmen beeinflußt. Hinzu kam mit der Aufhebung der Leib-

◁ *Brandenburg, Dom. Blick in den Chor*

eigenschaft und der wachsenden Industrialisierung im 19. Jahrhundert die Abwanderung der Bevölkerung aus den ländlichen Regionen in die Städte.

Berlin wurde zunehmend der bestimmende und orientierende Mittelpunkt des Landes. Es folgten die großen Wanderungsbewegungen nach den beiden Weltkriegen, von denen besonders der Osten und damit wieder auch Brandenburg betroffen war. Und dennoch hat sich bei den Bewohnern Brandenburgs das Bewußtsein erhalten, einer bestimmten natürlichen und geschichtlich geprägten Landschaft anzugehören und eine eigenständige kulturelle Entwicklung sowie ein historisch gewachsenes kulturelles Profil zu besitzen, das aber gleichzeitig auch nachhaltig durch die umgebenden Länder beeinflußt worden ist.

*Burg Rabenstein bei Raben*

Die Besiedlung des Gebietes läßt sich bis in die Zeit der sogenannten Weichsel-Eiszeit zurückverfolgen. In den nach der Eiszeit entstandenen mächtigen Urstromtälern, die heute von der Warthe, Netze, Oder, Spree, Havel und Elbe durchflossen werden, siedelten die ersten Jäger und Sammler. Hierzu sind Besiedlungsspuren aus der Steinzeit, der Bronze- und der Eisenzeit entdeckt worden. Sie münden in eine germanische Siedlungsperiode der sogenannten Semnonen während des 1. und 2. Jahrhunderts nach Christus, die durch die Abwanderung der germanischen Stämme beendet wurde. Es folgte im 6. und 7. Jahrhundert ein Nachrücken slawischer Stämme in die leer gewordenen Siedlungsräume. Die Namen der Teilstämme aus dieser Siedlungsperiode haben sich in den noch gebräuchlichen Bezeichnungen der Kleinlandschaften erhalten. So siedelten die Lusizer in der Niederlausitz und die Ukrer oder Ukraner im Nordosten am Uckersee sowie am gleichnamigen Fluß in der Uckermark.

Die heutige Besiedlung der Mark begann im Zuge einer groß angelegten deutschen Kolonisationsbewegung, die im 10. Jahrhundert einsetzte und bis in das 12. Jahrhundert andauerte. Sie wurde in ihrer ersten Phase durch den Kaiser und das sächsische Königshaus der Ottonen, später durch den Adel in den Grenzmarken an der Elbe getragen und befördert. Ebenso beteiligt war die Kirche, die ihrerseits Land für sich gewinnen und die slawische Bevölkerung missionieren wollte. Interessiert an den Eroberungen zeigten sich aber auch viele freie Bauern, Handwerker und Kaufleute, die in einer Zeit steigender landwirtschaftlicher und handwerklicher Produktion nach neuen Märkten und Existenzmöglichkeiten suchten.

Die Bereitschaft der westslawischen Völker, der Polen, Tschechen und Pommern, zum Christentum überzutreten, animierte die Kolonisation. Im Winter 928/29 eroberte der sächsische König Heinrich I. die Brandenburg, die als Hauptheiligtum auch den weltlichen Mittelpunkt der Wenden zwischen Elbe und Oder markierte. Im Jahr 948 wurden zwei neue Bistümer, Havelberg und Brandenburg, gegründet, und die gleichzeitig errichteten Bistümer Meißen,

Merseburg und Zeitz wurden dem 968 zum Erzbistum ernannten Magdeburg unterstellt.

Doch die neuen Stützpunkte waren vorerst nicht zu halten. In einem Slawenaufstand gingen Brandenburg und Havelberg 983 wieder verloren. Das Bistum Zeitz mußte nach Naumburg zurückverlegt werden. Die Rechte aus diesen Eroberungen wurden jedoch nicht wieder aufgegeben. In einer zweiten Eroberungsphase um 1130 konnte das Land endgültig gesichert werden. Die Heerführer waren jetzt die Territorialfürsten Heinrich der Löwe, Albrecht der Bär und Konrad von Wettin. Vom deutschen Kaiser Lothar von Supplinburg erhielt Albrecht, Graf von Askanien, als Lehen die sogenannte Nordmark. Die Zauche und das Havelland fielen Albrecht als Schenkung und Erbe des letzten, bereits getauften Hevellerfürsten Pribislaw zu. 1147 wurde dann in einem sogenannten Wendenkreuzzug der letzte Widerstand gebrochen und das noch vorhandene Land unter die Eroberer aufgeteilt.

Die Lausitz, in die Unternehmungen Heinrichs I. 928/29 einbezogen, wurde 932 mit der Zerstörung der Burg Liubusua, einem zentralen Ort und Hauptheiligtum der Wenden, unterworfen. Sie gehörte unter dem Markgrafen Gero zur Ostmark, die sich damals von Nordthüringen über die Gegenden der unteren Mulde bis zur Oder und zum Bober erstreckte. Aber auch dieses Land konnte nicht gehalten werden. Es geriet unter polnische Herrschaft und wurde erst 1031 zurückgewonnen. Zunächst stand es unter der Herrschaft der Wettiner. Kaiser Heinrich V. belehnte den Grafen Wiprecht von Groitsch mit der Niederlausitz. Nach seinem Tode gewann Albrecht der Bär mit Hilfe Herzog Lothars von Sachsen, der mit dem Kaiser verfeindet war, die Lausitz für sich. 1131 bereits verlor er sie jedoch wieder durch den Spruch eines Fürstengerichts. Sie fiel nun an Heinrich von Groitsch, den Burggrafen von Magdeburg. Nachdem dieser kinderlos verstorben war, wurde die Ostmark 1136 Konrad von Wettin, dem Markgrafen von Meißen, verliehen. Im Besitz der Wettiner sollte die Niederlausitz nun länger als eineinhalb Jahrhunderte verbleiben. Das geistliche Zentrum war Meißen, von hier empfing das Land das Christentum, seine kirchliche Organisation und seine Priester.[1]

Das eroberte Land war nur durch eine umfassende kolonisatorische Tätigkeit, d. h. eine weitgehende Neuansiedlung und gleichzeitige Christianisierung der ansässigen slawischen Bevölkerung zu sichern. Das übernahmen, favorisiert durch die Grundherren, die darin ein Mittel zur Festigung ihrer eigenen Herrschaft gegen die Zentralgewalt, den Landesherrn, erblickten, im letzten Viertel des 12. Jahrhunderts die Chorherren vom Orden der Prämonstratenser und die Mönche vom Reformorden der Zisterzienser. Der Prämonstratenserorden erhielt Standorte bei den Bischofssitzen. Die Zisterzienser wurden vom Markgrafen ins Land geholt. Sie sollten vor allem die Wirtschaft entwickeln und das Land kultivieren.

1 Rudolf Lehmann, Geschichte der Niederlausitz. Veröffentlichungen der historischen Kommission Berlin Bd. 5, Berlin 1963, S. 4.

*Brandenburg, Dom. Krypta*

Der Markgraf und die Grundherren unterstützten diese Initiativen durch den Bau von Burgen und festen Häusern, die das Land beherrschten und in deren Schutz sich neue Siedlungen entwickeln konnten. Am interessantesten entfaltete sich in dieser frühen Besiedlungszeit die Kirchenbaukunst. Auch die Bischofssitze waren faktisch Burgen eines reichen und mächtigen Grundherren im eroberten Land. In den Bauten sollte sich die strahlende Macht der biblischen Verkündigung für alle sichtbar dokumentieren. Ein solches Zentrum war Brandenburg. Der brandenburgische Bischof Wilmar hatte 1161 den 1147 bei der St.-Gotthard-Kirche im Suburbium Parduin, der späteren Altstadt von Brandenburg, gegründeten Prämonstratenserkonvent zum Domkapitel erhoben. Im Jahre 1166 wurde er auf die Dominsel, den Ort der heiß umkämpften slawischen Hevellerburg, verlegt, wo ein Jahr zuvor der Grundstein zu einem neuen Dombau gelegt worden war. Von diesem Dombau sind heute noch die Langhauswände und die Krypta mit eindrucksvollen Sandsteinkapitellen erhalten. Ursprünglich stellte sich das Langhaus als flachgedeckte Pfeilerbasilika dar, die im Westen eine Zweiturmfront erhalten sollte. Die Krypta wurde nach der Errichtung des Langhauses in den Bau eingefügt und später noch einmal zu dem heute noch vorhandenen fünfjochigen Raum erweitert. Die Stützen und Säulen sind mit zum Teil figürlich gestalteten, spätromanischen Sandsteinkapitellen vorzüglich geschmückt.

Mit diesem Bau war der aus dem Domkapitel Magdeburg kommende Brandenburger Bischof Gernand darum bemüht, in seinem Herrschaftsbereich das bauliche Niveau der Kirchenzentren Magdeburg, Havelberg, Jerichow und Leitzkau zu erreichen. Auf der von der Havel umflossenen flachen Burginsel entstand mit dem Dom, dem Domkloster und weiteren Bauten für die Domkurien ein eindrucksvolles Zentrum, das während seiner langen politischen und kirchlichen Geschichte bis heute seine Faszination nicht verloren hat.

In Havelberg konnte 1170 der neu errichtete romanische Dombau geweiht werden. Wie eine Burganlage staffeln sich die zumeist aus dem 14. Jahrhundert stammenden Bauten von Kirche und Kloster über dem Abhang zum Elbarm, der

*Havelberg, Dom. Ansicht von Südwesten*

die Stadtinsel umfließt. Auch hier ist der alte romanische Dom unter der gotischen Erhöhung und Wölbung mit seinen Arkaden, den Seitenschiffen, den turmartigen Anbauten beiderseits des Chorjoches und vor allem mit seinem in Grauwacke-Bruchstein errichteten monumentalen querrechteckigen Westriegel, der an einen Burgflügel erinnert und wohl auch Zufluchtsort für den Bischof sein sollte, noch präsent. Dem Dom war ebenfalls ein von Mönchen des Prämonstratenserordens besetztes Domstift angeschlossen.

Die Bischöfe mit ihren Stiften waren Grundherren, die ihre Gebiete zu Lehen gaben, wie auch die adligen Familien, die Albrecht bei seiner Landnahme unterstützt hatten und die jetzt große Ländereien besaßen. Die Herren von Mansfeld erhielten zum Beispiel große Gebiete in der Westprignitz. Sie nahmen hier den Namen der Gänse von Putlitz an. In der Ostprignitz herrschte die Familie von Plotho. Eine Familie von Lindow aus dem Harz erwarb große Ländereien im Ruppiner Land, wo sie den Namen der Grafen von Arnstein führte, und die Familie von Wettin besaß weitläufigen Grundbesitz in der Lausitz. Diese Grundbesitzer übten in ihrem Gebiet die landesherrlichen Rechte aus, bauten Burgen und feste Häuser, gründeten Dörfer und Städte. Die Ansiedlung auf dem neu erworbenen Land, das zum Teil von der slawischen Bevölkerung verlassen war, überwiegend aber durch Rodung gewonnen werden mußte, erfolgte ganz professionell durch sogenannte Lokatoren. Beauftragt vom jeweiligen Grundbesitzer, ermittelten diese Gründungsunternehmer die günstigsten Orte für neue Dörfer, warben die Siedler an, bestimmten die Dorfform und teilten sie in Hufschläge auf. Die Dreifelderwirtschaft mit einer Aufgliederung der Feldmarken in Großgewanne und Hufenstreifen war das in der Mark verbreitete System.[2] Während der Askanierzeit von 1134 bis 1320 sind so in der damaligen Mark Brandenburg ca. 2 500 Dörfer gegründet oder an Stellen wendischer Siedlungen erneuert worden.

In der Lausitz haben sich deutsche Bauern nur in den Randgebieten niedergelassen. Rein deutsche Dörfer gab es dort nicht, auch keine vollkommenen Neugründungen. Es kam hier von vornherein zu einer starken Durchmischung bei der verstärkten Besiedlung nach der Eroberung. Denn eine Vertreibung der slawischen Bevölkerung, wie sie zum Beispiel für die Prignitz angenommen werden muß, fand in diesen Randregionen nicht statt.

Die Dorfformen waren das Rundplatzdorf oder Runddorf und das Straßen- oder Straßenangerdorf. Beide Typen waren, wenn auch in kleinerer Form, bereits in slawischer Zeit verbreitet. Im ganzen Land überwiegt die Siedlungsform des langen und gleichmäßig angelegten Straßenangerdorfes mit Einzelgehöften zu beiden Seiten einer Durchgangsstraße. In der aufgeweiterten Mitte stehen die Kirche, die Schmiede, später die Schule und andere die Dorfgemeinschaft betreffende Bauten. Diese Struktur ist noch zu großen Teilen auf dem Land vorhanden, obwohl die Bebauung in den Dörfern im Laufe der Zeit gewechselt hat. Das Dorfbild wird heute von Häusern aus dem 19. und 20. Jahrhundert bestimmt, doch die Struktur der Dorfanlage, die Anordnung der Häuser, die Plazierung von Kirche, Schule, Schmiede usw. hat sich erhalten. Sie ist ein hervorragendes historisches Dokument, das bei der weiteren Entwicklung auf dem Land unbedingt bewahrt werden muß. Neben diesen Dorfformen gab es in der Lausitz, etwa bedingt durch die besondere Eigenart des Spreewaldes, andere Siedlungsformen, da die Siedler vereinzelt auf den Inselflächen die Landwirtschaft wie einen Gartenbau betrieben.

Die dörflichen Hausformen und Hofbildungen boten ebenfalls kein einheitliches Bild in den großen Gebieten der Mark Brandenburg. Im Nordwesten des Landes war das aus Niedersachsen und Mecklenburg übernommene niederdeutsche Wohnstallhaus verbreitet. Die Diele diente als Dreschraum, von wo aus das Vieh gefüttert und das Getreide bzw. das Rauhfutter in den Dachraum hinaufgestakt wurde. Heute ist diese Hausform noch zahlreich in dem Dorf Mödlich in der Lenzer Wische, dem Niederungsgebiet der Elbe (Landschaftsschutzgebiet Elbaue), zu finden.

Im mittleren Gebiet des Landes trifft man auf Hausformen, die als Variante des niederdeutschen Hallenhauses angesehen werden können. Hier war ursprünglich auch das sogenannte mitteldeutsche Ernhaus weit verbreitet, ein schma-

2 Johannes Schultze, Die Prignitz, aus der Geschichte einer märkischen Landschaft, Köln, Graz 1956, S. 83.

ler rechteckiger, eineinhalbgeschossiger rohr- oder riedgedeckter Fachwerkbau, in dem sich, jeweils durch die Flurküche voneinander getrennt, die Wohnung des Bauern und der Stall zumindest für das Großvieh unter einem Dach befanden. Dieser Haustyp ist dann vom 17. bis ins 19. Jahrhundert aufgrund der jeweils unterschiedlichen sozialen und ökonomischen Voraussetzungen sowie der natürlichen Gegebenheiten variiert worden. Er ist auch in die Wohnhausform eingeflossen, die mit der mitteldeutschen Gehöftbildung im 18. und 19. Jahrhundert das ganze Land überzog. Während beim niederdeutschen Hallenhaus und seinen Abwandlungen sowie beim Ernhaus noch alle Wohn- und Wirtschaftsräume unter einem Dach vereinigt sind, werden bei der Gehöftbildung Wohnung, Stall und Scheune voneinander getrennt. Jetzt umschließen drei selbständige Gebäude den Hof. Im Nordwesten von Brandenburg, im Gebiet der Prignitz und des Ruppiner Landes, werden nun bei der Gehöftbildung in Abwandlung des Ernhaustyps die Wohnhäuser eineinhalbgeschossig konstruiert und durch eine Tordurchfahrt in einen breiteren Hausbereich für die Wohnung des Bauern und einen schmaleren für den Altenteil getrennt. Zahlreiche Häuser dieser Art sind in den Dörfern Schönhagen, Gumtow, Kunow, in Reckentin und anderswo noch vorhanden. Dieser Haustyp hat auch in jene Städte Eingang gefunden, in denen es viele Ackerbürger gab, so zum Beispiel in Kyritz, Wilsnack und Wusterhausen an der Dosse.

Das Ernhaus war, wie auch das Hallenhaus, Grundlage für die Herausbildung des Märkischen Dielenhauses, in dem ebenfalls wieder Wohnung und Ställe unter einem Dach vereint wurden. Der Eingang mit der Diele oder dem Mittelflur konnte sowohl vom Giebel wie von der Traufseite erfolgen. Wenn an dieses Haus an den Straßengiebel eine Vorlaube angefügt wurde, entstand das sogenannte Löwing- oder Vorlaubenhaus, das noch im 19. Jahrhundert zahlreich in den Dörfern um die untere Oder und in der Uckermark verbreitet war. Heute ist der einst üppige Bestand auf Einzelbauten, wie zum Beispiel das Vorlaubenhaus in Lüdersdorf bei Oderberg, reduziert.

In der Lausitz, besonders in den Gebieten des Spreewaldes, hat sich als eine historische Hausform das eingeschossige, in Blockbauweise errichtete Haus der westslawisch-lausitzischen Bevölkerung erhalten, das sicher in der heute noch vorhandenen Form auf eine sehr alte Tradition zurückgeht.

*Lüdersdorf, Vorlaubenhaus*

Die Seelsorge in den Dörfern, die Christianisierung der Slawen und die seelsorgerische Betreuung der westeuropäischen Einwanderer übernahmen die Klöster und hier wiederum besonders die Prämonstratenser. Die Domkapitel von Brandenburg und Havelberg waren von Prämonstratensern besetzt. Die Ordensgeistlichen sorgten für die Einrichtung und die Besetzung der Pfarrstellen und förderten den Kirchenbau. In der zweiten Hälfte des 12. Jahrhunderts und im 13. Jahrhundert wurde in den Kolonisationsgebieten offenbar in jedem Dorf, und war es noch so klein, eine Kirche errichtet. Das entsprach den althergebrachten Gewohnheiten und kirchlichen Rechten, die beispielsweise den niederländisch-flämischen Siedlern aus ihrer Heimat bekannt waren und die sie nun in das neu zu besiedelnde Land mitbrachten. In den noch schwach besiedelten Gebieten der Altmark, Prignitz, Uckermark, dem Havelland und dem Fläming entstanden zahlreiche Dorfkirchen oft nur wenige hundert Meter voneinander entfernt.[3]

Wo nicht die Prämonstratenser zur Wirkung kamen, zum Beispiel in der Lausitz, war das Pfarrnetz vorerst sehr weitmaschig angelegt.

3 Ebenda, S. 87.

*Möbiskruge, Feldsteinkirche*

Nur in den Burgward-Mittelpunkten gab es Pfarrkirchen. Später, mit der Neubesiedlung, wurde das Netz der Pfarreien jedoch auch hier erheblich dichter.

Errichtet wurden die ältesten Kirchen aus Feldsteinen, einem bodenständigen Material, das man in dem Endmoränengebiet in großen Mengen vorfand. Zumeist beschränkten sich die Dorfkirchen auf rechteckige Saalräume mit flacher Holzdecke und flachem bzw. apsidialem Chorschluß, im Westen ausgezeichnet durch einen breiten Turm, ein Bautyp, wie man ihn heute noch in Möbiskruge bei Frankfurt an der Oder vorfindet. Die in einem unregelmäßigen Schichtenmauerwerk in der Frühzeit aus behauenen, später aus gespaltenen Steinen errichteten Wände waren verputzt und mit einem eingetieften Fugenstrich oder mit aufgelegten farbig abgesetzten Fugungen als regelmäßiges Quadermauerwerk gekennzeichnet. Reine Feldsteinkirchen sind daher selten. Sehr früh kam der Backstein hinzu. Portale, Fensterumrahmungen, Gesimse und, soweit vorhanden, Ziergiebel wurden in Backstein errichtet. Die große Zahl der heute noch vorhandenen mittelalterlichen Dorfkirchen in der Mark Brandenburg ist ebenfalls ein Indiz dafür, daß das im frühen Mittelalter angelegte Siedlungsnetz bis auf die heutige Zeit relativ stabil geblieben ist.[4]

Aber nicht nur die Prämonstratenser förderten die Entwicklung des Landes und begründeten eine neue Baukultur. Neben ihnen vollbrachten auch die Zisterzienser bedeutende Leistungen in der Kultivierung des Bodens sowie in der

4 Franz Bentler, Dorfkirchen im Einflußbereich der Prämonstratenser, aufgezeigt am Beispiel der Kirchen in der Prignitz, Ms. 1985, Einleitung S. 1.

Zinna, Chor der Klosterkirche

Entwicklung von Handel und Handwerk, die auch in der Baukunst ihren Ausdruck fanden.

In seinem Kampf gegen den Slawenfürsten Jaczo (von Cöpenick), der ihm den Besitz von Brandenburg streitig machte, hatte sich Albrecht der Bär mit dem Erzbischof Wichmann von Magdeburg verbündet und neben Brandenburg auch die Gegend um Jüterbog im Süden der eigentlichen Mark erobert. Sie fiel dem Erzbistum zu. Zur Sicherung seiner Herrschaft berief Wichmann im Jahre 1170 einen Konvent von Zisterziensermönchen aus dem Kloster Altenberg bei Köln und wies ihnen den Ort Zinna bei Jüterbog zur Gründung eines Klosters an. In Zinna entstand mit dem stattlichen einheitlich gestalteten turmlosen Kirchengebäude einer flachgedeckten Basilika mit Querschiff und polygonal geschlossenen Kapellen ein Denkmal der frühen Baukultur auf dem Gebiet des Landes, das besonders durch die Qualität des sorgfältig behauenen Granitquader-Mauerwerks besticht. Wenn Zinna auch damals zu Magdeburg gehörte, hat es dennoch die Bau- und Siedlungstätigkeit in Brandenburg wesentlich beeinflußt.

Die erste Zisterziensergründung im Gebiet der Mark Brandenburg war das Kloster Lehnin. Markgraf Otto I., der Sohn Albrechts, stiftete im Jahre 1180 als Filiation des Zisterzienserklosters in Sittichenbach bei Eisleben das Marienkloster zu Lehnin in der Zauche. Durch reiche Schenkungen und eigene Anstrengungen konnte es zu einer der wohlhabendsten Abteien in der Mark Brandenburg heranwachsen. In Lehnin

*Lehnin, Chor der Klosterkirche*

entstand in einem Zeitraum von ca. 75 Jahren bis 1270 eine frühgotische kreuzförmige, bereits vollständig gewölbte Pfeilerbasilika mit einem apsidialen Chorschluß in der Mitte, flankiert von rechteckigen Seitenkapellen und einer geschlossenen repräsentativen Westfassade. Der Bau ist eines der ältesten Denkmale der Backsteinbaukunst in der Mark, ausgezeichnet proportioniert, sorgfältig ausgeführt, viele Bauelemente der Hausteinarchitektur im Detail aufgreifend und in den Backstein übersetzend.

Den Glanzpunkt klösterlicher Baukunst bildet jedoch das über hundert Jahre später in der Zeit der Hochgotik errichtete Kloster Chorin. Eingebettet in die Hügellandschaft der uckermärkischen Endmoräne mit ihrem Wechsel von dichten Wäldern, weiten Feldern und eingestreuten Seen, wurden die immerhin noch stattlichen

Reste der seit 1542 säkularisierten Klosteranlagen am Anfang des 19. Jahrhunderts unter Mitwirkung Karl Friedrich Schinkels als romantische Ruine entdeckt und in ihrer Bedeutung für die Entwicklung der Backsteinarchitektur in der Mark Brandenburg erkannt. In den folgenden Jahren gesichert und teilweise wiederaufgebaut, ist das Kloster Chorin heute vielleicht das schönste und meistaufgesuchte Baudenkmal in der Mark. Im Jahre 1258 hatten die askanischen Markgrafen Johann I. und Otto III. Land um den Parsteiner See für die Gründung eines Zisterzienserklosters zur Verfügung gestellt. Nach einem Baubeginn auf einer Insel im Parsteiner See wurde 1272 das Kloster nach Chorin verlegt, wo es relativ schnell bis 1334 in der heute noch vorhandenen eindrucksvollen hochgotischen Gestalt vollendet wurde. Gemäß den Ordensgrundsätzen bauten die Choriner eine Basilika mit Chor und Querschiff, wobei der Chor einschiffig blieb. Das war ungewöhnlich in der Zeit der Hochgotik, als in den norddeutschen Städten große Backsteinkathedralen mit Chorumgang und Kapellenkranz entstanden, deren Typ von Frankreich über die Marienkirche von Lübeck nach Deutschland vermittelt worden war. Die Zisterzienser wollten sich von den vielgliedrigen Formen der Kathedralen absetzen. Sie bauten statt dessen sehr viel einfacher. Anstelle des offenen Strebesystems der Kathedralen sind die notwendigen Strebebögen für das Langhaus der Kirche unter den Seitenschiffdächern verborgen.

Mit dem Choriner Chor entstand außerdem der erste einschiffige Vieleckraum des Backsteingebietes. Die Westfassade von Chorin begründete die Tradition der gotischen Schmuckgiebel in der Mark, die stets auf neue

*Chorin, Blick von Süden in den Klosterhof*

Art variiert, zu einem Charakteristikum des märkischen Landschaftsstils werden sollten. Zahlreiche weitere Klöster entstanden in den folgenden Jahren. Boitzenburg bei Templin, Himmelpfort bei Lychen, Stepenitz, Techow/Heiligengrabe, Zehdenick, Altfriedland bei Seelow sind nur einige Orte, in denen sich Reste einst umfangreicher Anlagen erhalten haben.

In der Lausitz hatte Dietrich, der Sohn des Markgrafen Konrad von Meißen, im Jahre 1165 ein Zisterzienserkloster in Doberlug erbauen lassen, das von Volkenrode in Thüringen aus besetzt wurde. Die am Ende des 12. bis ins 13. Jahrhundert errichtete Kirche, eine kreuzförmige Pfeilerbasilika im gebundenen System mit einem Chorschluß, der heute zwar verändert ist, in der ursprünglichen Form aber an Zinna erinnerte, ist neben Lehnin und Chorin der bedeutendste Backsteinbau der Zisterzienser im heutigen Brandenburg und einer der frühesten gewölbten Großbauten in der Lausitz und im östlichen Brandenburg.

In Neuzelle entstand im späten 13. und in der ersten Hälfte des 14. Jahrhunderts mit dem Bau der Zisterzienser-Klosteranlage der bedeutendste Kirchenbau der Niederlausitz, eine dreischiffige gotische Hallenkirche von sieben Jochen mit geradem Chorschluß. Im 17. und 18. Jahrhundert wurde die Kirche barock überformt. Die mittelalterliche Halle ist unter dem Barockschmuck jedoch noch vollständig erhalten.

Die Bischofskirchen und Klöster waren als Zentren der Macht und der geistigen Neuorientierung im Mittelalter die eindrucksvollsten Gebäude in der Mark Brandenburg und der Niederlausitz. Ihnen zur Seite standen die zahlreichen Burgorte mit den sogenannten festen Häusern oder Burganlagen. Nahezu jeder Ort, jede alte Stadt ist im Schutze einer Burg entstanden. Von ihnen sind zumeist nur noch spärliche Reste übriggeblieben. Sie sind zuallererst Opfer der Machtkämpfe zwischen dem Markgrafen und den Grundherren, den Städten und dem Adel geworden. Wo Burgen erhalten sind, sicher immer nur mit einzelnen Bauteilen aus der frühen Zeit, dem 13. Jahrhundert, die meisten Gebäude stammen aus dem 15. bis 19. Jahrhundert, stehen sie heute wirkungsvoll als Blickpunkte und Wegmarken in der Landschaft. Sie schmücken die Städte mit ihren Mauern und Bastionen, mit dem Bergfrid, den Wohngebäuden, der Kapelle und den Wirtschaftsbauten, und sie geben den Besuchern einen Eindruck vom Leben der Burgherren, der Vögte, Ritter und Knappen, aber auch der Geistlichen und Bauern an diesen Konzentrationspunkten des mittelalterlichen Lebens.

So war an den Straßen von Magdeburg und Zerbst nach Brandenburg die Burg Ziesar bereits 948 als Sitz eines Burgwards in den Besitz des neugegründeten Bistums Brandenburg gelangt. In der Mitte des 12. Jahrhunderts wurde sie bischöfliches Tafelgut und blieb bis zur Mitte des 16. Jahrhunderts die Residenz der Bischöfe von Brandenburg. Aus der frühen Zeit ist noch der Bergfrid erhalten. Die anderen

◁ *Chorin, Chor der Klosterkirche*

*Doberlug, Chor der Klosterkirche*

Gebäude, im 14. und 15. Jahrhundert entstanden, darunter die reich ausgemalte spätmittelalterliche Burgkapelle, zeigen in den wohlproportionierten Bauformen und der Qualität der Wandfassungen die herausragende Stellung des Burgherrn. Am Fuße der Burg entwickelte sich die Stadt mit einem Straßenmarkt.

Wittstock war eine slawische befestigte Siedlung in der Ostprignitz, die im 12. Jahrhundert zu einer Burg für die Bischöfe von Havelberg ausgebaut wurde. In ihrem Schutz entstand seit 1200 eine deutsche Siedlung, die sich 1244 mit dem Burgbezirk vereinigte. Nördlich davon wurde planmäßig in dem gitterförmigen Straßennetz der Kolonialanlagen die Stadt mit dem Marktplatz angelegt. In bemerkenswerter Anschaulichkeit ist hier die Beziehung Burg, Stadtanlage und umgebende Landschaft aus dem Niederungsgebiet der Dosse auf der Ostseite der Stadt zu beobachten. Aber nicht immer kam es zur Gründung von Städten im Zusammenhang mit den Burgorten. Die Plattenburg, eine stattliche Burganlage in den Niederungen des Flüßchens Karthane bei Wilsnack in der Westprignitz, die als landesherrliche Burg im 13. Jahrhundert gegründet und später an den Bischof von Havelberg und danach wiederum an die Familie von Saldern verkauft wurde, blieb ohne eine Stadt- oder Dorfsiedlung. Lediglich einige Häuser von ehemaligen Gutsarbeitern ergänzen heute den Burgbezirk. Eindrucksvoll ist hier die Lage des Bauensembles in der wald- und wasserreichen Niederungslandschaft.

Einen markanten Blickpunkt aus dem Niederungsgebiet der Oder bildet der noch aus dem 13. Jahrhundert stammende Bergfrid der ehemaligen Burganlage bei Stolpe an der Oder. Er steht weit sichtbar in den Hügeln am Rande der Bruchkante zum Odertal, oberhalb des gleichnamigen Städtchens ca. zwei Kilometer entfernt von dem Dorf Stolzenhagen, über dem sich eine slawische Burganlage befunden haben soll. Die Geschichte der frühen Besiedlung und Kultivierung des Landes wird an solchen Punkten besonders anschaulich. Lediglich ein Dorf ist im Schutz der kleinen Burganlage von Goldbeck bei Wittstock errichtet worden. Es ist anzunehmen, daß ähnliche Anlagen mit kleinen, noch aus slawischer Zeit stammenden Siedlungen oder mit neu von Kolonisten errichteten Dorfanlagen einst das ganze Land überzogen haben.

Auch für die Besiedlung der Lausitz waren die Burgen und festen Häuser die Ausgangspunkte. In Cottbus erinnert der 1876 im oberen Teil neu gebaute und erhöhte Schloßturm noch an die Burg und die spätere Schloßanlage. Hier war

◁ *Neuzelle, Klosterkirche. Blick in den Chor*

*Ziesar, Burg*

*Stolpe, Bergfrid der Burg*

schon am Ende des 10. Jahrhunderts an der Stelle eines slawischen Burgwalls ein deutscher Burgward entstanden, in dessen Schutz sich die Kaufmannssiedlung entwickelte. In Luckau, Lieberose, Dahme sind noch die Orte bekannt, an denen die Burgen einst standen, jedoch in Herzberg, im Niederungsgebiet der Schwarzen Elster, konnte der Ort, an dem die 1184 gegründete Burg überliefert ist, noch nicht wieder ermittelt werden.

Die Neubesiedlung des Gebietes der Mark Brandenburg ging von den Zentren aus. Das waren zunächst die wendischen Burgen an den Orten slawischer Hauptheiligtümer. Nach ihrer Eroberung entstanden hier die Bischofssitze mit den Klosteranlagen oder neue Burgen des Landesherrn. An diesen, aber auch an anderen verkehrsgünstig gelegenen Punkten wurden Städte gegründet. Zunächst entwickelte sich im Schutz der Burg eine Handels- und Handwerksniederlassung, ein sogenanntes Suburbium, das später in den Burgbezirk mit aufging. Gleichzeitig erfolgte durch den Landesherrn unter Einschaltung der Lokatoren die Gründung neuer Städte an diesen Burgorten für die gezielte Ansiedlung neuer Bewohner. Den Mittelpunkt dieser zumeist mit einem gitterförmigen Straßennetz angelegten Städte bildete der Markt mit dem Rathaus und als größter und architektonisch wichtigster Bau die Stadtpfarrkirche. Da in den mittelalterlichen Städten die Dynamik der gesellschaftlichen Entwicklung am stärksten ausgeprägt war, sind auch die Stadtkirchen in relativ schneller Folge mit den Stadtgemeinden gewachsen und den neuen Erfordernissen entsprechend umgebaut worden, so daß immer wieder neue Bau- und Raumformen die alten abgelöst haben.

Die ersten Stadtkirchen waren Feldsteinbauten. Sie ähnelten noch sehr den Dorfkirchen. So war zum Beispiel die erste zwischen 1241 und 1251 errichtete Stadtkirche in Eberswalde ein kleines Feldsteinhaus, das bis zum Ende des 13. Jahrhunderts unter Choriner Einfluß zu dem heutigen stattlichen Bau heranwuchs.[5] In altertümlichen Formen erhalten sind die Stadtkirchen in Lychen, Strausberg und Altlandsberg. Hierbei handelt es sich um einschiffige rechteckige Bauten mit geradem Chorschluß im Westen und eingezogenen oder davorgestellten breiten Türmen. Daneben entstanden, aus dem Klosterkirchenbau entlehnt, kreuzförmige Basiliken in Feld- und in Backstein, wie zum Beispiel die Marienkirche und die Nikolaikirche in Treuenbrietzen. Das Langhaus der Marienkirche in Treuenbrietzen wurde als erster Bau in der Mark, d. h. noch vor der Klosterkirche in Lehnin, in Backstein gewölbt. Die Stadtkirche St. Marien in Angermünde vermittelt trotz späterer Umbauten heute noch einen Eindruck davon, wie die Pfarrkirchen in der frühen Zeit der Stadtentwicklung ausgesehen haben. Vor allem der Westquerbau, errichtet in einem regelmäßigen Granitquader-Mauerwerk, später erhöht mit zwei Geschossen in Backstein mit reich gestalteten Giebeln über den Schmalseiten, beherrscht in seiner herben Schönheit die Stadtsilhouette. Auch das Langhaus hat mit den hohen Umfassungswänden in Granitquader-Mauerwerk noch die Gestalt aus dem 13. Jahrhundert. Die Sterngewölbe im Inneren wie auch der Hallenchor stammen aus dem späten Mittelalter.[6] Diese frühe Phase des Pfarrkirchenbaus ist nur noch an wenigen Bauten bzw. Bauwerksteilen nachzuvollziehen. Mit dem Aufblühen der Städte sind die Kirchen abgebrochen und erneuert, zumindest aber stark umgebaut worden, ganz im Gegensatz zu den zahlreichen Dorfkirchen, die ihre ursprüngliche Gestalt bewahren konnten.

Die Emanzipation der Städte vollzog sich in der zweiten Hälfte des 13. Jahrhunderts. Den Stadtkommunen gelang es, Eigentumsrechte an Grund und Boden vom Landesherrn oder Grundherrn zu erwerben und sich aus der markgräflichen Vogteiverfassung weitgehend zu befreien. Grund- und marktherrliche Abgaben und weitere Privilegien, wie die Gerichtsbarkeit und die freie Wahl der Ratsherren, gingen mehr und mehr an die Kommunen über. Im Pfarrkirchenbau wurden jetzt eigene Formen ausgebildet. Es vollzog sich der Übergang von der Basilika zur Halle. Die Gliederung des Langhauses in ein hohes Mittelschiff mit niedrigeren Seitenschiffen wurde zugunsten eines Raumes, der drei gleich hohe Kirchenschiffe aufweist, aufgegeben. In Brandenburg sind jedoch die daraufhin errichteten Hallenbauten des 13. Jahrhunderts sämtlich durch spätere Um- und Erweiterungsbauten überformt worden. Der Vorgängerbau der heutigen spätgotischen Marienkirche in Prenzlau war eine solche Halle. Der Turmbau aus Feldsteinen gehörte noch diesem frühen Bautyp an. In der Marienkirche in Frankfurt an der Oder wurde die dreischiffige ursprüngliche Halle in das später auf fünf Schiffe erweiterte Gebäude integriert. Auch hier stammt die Turmfassade noch aus der frühen Bauzeit.[7] Die Marienkirche in Berlin enthält ebenfalls im

5 Ernst Badstübner, Stadtkirchen der Mark Brandenburg, Berlin 1982, S. 16.

6 Ebenda, S. 165 f.

7 Ebenda, S. 22 f.

*Treuenbrietzen, Marienkirche. Blick in den Chor*

*Prenzlau, Marienkirche. Turmfront mit Blindower Tor*

*Prenzlau, Marienkirche. Ostgiebel* ▷

Kern noch die Hallenkirche des 13. Jahrhunderts. In nahezu allen Städten Norddeutschlands sind Hallenkirchen dieser Art errichtet worden. Aber auch diese Bauform hatte keinen langen Bestand. In den Städten des Ostseeraumes wurden gerade erst fertiggestellte Hallenkirchen wieder abgebrochen und durch erneut basilikal gestaltete Kathedralen ersetzt. Doch in Brandenburg gab es keinen Kathedralbau. Hier war man in den Städten wie im gesamten Mitteldeutschland darum bemüht, die bestechende Eleganz der neuen kathedralen Bauformen in Hallenneubauten umzusetzen. Von überragender Bedeutung war dabei der Neubau der Marienkirche in Prenzlau in der ersten Hälfte des 14. Jahrhunderts. Vor allem der prächtige Schaugiebel über der polygonal angelegten Ostwand bot eine gestalterische Leistung, deren Konstruktion nur aus den Zusammenhängen des komplizierten Kathedralenbaus erklärbar ist.

In Prenzlau verfolgte man das Ziel, die in den alten Hallenkirchen gerade Ostwand durch polygonale Brechung mit der Wirkung der Kathedralchöre auszustatten. Der Schaugiebel, entlehnt aus der Bürgerhausarchitektur, sollte aber auch zeigen, in welchem Sinne das geschah. Die Absicht der Kathedralisierung einer Bürgerkirche wird hier offensichtlich.[8]

Eine Kombination von Halle und Chorkapelle wurde in einer nächsten Stufe des Pfarrkirchenbaus in der Mark erreicht, dem Bau von Hallenkirchen mit Umgangschören mit und ohne Kapellenkranz. Im Jahre 1367 war mit der Weihe des Hauptaltares der Marienkirche in Frankfurt an der Oder erstmalig in Brandenburg nach süddeutschem Vorbild – zeitgleich etwa mit dem der Sebalduskirche in Nürnberg – ein Umgangschor ohne Kapellenkranz fertiggestellt worden. Er besticht durch seine sachliche Formensprache. Diese einfache Bauform fand vor allem eine Nachfolge in der östlichen Mark und in der Niederlausitz. Auf sie folgte in den siebziger Jahren des 14. Jahrhunderts der Chorneubau der Nikolaikirche in Luckau, der wiederum Vorbild für viele Pfarrkirchenbauten in diesem Gebiet geworden ist. Bemerkenswert an diesem Bau ist außerdem die aus dem 15. Jahrhundert stammende Wölbung im westlichen Teil des Mittelschiffes. Das diagonal über jeweils zwei Joche geführte Rippensystem formt ein die Decke vereinheitlichendes Rippennetz, wie es von Peter Parler für den bis 1385 fertiggestellten Prager Domchor entwickelt worden ist. Nach einem Brand im Jahre 1644 bekam die Kirche in den sechziger Jahren des 17. Jahrhunderts eine neue barocke Ausstattung, die in seltener Einheitlichkeit heute noch vorhanden ist. Der gesamte Bau vermittelt einen Eindruck davon, wie die Pfarrkirche einer reichen Handelsstadt in der Lausitz vom Mittelalter bis zur Neuzeit gewöhnlich aussah. Sie war der Mittelpunkt der Stadt, der Höhepunkt handwerklicher und künstlerischer Leistungen, Ausdruck der Weltläufigkeit der Stadtgemeinde, Ausdruck ihres Reichtums und ihrer Unabhängigkeit.

8 Ebenda, S. 25.

Nach dem Vorbild der Frankfurter und der Luckauer Hallen wurden die Marienkirche in Beeskow, der Fürstenwalder Dom (seit 1373 war die Stadt die Residenz der Bischöfe von Lebus, der Dom war zugleich Stadtpfarrkirche) und die Kirchen in Mittenwalde, Fürstenberg und Jüterbog gebaut.

Höhepunkt im Hallenkirchenbau mit Kapellenkranz war der Neubau der Pfarrkirche St. Katharinen in der Neustadt von Brandenburg nach den Entwürfen des Baumeisters Hinrich Brunsberg aus Stettin. Nach dem Abbruch eines alten Feldsteinsaals wurde 1401 zuerst eine dreischiffige Halle mit fünf Jochen gebaut, der dann 1430/40 im Anschluß an eine Bauunterbrechung nach dem alten Plan das Umgangspolygon angefügt wurde. Die um den ganzen Bau nach innen gezogenen Strebepfeiler mit den

◁ *Luckau, St. Marien und Nikolai*

*Brandenburg, Kirche St. Katharinen*

84
178
75
288
165

dazwischen angeordneten Kapellen geben dem Innenraum eine eigenartige Transparenz und mit der gerade restaurierten reichen kräftigen Ausmalung eine überraschende Vielgestaltigkeit.

In der ebenfalls im späten Mittelalter vollendeten Marienkirche in Bernau sind in den wandhohen Nischen zwischen den eingezogenen Strebepfeilern des Hallenumgangschores noch zum Teil die Mensen der Altäre vorhanden, für die der Kapellenkranz ursprünglich vorgesehen war.

Das Bild dieser prachtvollen Stadtkirche wird durch die wertvolle Ausstattung bestimmt. Eine Triumphkreuzgruppe aus dem Jahre 1520 und ein acht Meter hoher Altar aus der gleichen Zeit mit bemerkenswerten Schnitzfiguren und Tafelmalereien aus dem Umkreis von Lucas Cranach dem Älteren schmücken den Chor und geben einen Eindruck vom immer noch beträchtlichen Reichtum einer märkischen Stadtgemeinde an der Schwelle zur Neuzeit, nachdem sie schon lange den Höhepunkt ihrer Machtentfaltung überschritten hatte.

Konzentrationspunkte für die kulturelle Entwicklung waren im Mittelalter die Städte. Sie konnten im 14. Jahrhundert ihre Stellung festigen trotz der Wirren und Machtkämpfe, von denen die Mark in diesen Jahren heimgesucht wurde.

1319 war die Herrschaft der Askanier mit dem Tod des Markgrafen Waldemar beendet. 1324 wurde ein Wittelsbacher mit der Mark belehnt, auf ihn folgten die Luxemburger, zuerst mit dem Böhmischen König Karl IV., unter dem die Stadtkultur besonders aufblühte. Ihm folgten jedoch Lehnsträger, für die die Mark nur als Spielball ihrer Interessen diente.

Die Folge war eine Stärkung der partikularistischen Kräfte. Davon profitierten auch die Städte. Sie erweiterten ihre Rechte und vergrößerten ihren Wohlstand. Städte wie Stendal, Tangermünde und Salzwedel in der Altmark, Berlin, Cölln, Brandenburg, Havelberg, Prenzlau und Frankfurt an der Oder in der Mittelmark, die einen bedeutenden Handel mit den Seestädten, aber auch mit denen im mittleren und östlichen Deutschland betrieben, sicherten sich ihre Stellung durch die Zugehörigkeit zur Hanse. Das änderte sich jedoch grundlegend im 15. Jahrhundert. Anfänglich hatten die Städte noch den 1417 mit der Mark belehnten Burggrafen Friedrich von Hohenzollern bei der Niederschlagung des zu stark gewordenen Adels unterstützt. Sie mußten sich jedoch seinem Sohn, dem Kurfürsten Friedrich II., beugen, als dieser um die Mitte des Jahrhunderts auch die Selbständigkeit und die Privilegien der Städte angriff. 1442 gelang es ihm, dem Haupt der Märkischen Städte, Berlin, viele Rechte zu nehmen. Er erzwang den Austritt aus der Hanse und die Aufhebung aller Bündnisse. 1470 wurde Berlin kurfürstliche Residenzstadt. Nun begann, später noch unterstützt durch die Einführung der Reformation, die Entwicklung zur kontinuierlichen Stärkung der Zentralgewalt in Brandenburg, die – unterbrochen durch den Dreißigjährigen Krieg – in den Absolutismus des 17. und 18. Jahrhunderts mündete.

In den Städten traten neben den Stadtkirchen die Rathäuser und Kaufhäuser, die Tortürme und Stadtmauern und die repräsentativen Bürgerhäuser an den Marktplätzen als Glanzpunkte bürgerlicher Baukultur in Erscheinung. Die Rathäuser waren zumeist zweigeschossige freistehende rechteckige Bauten auf den Marktplätzen. Der untere Saalraum diente als Kaufhaus, der obere als Versammlungsraum und Gerichtssaal. Im späten Mittelalter wurden dann auch spezielle Kaufhäuser errichtet. An die Rathäuser angegliedert waren die sogenannten Gerichtslauben, meist gesonderte Baukörper mit einem in Arkaden aufgelösten Untergeschoß für die Gerichtsverhandlungen, die nach alter Sitte unter freiem Himmel stattfanden, und einem geschlossenen Raum darüber für die Versammlung der Schöffen und Ratsherren.

Die Bedeutung des Rathauses als Zentrum der Kommunalverwaltung im Mittelalter kommt in der Baugruppe am Markt in Perleberg, in der die Stadtkirche, die Skulptur des Rolands und das Rathaus (hier allerdings eine Rekonstruktion aus dem 19. Jahrhundert) mit der umgebenden Bebauung ein spannungsvolles Ensemble bilden, hervorragend zum Ausdruck.

Das Rathaus in Frankfurt an der Oder ist der größte und mit seinem Kern aus dem 13. Jahrhundert wohl auch der älteste Bau seiner Art in der Mark. Das langgestreckte dreigeschossige Gebäude mit dem kreuzrippengewölbten Keller

◁ *Bernau, Marienkirche. Blick in den Chor*

*Frankfurt an der Oder, Rathaus ▷*

wird an der nördlichen und südlichen Schmalseite von reich gestalteten Schaugiebeln geschmückt. Die Fialen und Pfeiler erhielten manieristische Spitzen, als 1607/09 der italienische Baumeister Thaddäus Paglion den Bau überformte. Aus dieser Zeit stammt auch der Turm auf der Nordseite. Die Gerichtslaube, ebenfalls auf der Nordseite, wurde schon früh in den Bau integriert.

Das altstädtische Rathaus in Brandenburg, ein rechteckiger zweigeschossiger Backsteinbau von 1470/80, besticht durch seine dekorativen Giebelfronten und den Turmbau, der die Anlage spannungsvoll in den Stadtraum einbindet. Die Marktfront wird ausgezeichnet durch die monumentale Rolandsfigur von 1476, die von dem im Zweiten Weltkrieg zerstörten Neustädischen Rathaus 1946 hierher versetzt wurde.

Das Rathaus auf dem Marktplatz in Jüterbog mit Bauteilen von 1380 im Untergeschoß und der Gerichtslaube an der Nordseite, die 1493 von einem Meister Merten vollendet wurde, ist in

*Perleberg, Markt mit Stadtkirche St. Jakob, Rathaus und Roland*

. . . auch
deutsche
KUNST!

den Hauptformen um 1500 begonnen worden und bietet mit dem reich gegliederten Stufengiebel auf der Ostseite ein charakteristisches Bild spätmittelalterlicher, bürgerlicher Baukunst in der Mark. Ein weiterer in spätmittelalterlichen Formen gestalteter Bau ist das Rathaus in Wittstock. 1592 bis 1631 errichtet, wurde es in den folgenden Jahrzehnten stark verändert.

Bemerkenswert in seiner städtischen Zentrallage ist auch der Rathausbau in Fürstenwalde. Errichtet um 1511, zeichnet er sich durch einen mit durchschlungenen Spitzbogenblenden reich geschmückten Giebel im Westen und einen Turm im Osten aus.

Das Bild der mittelalterlichen Stadt war wie das einer Burg sehr markant durch die Befestigungsanlagen der Stadtmauer mit den Weichhäusern, den Mauer- und Tortürmen bestimmt. Durch sie grenzte sich die Stadt von der umgebenden Landschaft ab, und sie signalisierten den Schutz, die Eigenständigkeit und den Stolz der Stadtgemeinde. Stadtmauern, Tortürme und Weichhäuser wurden in der Mark vom frühen 13. bis zum späten 15. Jahrhundert errichtet, wobei der Landesherr seinen Einfluß durch die Genehmigung und die Gestaltung der Festungsanlage geltend machte. Das hinderte die Städte aber nicht daran, aufwendige Mauerringe anzulegen. Besonders in der Zeit von 1440 bis 1520, als es mit der Machtfülle der Städte längst vorbei war, wurden in kleinen und mittleren Städten östlich der Elbe prächtig geschmückte Torhäuser in die Mauerringe eingefügt. Erhalten haben sich noch sehr schöne Torhäuser in Jüterbog, Gransee, Prenzlau, Templin, Wittstock, Mittenwalde und Brandenburg. Die im 15. Jahrhundert bereits gebräuchlichen Feuerwaffen, durch die Stadtmauern für die Verteidigung funktionslos wurden, waren kein Hinderungsgrund für den Bau neuer Mauern, Türme und Torhäuser. An die Stelle fortifikatorischer Interessen traten nun Aspekte des städtischen Schmucks und der Ausgestaltung mit architektonisch wirkungsvollen Bauten, in denen sich der Anspruch auf Größe und Selbständigkeit ausdrücken sollte. Je kleiner und unbedeutender eine Stadt war, um so mehr trachtete ihre Bürgerschaft offenbar danach, sie mit der Architektur von Mauern, Türmen und Torhäusern aufzuwerten.[9]

Die Tortürme des 13. Jahrhunderts in der Mark hatten noch den Charakter einfacher schmuckloser Torhäuser. Im 14. Jahrhundert

*Brandenburg, Rathaus am altstädtischen Markt*

9 Heinrich Trost, Norddeutsche Stadttore zwischen Elbe und Oder, Berlin 1959, S. 108 f.

wurde daraus der repräsentative Torturm mit Giebelbekrönung auf der Stadt- und Feldseite. Abgelöst wurde dieser Typ in der Mitte des 14. Jahrhunderts durch Bauten, deren Giebelschmuck die gesamte Schauseite bis auf den Boden überzieht. Die weitere Entwicklung führte dann zur Ausbildung komplizierter renaissancehafter Formen mit Mittel- und Ecktürmen, in denen die Urform der Befestigungsanlage, das römische Kastrum, wieder aufzuleben scheint.[10] Vortore sind aus der ersten Hälfte des 15. Jahrhunderts erhalten geblieben. Die zweiten Hälfte des 15. Jahrhunderts brachte dann das Doppelturmtor; ein besonders schönes Exemplar dieses Tortyps befindet sich mit dem Zinnaer Tor in Jüterbog.

Die zahlreichen Tortürme in den kleinen Städten, ihr Formenreichtum, das bescheidene Ausmaß der Maueranlagen, das ihren Schmuckcharakter sofort erkennen läßt, sind als Besonderheit brandenburgischer Baukunst spezifischer Ausdruck einer stadtgeschichtlichen Entwicklung, die den wieder zunehmenden Einfluß des Landesherrn mit dem Traum der Städte nach größerer Autonomie in Übereinstimmung zu bringen suchte.

Als wichtigster Neubau in der Mark entstand 1443 bis 1458 unter Kurfürst Friedrich II. das Berliner Schloß. Es wurde 1538 von dem Baumeister Caspar Theiß in einen stattlichen Renaissancebau nach dem Vorbild sächsischer Renaissanceschlösser umgestaltet. Dieser repräsentative Schloßbau regte den märkischen Adel dazu an, seine Schlösser und Gutshäuser ebenfalls in Renaissanceformen zu modernisieren. Meist geschah der Neubau unter Einbeziehung älterer Anlagen wie Burgen und sogenannter fester Häuser. So wurde das Schloß Demerthin bei Kyritz in der Prignitz erweitert und aufgestockt. Es erhielt bis 1604 Zwerchhäuser auf allen vier Seiten des quadratischen Baukörpers und einen Treppenturm mit Sandsteinportal auf der Nordseite. Das kleine Schloß in Königs Wusterhausen, das als Burg oder als festes Haus bereits 1305 nachgewiesen ist, wurde im 16. Jahrhundert ebenfalls unter Einbeziehung älterer Bauteile im gleichen Typ wie Demerthin mit zwei Geschossen und daraufgesetzten Zwerchhäusern sowie einem Turm mit Portal neu errichtet.

Jüterbog, Zinnaer Tor

Gransee, Ruppiner Torturm ▷

Demerthin, Schloß ▷▷

Im Norden des Landes, an der Grenze zu Mecklenburg, entstand 1556 das Schloß Freyenstein, von dem heute noch ein kleiner Teil mit Terrakotten aus der Werkstatt des Lübecker Meisters Statius von Düren erhalten ist. In der zu dieser Zeit kursächsisch regierten Lausitz wurden die Renaissanceschlösser Doberlug, Drehna, Großkmehlen und Sallgast direkt von sächsischen Baumeistern neu geplant bzw. umgebaut.

In das 16. und 17. Jahrhundert fällt auch die Ausstattung der Kirchen mit bemerkenswerten Renaissanceepitaphien, deren Aufstellung oft mit dem Anbau von Grabkapellen an die Kirchen verbunden war. So fügte der italienische Baumeister Thaddäus Paglion 1590 an die spätgotische Hallenkirche von Lieberose einen

10 Ebenda, S. 104 ff.

3,80

Umgangschor als Grabkapelle für die grundherrliche Familie an, in der dann 1597 das raumhohe Epitaph des Joachim von der Schulenburg Aufstellung fand.

Weitere bemerkenswerte Renaissanceepitaphien entstanden in der Stadt Brandenburg mit dem Schulenburgepitaph in der Katharinenkirche sowie in der Dorfkirche von Ketzür bei Brandenburg mit dem Epitaph für die Familie von Brösicke aus der Hand des Magdeburger Bildhauers Christoph Dehne. Von ihm stammt vermutlich auch das große Quitzowepitaph in der Dorfkirche Kletzke in der Prignitz.

In den Kirchen wurden vielfach die mittelalterlichen Schnitzaltäre durch neue in Renaissanceformen ersetzt, die mit einem protestantischen Bildprogramm ausgestattet waren. Zu dieser Zeit entstand auch der Schnitzaltar in der Dorfkirche von Reichenow bei Berlin. Dazu kam die Neueinrichtung der mittelalterlichen Kirchen für den protestantischen Gottesdienst nach dem in der Torgauer Schloßkapelle vorgegebenen Typ mit neuen großen Kanzeln in der Mitte der großen einheitlichen Hallen, umgeben vom Gestühl für die Gemeinde. Die für den katholischen Gottesdienst konzipierten Andachtsräume aus dem Mittelalter erhielten eine neue Funktion und wurden so in vorbildlicher Weise vor dem Verfall bewahrt.

Der Dreißigjährige Krieg richtete in der Mark wie überall in Deutschland schwere Verwüstungen an. Die Bevölkerung wurde empfindlich dezimiert, die Dörfer und damit auch zahlreiche Dorfkirchen zerstört. Die Kosten des Krieges führten zu einem Aderlaß, der jede wirtschaftliche und kulturelle Produktivität lähmte. Ein neuer Aufschwung in der Bautätigkeit war erst lange Zeit nach dem Krieg möglich.

◁ *Freyenstein, Altes Schloß*

*Sallgast, Schloß*

*Kletzke, Dorfkirche. Wandgrab Ph. von Quitzow*

*Reichenow, Dorfkirche. Altaraufsatz*

*Ketzür, Epitaph des Herrn von Brösicke und seiner Familie in der Dorfkirche* ▷

Im Westfälischen Frieden von 1648 hatte der Brandenburgische Kurfürst Land hinzugewonnen. Er begann mit dem Aufbau einer starken Zentralgewalt. Ein stehendes Heer mußte geschaffen werden. Die Bildung einer qualifizierten Beamtenschaft war für die Durchsetzung einer einheitlichen Steuergesetzgebung notwendig, und die Entwicklung der Wirtschaft war nur durch Aufhebung der Zunftzwänge in den Städten zu erzielen.

Wiederum wurde das Land für Kolonisten geöffnet. Protestantische Glaubensflüchtlinge, die durch die Gegenreformation ins Exil getrieben wurden, fanden in Brandenburg eine neue Heimat.

Kulturell war der Wiederaufbau durch die engen Beziehungen des Kurfürsten Friedrich Wilhelm zu Holland und Flandern geprägt, der 1664 die oranische Prinzessin Luise Henriette geheiratet hatte. Nicht nur Künstler, sondern vor allem auch Handwerker und Ingenieure aus Holland und Flandern kamen in die Mark, und durch sie gewannen der Ingenieurbau, der Festungs-, Kanal- und Schleusenbau zunehmend an Bedeutung. Die baukünstlerische Tätigkeit konzentrierte sich auf die Residenzen des Kurfürsten in Berlin und Potsdam, aber auch auf die Schloßneubauten in Charlottenburg, dem damaligen Lützow, auf Köpenick und Oranienburg.

Damit beginnt eine neue Etappe der politischen und künstlerischen Entwicklung, die auch auf neue Art durch europäische Einflüsse geprägt ist.

Wilfried Hansmann

# III Friderizianisches Rokoko

◁ *Potsdam, Schloß Sanssouci. Kolonnade und Ruinenberg*

## Preußen und Rokoko

Wenn Friedrich II. von Preußen irgendwo auch als Bauherr der Große war, merkt Wolfgang Braunfels an, dann in der Planung von Sanssouci.[1] Hier gelang es, einem Refugium arkadischer Prägung die unwiederholbare Gestalt für einen Herrscher zu geben, der nach den Worten Voltaires »ohne Hof, ohne Rat und ohne Religion«[2] lebte. Braunfels stellt Schloß Sanssouci – die Vollendung des friderizianischen Rokoko – neben die kühnsten Erfindungen des Zeitalters: neben den Zwinger Augusts des Starken in Dresden, neben das Belvedere des Prinzen Eugen in Wien. Gemeinsam mit Sanssouci haben diese Werke die Vollkommenheit ihres künstlerischen Gesamtkonzepts und ihre Originalität. Keine dieser Architekturen hat Parallelen. Jede dieser Schöpfungen ist von den individuellen Bedürfnissen ihrer Bauherren geprägt und Ausdruck ihrer unvergleichlichen Persönlichkeiten.

Preußen und Rokoko. Das eine assoziiert »einen Staats- und Verwaltungsbegriff von genialer Strenge und ein Ethos von unbestechlicher Sachlichkeit und Zuverlässigkeit ..., wie sie in der Antike im Organisationsgenius des Römischen Weltreichs und seither, nur mit Abstand vergleichbar, in der venezianischen und britischen Seemacht aufgetreten sind«.[3]

Rokoko bedeutet höchste Eleganz und nie gekannten Überschwang in der Formenwelt aller Künste in Europa um die Mitte des 18. Jahrhunderts und – wie im Preußen Friedrichs des Großen – noch weit darüber hinaus.

In der Persönlichkeit Friedrichs finden die Gehalte beider Begriffe zusammen. »Sämtliche Künste bildeten den Rahmen für die Kunst eines mit Esprit gelebten Lebens. Formal bedeutet preußisches Rokoko einfallstrotzendes Scherzo der Dekoration über gesundem Maßhalten in den Grundlinien ... Dabei zeichnete sich das Preußische durch besondere Keckheiten aus, zugleich maßvoll und übermütig, konziliant und herausfordernd.«[4] Mit Recht darf von einem friderizianischen Rokoko die Rede sein. Denn die Mehrzahl der Gesamtkunstwerke, von denen im folgenden gehandelt wird, ging auf die Initiative des Königs zurück. »Nur diese eine Persönlichkeit vermochte einen Gemeinschaftsgeist der Künstler zu schaffen, der auch den Geringsten unter ihnen anfeuerte.«[5]

## Der König als Bauherr und Baumeister

Friedrich der Große begnügte sich nicht mit der Rolle eines Bauherrn. »Es entsprach seiner Auffassung vom König als dem ›ersten Diener des Staates‹, wenn er nicht nur in der Politik, im Militär-, Justiz- und Manufakturwesen, sondern auch auf künstlerischem Gebiet jede Entscheidung selbst traf. Die Baukunst war ihm die beste Möglichkeit, seinen eigenen künstlerischen Bestrebungen einen allen sichtbaren Ausdruck zu verleihen.«[6] Friedrich fühlte sich durchaus als Baumeister. Er schrieb, er spiele mit Gebäuden und Gärten wie ein Kind mit seinen Puppen.[7]

Sein Architektur-Wissen erwarb sich Friedrich im Umgang mit seinen Bauberatern und Architekten. In den Bibliotheken seiner Schlösser fand er nahezu alle wichtigen Architekturwerke der Zeit, außerdem Literatur über antike Baukunst. »Der König hatte in seinem Zimmer beständig die Werke eines Piranesi und Panini auf dem Tisch liegen, aus welchen er die Vorschriften zu den auszuführenden Gebäuden in Berlin und Potsdam gab.«[8] Friedrich weilte niemals in Italien. Die dortige Baukunst der Antike und der Renaissance kannte er nur durch Stiche und andere Bildquellen.

Wie eng er mit seinen eigenen Bauten vertraut war, geht aus den Tagebüchern seines Vorlesers Henri de Catt aus dem Siebenjährigen

1 Wolfgang Braunfels, Die Kunst im Heiligen Römischen Reich Deutscher Nation. Bd. 1: Die weltlichen Fürstentümer, München 1979, S. 125.

2 Voltaire, Über den König von Preußen. Memoiren. Hrsg. und übersetzt von Anneliese Botond, Frankfurt a. M. 1981, S. 30.

3 Carl von Lorck, Preußisches Rokoko, Oldenburg-Hamburg 1964, S. 5.

4 Ebenda, S. 27.

5 Ebenda.

6 Hans-Joachim Giersberg, Friedrich als Bauherr. Studien zur Architektur des 18. Jahrhunderts in Berlin und Potsdam, Berlin 1986, S. 305.

7 Ebenda, S. 27.

8 Ebenda S. 32; dort zit. nach D. C. G. D. Stein, Charakteristik Friedrichs des Zweiten, König von Preußen 1, Berlin 1798, S. 136 f.

*Friedrich der Große (1712–1786). Gemälde von Antoine Pesne, um 1750. Brühl, Schloß Augustusburg*

Krieg hervor. Unter dem 19. August 1758 ist vermerkt: »Der König zeichnete mir den Plan von Schloß Sanssouci und den Gärten. Nicht ein Fleck, der nicht einen hübschen Anblick böte. Er erzählte mir von seinem philosophischen Leben. ›Im Garten ist ein Grabgewölbe, von Tannen umgeben; ich will noch Zypressen pflanzen lassen . . .‹«[9] Rasch hingeworfene Skizzen, gleichsam gezeichnete Kabinettsordres, übergab Friedrich auch seinen Baumeistern für die Planung von Neuanlagen wie für Innendekorationen und Möblierungen.

Nach der Einschätzung Heinrich Ludwig Mangers war der König wirklich »von Natur ein Verehrer der schönen Künste und Wissenschaften, also auch aus Selbstgefühl und Ueberzeugung ein Liebhaber von prächtigen und nützlichen Bauen«. Obwohl er gerne seine Rolle als »Selbsterfinder« und »Vorzeichner der Aussenseiten zu den erbauenden Schlössern, pübliken, privat- und ökonomischen Gebäuden von einiger Wichtigkeit« spielte, habe er nicht auf besondere Baumeister verzichten können, »die nicht allein die Ideen des Königs nach ihren erforderlichen Maasen gehörig aufzeichnen und profiliren, oder Schablonen dazu machen konnten, damit für Künstler und Werkleute alles deutlich genug würde, sondern die auch vorher Ueberschläge der zu jedem anbefohlenen Baue erforderlichen Kosten, im Voraus zu machen im Stande waren, als ohne dergleichen vorgängigen Kostenanschlägen der König niemals einen Bau anfangen ließ«.[10] Die Ausarbeitung von Plänen und die Realisierung von Projekten überwachte Friedrich in jeder Phase. Meinungsverschiedenheiten mit den Fachleuten blieben nicht aus. »In Seinem Charakter war edle Standhaftigkeit: dies zeigen die vielerley Unglücksfälle im Kriege, die Er alle durch Standhaftigkeit überwand. Aber diese Tugend erzeugt auch oft eine Art von Eigensinn oder Eigenwillen, der keinen Widerspruch duldet, und dieses war auch hier der Fall. Was der König in Bausachen einmal angeordnet und befohlen hatte, dabey mußte er schlechterdings bleiben, und wenn Er es auch Selbst in der Folge fehlerhaft gefunden hätte. Knobelsdorff, Le Geai, und Gontard würden vielleicht länger in Seiner Gnade geblieben seyn, wenn sie nicht den Versuch hätten wagen wollen, darzuthun, daß auch ein König zuweilen in einer Kunst, die nicht Sein Hauptwerk ist, Unrecht haben könne.«[11] Keinen seiner Baumeister habe der König glücklich gemacht, keiner habe sich seiner Gunst ein Leben lang erfreuen dürfen.

Schon in den ersten Regierungsjahren Friedrichs entwickelte sich sein persönlicher Architekturgeschmack zu einem speziellen friderizianischen Stil. Er ist geprägt durch Architekturelemente der Antike und der Renaissance, die sich mit phantasievollster Ornamentik im »Style Rocaille«[12] verbinden. Hinzu kommen Skulpturen und Malereien, die inhaltlich die Vorliebe Friedrichs für die antike Literatur spiegeln, insbesondere für Ovid. Mit Johann August Nahl, den Gebrüdern Johann Christian und Johann Michael Hoppenhaupt standen dem König Ornamentkünstler zur Verfügung, die zu den besten und originellsten ihrer Zeit gehörten.

Ein Wesenszug der friderizianischen Ausstattungskunst ist ihre Sinnenhaftigkeit. Aber sie wirkt ernster, gemäßigter als die Ausstattungskunst etwa eines Augusts des Starken in Sachsen, wo sie sich in unerschöpflicher Phantasie zu verströmen scheint.

9 Henri de Catt, Vorleser Friedrichs des Großen. Die Tagebücher 1758–1760. Hrsg. von Paul Hartig, München–Berlin 1986, S. 61.

10 Heinrich Lud(e)wig Manger, Baugeschichte von Potsdam, besonders unter der Regierung König Friedrichs des Zweiten 3, Berlin-Stettin 1790, S. 542.

11 Ebenda, S. 546 f.

12 »Style Rocaille« bezeichnet nach Hermann Bauer, Rocaille. Zur Herkunft und zum Wesen eines Ornament-Motivs, Berlin 1962, S. 75, »die Endphase des Barock«. Zum Thema vgl. auch: Hermann Bauer/Hans Sedlmayr, Rokoko. Struktur und Wesen einer europäischen Epoche (dumont taschenbücher 273), Köln 1991.

Je länger Friedrich auf Stilvorstellungen aus der Zeit vor dem Siebenjährigen Krieg beharrte, um so mehr blockierte der absolutistische Bauwille eine Weiterentwicklung der Architektur wie der übrigen Künste. Aber letztlich war Friedrich an Neuerungen auf diesen Gebieten nicht interessiert. Für die Inszenierung seiner Bauschöpfungen waren gültige Formelemente und Stilmittel gefunden, die sich jederzeit wiederholen ließen, um seinen Geschmack zu befriedigen. Hat man den Preußenkönig in seiner aufgeklärten Innenpolitik »als einen Vorreiter späterer, hellerer Zeiten empfunden«[13], so wandte sich der Blick des Bauherrn nach rückwärts.

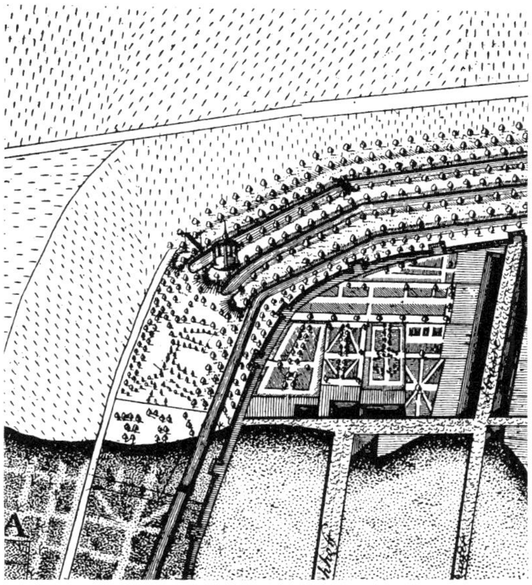

*Neuruppin, Amaltheagarten. Ausschnitt aus dem Stadtplan von B. M. Brasch nach dem Brand von 1787*

## Vorspiel

### Der Amaltheagarten in Neuruppin

König Friedrich Wilhelm I. von Preußen ernannte Kronprinz Friedrich 1732 zum Obersten eines Infanterieregiments in Neuruppin. Hier hatte er Soldaten zu exerzieren und dafür zu sorgen, daß seine Truppe nicht zum »Sallat-Regiment« verkümmerte. Erstmals war der Kronprinz hier der ständigen Aufsicht eines Despoten von Vater entronnen. Nach den militärischen Verpflichtungen, die Friedrich mit Gründlichkeit erledigte, widmete er sich der Musik und der Literatur.

Ruppin (wie der Ort damals hieß) bot sonst an Abwechslung nicht viel. Theodor Fontane, 1819 hier geboren, schildert in den ›Wanderungen durch die Mark Brandenburg‹ Friedrichs Alltag: »Die Stadtwohnung läßt viel zu wünschen übrig, aber es bedrückt nicht, denn wenigstens die Sommermonate gehören dem ›Garten am Wall‹. Hier lebt er heitere, mußevolle Stunden, die Vorläufer jener berühmt gewordenen Tage von Rheinsberg und Sanssouci. Allabendlich, nach der Schwere des Dienstes, zieht es ihn nach seinem ›Amalthea‹ hinaus. Der Weg durch die häßlichen Straßen der alten Stadt ist ihm unbequem, so hat er denn für ein Mauerpförtchen Sorge getragen, das ihn unmittelbar aus dem Hofe seines ›Palais‹ auf den Wall und nach kurzem Spaziergang unter den alten Eichen in die lachenden Anlagen seines Gartens führt. Da blüht es und duftet es; Levkojen und Melonen werden gezogen, und auf leise ansteigender Erhöhung erhebt sich der ›Tempel‹, der Vereinigungspunkt des Freundeskreises, den der Kronprinz hier allabendlich um sich versammelt.«[14] Schöpfer dieser Anlage, in poetischer Anlehnung an den Landsitz des Attikus in Epirus ›Amalthea‹[15] genannt, war Georg Wenzeslaus von Knobelsdorff. Er gehörte zum Kavalierkreis um den Kronprinzen und genoß dessen Vertrauen als beratender Freund und werdender Baumeister. Der Garten entstand zwischen 1732 und 1736 an der mittelalterlichen Stadtmauer im nordwestlichen Abschnitt der Wälle. Jakob Friedrich Freiherr von Bielfeld schildert die Anlage, deren ursprüngliche Gestalt nicht erhalten ist, als regelmäßig und überliefert als Besonderheit »Charmilles« – Hainbuchenhecken. Ferner werden Taxuspyramiden, Statuen und Vasen als Schmuckelemente erwähnt.[16] Höhepunkt war Knobelsdorffs Erstlingswerk, der auf erhöhter Stelle errichtete Rundtempel mit einem Kranz von acht toskanischen Säulen, ursprünglich allseitig offen[17] und auf der Kuppel bekrönt mit einer Apollostatue. Sobald der Tempel fertig sei, schrieb Friedrich 1735 seiner Lieblingsschwester Wilhelmine von Bayreuth, »werden wir Opfer darbringen – natürlich Dir, liebste Schwester, als Beschützerin der schönen Künste«.[18] Dieser Monopteros gehörte zu den ersten Bauschöpfungen klassizistischer Prägung in Deutschland, hinter denen Anregungen Vignolas, Scamozzis und Palladios stehen. Doch reiner

13 Hermann Schreiber, August der Starke. Kurfürst von Sachsen – König von Polen, München 1986, S. 278.

14 Theodor Fontane, Wanderungen durch die Mark Brandenburg. 1. Bd.: Die Grafschaft Ruppin. 1. Aufl. 1862. Neudruck München 1977, S. 78.

15 Amalthea, die Nymphe, die den eben geborenen Jupiter mit der Milch einer Ziege nährte. Auch selbst als Ziege gedacht. Jupiter versetzte sie aus Dankbarkeit als Sternbild Capra an den Himmel.

16 Margarete Kühn, Die Gärten Friedrichs des Großen, in: Brandenburgische Jahrbücher Heft 14/15, 1939, S. 35.

17 1791 wurden die Säulenzwischenräume vermauert; die ursprüngliche Bauidee Knobelsdorffs ging damit verloren. Heute zeigt der Apollotempel nur noch sechs toskanische Halbsäulenvorlagen. 1853–56 wurde der Amaltheagarten in einen romantischen Park umgestaltet mit Türkischer Villa, Gärtnerei und Umfassungsmauer im maurischen Stil nach Entwurf von Karl von Diebitsch. Gleichzeitig stellte man zahlreiche Skulpturen des 18. Jahrhunderts aus Dresden auf, darunter zwei Satyrn von Johann Christian Kirchner sowie ›Flora‹ und ›Bacchus‹ von Gottfried Knöffler.

18 Zit. nach Kühn (wie Anm. 16) S. 33.

*Neuruppin, Amaltheagarten*

Klassizismus war dieser Tempel nicht, vielmehr die »Verarbeitung eines palladianischen Tempietto-Motivs mit Ideen des Rokoko. Durch dieses kleine Gebäude war seit Anbeginn das architektonische Schaffen Knobelsdorffs, seine grundsätzliche formästhetische Auffassung, die alle seine späteren Entwürfe und Bauten prägen sollte, fast programmatisch formuliert.«[19] Linden, Eichen und Pappeln umschatteten das Gebäude, schlossen sich mit ihm zu einem malerischen Bild zusammen, das wie eine Vorahnung des Landschaftsgartens gewirkt haben mag. An weiteren Bauwerken im Garten überliefert Bielfeld eine Grotte, ein Bad, einen Pavillon und einige Kabinette. Zu diesem künstlerisch veredelten Lebensraum gehörten – eine Eigenheit auch aller späteren friderizianischen Gärten – die Obstanlagen. 1737 schrieb der Kronprinz, er reise demnächst nach Amalthea, »meinem lieben Garten in Ruppin, und brenne vor Ungeduld, meinen Weinberg, meine Kirschen und Melonen wiederzusehen«.[20] Die Vorliebe für frisches Obst behielt Friedrich bis ans Ende seiner Tage.

## Schloß Rheinsberg

Dem Charme des Schlosses Rheinsberg huldigt Fontane in den ›Wanderungen durch die Mark Brandenburg‹ wie kein anderer. Unvergleichlich und noch heute wie damals zu erleben Fontanes erster Blick auf das Schloß – aus einem Boot auf dem Grienerick-See: »Nun erst machen wir kehrt und haben ein Bild von nicht gewöhnlicher Schönheit vor uns. Erst der glatte Wasserspiegel, an seinem Ufer einen Kranz von Schilf und Nymphäen, dahinter ansteigend ein frischer Gartenrasen und endlich das Schloß selbst, die Fernsicht schließend. Nach links hin dehnt sich der See, wohin wir blicken, ein Reichtum von Wasser und Wald, die Bäume nur manchmal gelichtet, um uns irgendein Denkmal auf den stillen Grasplätzen des Parks, oder eine Marmorfigur oder einen ›Tempel‹ zu zeigen …

Eine Beschreibung des Schlosses versuche ich nur in allgemeinsten Zügen. Es besteht aus einem Mittelstück (corps de logis) und zwei durch eine Kolonnade verbundenen Seitenflügeln. In Front der See. Mehr eine Eigentümlichkeit als eine Schönheit bilden ein paar abgestumpfte Rundtürme, die sich an die Giebel der Seitenflügel anlehnen.«[21]

Nach der Heirat Friedrichs mit Elisabeth Christine von Braunschweig-Bevern 1733 gestattete ihm der König, eine eigene Wohnstatt zu besitzen. Friedrich Wilhelm I. erwarb für den Sohn das bescheidene Wasserschloß Rheinsberg aus dem 16. Jahrhundert. Friedrich ließ diese unwohnliche Anlage nach seinen Vorstellungen zu einem Kronprinzensitz gestalten, »wo er sich in einer ländlichen Stille zu dem weitläufigen Regierungsgeschäfte vorbereiten wollte«.[22] Hierbei wünschte er nichts sehnlicher, als seinen Neigungen leben zu können und den despotischen König, der ihn seit frühester Jugend drangsaliert und gedemütigt hatte, in der Ferne zu wissen.

Die Inschrift über der Durchfahrt von der Stadt in die Cour d'honneur nennt Bauherrn und Funktion des Schlosses: »F R I D E R I C O T R A N Q U I L L I T A T E M C O L E N T I. M D C C X X X I X.« – »Friedrich zu eigen, der der Ruhe pflegt. 1739.«

Rheinsberg war das »Friedrichsruh« für einen Zwanzigjährigen. Aber Ruhe des Kronprinzen bedeutete nicht Müßiggang, sondern Bildungsbesessenheit und freudvolles Zusammensein mit Gleichgesinnten. Das Unglück habe ihn immer verfolgt, resümierte Friedrich im reifen Alter; nur in Rheinsberg sei er glücklich gewesen.

Friedrich beschäftigte sich in Rheinsberg mit jeder Phase des Um- und Ausbaues, wobei er in dieser frühen Zeit als Bauherr den Ideen der Künstler stärker folgte als später in Potsdam. Dem Umbau des Schlosses lag wohl von Anfang an ein Konzept des Baudirektors der kurmärkischen Kammer Johann Gottfried Kemmeter zugrunde. 1736 bezog der Kronprinz den Südflügel. 1737 übernahm Georg Wenzeslaus von Knobelsdorff die Leitung der weiteren Bauarbeiten und ergänzte das Schloß um den Nordflügel mit dem anschließenden Turm.

Freiherr von Bielfeld, der 1739 nach Rheinsberg kam, schildert die Gestalten um den Kronprinzen und schreibt über Knobelsdorff, er sei »ein Mann von etwas rauhem Wesen und Aussehen, aber von großem Verdienst. Sein Äußeres hat nichts Galantes noch sehr Verfeinertes, aber darum ist er nicht minder schätzbar. Ich vergleiche ihn mit einer sehr schönen Eiche, und wie Sie wissen, brauchen nicht alle Bäume wie die Laubengänge von Marly beschnitten zu sein. Knobelsdorff ist der verkörperte gesunde Verstand; seine Unterhaltung ist lehrreich, und er besitzt seltene Begabung für Bau-, Zeichen- und Malkunst. Um sich in diesen schönen Künsten zu vervollkommnen, hat der Kronprinz ihn vom Militär fortgenommen, wo er es bis zum Hauptmann gebracht hatte, und ihm eine Reise nach Italien ermöglicht (1736). Er kam mit schönsten theoretischen Kenntnissen zurück, und der Kronprinz gibt ihm täglich Gelegenheit, sie in die Praxis umzusetzen.«[23]

Erhalten ist eine Skizze, die eine italienisch geprägte Fassadengestaltung zur Seeseite einschließlich der Kolonnade zeigt und die Absicht Knobelsdorffs verrät, die Kemmeterschen Pläne baukünstlerisch zu verbessern. Das Motiv der Kolonnade übernahm Knobelsdorff wahrscheinlich aus einem 1717 veröffentlichten Palastentwurf Paul Deckers.[24] Vorbild für die Verbindungsfunktion der Kolonnade dürfte der Arka-

19 Hans-Joachim Kadatz/Gerhard Murza, Georg Wenzeslaus von Knobelsdorff. Baumeister Friedrichs II., 2. Aufl. München 1985, S. 38.

20 Zit. nach Kühn (wie Anm. 16) S. 36 f.

21 Fontane (wie Anm. 14) S. 252.

22 Carl Wilhelm Hennert, Beschreibung des Lustschlosses und Gartens Sr. Königl. Hoheit des Prinzen Heinrichs Bruders des Königs, zu Reinsberg, wie auch der Stadt und der Gegend um dieselbe, Berlin 1778 (Nachdruck Potsdam-Sanssouci 1985), S. 6.

23 Brief des Freiherrn von Bielfeld vom 30. Oktober 1739 aus Rheinsberg, in: Gustav Berthold Volz (Hrsg.), Friedrich der Große im Spiegel seiner Zeit 1, Berlin o. J., S. 69.

24 Tilo Eggeling, Beiträge zur Baugeschichte von Schloß Rheinsberg. Der Umbau des märkischen Landsitzes zur Residenz des Kronprinzen Friedrich (II.), in: Schlösser, Gärten, Berlin. Festschrift für Martin Sperlich zum 60. Geburtstag 1979, Tübingen 1980, Abb. 15.

*Rheinsberg, Ansicht des Schlosses von der Seeseite. Radierung von Johann Conrad Krüger nach Christian Friedrich Ekel, 1773*

dengang des Schlosses Oranienburg gewesen sein.[25]

In der Entwurfsskizze Knobelsdorffs finden sich erstmals jene Qualitäten, die allen seinen späteren Werken eignen: »Konzeption vom Ganzen her, Beschränkung auf wenige, ausdrucksstarke Formen, Logik der Verhältnisse und, daraus resultierend, jene stille Eleganz, die ihn in so besonderem Maße auszeichnet.«[26]

Finanzielle und bautechnische Probleme erzwangen bei der Ausführung Kompromisse. Dennoch entstand eine Anlage von eigener, wenn auch herber Prägung. Die Ansicht von Ekel/Krüger vermittelt den glanzvollsten Eindruck des Schlosses von der Seeseite aus: Noch fehlen die Eckpavillons am Corps de logis[27], noch tragen die Rundtürme nicht ihre stumpfen Kegelhauben.[28] Rechts ist der Marstall zu sehen, links das Kavalierhaus.

Das Schloß ist auf einer rechteckigen Insel errichtet, den Eingangsrisalit krönen jene Allegorien, die in diesem Schloß ihre Heimstatt haben: Rhetorik, Musik, Malerei und Bildhauerei.

Der Ehrenhof öffnet sich nicht der Stadt zu, um nach barocker Denkweise Herrschaftsanspruch und Würde des Bauherrn auszudrücken, sondern ist auf den See und auf die Landschaft bezogen. »Diese enge Verbindung zur Natur deutet auf ein neues Verhältnis zwischen Architektur und Landschaft, das sich nicht mehr auf die repräsentative Demonstration absolutistischer Macht gründet.«[29] Der Blick auf See und Landschaft aus der Cour d'honneur kann jedoch nicht frei schweifen. Er wird aufgehalten durch die ›offene‹ Abgrenzung der Kolonnade. Durch dieses Verstellen des Ausblicks wird der Hintergrund aus der Dimension des Erfahrbaren in die des nur Erahnbaren gewendet. »Die Interpretation des Standortes des Betrachters bleibt davon nicht unberührt, er selbst befindet sich auf einer verzauberten Insel.«[30] Die Verschmelzung des Architektonischen mit dem Szenischen ist ein Beitrag Knobelsdorffs zum friderizianischen Rokoko.[31] Hier in Rheinsberg wird zugleich der Geist der Naturbilder eines Antoine Watteau heraufbeschworen. Der Kronprinz und der Freundeskreis, den er in Rheinsberg um sich versammelt hatte, waren von den Werken dieses Malers zutiefst ergriffen.

Im Reigen der Gestalten um Friedrich fehlt in Bielfelds Schilderung auch die Kronprinzessin Elisabeth Christine nicht. Sie sei stattlich und vorzüglich gebaut, ihre Glieder zeigten Eben-

25 Ebenda, Abb. 4.

26 Ebenda, S. 72.

27 1786 von Georg Friedrich Boumann d. J. ausgeführt.

28 1802-05 aufgesetzt.

29 Detlef Karg, Der Schloßpark von Rheinsberg. Ein Führer durch den Schloßpark und seine Geschichte, Rheinsberg 1981, S. 4.

30 Eggeling (wie Anm. 24) S. 72.

31 Grete Kühn, Zum friderizianischen Rokoko, in: Zeitschrift für Kunstgeschichte 2, 1933, S. 120.

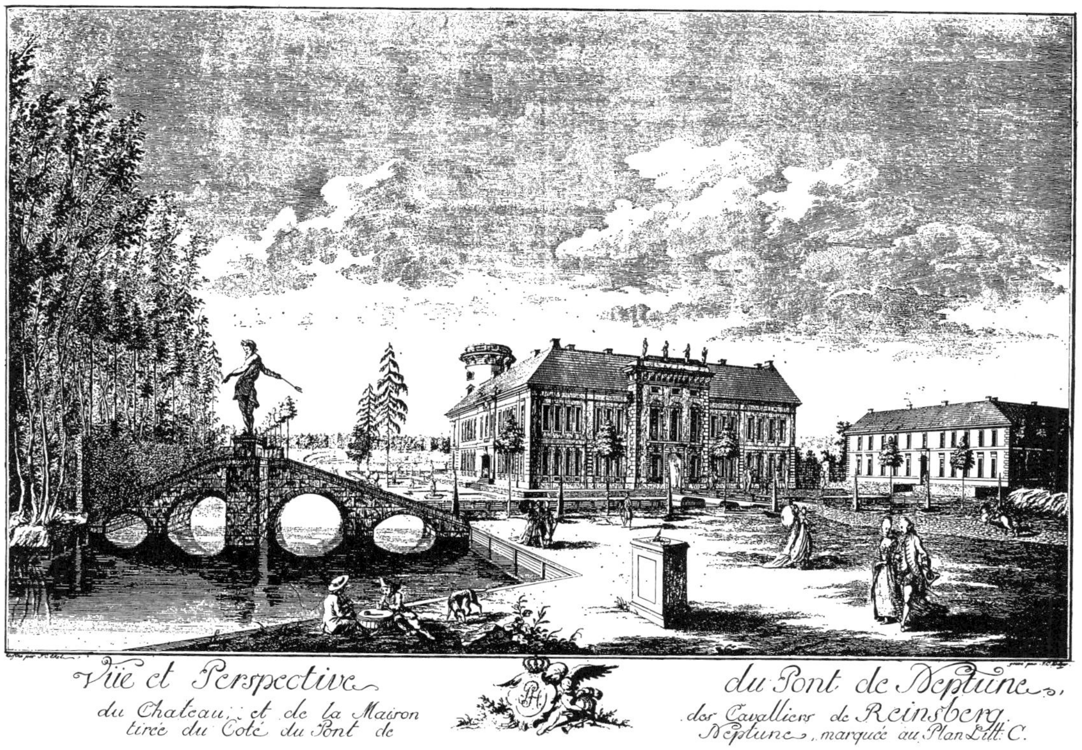


*Rheinsberg, Ansicht des Schlosses mit der Neptunbrücke. Radierung von Johann Conrad Krüger nach Christian Friedrich Ekel, 1773*

maß. Ihr Teint sei sehr schön, und in ihren großen blauen Augen sehe man Lebhaftigkeit und Sanftmut vereint, was ihrem Blick etwas sehr Geistreiches gebe. Keine Prinzessin Europas besitze schönere Diamanten, und keine wisse sie besser anzubringen als sie. »Sie spricht wenig, namentlich bei Tisch, aber alles, was sie sagt, ist geistvoll. Sie scheint hochbegabt und verschönert ihre Anlagen durch emsiges Lesen der besten französischen Schriftsteller.«[32] Keine Andeutung, daß der Kronprinz eine vom König aufgezwungene politische Konvenienzehe führte, daß die Beziehungen zwischen dem Kronprinzenpaar von Anbeginn gestört waren. Mit Friedrichs Thronbesteigung endete die Ehegemeinschaft, obwohl sie rechtlich nie aufgelöst wurde.

Das schöne Geschlecht spielte für Friedrich in Rheinsberg durchaus eine Rolle, erklärte er doch, ganz abgesehen von dem holden Minnedienst seien Frauen in der Gesellschaft unerläßlich, und ohne sie bleibe jede Unterhaltung matt. Mehr als der Kontakt zur Weiblichkeit bedeutete Friedrich aber »unverfälschte Freundschaft« mit Männern; ein Mensch, der die Wissenschaft pflegte, aber ohne Freunde lebte, galt ihm als ein »gelehrter Werwolf«.

Den Verlauf des Lebens in Rheinsberg faßte Friedrich in die Verse:

»Da füllt Philosophie gar manche Stunde;
Bald fesselt Newton und die Sternenkunde,
Bald Dichtkunst, Malerei uns ganz,
Bald freun wir uns an der Geschichte Themen,
Bald sinnen wir ob den Problemen
Der Größe Roms und Griechenlands.
Drauf, voll von Liebe, Versen und voll Lust
Und von der holden Tollheit ganz bezwungen,
Die Ernst und Herbe scheucht aus jeder Brust,
Sprühn die von edlem Wein gelösten Zungen,
Lebendig zwar, doch Maß und Grenze wahrend,
Ein Feuerwerk, mit Geist die Laune paarend;
An diesem stillen Fleckchen, von Banausen
Und Gecken unbehelligt, sehe ich
Die zarte, unverfälschte Freundschaft hausen.«[33]

Nach dem Tode Friedrich Wilhelms I. und der Thronbesteigung Friedrichs II. 1740 erhielt Prinz Heinrich von Preußen 1744 den Rheinsberger Besitz von seinem königlichen Bruder als Geschenk. Der Prinz, 14 Jahre jünger als Friedrich, bezog das Schloß erst 1753 nach seiner Heirat und bewohnte es bis zu seinem Tode 1802. Nur wenige Räume beließ Prinz Heinrich im Zustand der friderizianischen Zeit. Bis 1945 ver-

32 Bielfeld (wie Anm. 23) S. 74.

33 Zit. nach Georg Holmsten, Friedrich II., mit Selbstzeugnissen und Bilddokumenten, Neuaufl. Reinbek 1986, S. 32 f.

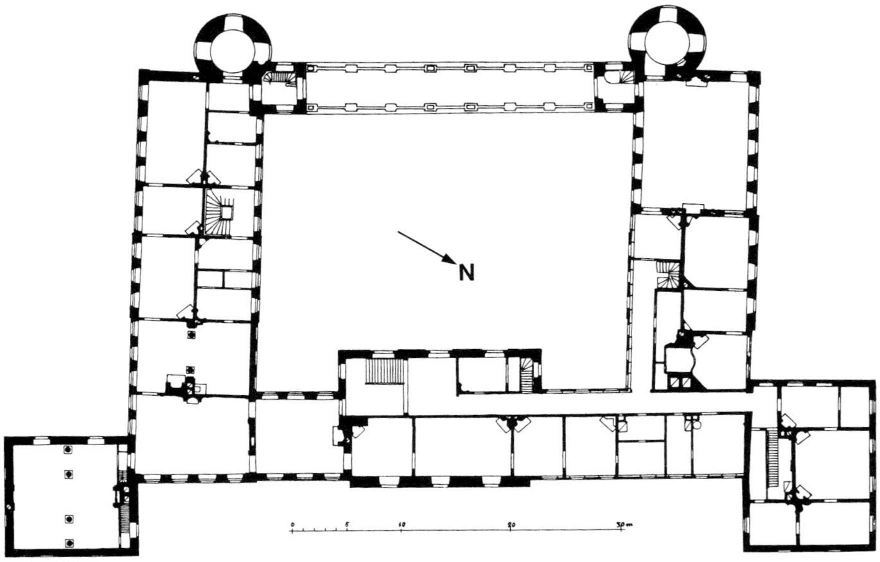


*Rheinsberg, Schloß. Grundriß des Obergeschosses*

blieb Rheinsberg unter der Verwaltung der Hofkammer. 1951 wurde es von der Verwaltung der Staatlichen Schlösser und Gärten Potsdam-Sanssouci an die Sozialversicherung des Landes Brandenburg übergeben. Nahezu vier Jahrzehnte war Friedrichs Musensitz Sanatorium für Diabetiker. Nach ihrem Auszug ist die lange ersehnte Nutzung als Museum und für andere kulturelle Zwecke möglich geworden.

Aus der Kronprinzenzeit blieben die beiden Turmkabinette, der Festsaal mit seiner Vorkammer und der Vorsaal oder Rittersaal erhalten. Schon aus ihrer Disposition wird deutlich, wie entschieden der Kronprinz seine eigene Nutzungsvorstellung entgegen der Konvention zu realisieren wußte. Zwei Funktionsbereiche sind erkennbar: zuerst das intime, Friedrichs Studien gewidmete Kabinett im Turm des Klingenbergflügels – Ort der Stille, des Alleinseins, der Konzentration; zum anderen der Bereich um den Festsaal im Nordflügel für die gesellige Zusammenkunft mit den Freunden.

Alle übrigen Raumbereiche waren diesen primären Funktionen untergeordnet: die Wohnung der Kronprinzessin ebensowenig ausgenommen wie die Räume der Hofdamen hauptsächlich im Ostflügel, die Quartiere der Hofgesellschaft und der Diener im Erdgeschoß und die Räume der Kammerherren und Gäste im Mezzanin des Corps de logis.

Die Wohnung Friedrichs – im Anschluß an das südliche Turmkabinett und zum Garten orientiert – ist nicht erhalten. Sie bestand aus sieben Räumen: der Vorkammer, der Vergoldeten Kammer, dem Alten Schlafkabinett, der Musikkammer, dem Neuen Schlafkabinett, der Schreibkammer und dem Spiegelsaal. Östlich grenzte die fünfräumige Wohnung der Kronprinzessin an: der als einziger Raum erhaltene Vorsaal, des weiteren Rotes Zimmer, Gelbes Kabinett, Blaues Kabinett und Schlafkabinett.[34] Freiherr von Bielfeld urteilte, das Innere des Schlosses sei noch hervorragender als das Äußere, »sowohl durch seine Schönheit und die Anordnung der Zimmer wie durch den Geschmack und den Reichtum der Möbel. Wohin man auch blickt, überall sieht man nur Bildhauerei und Vergoldung; jedoch sind alle Ornamente geschmackvoll und mit Maß angebracht, und ihre Zeichnung ist herrlich. Da der Kronprinz nur zarte Farben liebt, sind mehrere Zimmer in Leingrau, Seladonblau und Fleischfarbe ausgestattet, die Einrahmungen und Ornamente in Silber. Das alles ist von reizender Mannigfaltigkeit und gibt dem Schloß ein ebenso heiteres wie galantes Aussehen.«[35]

In der Vorkammer, im Alten Schlafkabinett und in der Schreibkammer waren insgesamt 16 »holländische Schildereien« oder »holländische Stücke« zu finden: Dies war der Grundstock der späteren königlichen Sammlung von Darstellungen der »fêtes galantes« Antoine Watteaus, Jean-Baptiste Paters und Nicolas Lancrets. Von der poesievollen naturbezogenen Bildwelt dieser Meister, deren Handschrift damals noch kaum unterschieden werden konnte, war der Kronprinz zutiefst berührt. Das Rheinsberger Leben empfing durch das Watteau-Genre seine Inspiration: Man erlebte die Wonnen der Natur und der Liebe mit den Augen Watteaus und gab sich so wie die Figuren auf seinen Bildern. Den Beweis liefert ein Gemälde Knobelsdorffs, das die kronprinzliche Gesellschaft (von Pesne hinzugefügt) vor dem Grienerick-See mit Schloß Rheinsberg im Hintergrund zeigt. Auch Freiherr von Bielfeld empfand das Leben in Rheinsberg als Vergegenwärtigung der Welt Watteaus.

In das ›Heiligtum‹ von Rheinsberg, die Bibliothek im Südturm, läßt Bielfeld ebenfalls einen Blick tun: »Eine nicht große, aber gewählte Sammlung der besten französischen Bücher steht in Glasschränken mit Schnitzwerk und

34 Grundlegend zu den Wohnungen des Kronprinzenpaares in Rheinsberg: Tilo Eggeling, Studien zum friderizianischen Rokoko. Georg Wenceslaus von Knobelsdorff als Entwerfer von Innendekorationen, Berlin 1980, S. 60 ff. – Vgl. auch: Rheinsberg. Eine märkische Residenz des 18. Jahrhunderts. Katalog der Ausstellung zur 650-Jahrfeier der Stadt Rheinsberg 1985, Neuaufl. Potsdam-Sanssouci 1990, S. 59 ff.

35 Bielfeld (wie Anm. 23) S. 67.

*Rheinsberg, Ansicht des Schlosses von der Seeseite*

sehr schönen Vergoldungen. Voltaires Bildnis nimmt einen Ehrenplatz ein. Das ist der Lieblingsautor des Kronprinzen, der überhaupt viel von den guten französischen Dichtern und Proschriftstellern hält. Sie begreifen, daß diese Bibliothek kein bloßes Prunkstück für den Kronprinzen ist, und daß die Bücher nicht nach der Elle gekauft sind, um die Fächer der Bücherschränke genau auszufüllen und mehr als Ausstattung eines Arbeitszimmers als eines Kopfes zu dienen, sondern daß ihr Besitzer einen großen Teil des Tages darin verbringt, um angenehme oder nützliche Studien zu treiben.«[36]

Bielfelds Text läßt sich ergänzen durch die Beschreibung von Carl Wilhelm Hennert: »Eine vortrefliche Aussicht zeichnet dieses Gemach vor vielen andern aus. Der Platfond desselben ist vom Pesne gemahlt, und stellt die Ruhe beym Studieren vor. Ein Genius überreicht einer sitzenden und mit dem Peplo bekleideten Minerva ein Buch, worinn die Namen Horaz, Voltaire, geschrieben sind, in der andern Hand hält er ein geflügeltes Stundenglas; im Hintergrunde siehet man einen Genius mit dem Schwert des Mars sich entfernen, noch andere aber liegen Gruppenweise um das Hauptbild und haben Beziehung auf die Dichtkunst und Weltweisheit.«[37]

Die Namen im Buch der Minerva des Deckenbildes – Antoine Pesne malte es noch auf Leinwand – stehen für zentrale Themen in der geistigen Welt des Kronprinzen: Voltaire, der vergötterte Genius aus Frankreich, mit dem Friedrich in Rheinsberg zu korrespondieren begann, verkörpert die Philosophie. Von ihr bekannte der Kronprinz, sie leiste ihm wunderbar gute Dienste, er sei durch sie glücklich, da er nun ruhiger sei als früher. Seine Seele werde nicht mehr durch heftige und stürmische Aufregungen beunruhigt, er unterdrücke den ersten Aus-

36 Ebenda, S. 73.

37 Hennert (wie Anm. 22) S. 19 f.

*Rheinsberg, Bibliothek des Kronprinzen Friedrich im Schloß. Aquarell von Wilhelm Streckfuß, um 1880. Potsdam-Sanssouci, Stiftung Schlösser und Gärten*

bruch seiner Leidenschaften und fasse erst dann einen Entschluß, wenn er sich die Sache, um die es sich handele, reiflich überlegt habe.[38] Horaz, dessen Dichtkunst Francesco Graf von Algarotti als die Generalformel aller schönen Künste betrachtete, gehörte zu Friedrichs Lieblingsschriftstellern. »In der Blüte meiner Jahre«, schrieb er 1762 an d'Argens, »beschäftigte ich mich mit Ovid oder ich folgte Rinaldo in den Palast der Armida, und als ein Flaum mein Kinn beschattete, fand ich an Sophokles, Horaz und Cicero Geschmack.«[39]

38 Holmsten (wie Anm. 33) S. 32.

39 Zit. nach Sibylle Badstübner-Gröger, Die Ovid-Galerie in den Neuen Kammern zu Potsdam, in: Acta Historiae Artium 20, 1974, S. 292.

Die Antikenbegeisterung des Kronprinzen bezeugt auch der Festsaal. Aber dieses früheste Beispiel des friderizianischen Rokoko beinhaltet mehr: Hier gelang es unter Knobelsdorffs Leitung, den Charme und die Geistigkeit des Musenhofs von Rheinsberg künstlerisch empfindsam zu verdichten. Nicht Überschwang, eher Zurückhaltung ist das Wesen des Raumbildes. Aber wie subtil ist alles gestaltet.

Der mit Stuckmarmor ausgekleidete Rechtecksaal öffnet sich zum Hof, zur Nordwest- und Südwestseite mit Fenstertüren: So ist die Schönheit der Natur auch in diesem Raum gegenwärtig. Spiegel an den Fensterpfeilern verwischen die Grenzen und bringen nach Rokokomanier traumhafte Irrationalität ins Spiel. Vergoldete Blumengirlanden, die Stimmung heiterer Sorglosigkeit verbreitend, hinterfangen Rocaillen über den korbbogigen Fensterarkaden, rieseln an den Fensterprofilen herunter, schwingen über den Spiegeln ein und bekränzen sie. Der tändelnde Rhythmus der Girlanden kontrastiert mit der Strenge kannelierter Pilaster korinthischer Ordnung an den Schmalwänden. Zusammen mit heute nicht mehr vorhandenen Marmorbüsten seitlich der Kaminspiegel in der Mittelachse gaben die Pilaster dem Festsaal antike Würde. Musikinstrumente und sich liebende Putten in den Eck- und Mittelkartuschen der schlicht stukkierten Deckenkehle spielen auf die Funktion des Saales und auf die zwischenmenschlichen Beziehungen der Hofgesellschaft an.

Naturstimmung und Poesie vereinigte Pesne in seinem Deckenbild, das er in Ölfarbe direkt auf den Putz malte. Hinreißend verführerisch in der Anmut seiner Nacktheit bildet der Morgenstern – Metapher für Friedrich als dem aufsteigenden Stern – das Lichtzentrum des Gemäldes. Wie viele andere Genien und Putten streut der Morgenstern Blumen aus. »Mit Blumen bekränzte Nymphen gießen aus goldenen Gefäßen Thau auf die Erde, und in der Entfernung zeiget sich Aeolus geschäftig, die Dünste des Horizontes durch die Winde zu vertreiben, und gebeut dem Zephir, den Tag zu erfrischen. Der Liebesgott sieht froh und hoffnungsvoll diesem Tage der Freuden entgegen, und versuchet Pfeile und Bogen. Die Götter der Freuden, bekränzt mit Blumen, folgen frolockend und tanzend der

*Rheinsberg, Festsaal des Schlosses*

Fama, und tragen ihr Blumengehänge nach.« Schließlich das köstlichste Motiv des Deckenbildes: »Liebesgötter regieren die Sonnenpferde, wovon eines sich bäumet und den Liebesgott abwirft; er hält sich an dem herabhängenden Zügel, und alle seine Pfeile fallen aus dem Köcher auf die Erde.«[40] Sie sollen die Mitglieder des Musenhofes von Rheinsberg treffen, die im Festsaal tanzen oder der Musik lauschen. Der Himmel um die Sonnenpferde ist in das zarte Rosa der Morgenröte getaucht. Ursprünglich setzte es sich im Stuckmarmor der Saalwände fort. Heute ist es hier verblaßt.

Jede der drei Türen prunkt mit vier ohne jedes Rahmenwerk kühn auf die Türfläche gesetzten Szenen aus den ›Metamorphosen‹ des Ovid – Liebschaften der Götter voll knisternder Erotik in Landschaftsstaffagen. Als Schnitzer gelten Friedrich Christian Glume und Johann Carl Scheffler. Man erkennt, wie Apollo nach der sich zum Lorbeer wandelnden Daphne hascht, wie Jupiter in Gestalt des Schwanes Leda beglückt oder wie Bacchus Ariadne findet und sie verherrlicht.

Ovidische Thematik wie hier wird sich später häufen in der friderizianischen Kunst und damit die Vorliebe des Königs für die Werke dieses Dichters bestätigen, von der er selber schrieb. Zwischen die Götterliebschaften sind über den Türgriffen köstliche Szenen verliebter Putten

40 Hennert (wie Anm. 22) S. 25 f.

*Rheinsberg, Schloß. Mittelstück des Deckengemäldes von Antoine Pesne im Festsaal*

eingefügt, die zumeist mit Blumengirlanden spielen – jenem Motiv der heiteren Daseinsfreude, das sich durch die ganze Ausstattung des Festsaales zieht und selbst an den Gittern draußen vor den Fenstertüren nicht fehlt.

In der Vorkammer des Festsaals stellte Antoine Pesne im Deckengemälde Putten als Liebesgötter dar, die Tauben an den Wagen der Venus anspannen wollen. »Eine von diesen Tauben entfliehet, und wird von einem Liebesgott verfolgt, die andere bemühet sich ihr zu folgen, wird aber von den Amors zurück gehalten.« Auf den Wänden »von weißem Gypsmarmor« sind in vergoldeten Prunkrahmen zwei Gemälde angebracht, die die Stimmung des Daseins in Rheinsberg spiegeln: »ein Fest von Bauern und Schäfern in galanten Bauerkleidern«[41], gemalt von Georg Wenzeslaus von Knobelsdorff im Genre der Watteauschen »fêtes galantes«.

Im Bacchuskabinett des Nordturms gibt Pesne den Blick frei auf die Tafelfreuden des Götterhimmels: »Ganymedes auf dem Adler des Jupiters sitzend, zeiget der Venus eine goldene Schale. Diana befindet sich in der Nähe bey der Göttin, weil schöne Nächte die Freuden des Weins und der Liebe vermehren. In einiger Entfernung raget hinter einem Liebesgott ein lächelnder Satyr hervor, und noch weiter hin siehet man die Götter des Olymps.«[42] Gelblichweißer Stuckmarmor bekleidet die Wände, und vergoldete Attribute des Weingottes Bacchus über den Fenstertüren tragen die heitere Stimmung des Rundraumes mit. Noch immer gilt Hennerts Bemerkung am Schluß seiner Beschreibung des Bacchuskabinetts: »Die Aussicht in diesem Cabinet über die See ist eine der schönsten des Schlosses; und diese drey Zimmer sind noch so, wie sie der Kronprinz hat machen laßen.«[43]

41 Ebenda, S. 23.

42 Ebenda, S. 27.

43 Ebenda.

Außer im Festsaal, in der Vorkammer und in den Turmkabinetten malte Antoine Pesne das sinnenfrohe Deckenbild im Vorsaal der Kronprinzessin: »Man sieht in den Wolken den Mars wie er von den Liebesgöttern entwafnet wird, und diese spielen mit seinen Waffen. Er strecket seinen Arm nach der Liebesgöttin aus, die ihn mit holden Minen anblickt. Liebesgötter breiten ein Gewand aus.«[44] Zur kraftvoll gewandeten Gestalt des Kriegsgottes kontrastiert lebendig das pastellhaft zarte Inkarnat der Liebesgöttin.

In der Gesamterscheinung wirkt der Vorsaal mit seiner Ornamentik altertümlich; noch fehlt die Gelöstheit der Formensprache im Festsaal. An die Rheinsberg-Thematik der Friedrich-Zeit gemahnen in den Supraporten von Johann Carl Scheffler die Profilbüsten antiker Herrscher: Hannibal, Pompejus, Scipio, Caesar.

Nach dem Einzug Prinz Heinrichs in Rheinsberg 1753 wurden die Räume mit Ausnahme der beschriebenen aus der Kronprinzen-Zeit auf dem jeweils neuesten Stand der Stilentwicklung umgestaltet. Dem friderizianischen Rokoko der sechziger Jahre sind im Nordflügel die sogenannten Amalienzimmer verpflichtet. Sie wurden 1762 aus Anlaß eines Besuchs der Prinzessin Amalie, einer Schwester des Prinzen, eingerichtet. Herausragend ist hier das Lackkabinett. Seine Holzvertäfelungen sind mit zarten Blütenranken nach Art fernöstlicher Tuschzeichnungen bemalt und mit lackartigem Firnis überzogen. In die Boiserien wurden ostasiatische Rotlacktafeln eingelassen und verglast. Die Stuckrosette der Decke, die Supraporten, die Türen, die Rahmen der Wandfüllungen und die Spiegelrahmen zeigen vergoldete Rokokoornamentik in großzügigem Duktus, teilweise mit Chinoiserien bereichert.

Im Muschelsaal der Heinrich-Wohnung (1769 nach Entwurf von Carl Gotthard Langhans) sind kunstvoll in der Rokokodekoration der Stuckdecke und in den Gehängen am Gesims wirkliche Muscheln, Schneckenhäuser und Korallen arrangiert.

44 Ebenda, S. 14.

*Rheinsberg, Schloß. Türreliefs ›Apollo und Daphne‹ und ›Bacchus und Ariadne‹ im Festsaal*

*Georg Wenzeslaus von Knobelsdorff, ›Schloß Rheinsberg mit der Hofgesellschaft des Kronprinzen‹, um 1737. Berlin, Schloß Charlottenburg*

## Die Gärten von Rheinsberg

Friedrichs unkonventioneller Anspruch an seine Rheinsberger Residenz übertrug sich auch auf die Gestaltung der Gartenanlagen. »Das philosophische und musische Ambiente des kronprinzlichen Hofstaates bewirkte, zwar vorsichtig tastend in der Form, aber sicher im Wollen, ein neues Kunst- und Naturverständnis, das ganz dem spielerischen Kunst- und Naturempfinden des Rokoko, ganz der Traumwelt der ›fêtes galantes‹ Watteaus verpflichtet war.«[45]

Nutz- und Lustgarten zu vereinen begegnete als ein Merkmal friderizianischer Gartenschöpfungen bereits in Neuruppin. Selbst in den Anlagen auf der Rheinsberger Schloßinsel verzichtete der Kronprinz nicht auf das geliebte Obst. Vor den Seitenflügeln lagen Rondelle, mit Rosen, anderen Blumen und geschnittenen Taxusbäumchen bepflanzt. Hinzu kamen »Frantz-Bäume«[46], Äpfel und Birnen, die – zu sogenannten Buschketten geformt – die Rondelle rahmten. Den südlichen Schloßgraben und das Ufer des Rhin säumte eine Johannisbeer-Hecke, von Taxus begleitet.

Der Hauptteil des Gartens zwischen Kolonnade und Seeufer bestand aus zwei wohl mit Broderien durchformten Rasenstücken. Sie faßten ein zentrales »bassin von Rosen« ein, vermutlich ein Rosenrondell. Am Ufer standen zwei Kastanien, zwischen denen eine Buchenhecke gepflanzt, aber in der Mitte unterbrochen war, um den Blick auf den See nicht zu behindern. Vor der Hecke war Platz für Pflaumenbäume.

Im Zustand der Kronprinzen-Zeit blieb die Schloßinsel bis 1769. In diesem Jahr, berichtet Hennert, sei der Garten vor der Kolonnade »in große Rasenbeete verwandelt« worden: Auf einen Rundteil in der Mitte waren zwei seitliche Rasenstücke bezogen. »Dabey wurden 2 große Körbe auf jeden Rasenplatz gesetzt, und diese mit einer Menge Blumen von mannigfaltigen Farben und verschiedener Größe bepflanzet.« Aus Italien kamen »fünf Bildsäulen von cararischem Marmor«[47] – Apollo und die vier Elemente – von Giovanni Antonio Cybei.

Soviel die Natur vor der Kolonnade zur Schönheit der Aussicht beigetragen habe, so wenig habe sie an der Südseite vor dem Klingenbergflügel getan, »wo ehedem der sogenannte Weinberg lag«[48], urteilte Hennert. Knobelsdorff und Johann Samuel Sello wandelten das unwirtliche Gelände gärtnerisch um.

Beim Thronwechsel 1740 war das prägende Element dieses Gartenteils fertiggestellt: die Hauptachse. Sie geht vom Mittelrisalit des Klin-

45 Detlef Karg, Der Garten, in: Katalog Rheinsberg (wie Anm. 34) S. 14.

46 Obstgehölze, die auf schwach wachsender Unterlage veredelt werden und dadurch einen geringen Wuchs aufweisen. Solche Kulturen wurden in Frankreich bevorzugt; daher der Name.

47 Hennert (wie Anm. 22) S. 50.

48 Ebenda, S. 52.

genbergflügels aus, an dem über dem Mittelfenster des Obergeschosses eine Kartusche mit den ineinandergewobenen Initialen F und C (Friedrich und Christine) prangt. Am anderen Ende der Hauptachse stand auf einer leichten Anhöhe außerhalb des Gartens jener Obelisk, den Knobelsdorff auf seiner Rheinsberg-Zeichnung darstellt. Er hatte diesen point de vue aus Holz errichten lassen. Doch verfiel der Obelisk nach zwanzig Jahren, wurde in Stein erneuert, aber auch in dieser Gestalt überdauerte er nicht.

Kam man aus dem Risalit des Klingenbergflügels ins Freie und betrat die Schloßgartenbrücke, so führte der Weg in der Hauptachse auf einen längsovalen Platz, der in das ansteigende Gelände hineinplaniert und mit einer Feldsteinmauer eingefaßt war. Die Fläche war als Parterre gestaltet. Oberhalb der Feldsteinmauer betonten Fichten und Figuren die Ovalform, und ein Bogengang – der Berceau – aus Rüstern ließ den Gartenabschnitt als Raum im Freien noch deutlicher erleben. Zwei Figurengruppen von Christian Friedrich Glume – ›Raub der Proserpina‹ und ›Apollo und Daphne‹ – bildeten gleichsam das Entree ins Parterre. Als Abschluß und axiale Weiterführung zugleich entstand eine

*Rheinsberg, Schloß und Garten. Übersichtsplan (Mit einem * bezeichnete Objekte sind nicht mehr vorhanden)*

1 Stadtportal – 2 Schloß – 3 Marstall – 4 Kavalierhaus – 5 Schloßvorplatz – 6* Reitbahn – 7 Stadtmauer – 8 Lindenreihen – 9 Schloßbrücke – 10 Schloßgartenbrücke – 11* Neptunsbrücke – 12 Kavalierhausbrücke – 13 Schloßinsel – 14 Hauptallee – 15 Orangerieparterre – 16 Grabpyramide – 17 Gartenportal – 18* Obelisk – 19 Wachturm (nicht abgebildet) – 20 Querallee – 21 ›Englische Partie‹ – 22 Heckentheater – 23 Querweg – 24 Heckenquartier – 25* Das chinesische Haus – 26* Ananashaus – 27 August-Wilhelm-Rondell – 28* Graben – 29 Orangerierondell – 30 Nischenweg – 31 Sternrondell – 32 Heckenboskett an der Feldsteingrotte – 33 Feldsteingrotte – 34 Lärchenrondell – 35* Pharus – 36 Kleiner Damm – 37* Tannenzapfenhaus – 38 Egeria-Grotte – 39* Bacchustempel – 40* Altar – 41 ›Englisches Rasenstück‹ – 42 Großer Damm – 43 Weinberg – 44 Gärtnerei – 45 Lehmberge – 46 Eisgrube – 47 Rosenplan – 48 Grenzgraben – 49 Vier-Alleen-Rondell – 50 Erdterrassen mit Obelisk – 51* Küchengärtnerhaus

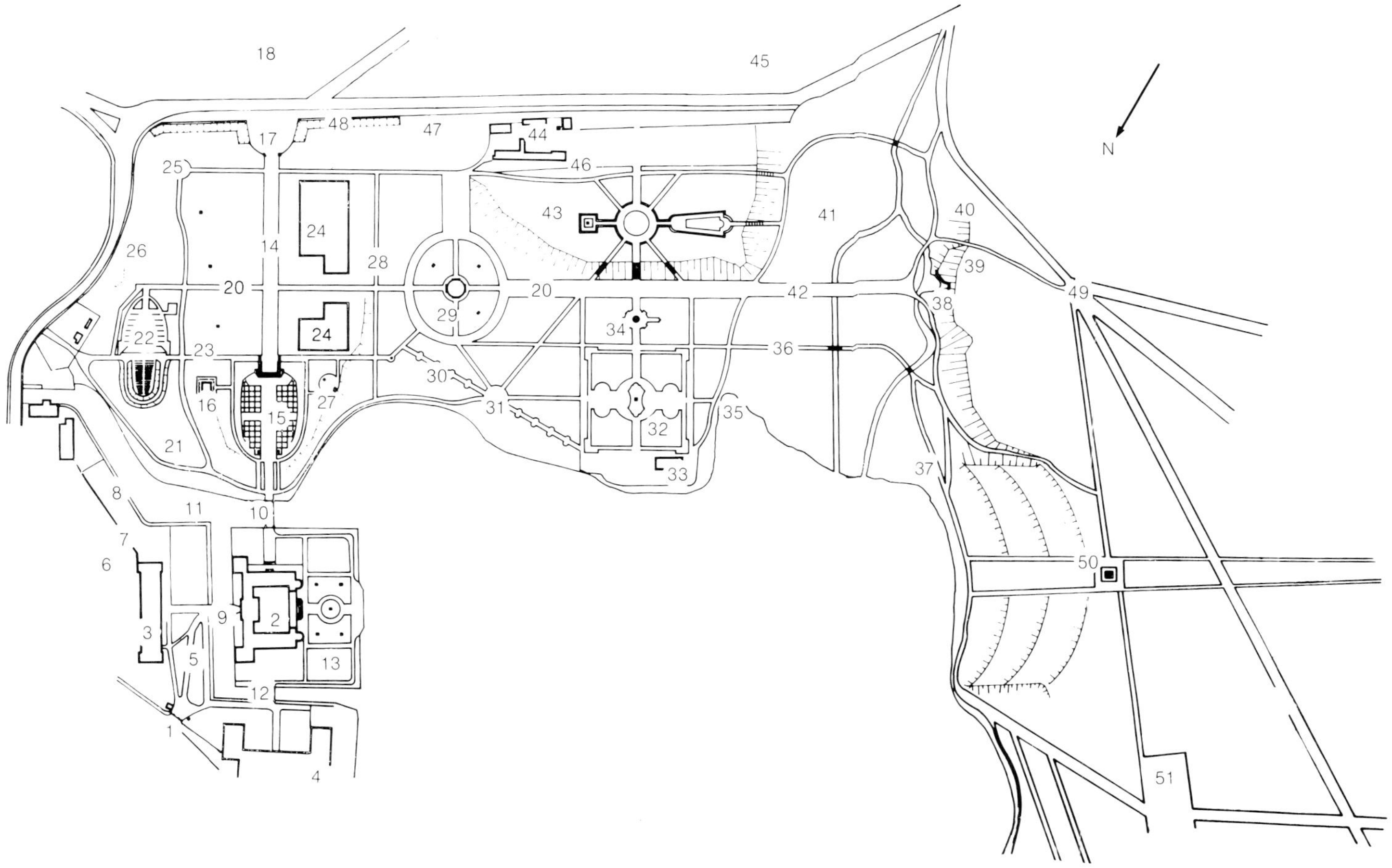

*Georg Wenzeslaus von Knobelsdorff, ›Ansicht von Rheinsberg‹, um 1745. Potsdam-Sanssouci, Stiftung Schlösser und Gärten*

Sandsteintreppe, oben von Sphingen flankiert, die ebenfalls Glume schuf.

Um 1760 wurde das Parterre in eine schachbrettartige Rasterung aus Rasen- und Wegeflächen gebracht, um Kübelpflanzen aufzustellen. Dieser Zustand ist heute wiederhergestellt; ebenso wurden die Feldsteinmauern wiedererrichtet, der Berceau und die Fichten neugepflanzt.

Am Ende des Gartens ragt in der Hauptachse Knobelsdorffs Portal von 1741 auf: Säulengruppen korinthischer Ordnung mit Vasen als Bekrönung – zweifellos angeregt von antiken Ruinen Italiens. Neben den Säulen stehen Flora und Pomona von Glume, und die angrenzende Balustrade ist mit Vasen geschmückt.

Knobelsdorff und Sello vertieften mit architektonischem Feingefühl die Hauptachse so in das ansteigende Gelände, daß das seitliche Terrain durch Rasenböschungen, gefestigt mit Feldsteinlagen, abgefangen werden mußte. So war die Hauptachse beim Blick aus dem Mittelfenster des Klingenbergflügels über das tieferliegende Orangerieparterre hinweg optisch wirksam. Oberhalb des Orangerieparterres schneidet ein Querweg die Hauptachse und führt östlich zu einem Heckentheater von 1758. Es wurde 1976 unter Berücksichtigung moderner Spielerfordernisse erneuert.

Zwischen Heckentheater und Hauptallee lag ein Gartenabschnitt »im chinesischen Geschmack«. Hier wurde 1802 die Grabpyramide des Prinzen Heinrich errichtet. Südlich der Grabpyramide hatte Carl Wilhelm Hennert 1774 nach der Idee des Prinzen ein hohes chinesisches Zelt errichtet.

In von Hainbuchen gesäumten Quartieren mit Wegen in Form von Andreaskreuzen wurden schon zur Zeit des Kronprinzen Pfirsiche, Kirschen, Äpfel, Birnen und Pflaumen kultiviert.

Westlich neben dem Orangerieparterre lag zur Kronprinzenzeit eine Buscage.[49] Prinz Heinrich ließ hier 1758 eine Gedenkstätte für seinen Bruder August Wilhelm errichten.

Den westlichen Abschluß dieses Gartenabschnitts bildete parallel zur Hauptallee ein grabenartiger Teich mit einer Brücke in der Querallee. Reste des Teiches wurden in den 1960er Jahren verfüllt; er soll wieder ausgehoben werden.

Den Gartenbereich westlich des ehemaligen Grabens beherrschte Knobelsdorffs Orangenhaus. Die elfachsige, in Nord-Süd-Richtung orientierte Anlage war noch 1747 im Bau und wurde niemals fertiggestellt. 1753 brach man Teile der beiden Seitenflügel ab, um den ovalen Platz rings um das Bauwerk, das Orangerierondell, gestalten zu können. Die beiden noch ver-

49 Der Hecken- und Niederwaldbereich des Gartens, auch Boskett genannt.

bliebenen Kabinette an einem Mittelpavillon wurden 1765 zu Bädern verändert, und wahrscheinlich schon um 1790 beseitigte man sie ganz. Erhalten, wenn auch in der Dachzone eingreifend verändert, blieb der Mittelpavillon. Nach der Querallee öffnet er sich mit dem Palladio-Motiv: freistehende Säulen mit Architrav und Bogen. Im Innern ist, von Antoine Pesne gemalt, ein stark restaurierter Amor zu sehen.

Die Querallee, das dominierende Rückgrat des Rheinsberger Gartens in Ost-West-Richtung, hatte zu Knobelsdorffs Zeiten noch nicht ihre heutige Bedeutung. Nur westlich der Orangerie war sie ausgebildet und mit Linden bestanden. Erst zwischen 1750 und 1760 gestaltete man den östlichen Abschnitt in gleicher Weise. 1976/77 wurde der östliche Abschnitt der Querallee mit Spitzahorn, der westliche 1979/80 mit Linden erneuert.

An der Westseite des Orangerierondells legte der Hofgärtner Müller um 1770 »2 Luststücke in englischem Gechmack«[50] an. Zwischen See und Orangerierondell lag ein bemerkenswertes Wegesystem noch aus der Knobelsdorff-Zeit, mit dem Sternrondell im Kreuzungspunkt. Mit der Rekonstruktion 1978/80 konnten die ursprünglichen Blickbeziehungen vom Sternrondell aus zurückgewonnen werden: 1. die Blickachse über den Grienerick-See auf den Nordturm des Schlosses und in Gegenrichtung zum ehemaligen Weinberg und zu der Höhe der Lehmberge, wo einst künstliche Ruinen standen, 2. die Blickachse zum Orangerierondell und in Gegenrichtung über den See zur Mauer an der ehemaligen Meierei mit dem einst aufgemalten Tempel der Concordia, auffällig 3. ein Weg mit halbkreisförmigen Ausbuchtungen; er führt zu einem 1987 erneuerten Quincunx[51] aus Linden am Seeufer

50 Hennert (wie Anm. 22) S. 59 f.

51 Eigentlich Fünfzahl bzw. Anordnung entsprechend der Fünf auf einem Würfel. Im Garten ist die Anpflanzung der Bäume in Reihen nebeneinander gemeint, wobei ein rhythmischer Wechsel möglich, aber nicht zwingend ist.

*Rheinsberg, Hauptparterre des Schlosses. ›Apollo‹ und ›Element Wasser‹ von Giovanni Antonio Cybei, 1766*

*Rheinsberg, Schloßgarten. ›Flora‹ von Friedrich Christian Glume, 1740/41*

bei der Feldsteingrotte, 4. schließlich eine Wegeachse, die im Westen auf die Vase im Heckenboskett zielt, im Osten übergeht in den Weg entlang dem Seeufer.

Mit der Feldsteingrotte wurde bereits 1753 begonnen. Während des Siebenjährigen Krieges gab Baron von Reisewitz ihr endgültige Gestalt. Beim Tode des Prinzen Heinrich 1802 war sie nicht mehr in gutem Zustand, Ende des 19. Jahrhunderts fehlte die Innenausstattung, 1981 wurde die Feldsteingrotte restauriert.

Südlich von ihr liegt das regelmäßige Heckenboskett vermutlich aus der Zeit um 1760. Nach Hennert war dieser Gartenteil »mit hohen Akazien- und hochstämmigen Wacholderbäumen eingefasset, das übrige desselben aber mit Rasenstücken ausgefüllet, auf welchen dicke Büsche von verschiednen Holzarten und blühenden Gewächsen gepflanzet sind«.[52] Hiervon sind noch einige Lärchen erhalten. Auf dem vertieften Rasenstück der Mitte steht eine formvollendete Sandsteinvase in Birnenform mit prächtigen Satyrköpfen. Hainbuchenhecken und Linden wurden in den 1980er Jahren erneuert.

Eine verwandte Vase schmückt bestimmend das Zentrum des südlich angrenzenden Lärchenrondells, das 1988 neu bepflanzt wurde. Die Lärchen formen einen reichkonturierten regelmäßigen »Raum im Freien«, der einst mit den unregelmäßigen Gartenkompartimenten englischer Stilrichtung in der Nachbarschaft kontrastierte.

Weiter axial nach Süden folgte jenseits der Querallee die Anhöhe des ehemaligen Weinbergs, wo es schon zu Friedrichs Zeiten Baum- und Heckenpflanzungen gab. Baron von Reisewitz gestaltete den Hügel während des Siebenjährigen Krieges, und nach dem Entwurf Johann Gottfried Bürings von 1759 wurde zwei Jahre später hier ein Fortuna-Tempel errichtet, im 19. Jahrhundert wieder abgerissen.

Die wichtigste Anlage am Seeufer dem Schloß gegenüber wurde 1980 durch Rodung

*Rheinsberg, Schloßgarten. ›Der Winter‹ von Giovanni Antonio Cybei, um 1766*

zurückgewonnen: die drei bogenförmig übereinanderliegenden Erdterrassen mit Rasenböschungen und breiter Rasenrampe in der Mittelachse. Die Idee zu diesem Amphitheater stammte von Baron von Reisewitz. Christian

52 Hennert (wie Anm. 22) S. 60.

*Rheinsberg, Orangerierondell*

Friedrich Ekel führte sie 1762 aus. Auf den Terrassen wechselten Vasen auf Postamenten und Fichten einander ab; die Fichten sind jetzt neugepflanzt. Axial auf der Höhe der Terrassen stand die Trajansäule. Amphitheater und Trajansäule schlossen sich mit der monumentalen Malerei der Ruinen des römischen Concordiatempels auf der Giebelwand der nahen Meierei und dem ebenfalls monumental gemalten Konstantinbogen zu einem gewaltigen antiken Architekturbild zusammen, das man vom Schloß aus beim Blick über den See genoß. Die Trajansäule ist seit 1791 ersetzt durch den Obelisken nach dem Entwurf von Georg Friedrich Boumann d. J. Dieses Monument ließ Prinz Heinrich zum Gedenken an seinen Bruder August Wilhelm und die preußischen Helden des Siebenjährigen Krieges errichten.

Fast alle Parkarchitekturen und Bildwerke aus der Zeit des Prinzen Heinrich, zu denen die Spaziergänge führten – Grabmal des Vergil, Tempel des Jupiter, ägyptische Pyramide, Katakomben, Rousseaus Monument u. a. –, sind untergegangen. Nur der Tempel für teure Verstorbene von 1790 ist in verfallenem Zustand überkommen und soll wiederhergestellt werden. Nicht weit davon entfernt steht die Malesherbes-Säule von 1794. Prinz Heinrich ließ sie zum Gedenken an seinen Freund und französischen Minister errichten. Sein Kopf fiel unter der Guillotine: Der Säulenstumpf zeigt Beil und brennendes Herz.

Waren unter Kronprinz Friedrich die Rheinsberger Gärten der Ort für die »fêtes galantes«, bei denen man selbst eine Rolle verkörperte, herrschte hier das spielerische, der Wirklichkeit entrückte Naturempfinden des Rokoko, so wandelte sich das Verhältnis zur Natur in der Zeit des Prinzen Heinrich im Sinne des frühen Landschaftsgartens. Nicht mehr das von Nymphen und Faunen erfüllte Arkadien war gefragt, sondern ein »locus amoenus«, eine harmonische Verbindung von Parkarchitekturen und Natur, eine Ansammlung schöner und mitunter sentimentaler Bilder, von denen man sich anrühren ließ.

### Der Neue Flügel von Schloß Charlottenburg

Als Friedrich 1740 den Thron bestieg, drängten neben politischen Plänen auch Bauideen zur Verwirklichung. Die riesige Anlage des Friedrichsforums Unter den Linden in Berlin sollte das Bewußtsein des Königs als Herrscher veranschaulichen. »Als Dichter und Philosoph, der in

*Berlin, Schloß Charlottenburg. Neuer Flügel*

seinen Träumen gern in ein beschauliches, den Musen geweihtes Dasein flüchtete, wollte er in Charlottenburg beheimatet sein. In der Vergangenheit dieses Schlosses fand der junge König den Widerschein seiner von seinem Vater mißachteten musischen Neigung, die Bestätigung seines Willens, Künste und Wissenschaften in seinem Lande zu neuem Leben zu erwecken.«[53]

Nach dem Friedensschluß des ersten Schlesischen Krieges 1742 äußerte Friedrich gegenüber seinem literarischen Ratgeber und Freund Jordan: »Drängen Sie Knobelsdorff, Charlottenburg zu vollenden. Ich hoffe, ein gut Teil meiner Zeit dort zuzubringen.«[54] Knobelsdorff führte den Neuen Flügel am alten Schloß Charlottenburg bis fast an die Spree heran. Der zweigeschossige langgestreckte Erweiterungsbau in ruhiger, nüchtern strenger Formensprache hat in der Mitte einen rechteckigen Pavillon. Zum Garten und zur Stadt zeigt er eine Folge von jeweils sechs Paaren gekuppelter dorischer Säulen als Balkonträger und entsprechende Pilasterpaare ionischer Ordnung im Obergeschoß. Sie vermitteln den Ausdruck von Würde. Unter dem Eindruck antiker Architektur sucht Knobelsdorff Schönheit in der Harmonie der Maßverhältnisse. Nichts deutet am Außenbau auf die sprühende Lebendigkeit der ornamentalen Ausstattung im Innern hin. Sie findet in der Goldenen Galerie ihren Höhepunkt. Knobelsdorff entwarf die übersprudelnde feine Dekoration; Johann August Nahl setzte sie plastisch um. »Dieses Rokoko des ersten Wurfs der jungen Arbeitsmannschaft des Königs ist außerordentlich. Es ist überreich und obendrein vornehm, zurückhaltend, von einer strahlenden, musikalischen Erfindungsfreude, alles wie aus der ersten Hand. Und es ist auch für ganz Deutschland ein unübertroffenes erstrangiges Meisterwerk.«[55] Nach zaghaftem Beginn in Rheinsberg erreicht die Entfaltung des friderizianischen Rokoko eine erste Blüte: Reichtum und Anmut, Fülle und Klarheit finden hier zusammen.[56]

## Das Potsdamer Stadtschloß

Gleichzeitig mit dem Bau des Neuen Flügels von Schloß Charlottenburg ließ Friedrich 1744–52

53 Margarete Kühn, Schloß Charlottenburg, Berlin 1955, S. 59.

54 Zit. nach Kühn (wie Anm. 53).

55 Lorck (wie Anm. 3) S. 17.

56 Der Neue Flügel des Schlosses Charlottenburg brannte 1943 größtenteils aus. Von der Ersten Wohnung Friedrichs des Großen blieben das Silberne Vorzimmer und die Bibliothek beschädigt erhalten; sie wurden restauriert. Treppenhaus, Weißer Saal, Goldene Galerie, das anschließende Konzertzimmer der Zweiten Wohnung Friedrichs und das Arbeitszimmer der Ersten Wohnung wurden anhand von Dekorationsresten und Fotos rekonstruiert: Margarethe Kühn, Schloß Charlottenburg (Die Bauwerke und Kunstdenkmäler von Berlin, Textband), Berlin 1970, S. 97. – Tilo Eggeling, Die Wohnungen Friedrichs des Großen im Schloß Charlottenburg, Berlin 1978.

durch Knobelsdorff das ebenfalls ererbte Stadtschloß in Potsdam um- und ausbauen. Es war als Hauptresidenz bestimmt. Nach Vollendung des Weinbergschlosses Sanssouci bewohnte der König das Stadtschloß hauptsächlich in den Wintermonaten.

Für die äußere Gestaltung orientierten sich Bauherr und Baumeister an den Empfehlungen palladianischer Lehrbücher. »Die proportional sorgfältig ausgewogenen Maß- und Massenverhältnisse von Sockel und Fassade, von Mauerfläche und Maueröffnung, besonders aber die Bemessung und die Ordnungsprinzipien der Halbsäulen- und Pilasterordnungen führten zu Harmonien, die den besten klassischen Architekturauffassungen der Zeit entsprachen.«[57]

Die schlichte, wohlabgemessene »architecture classique« des Äußeren barg wiederum im Inneren die raffinierteste Ausstattung im Stil des friderizianischen Rokoko. Die ganze Künstlerschar war hier tätig, deren Schöpfungen wir noch heute in Sanssouci bewundern können: neben Knobelsdorff und Nahl Johann Michael und Johann Christian Hoppenhaupt, Friedrich Christian Glume, Johann Peter Benckert, Johann Gottlieb Heymüller, Georg Franz Ebenhech, Antoine Pesne.

Das Stadtschloß brannte 1945 aus.[58] Edwin Redslob, der die Pracht der Ausstattung noch sah, schildert einige der schönsten Gemächer: »Einen wunderbar geschlossenen Raumeindruck gibt das Konzertzimmer. Der grünlichblaue Ton der Wände erscheint wie die Hintergrundpatina zu der vergoldeten Stukkatur, die Nahls auf rhythmisierte Bewegung gestimmte Kunst in ihrer Vollendung zeigt. Er entwarf vermutlich auch den Rahmen zu einem der schönsten Gemälde von Pesne, das vor den Bäumen eines Parkes eine Zuschauermenge darstellt, vor der die zierliche Gestalt der Tänzerin Marianne Cochois, genannt ›die Göttliche‹, zum Rhythmus der Trommeln vor dem Hintergrund des Himmels eine Pirouette ausführt. Vor dem Gemälde stand der von Silbermann gefertigte Flügel, auf dem Johann Sebastian Bach im Jahre 1747 vor dem König gespielt hat.

Nur der Kunst des Rokoko konnte diese raffinierte und doch naive Verbindung so verschiedener Motive zur harmonischen Einheit gelingen: die Sonne Apolls als zentrales Ornament der

*Potsdam, Stadtschloß. Parade mit Kaiser Wilhelm II.*

Decke, die Bewegtheit des Wellenmusters innerhalb der gliedernden Pfeiler, das Aufsteigen der schilfartigen Pflanzen und das Niederhängen von Früchten, die gewagte Einfügung von Chinoiserien, die Wechselwirkung zwischen energisch gespannten Formen und spielerischem Gerank, die vegetabile Gestaltung abstrakter und die abstrakte Gestaltung vegetabiler Gebilde.

Der zarte Farbsinn des ›Dix-huitième‹ hatte auch die Gestaltung der anderen Räume bestimmt. Das Schlafzimmer des Königs war in der von ihm geliebten kühlen Zusammenstellung von Silber und Blau gehalten. Hier schlief er in einem einfachen Feldbett, im Alkoven aber hatte er seine Lieblingsbücher aufgestellt. Die Balustrade, die diesen Raum abtrennt, zeigt das plastische Können Nahls; er formte die silbernen Putten, die mit Pfeilen der Liebe zielen und Mohnkörner erquickenden Schlafes streuen …

In dem ovalen kleinen Speisesaal, auch Teezimmer genannt, hat Pesne auf schmalen und hohen Panneaus landschaftliche Szenen gemalt, den ›Tanz im Freien‹ und das ›Konzert im Freien‹, deren Anmut gemeinsam mit der Tanzszene

57 Kadatz/Murza (wie Anm. 19) S. 181.

58 Die Ruine des Schlosses wurde erst 1960/61 beseitigt. In restauriertem Zustand blieben der ehem. Marstall (1685 von Johann Arnold Nering als Orangenhaus errichtet, seit 1714 Pferdestall und Remise, 1746 nach Plänen Knobelsdorffs erweitert, heute Filmmuseum) und ein Teil der Kolonnade erhalten, die einst den Marstall mit dem Schloß verband. Sie steht heute an anderer Stelle nahe der Havel.

*Potsdam, Stadtschloß. Konzertzimmer Friedrichs des Großen*

›Marianne Cochois mit Zuschauern‹ im Konzertzimmer die Herkunft seiner Kunst von Watteau deutlich macht. Das erste Bild erscheint als eine Huldigung an die Barbarina, deren Anmut es verherrlicht. Beide Bilder zeigen, vielleicht gerade weil die träumerische und phantasievolle Stimmung, in der Watteau einzigartig ist, von dem Porträtisten Pesne in die Sphäre der Wirklichkeit übertragen wurde, den Lebensstil einer Zeit, die ihre Geselligkeit in die Natur zu übertragen vermochte, die aber dabei noch wie eine Art gärtnerisch gestalteter Salon empfunden wird und noch nicht ihre eigene Stimmung hat …

Die Flucht der Wohnräume schloß mit dem sogenannten Konfidenzzimmer, dem intimen Raum für eine kleine Tafelrunde, der ihr gedeckter Tisch von unten her durch eine geheimnisvolle Maschinerie heraufgehoben wurde, damit kein Diener das vertrauliche Gespräch störe.

Von unerschöpflichem Reichtum der Phantasie kündet die Stukkatur der Wände und Dekken, sowie das Schnitzwerk der Rahmen für Spiegel und Bilder. Mitunter geht das ornamentale Spiel, das Nahl hier trieb, so weit, daß sein Zierat die kostbaren Bilder … nur wie Füllungen behandelt, die es willkürlich überschneidet: ein Beispiel dafür, wie der Rocaillestil in seiner Ablehnung der geraden Linie zu gefährlichen Übertreibungen führte. Auch die Supraporten in der kleinen Galerie mit ihren italienischen Landschaften klassizistischen Gepräges sind durch die Umrahmung überwuchert, deren Linienspiel freilich die Gesamtwirkung des Raumes und die auf Illusion gestimmte Aufhebung der Wand stilvoll entsprechen.«[59]

59 Edwin Redslob, Barock und Rokoko in den Schlössern von Berlin und Potsdam, Berlin 1954, S. 39 f.

## Vollendung

### Weinbergterrassen und Schloß Sanssouci

> »Dort auf des Hügels luft'ger Spitze,
> Wo frei das Auge schwelgt in fernen Sichten,
> Ließ sich der Bauherr zum erhabnen Sitze
> Mit Fleiß und Kunst das Haus errichten.
> Der Stein, vom Meißel zubereitet,
> In Statuen zierlich ausgebreitet.
> Sanfte Terrassen lassen euch entfliehn
> Ins Laubrevier, ins hundertfältge Grün.
> Und Silberwellen sprühen über Marmorglieder
> Steinerner Nymphen von so hohem Werte,
> Wie einst ein Phidias sie uns bescherte.«[60]

So dichtete Friedrich über seine Potsdamer Lieblingsschöpfung. Man spürt aus den Versen, was ihn an Sanssouci fesselte: die Lage auf dem Hügel und die Weite des Ausblicks in die Landschaft, die kunstvolle Bauweise und die hinreißend ausgeführte Idee der Terrassen am Hügelhang, die in das Grün des Lustgartens hinunterführen.

Jenes Ideal des Sichdurchdringens von Natur und Kunst, das Friedrich in Rheinsberg erstrebte, aber selbst nur zum Teil verwirklichen konnte: in Sanssouci wurde es auf völlig neue Weise Realität. Als Stätte der Ruhe, des häuslichen Lebens, der schönen Natur und der Musen ist Sanssouci mit keinem anderen Bauwerk des 18. Jahrhunderts zu vergleichen.

Die Schönheit des Ortes und die Vorliebe des Königs für frisches Obst spielten wohl schon zu Beginn der Baugeschichte von Sanssouci eine Rolle. »Wir haben gestern auf dem Berge gespeist, von dem die Aussicht entzückend ist«[61], schrieb der Monarch am 25. August 1743 an die Königin-Mutter Sophie Dorothea. Und einige Tage zuvor hatte er seinen Privatsekretär Jordan beauftragt, aus Marseille 15 Sorten Feigen kommen zu lassen, insgesamt 400 Bäume, »alle in Kästen und imstande, noch desselben Jahres Früchte zu tragen. Doch möchte ich mehr Feigenbäume von der grünen Sorte als von den übrigen haben. Außerdem soll man mir 300 Weinstöcke schicken, die alle im zweiten Jahre Frucht tragen können.«[62]

Auch in Neuruppin und Rheinsberg waren Obstgehölze das Wichtigste in den Gärten des Kronprinzen, und ein Weinberg fehlte ebenfalls nicht. In Sanssouci wurde ein Weinberg Ausgangs- und Mittelpunkt der ganzen Anlage.

Am 10. August 1744 erging die Kabinettsorder »wegen Anlegung des Weinberges«.[63] Manger notierte, die Anhöhe habe der Kriegsrat und Baumeister Friedrich Wilhelm Diterichs »in sechs verschiedene unter sich gleiche Absätze oder Terrassen nach Parabolisch eingebogenen Linien, wegen mehrerer Ab- und Gegenprallung der Sonnenstrahlen nach allen einzelnen Stellen« abgeteilt und die Erde der Terrassen durch schräg aufgeführte Bekleidungsmauern von zehn Fuß Höhe mit Nischen abgestützt.[64] Gegen Ende des Jahres 1744 war die Grundstruktur der Terrassenanlage bereits zu erkennen. Von einem Schloßbau ist zu dieser Zeit noch keine Rede, wohl aber erwähnt Manger auf der Ostseite der oberen Terrasse die Gruft: Sie sei 1744 »von Klinckern (nicht von Marmor)«[65] gewölbt worden.

Den Bau des Lusthauses auf der Höhe befahl der König schriftlich erst am 13. Januar 1745. Die Finanzierung war gesichert durch die Einkünfte aus dem Fürstentum Ostfriesland, das nach dem Tode des letzten Sprosses aus dem Hause Cirksena im Jahr zuvor an Preußen gefallen war.

Unabhängig von den Arbeiten an den Terrassen wurden ab dem 3. April 1745 die Gräben für das Fundament des Schlosses ausgehoben. Am 14. April fand die Grundsteinlegung statt. Außer dem Rohbau waren gegen Ende 1745 die Terrassenmauern mit ihren Nischen und die Rampenwege an den Seiten der Terrassen fertig.

Für 1746 belegen die Baurechnungen umfangreiche Erdarbeiten vor allem auf der Schloßterrasse. Es wurden zu manchen Zeiten 460 Arbeiter beschäftigt.[66] Bezeugt sind beträchtliche Pflanzarbeiten. »Auf den Terrassen befanden sich 40 Stück Kirschen-, 50 Stück Pfirsich-, 16 Stück Aprikosen-, 6 Stück niedere Pflaumenbäume und 115 Weinstöcke aus Portugal, Italien, Frankreich, aus der Wallachey und aus Quilitz, hinzu 45 Weinstöcke aus Ruppin – rheinländische, französische, italienische und spanische Sorten. Die aufgeführten 154 Walnußbäume und 219 Kastanien waren wohl für die Rampen bestimmt und die 45 Feigenstöcke, die über Hamburg aus der Wallachey, aus Portugal und Italien kamen, für den Weinberg.«[67] Die Terrassennischen wurden mit Fenstern verglast, und

60 Zit. nach Holmsten (wie Anm. 33) S. 85.

61 Zit. nach Gustav Berthold Volz, Das Sans, Souci Friedrichs des Großen, Berlin/Leipzig 1926, S. 11 f.

62 Ebenda, S. 12.

63 Zit. nach Detlef Karg, Die Entwicklungsgeschichte der Terrassenanlage und des Parterres vor dem Schloß Sanssouci, Potsdam-Sanssouci 1980, S. 8.

64 Manger (wie Anm. 10) 1, S. 35.

65 Ebenda, 2, S. 504.

66 P. Höckendorf, Sans-Souci zur Zeit Friedrichs des Großen und heute. Betrachtungen und Forschungen, Berlin 1903, S. 91 f.

67 Karg (wie Anm. 63) S. 13.

*Potsdam, Schloß Sanssouci. Ansicht aus der Vogelperspektive* ▷

*Potsdam, Sanssouci. Früheste Ansicht des Schlosses mit den Weinbergterrassen. Supraporte von Charles Sylva Dubois im Konzertzimmer, um 1746/47*

die Mauerstücke dazwischen erhielten Spaliergerüste. Noch fehlte die große Mitteltreppe der Terrassenanlage (sie wurde 1748 vollendet). Im Parterre zu Füßen des Weinbergs erstaunten die Fülle und Farbenpracht der Blumen: Lilien, Levkojen, Bellis, Goldlack, Astern, Malven, Jasmin, 4800 Tulpen, 400 Narzissen, über 100 Hyazinthen, 1400 Krokusse, 250 Iris, etwa 20 Kaiserkronen, 60 Nelken, 60 Aurikeln, außerdem Anemonen, Ranunkeln und mehrere hundert Rosen.[68] »Auf der obern Terrasse«, vermerkt Manger, »unmittelbar vor dem Hauptgebäude wurden auf jeder Seite desselben ein 30 Fuß ins Gevierdte grosses Kabinett mit rund gebogenen Ecken und ein Bogengang 80 Fuß lang und 10 Fuß breit, von Nagelwerk angebracht, grün angestrichen, und die Bildhauerarbeiten daran vergoldet.«[69] Nach Manger erfolgte 1746 auch »das äußere Abtünchen, Verputzen und Abfärben der Außenseiten« des Hauptgebäudes, und man legte die Fundamente der Kolonnaden an der Hofseite.[70]

Im Inneren des Schlosses war ein Heer von Künstlern und Kunsthandwerkern mit der Ausgestaltung beschäftigt. Das Arbeitspensum der Innenraumgestaltung, das in etwas mehr als

68 Ebenda.

69 Manger (wie Anm. 10) 1, S. 67.

70 Ebenda, S. 63.

einem Jahr zu bewältigen war, empfand der Hauptmeister, Johann August Nahl, als unerträgliches Übermaß an Verpflichtungen und künstlerischer Verantwortung. Er entzog sich ihnen 1746 durch die Flucht nach Straßburg. Dennoch entstand kein spürbarer Qualitätsverlust – dank der verbliebenen Kräfte wie der Hoppenhaupt.

Noch wurde am Marmorsaal und an den Kolonnaden gearbeitet, als Friedrich am 1. Mai 1747 sein »Haus« in Besitz nahm. Die früheste Ansicht der Gesamtanlage malte Charles Sylva Dubois vermutlich Anfang 1747 als Supraporte für das Konzertzimmer von Sanssouci. Der Blick fällt über die Havel auf den imposanten Terrassenhang, den das Schloß krönt. Man glaubt über der naturbelassenen Flußlandschaft eine Architekturvision zu erleben. Im Vordergrund ist eine arkadische Szene dargestellt: Um ein antikes Grabmal weidet eine Schäferin ihre Herde. Denkt man an Friedrichs eigene Gruft, läßt sich interpretieren: Mit Sanssouci ist ein neues Arkadien entstanden, in dem bei aller Wonne der Tod nicht verdrängt wird.

Johann David Schleuen machte als erster die Gesamtanlage 1748 und – mit den Veränderungen der Zwischenzeit – noch einmal um 1756 in graphischen Blättern bekannt. Klar erfaßt ist hier die Architekturform von Weinbergterrassen und Parterre: Alle sechs Terrassen schwingen in der Mitte zurück; darauf antwortet das Parterre, indem es entsprechend vorschwingt. Ein unmittelbares Vorbild sucht man vergebens. Friedrich der Große, bemerkt Marie Luise Gothein, habe an der Schwelle eines neuen Kunstempfindens ein Werk geschaffen, das so sehr sein eigenes Wollen kundgab, daß es schwer werde, von einem bestimmten Einfluß zu sprechen und zu scheiden, was er Frankreich oder Italien verdanke. Man dürfe Sanssouci als den Ausdruck seiner Persönlichkeit hinnehmen.[71] Bei aller Eigenart ist die Terrassenanlage samt Parterre keineswegs gänzlich ohne Voraussetzungen. Auch sie gehört in die Tradition der amphitheatralischen Stufenarchitektur, deren Urform Sebastiano Serlio 1540 in seiner »Architettura« veröffentlichte: Bramantes Treppe in Form eines Amphitheaters im Nicchione des vatikanischen Belvedere zu Rom.[72]

Der Anblick und die Nutzung der Terrassen haben die Besucher von jeher fasziniert. Bereits 1746 vertraute der junge Schweizer Johann Conrad von Peyer seinem Tagebuch Beobachtungen über die Nischen in den Terrassenmauern an, »in welche die fremden Reben hineingepflanzt sind, und vor diesen Kästen sind gläserne Türen, durch welche die Sonne in die Kästen hineinscheint auf die Reben, daß also diese wie in einem Erker oder einem Glashaus hineingeschlossen sind und eine große Hitze genießen«.[73]

Jede Terrassenmauer, ca. drei Meter hoch und ursprünglich mit Eichenbohlen abgedeckt, hat zu beiden Seiten der Mitteltreppe jeweils 14 Nischen. Insgesamt gibt es 168 Nischen, für die »das gantze hießige« Tischler- und Schlosserhandwerk laut den Kontrakten vom 1. Mai 1745 »Hundert und Acht und Sechssig Fenster einen jeden mit 2 Flügel nach der Probe tüchtig und gut zu verfertigen« und zu beschlagen hatte.[74] Nach oben waren die Nischen offen, man konnte sie aber durch Klappen verschließen. Hinter den Fenstertüren gediehen »fremde und gute« Weinstöcke und Feigen. Damit der König möglichst zeitig die Trauben genießen konnte, förderte man im Frühjahr den Wachstumsprozeß mit der Wärme von Kohlenfeuer. An den Mauerstücken zwischen den Nischen, an den Stützmauern der Rampenwege und an den Treppenwangen waren grüngestrichene Spaliere für Kirsch-, Pfirsich- und Aprikosenbäume angebracht. Nach dem Plan von Friedrich Zacharias Saltzmann (1772) waren am Rand einer jeden Terrasse 16 Taxuspyramiden gepflanzt, die jeweils zwei Nischen architektonisch streng zusammenfaßten. Dicht hinter den Taxuspyramiden folgte

71 Marie Luise Gothein, Geschichte der Gartenkunst 2, Jena 1926, S. 277.

72 Wilfried Hansmann, Der Terrassengarten der Zisterzienserabtei Kamp im 18. Jahrhundert, in: Annalen des Historischen Vereins für den Niederrhein 187, 1984, S. 152 u. 156.

73 Zit. nach Helmut Eckert, Der Weinberg und das Potsdamer Stadtschloß (1746). Bericht eines Besuchers, in: Jahrbuch für Brandenburgische Landesgeschichte 33, Berlin 1982, S. 40.

74 Zit. nach Höckendorf (wie Anm. 66) S. 141 ff.

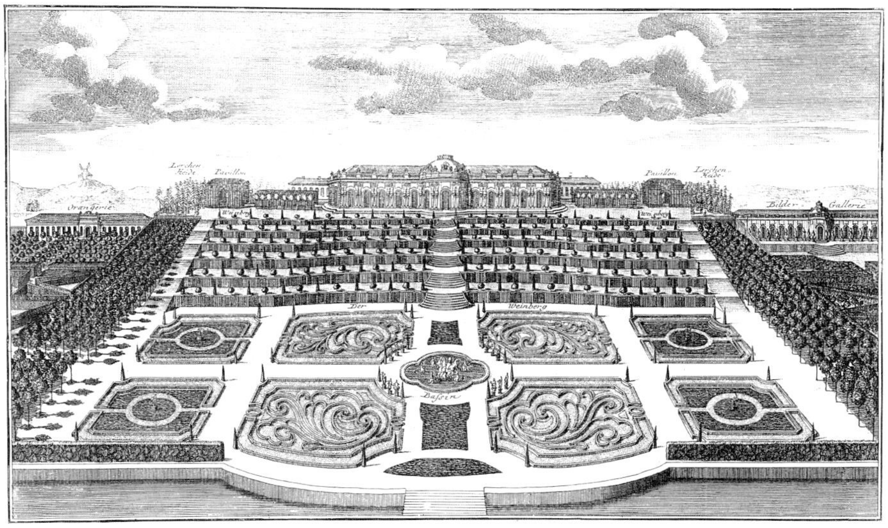

*Potsdam, Weinbergterrassen und Schloß Sanssouci. Kupferstich von Johann David Schleuen, um 1756*

*Potsdam, Weinbergterrassen mit Schloß Sanssouci. Kupferstich von Georg Balthasar Probst, um 1750*

eine sogenannte Brusthecke aus Obstgehölz, und in einer dritten Reihe (sie fehlte nach Saltzmann auf der obersten Terrasse) stand zur Sommerzeit die Orangerie, jeder Kübelbaum auf eine Terrassennische bezogen. Wege und Platzflächen waren mit Kies planiert. Die fünf Baumreihen einer jeden der seitlichen Rampen bestanden aus Kastanien und Walnüssen auf Rasen. Sie faßten Terrassenanlage und Parterre als Einheit zusammen.[75]

Von 1773 an wandelte sich das Bild des Weinbergs: Die Terrassenmauern wurden baulich verändert und vollständig verglast. »Die Terrassen haben unter 840 Glasfenstern Wein aus allen Gegenden, nebst Pfirsich- und Aprikosenbäumen, ferner 168 Vertiefungen, voll Obst«[76], überliefert Nicolai aus Friedrichs Todesjahr. Andere Augenzeugen hatten den Eindruck: »Das Schloß, von unten gesehen, scheint völlig wie auf einem gläsernen Stufenbau zu ruhen – einer der eigenartigsten Anblicke, die man haben kann.«[77] 1979–83 wurde das Erscheinungsbild des Weinbergs aus der Zeit um 1770 wiederhergestellt. In die Nischen kamen wieder Feigen. An den Spalieren wächst heute – anders als zu Friedrichs Zeit – Resedawein.

Die oberste Terrasse mit dem Schloß ist an den Seiten begrenzt durch Lärchenwäldchen. Sie umschatten Exedren mit Marmorbüsten antiker Herrscher, italienische Kopien des 18. Jahrhunderts, auf Stelen. Zwei Marmorgruppen von François Gaspard Adam – heute Kopien – stehen axial in den Halbrundräumen: auf der Westseite Kleopatra mit dem trauernden Amor (1750), auf der Ostseite Flora mit Zephir (1749). Unter der Flora – Sinnbild der Jugend und des unbeschwerten Lebens – liegt die Gruft Friedrichs des Großen.

75 Karg (wie Anm. 63) S. 24 f.

76 Friedrich Nicolai, Beschreibung der Königlichen Residenzstädte Berlin und Potsdam, aller daselbst befindlicher Merkwürdigkeiten, und der umliegenden Gegend 3, 3. Aufl. Berlin 1786 (Nachdruck Berlin 1968), S. 1204.

77 Finot/Galmiche, Une mission militaire en Prusse en 1786, Paris 1881, S. 125; zit. nach Volz (wie Anm. 61) S. 15 f.

*Potsdam, Schloß Sanssouci mit oberster Weinbergterrasse*

Die Exedra, die Kaiserbüsten, die Floragruppe und die Lärchen – wohl Ersatz für Zypressen – sind Bilder für Arkadien, in dessen Gefilden das Grab des Monarchen bereitet ist. Nach Nicolai war diese Gruftkammer, deren Existenz nur wenige kannten, »wahrscheinlich die eigentliche Veranlassung, diesem Orte die Benennung Sanssouci zu geben. Der König gab diese Benennung dem Hause noch nicht, als es gebauet ward. Er nannte es sein Lusthaus, sein Weinbergslusthaus. Als er noch im Anfange der Erbauung des Schlosses einst mit d'Argens auf diesem Platze spazierte, sagte er ihm: da er den Entschluß gefaßt, auf diesem angenehmen Flecke sich einen Sommeraufenthalt zu bauen, so sei auch gleich seine Idee gewesen, sein Grab daselbst einzurichten. ›Quand je serai la‹, sagte er, indem er auf die verborgene Gruft zeigte, ›je serai sans souci!‹«[78]

Friedrichs Begräbnisverfügungen wurden bei seinem Tode 1786 vom Nachfolger Friedrich Wilhelm II. ignoriert. Erst am 17. August 1991 fand der König nach 205 Jahren seine letzte Ruhestätte in der Gruft von Sanssouci.[79]

Treue Weggefährten Friedrichs des Großen in der Einsamkeit von Sanssouci waren seine Windspiele. Sie ließ er zu Grab betten ganz in der Nähe seiner Gruft hinter der Flora, einen Liebling sogar in der Gruft. Die Namen der elf Favorithunde auf den Inschriftsteinen sind fast erloschen. Sie lauteten in der ersten Reihe: Alcmene, Thisbe, Diana, Phillis, Thisbe, Alcmene, B(G?)igas; in der zweiten Reihe: Diana, Pax, Superbe, Hasenf (Hasenfuß?), Amouretto. Zwei weitere Inschriftplatten – für Alcmene und Ai(r?)sinoe – liegen im westlichen Halbrund.

Von der Hand des Königs sind Skizzen zum Bau und zu den Weinbergterrassen überliefert.

78 Zit. nach Volz (wie Anm. 23) S. 215 f.

79 Ausführlich zum Friedrich-Grab: Hans-Joachim Giersberg, Die Ruhestätte Friedrichs des Großen zu Sanssouci, Berlin 1991.

*Potsdam, Schloß Sanssouci. Grabstätte Friedrichs des Großen*

Sie werden zwar unterschiedlich bewertet – als »erste zeichnerische Verdeutlichung der Vorstellungen Friedrichs«[80] wie auch als Illustration nach der vollendeten Anlage –, letztlich aber demonstrieren sie die absolute Identifizierung des Königs mit seiner Bauschöpfung. Die Ausbildung aller Details war unbedingt abhängig vom Willen des Bauherrn.

Fast vierzig Jahre bewohnte der König in den Sommermonaten das Weinbergschloß. Zwar erweiterte er die Gesamtanlage um eine Reihe von Nebengebäuden und das Neue Palais, niemals aber verlor das Weinbergschloß seine Bedeutung, die ihm von Anfang an zugemessen war.

»SANS, SOUCI.« – »sorgenfrei«. Diese Inschrift, in Metallbuchstaben am Mitteltrakt zur Terrassenseite angebracht, ist mehr als ein wohlklingender Schloßname: Sie ist gleichsam die innere Begründung des Schloßbaus. Sie drückt das Motto einer Lebenshaltung aus, die der König für sein Wohlbefinden erstrebte, ohne freilich darüber die Regierungspflichten zu vernachlässigen. Er wünschte ein Leben in ländlicher Umgebung, im Einklang mit der Natur, frei von Sorgen und Bedrängnissen des Alltags, ohne die Last der Repräsentation, die ihm als König auferlegt war. Sein Leben sollte getragen sein von der Philosophie, der Literatur, der Schriftstellerei und der Musik, so wie er es einst in Schloß Rheinsberg als Kronprinz hatte führen können. Kein Wunder, daß ihm als König die Residenzschlösser von Berlin, Charlottenburg und Potsdam nicht sonderlich behagten. Friedrich unterzeichnete am 24. Juli 1747 zum ersten Mal mit »Philosophe de Sanssouci«, und seinen poetischen Werken, die hier entstanden, gab er den Titel »Œuvre du philosophe de Sanssouci«. Der König sprach von einem »Lusthaus«, wo er in Zurückgezogenheit das Leben eines »Abtes« führen wollte. Von seiner Gemahlin Elisabeth Christine lebte er innerlich und äußerlich getrennt; so waren familiäre Belange, die beim Bau hätten berücksichtigt werden müssen, nicht vorhanden. Auch einen Hof im gewöhnlichen Sinne gab es nicht. Da Friedrich sich als erster Diener des Staates erklärte, nicht als dessen Inkarnation wie Ludwig XIV., bedurfte es auch keines Bauwerks, das den Anspruch, der Staat zu sein, vor aller Augen demonstriert hätte. So kam niemals der Gedanke auf, Schloß Sanssouci mit der Residenzstadt Potsdam zu verbinden, sei es durch eine unmittelbare Auffahrt oder gar durch eine Blickachse. Friedrich, der Verfasser des »Anti-Machiavell«, errichtete auch ein Anti-Versailles.

80 Giersberg (wie Anm. 6) S. 90.

*Potsdam, Schloß Sanssouci. Grundriß*

1 Vestibül (Vorsaal) – 2 Marmorsaal – 3 Empfangszimmer – 4 Konzertzimmer – 5, 5 a Arbeits- und Schlafzimmer – 6 Bibliothek – 7 Kleine Galerie – 8–10 Drei Gästezimmer – 11 Blumenkammer (Voltairezimmer) – 12 Rothenburgzimmer

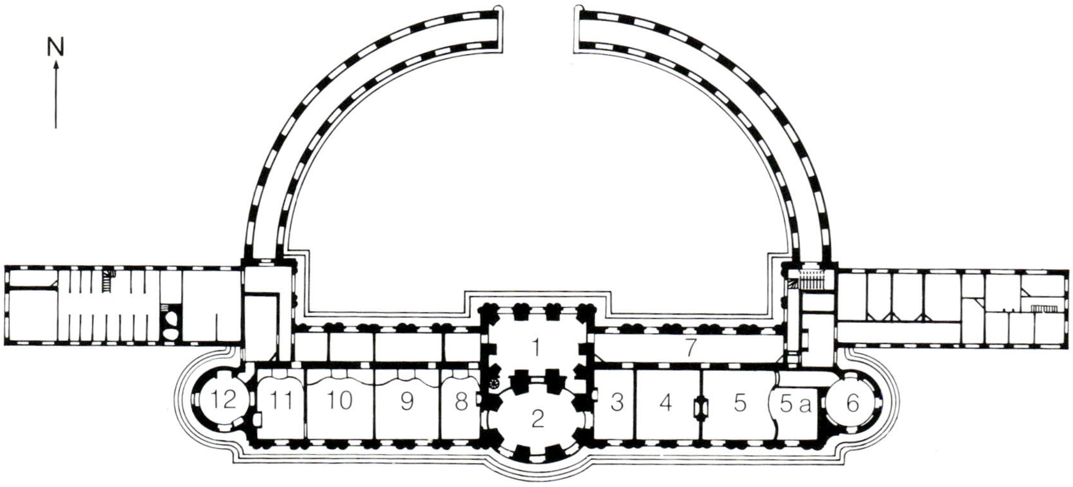


*Potsdam, Schloß Sanssouci. Tragefiguren von Friedrich Christian Glume an der Terrassenfront* ▷

*Potsdam, Schloß Sanssouci. Vase und Dachgaube*

*Potsdam, Schloß Sanssouci. Tragefiguren von Friedrich Christian Glume an der Terrassenfront*

Schloß Sanssouci ist ein Bauorganismus von hoher Vollkommenheit und überraschender Originalität. Nur zögernd denkt man an ein Schloß. Die Eingeschossigkeit und die Querausdehnung erinnern eher an ein Gartenhaus nobelster Prägung. Der Grundriß folgt dem französischen Bautypus der Maison de plaisance: An eine beherrschende Raumfiguration in der Mitte – Vestibül und querovaler Marmorsaal – schließen sich an den Seiten sechsachsige Rechteckflügel mit dreiviertelrunden Vorbauten an den Schmalseiten an. Die Raumfolge an der Ostseite ist das Appartement des Königs mit Empfangszimmer, Konzertzimmer, Schlaf- und Arbeitszimmer, Bibliothek und hofseitig vorgelagerter Galerie. Die Raumsuite der Westseite besteht aus fünf aneinandergereihten Gästezimmern und Dienerkammern. Zur Hofseite springen zwei kurze Nebentrakte vor. Sie verschmolzen mit eingeschossigen, grüngetünchten Nebenflügeln aus Ziegeln parallel zum Hauptbau.[81] Der östliche Nebenflügel enthielt Zimmer für Sekretäre und Bedienstete des Königs sowie Räume für Kastellan und Gärtner. Im westlichen Nebenflügel waren Küche, Stallungen und Remise untergebracht. Von den Nebentrakten gehen die beiden Kolonnaden aus, die bogenförmig den Eingangshof umgreifen.

Nur drei bequeme Stufen brauchte der König zu nehmen, um vom Marmorboden oder Parkett auf den Kies der obersten Terrasse zu treten. Hier pflegte er philosophierend spazierenzugehen, von Windspielen begleitet. Überschneiden die Terrassen beim Blick vom Fuß des Weinberghügels auch den leuchtend gelb gefaßten Schloßbau, so sind beide Teile doch sorgfältig aufeinander bezogen: Die zurückschwingenden Teile der Terrassen haben die Breite des Hauptbaus. Die Terrassentreppen korrespondieren vorschwingend mit dem kuppelgekrönten Mittelbau. Der Mangel beim Anblick aus dem Parterre dürfte Friedrich gleichgültig gewesen sein. Er erlebte die Anlage hauptsächlich von der obersten Terrasse aus, so wie er es dichterisch zum Ausdruck brachte. Die Rechteckflügel trugen ursprünglich ein Satteldach aus blauglasierten Ziegeln; es vermischte sich mit der Farbe des Himmels. Die grünpatinierte Kupferhaube des Marmorsaals geht noch heute mit den Grüntönen der Natur überein.

*Potsdam, Schloß Sanssouci. Eingangsseite mit Kolonnaden*

Rundbogenfenster und -fenstertüren öffnen die Räume wie in einer Orangerie ins Freie. Die Sinneinheit von Garten und Architektur veranschaulichen an der Terrassenfront 36 Tragefiguren auf nach unten zugespitzten Pilastern von Friedrich Christian Glume und seiner Werkstatt. Dargestellt sind Faune und Nymphen aus dem Tanzgefolge des Weingottes Bacchus, strotzend vor Sinnlichkeit und Bewegungsdrang. Paarweise um die Fenster und Fenstertüren gruppiert, nehmen sie im Rausch des Tanzes das Gebälk auf ihre Schultern und neigen sich ein wenig auf die Fensterrundungen zu. Bewundernswert ist die künstlerische Vollkommenheit dieser Gestalten. Sie zählen zu den virtuosesten Leistungen der Bildhauerei im deutschen Rokoko. Was auf den Weinbergterrassen an Früchten reift – Wein vor allem und Feigen –, ist auf den Pilastern zusammen mit Musikinstrumenten, Masken und Gefäßen skulptiert. Oft ranken Blumen- und Früchtezweige an den Gestalten hoch und sind in die Tanzgesten eingebunden. Glumes Phantasie im Umgang mit Vegetabilien ist unerschöpflich. Man hat als Vorbilder Balthasar Permosers Hermen am Wallpavillon des Dresdner Zwingers genannt. Glumes Bacchantinnen und Bacchanten sind letztlich mit nichts zu vergleichen. Bei aller Lebendigkeit und Fülle, die die Figuren der Fassade verleihen: sie überspielen niemals die Klarheit der architektonischen Gliederung. Oberhalb des Gebälks setzt sich das bewegte plastische Leben fort in Vasen, schmuckvollen Gaupen und Putten, auch sie von der Ausgelassenheit des

81 König Friedrich Wilhelm IV. ließ die Nebenflügel 1840/41 als Schloßküche und Hofdamenflügel zweigeschossig neu errichten.

*Potsdam, Bassin und künstliche Ruine auf dem Ruinenberg. Radierung von Johann Friedrich Schleuen, um 1775*

Weingottgefolges ergriffen. Alle Werksteinteile waren ursprünglich gefaßt.

Ist die Terrassenfront, gleichsam die mythologisch illustrierende Bekrönung des Weinbergs, einer heiteren, genießerischen Sphäre zugeordnet, so erscheint die Eingangsseite in ihrem architektonischen Ausdruck offiziell, »eine Mischung aus der Eleganz des französischen Klassizismus und palladianischer Regularität«.[82] Die hofumgreifende Geste der Kolonnaden aus gekuppelten Sandsteinsäulen korinthischer Ordnung ist für den Empfang von Besuchern nicht hoheitsvoller und ehrfurchtgebietender zu denken. Eine Rampe führt axial als Hauptauffahrt in den Ehrenhof. Die Kolonnaden schlossen ihn gegen Baumpflanzungen ab, ließen aber auch den Durchblick in die Landschaft zu, insbesondere auf den point de vue, den Ruinenberg: Dort ist eine Ruinenvedute gebaut, die das Rom der Antike repräsentiert und zugleich das runde Wasserreservoir für die Wasserspiele im Sanssoucigarten umsteht.[83]

82 Friedrich Mielke, Potsdamer Baukunst. Das klassische Potsdam, Frankfurt a. M./Berlin/Wien 1981, S. 62.

83 Von Knobelsdorff entworfen, ergänzt von Innocente Bellavite 1748.

*Potsdam, Schloß Sanssouci. Eingangsseite mit Rampe und Kolonnaden. Kupferstich von Johann David Schleuen, um 1750*

*Potsdam, Schloß Sanssouci. Vorsaal*

Das Motiv der korinthischen Doppelsäulen beschwört die Majestät antiker Kaiserarchitektur herauf und verleiht dem Herrschersitz Sanssouci die Würde eines neuen Rom. Auch Berninis Kolonnaden von St. Peter werden in Erinnerung gerufen. Als gekuppelte Dreiviertelsäulen setzt sich die korinthische Ordnung am Eingangsrisalit und in Doppelpilastern an den übrigen Fassadenteilen fort. Allseitig verspürt der Betrachter einen gespannten Rhythmus. Im Kontrast dazu stehen die anmutigen Puttengruppen und Vasen auf den Kolonnaden und auf dem Gebäude. Die Hoffläche war mit zwei Rasenteppichen ausgestattet. Zwischen den Säulen der Kolonnaden standen im Sommer Lorbeerbäume, die den südlichen Charakter des Ehrenhofes noch stärker empfinden ließen.

Das Würdemotiv der korinthischen Doppelsäulen beherrscht zusammen mit entsprechenden Pilastern die beiden Räume der Mitte: Vorsaal (Vestibül) und Marmorsaal. Der querrechteckige Vorsaal mit abgerundeteten Ecken wirkt schwer durch die Großform der zehn weißen Stuckmarmorsäulen und -pilaster mit vergoldeten Kapitellen an den stuckmarmorverkleideten Wänden. Der Fußboden aus weißem schlesischen Marmor trägt die Farbstimmung des Raumes mit. Ein mächtiges, weit vorkragendes Kon-

*Potsdam, Schloß Sanssouci. ›Apollo‹ und ›Venus Urania‹ von François Gaspard Adam, 1748*

solgebälk lenkt das Auge auf die flache Decke. Johann Harper bemalte sie 1746 beschwingt mit einem Blick in Himmelshöhen, von wo aus Flora und Genien die Erde mit Blumen und Früchten beschenken.

In die Schwere der Architektur bringen Leichtigkeit auch die Goldstuckreliefs von Georg Franz Ebenhech über den Türen der Enfilade und zum Marmorsaal: ›Tanz der Nymphen um eine Panherme‹, ›Triumphzug des Bacchus‹ und ›Zug des trunkenen Silen‹. In seine vergoldeten Rokokoschnitzereien der Türen fügte Johann Christian Hoppenhaupt Vasen mit Weinranken, bekränzte Hermen und Musikinstrumente ein. Somit klingen Grundthemen des Weinbergschlosses schon in diesem respektgebietenden Empfangs- und Warteraum an. Ursprünglich hieß er auch »Parolesaal«, weil hier vermutlich die königlichen Wachen die Tagesparole entgegennahmen.

Der Gedanke des ›Neuen Rom‹, im Vorsaal veranschaulicht durch Säulen und Plastiken, wird im Marmorsaal mit seiner Lichtöffnung im Kuppelscheitel noch greifbarer. Der König bezeichnete diesen Raum in seiner Gedächtnisrede auf Knobelsdorff als »eine freie Nachbildung vom Innern des Pantheon«[84], des Tempels aller Götter in Rom. Markgräfin Wilhelmine von Bayreuth schrieb 1755 nach der Rückkehr aus Italien an ihren Bruder, indem sie auf die Kolonnaden und den Marmorsaal verwies: »Diese Mischung von Peterskirche und Pantheon, die mir seit meiner Reise klar geworden ist, ist einzig.«[85] Die Gleichsetzung des Marmorsaals mit dem Pantheon war für Friedrich wohl vordergründig eine Metapher: die symbolhafte Verkörperung philosophischer Freiheit. In diesem »Tempel aller Götter« konnte jeder vom König geladene Gast bei der Tafelrunde seine Meinung vertreten.[86]

Zwei Elemente haben wichtigsten Anteil an der Qualität der Raumkonzeption: das Licht und die Farbe. »Mit Licht gleichsam wie mit einem Baustoff zu bauen, ist in der Geschichte deutscher Innenräume nicht unbekannt. In zwei Abstufungen läßt Knobelsdorff hier das Licht aufsteigen: in dem vollen Lichteinfall des Dreiklanges der Fenstertüren und dem gedämpfteren des Kuppelfensters. Diese Allseitigkeit des Lichtes im Raum wird noch durch den koni-

84 Zit. nach Giersberg (wie Anm. 6) S. 240.

85 Friedrich der Große und Wilhelmine von Bayreuth, hrsg. von Gustav Berthold Volz 2, Berlin/Leipzig 1926, S. 319.

86 So Giersberg (wie Anm. 6) S. 237.

*Potsdam, Schloß Sanssouci. Intarsienboden des Marmorsaals* ▷

*Adolph Menzel, ›König Friedrichs II. Tafelrunde in Sanssouci‹, 1850. Im Zweiten Weltkrieg verschollen*

*Potsdam, Schloß Sanssouci. Marmorsaal* ▷

*Potsdam, Schloß Sanssouci. Türdetail im Marmorsaal*

schen Schwung des Ovals unterstützt und verstärkt. So entsteht ein verstreutes Licht mit diffusem Charakter, eine dem Rhythmus des Raumes folgende Lichtbewegung, die jedem plastischen Teil seine ihm eigene plastische Form nimmt und ihn allseitig in den Einheitsrhythmus des Raumes einbettet. Selbst dem prallen Rund der Säulen wird der modellierende Rundungsschatten genommen. Es ist deutsches Rokoko, den optischen Schein über das plastische Sein zu stellen, als Triumph einer malerisch-räumlichen Konzeption, die aus eigener Phantasiekraft mehr das Komplizierte als das Einfache liebt.«[87]

Ebenso überlegt wie die Führung des Lichtes ist die Wahl der Materialien und ihrer Farbigkeit. Die Säulen- und Pilasterschäfte bestehen nun nicht mehr aus Sandstein oder Stuckmarmor, sondern in letzter Steigerung aus graugeädertem Carrarer Marmor. Basen und Kapitelle sind aus feuervergoldeter Bronze gegossen. Für die Wände und Fensterlaibungen ist rotgrauer, für die Tür- und Statuennischen rötlich gelber Marmor wohl schlesischer Herkunft verwendet. Die Kuppelschale zeigt reichste vergoldete Stukkaturen von Karl Joseph Sartori und Johann Peter Benckert.

Hinreißend der weiße Marmorboden mit seinen farbigen Einlagen von Duquesnay nach Schablonen von Johann Christian Hoppenhaupt. Die Gliederung des Bodens korrespondiert mit der der Kuppel. Das Mitteloval prunkt mit einem Rautenmuster und Rosetten als Füllungsmotiven. In den Radialfeldern wechseln schlankgliedrige Rokokoornamente ab mit Weinstöcken und Feigen, den Köstlichkeiten in den Terrassennischen draußen. Hoppenhaupt schuf auch hier den vergoldeten Schnitzdekor der Türen. Die beiden Kronleuchter mit Bergkristallbehang auf versilbertem Gestell kaufte Graf Rothenburg 1748 in Paris.

Im Schloßinventar von 1782 sucht man vergebens nach einem Speisetisch für die Tafelrunde, zu der Friedrich an warmen Tagen in den Marmorsaal einlud. Der Tisch wurde erst kurz vor einer Mahlzeit in den Raum hineingetragen und festlich gedeckt. Im Saal standen nur die 16 Tafelstühle, deren Sitze und Rückenlehnen aus Rohr geflochten und mit »roth damastenen Küssen, so schadhaft«[88], ausgestattet waren. Aus dem gleichen Material bestanden die Fenstervorhänge.

Auf den Geist der Tafelrunde deuten die beiden Marmorstatuen in den Nischen neben der Tür zum Vorsaal: Apollo und Venus Urania, von François Gaspard Adam für den Marmorsaal geschaffen und 1748 datiert. Apollo zeigt Venus Urania einen Vers aus dem Reimwerk des Lukrez. Die Göttin, die »geistige Venus«, erweckt den Menschen, »damit er frei von Götterfurcht sein Erdendasein in bescheidenem Glück genieße. Sie ist bereit, diese Huldigung, die ihr Apoll mit dem Werk des Lukrez darbringt, entgegenzunehmen ... Mit diesem Bekenntnis stellt der ›Philosoph von Sanssouci‹ seine materialistische Weltanschauung, die er bei dem bedeutendsten Lehrer des Epikureismus in Rom fand, seinen Gästen Voltaire, Algarotti und La Mettrie vor.«[89]

Die Atmosphäre des Genießens mit Gaumen und Geist an der Tafel in diesem Saal hat Adolph Menzel in einem Holzschnitt und in einem seiner berühmten Gemälde verbildlicht. Mit erregender Lebendigkeit ist auf dem Bild eine Runde erlauchter Freidenker und Schöngeister – unter ihnen Voltaire, Graf Algarotti und La Mettrie – an der Tafel des Königs versammelt. Alle sind in Gespräche verwickelt, die vor Esprit und Schlagfertigkeit funkeln wie das Geschirr auf der Tafel. Durch die geöffnete Fenstertür

87 Willy Kurth, Sanssouci. Ein Beitrag zur Kunst des deutschen Rokoko, Tübingen 1964, S. 118 f.

88 Zit. nach P. Hübner, Schloß Sanssouci, Berlin 1926, S. 37.

89 Kurth (wie Anm. 87) S. 122.

weht der Hauch eines warmen Sommertages in den Saal herein. Selbst das Recht der königlichen Hunde, sich den Tafelnden zuzugesellen, hat Menzel bedacht – nicht ohne Sinn für den reizvollen Effekt, wenn ein Windspiel unter der Tischdecke hervorstreicht.

Wortführer der Konversation war der König, dessen Sarkasmus schockieren konnte. Oft vergingen Stunden, ehe er eine anregend plaudernde Tischgesellschaft verließ.

Voltaire schrieb über ihn die Verse:

»Ein großer Herrscher bis zur Mittagsstunde,
Am Nachmittag Schriftsteller ersten Ranges,
Tagsüber Philosoph voll edlen Dranges
Und abends göttlich bei der Tafelrunde.«[90]

Die Tür an der Ostseite des Marmorsaales führt in Friedrichs Wohnappartement. Dem Saal am nächsten liegt das Empfangszimmer, nur eine Fensterachse breit. Der König benutzte es auch als Speisezimmer, wenn kühles und feuchtes Wetter den Aufenthalt im Marmorsaal, der nicht zu beheizen war, verwehrte. Ein herrlicher, mit Weinranken verzierter Kamin aus Carrarer Marmor von Friedrich Christian Glume gab dem Empfangszimmer die Wärme, die dem König wegen seiner Gicht unentbehrlich war.

Die Philosophie des Königs und der Geist der Tafelrunde werden lebendig in den vorzüglichen Reliefs von Friedrich Christian Glume über den Türen. Liebe und Sinnenlust kostet Glume in einer ovidischen Liebesszene über dem östlichen Spiegel aus. Das Deckengemälde Antoine Pesnes von 1747 verbildlicht ebenfalls dieses Thema. Im Zentrum lagern auf Wolken Zephir und Flora, beide innigst füreinander entflammt. Zwei allerliebste Putten streuen aus einem Körbchen Blumen in den Raum. Ein Genius gießt Tau aus den Wolken. »Alles atmet die Stimmung des frühen Morgens in seiner Zartheit und Kühle.«[91]

Hauptausstattungstücke des Empfangszimmers waren Gemälde französischer Meister (einschließlich Antoine Pesnes) in Goldrahmen, gehängt auf die Damastbespannung. Die wandfeste Ausstattung – zurückhaltend im Schmuckreichtum – brachte die Bilder erst zur Wirkung.

Nach dem Marmorsaal ist das Konzertzimmer die bezauberndste Raumschöpfung von

*Potsdam, Schloß Sanssouci. Detail des Deckengemäldes ›Zephir bekränzt Flora‹ von Antoine Pesne im Empfangszimmer*

Sanssouci, der Inbegriff friderizianischen Rokokos. »In seiner durchsichtigen Leichtigkeit, die jegliche Schwere der Materie vergessen macht, und in seinem Streben, sich dem Licht und der Natur zu öffnen, erhält das Zimmer beinahe den Charakter eines Gartengitterbaus.«[92] Weißgefaßte Boiserien mit opulentem vergoldeten Rokokodekor von Johann Michael Hoppenhaupt und eine Stuckdecke von Johann Michael Merck und Georg Franz Ebenhech in gleichem Farbklang entfalten im Licht ein Leben, das phantasievoller nicht zu denken ist.

Den beiden Fenstern zur Terrassenseite antworten auf der Gegenwand Nischen mit Spiegeln, »die den Freiraum gleichsam in den Innenraum hineinverlegen und dort weiter wirken lassen«.[93] Die Laibungen der Nischen sind ebenfalls verspiegelt und mit einem Gitternetz belegt: So wird der Ausblick aus einer Gartenlaube suggeriert. In das Rokoko-Konzept, die Raumgrenze zu überwinden, sind auch die Längswände einbezogen: Die beiden Spiegel der Wandmitten über Kamin und Hammerflügel weiten das Zimmer ins Unermeßliche.

Die Wandabwicklung ist bei aller Beschwingtheit des Dekors und bei allem Raffinement der Spiegelungen klar symmetrisch gedacht. Die Spiegelnischen der Nordwand fassen ein Feld mit einem Gemälde ›Diana im Bade‹ von

90 Zit. nach Holmsten (wie Anm. 33) S. 90.

91 Margarethe Kühn, Antoine Pesne und die friderizianische Raummalerei. Mythologie und Landschaft, in: Ekhart Berckenhagen/Pierre de Colombier u. a., Antoine Pesne, Berlin 1958, S. 61.

92 Götz Eckardt, Schloß Sanssouci, 17. Aufl. Potsdam-Sanssouci 1990, S. 21.

93 Ebenda.

*Potsdam, Schloß Sanssouci. Konzertzimmer*

*Potsdam, Schloß Sanssouci. Decke des Konzertzimmers* ▷

Antoine Pesne über einem Konsoltisch ein. An der Fensterwand entspricht dem Bild ein Spiegel mit einem zweiten Konsoltisch darunter. Abgerundete Ecken gleiten auf die Längswände über: Auf zwei Türachsen folgen auf jeder Wand zwei schmalere Felder mit weiteren Gemälden Pesnes beidseits des Mittelspiegels: Szenen aus den ›Metamorphosen‹ des Ovid: ›Pygmalion und Galatea‹, ›Vertumnus und Pomona‹, ›Pan und Syrinx‹, ›Bacchus und Ariadne‹. Der Wunsch des Königs nach einem unbeschwerten Leben in und mit der Natur, seine Liebe zur Dichtkunst Ovids und zur Musik kommen künstlerisch zusammen in den Wandbildern Pesnes. Instrumente im dekorativen Schnitzwerk über den Bildern der Verwandlungsliebesspiele lenken den Gedanken von der antiken Poesie aufs Musizieren in diesem Raum.

Den Zauber der Stimmung, die sich bei Abendkonzerten hier im Schein der Kerzen des französischen Kristall-Lüsters und der Wandleuchter von Verdeil entfaltete, vermittelt Adolph Menzels Gemälde ›Das Flötenkonzert Friedrichs des Großen in Sanssouci‹. Der König steht am Notenpult und bläst eine Solopartie. Am Tasteninstrument sitzt der Hofcembalist Carl Philipp Emanuel Bach. Wie die Kammerbesetzung des Orchesters – am Pult der ersten Geige der Konzertmeister Franz Benda – erwartet er gesammelt den Einsatz. Unter dem ›Bad der Diana‹ lauscht Friedrichs Flötenlehrer Johann Joachim Quantz mit kritischem Ohr dem Spiel des Königs.

Das benachbarte Arbeits- und Schlafzimmer des Königs war nach Oesterreich »von einem vortrefflichem Geschmacke, und mit einer schö-

nen Zeichnung edel ausgezieret«.[94] Als der König am 17. August 1786 hier in einem Armlehnsessel starb, war es verwohnt. Der Nachfolger Friedrich Wilhelm II. machte vom Recht des Erben Gebrauch und ließ das Zimmer durch Friedrich Wilhelm von Erdmannsdorff im klassizistischen Stil seiner Zeit erneuern.

Nach der Schilderung des Marquis de Bouillé, der Sanssouci 1784 besuchte, war das Zimmer im Urzustand »geräumig, sehr hell, mit zahlreichen Spiegeln versehen und durch eine große Balustrade geteilt, welche die Stelle für das Bett bezeichnete. Aber dieses war bei dem Kamin hinter dem Bettschirm aufgeschlagen: ein einfaches Feldbett, bedeckt mit dunkelroten Taftdekken und ebenso unsauber wie die übrigen Möbel; das rührte von den zahlreichen Hunden her, die der König liebte und die in den königlichen Zimmern hausten. Ebenso wie sein Schreibtisch waren mehrere Tische mit unordentlich umherliegenden Büchern bedeckt.«[95]

Erdmannsdorff beließ bei der Umgestaltung nur den Kamin an seiner Stelle. An den ursprünglichen Zustand erinnert ferner die grüne Wandbespannung. Sie wurde aber ebenso in den kühlen klaren Formen des Klassizismus

94 Matthias Oesterreich, Beschreibung aller Gemählde, Antiquitäten, und anderer kostbarer und merkwürdiger Sachen, so in denen beyden Schlößern von Sans-Souci, wie auch in dem Schloße zu Potsdam und Charlottenburg enthalten sind, Berlin 1773 (Nachdruck Potsdam-Sanssouci 1990), S. 56.

95 Zit. nach Gerhard Joop, Sanssouci, in: Paläste, Schlösser, Residenzen. Zentren europäischer Geschichte, München 1974, S. 176.

*Friedrich der Große als Bauherr von Sanssouci mit dem ›Betenden Knaben‹; neben dem König Knobelsdorff. Unbekannter Künstler nach Christian Daniel Rauch. Berlin, Schloß Charlottenburg*

erneuert wie Decken, Gesimse, Holzteile und Alkoven, dessen Säulenpaar ionischer Ordnung das Raumbild beherrscht. »Ich weiß nicht, ob der verstorbene Monarch davon sehr erbaut sein würde, wie ich seine Wohnung umgewandelt habe«[96], schrieb Erdmannsdorff an seine Frau.

»Comme à Reinsberg« – »Wie zu Rheinsberg« wünschte Friedrich sein Heiligtum in Sanssouci – die Bibliothek – gestaltet, d. h. auf rundem Grundriß. Der völlig in sich abgeschlossene Raum liegt am Ende der Privatgemächer, ist mit ihnen jedoch nicht in der Enfilade verbunden, sondern vom Arbeits- und Schlafzimmer nur durch einen schmalen Gang zu erreichen. In der Abgeschiedenheit und Konzentration der Kreisform ist »der Lesestimmung Ausdruck gegeben, die sich ganz in sich einfriedet. In diesem Raum wurde nicht gearbeitet, lagen nicht Akten der Staatshandlungen auf dem Schreibtisch, sondern gleich dem Konzertzimmer vollzog sich hier ein schöngeistiges, musisches Leben, ein sehr persönliches und privates Dasein.«[97] Nur mit der Erlaubnis des Königs war ein Blick in dieses Sanktuarium gestattet.

Die Stimmung des Raumes prägt wesentlich der warme goldbraune Ton einer erlesenen Zedernholzvertäfelung mit vergoldetem Bronzezierat. Hohe Bogennischen im Achsenkreuz sind die Grundelemente der architektonischen Gliederung. Eine der Nischen ist mit dem Kamin und einem Spiegel darüber gefüllt. Eine andere dient als Sitznische mit verspiegelter Rückwand. Fenstertüren gegenüber öffnen die Bibliothek zur Schloßterrasse. In die Wandabschnitte zwischen Nischen und Fenstertüren sind Bücherschränke eingelassen. Sie bestehen aus Unterbau und Aufsatz mit stark geschweiftem Abschlußprofil. Dem Schrank nördlich der Sitznische sieht man nicht an, daß er zugleich die Tür in die Bibliothek vom Gang aus ist. Die Schränke sind auffallend niedrig. Die Bücher sollten mühelos greifbar sein.

Jeweils ein Bücherschrank und sein Wandumfeld sind gestalterisch eine Einheit und einem Thema gewidmet: der Musik, der Astronomie, der Bildhauerei und der Malerei. Schmale Bronzeprofile zeichnen auf der Zedernholzvertäfelung eine Felderteilung nach, die durch das kunstvolle Verlegesystem des Kunstschreiners J. H. Hülsmann bereits vorgegeben ist. An den Profilen ranken Lorbeeräste hoch und fallen Blütenzweige herab. Lisenenartige Einfassungen sind mit Trophäengehängen gefüllt. In der Mitte über den Schränken, halb in die Unterbrechung des Abschlußprofils gerückt, zeigen Ovalfelder wiederum Gehänge mit Attributen der genannten Themen. Die Ovalform wiederholt sich größer als Abschluß eines jeden Wandabschnitts in einem vergoldeten Bronzerelief von Benjamin Giese, das die jeweilige Kunstgattung und die Astronomie in sinnlich-diesseitigen Szenen veranschaulicht.

Die Gußmodelle für die Wanddekoration schuf der Bildhauer Johann Becker. Der Goldschmied C. G. Kelly besorgte Guß und Vergoldung. Beider Werk gehört zum Delikatesten seiner Gattung im 18. Jahrhundert. Vornehmlich der Rocailledekor in den Fensterlaibungen, in der Sitznische und an anderen Stellen ist von kaum noch einmal erreichter Feinheit.

Mit mehr als 2200 Bänden war die Büchersammlung in diesem Raum die größte von sechs, die dem König zur Verfügung standen (Sanssouci, Neues Palais, Stadtschloß Potsdam, Stadtschloß Berlin, Charlottenburg und Breslau). Die Rheinsberger Bibliothek ging teilweise in der von Sanssouci auf.

96 Zit. nach Hübner (wie Anm. 88) S. 24.

97 Willy Kurth, Sanssouci. Seine Schlösser und Gärten, Berlin 1956, S. 31.

*Potsdam, Schloß Sanssouci. Bibliothek*

Schaute der König von seinem Lesetisch in der Sitznische auf, so fiel sein Blick nach draußen durch den Laubengang auf die damals wohl berühmteste Bronzeplastik der Antike, den ›Betenden Knaben‹ (um 300 v. Chr.) im östlichen Gitterpavillon. Der jugendliche nackte Athlet setzt in gelöstem Kontrapost sein rechtes Bein zurück, erhebt Arme und Haupt zum Himmel und betet um den Sieg im Wettkampf.[98] Friedrich kannte den Knaben irrtümlich unter den Namen Antinous. Dies war der schöne mit zwanzig Jahren im Nil ertrunkene Liebling des Kaisers Hadrian. ›Antinous‹ ist nach Oesterreich dargestellt, »wie er sich, einem zu Genesung des Adrian gethanen Gelübde zufolge, in den Nilfluß stürzen will«.[99] Am Körper des Jünglings erscheint kein Muskel untrainiert. Die schwellenden Volumina und die geschmeidigen Umrißlinien des Bildwerks boten dem König ein Bild vollendeter Harmonie. Die Anmut blühender Jugend in der Nähe des Grabes auf der Terrasse: dies war ein Spannungsbogen der Betrachtung, den der Philosoph von Sanssouci in den Stunden der Muße verinnerlichen wollte. Friedrich erwarb den ›Betenden Knaben‹ 1747 vom Fürsten Wenzel Liechtenstein in Wien. Vorbesitzer war Prinz Eugen von Savoyen. 1786 wurde die Figur ins Berliner Stadtschloß und 1830 ins Alte Museum überführt. Heute ist sie ein Glanzstück des Berliner Pergamonmuseums. Im Gitterpavillon steht ein Bronzenachguß der Figur.

98 Zum ›Betenden Knaben‹ jüngst Volker Krahn, in: Katalog der Ausstellung ›Ethos und Pathos. Die Berliner Bildhauerschule 1786–1914‹, Berlin 1990, S. 17 ff.

99 Matthias Oesterreich, Beschreibung und Erklärung der Grupen, Statüen, ganzen und halben Brust-Stücke, Basreliefs, Urnen und Vasen von Marmor, Bronze und Bley, sowohl von antiker als moderner Arbeit etc., Berlin 1775 (Nachdruck Potsdam-Sanssouci 1990), S. 21.

An der Hofseite liegt entlang der Wohngemächer des Königs die Kleine Galerie. Sie verband Vestibül und Arbeitszimmer für die, die mit dem Monarchen zusammenkommen mußten, um die Tagesgeschäfte zu erledigen.

Trotz der Schmalheit ist die Galerie architektonisch vorzüglich durchdacht. Oesterreich beurteilt sie als »edel, und mit einem königlichen Geschmacke und Pracht ausgezieret«.[100] Fünf Fenster gegen den Ehrenhof lassen reichlich Licht in den Raum. Die Wandflächen zwischen den Fenstern sind mit Spiegeln verkleidet, an denen Weingirlanden herabhängen. Die Gegenwand rhythmisieren vier Korbbogennischen für antike Marmorplastiken. Die Wandflächen für die Gemäldesammlung neben den Nischen liegen axial den Fenstern gegenüber. Zwei Kamine mit Spiegeln sind geschickt an die Schmalseiten in ein abgeschrägtes Wandstück neben einem geraden Türfeld angeordnet.

In diesem prachtvoll ausgestatteten Raum hatte Friedrich 16 seiner geliebten Bilder von Watteau, Lancret und Pater vereinigt.

Sanssouci folgt zwar dem Typus der Maison de plaisance, das Bauwerk aber »mit der Elle französischer Architekturtheorie« messen zu wollen führt in die Irre. »Hier hat sich eine neue Eigengesetzlichkeit Geltung verschafft, ein Gesetz, das in der Person des Königs von Preußen selbst begründet ist. Friedrich II. wollte seine nähere Umgebung allein nach eigenen Vorstellungen gestaltet wissen.«[101] Die Maison de plaisance französischen Zuschnitts ist streng nach den Leitbegriffen »convenance« (Angemessenheit) und »commodité« (Bequemlichkeit) konzipiert. Angemessenheit ist Sanssouci insgesamt nicht abzusprechen. Aber Bequemlichkeit reklamierte der König nur für seine Wohngemächer. Überall sonst ist der Grundriß haarsträubend unpraktisch. Dies gilt besonders für die Gästezimmer im Westtrakt.

Mit dem Namen des eigenwilligsten Geistes in der Nähe des Königs – Voltaire – verbindet die Tradtion das vierte Gästezimmer. Voltaire hat es aber in heutiger Ausstattung nie sehen können. Die Neugestaltung war nicht vollendet, als er im März 1753 nach einem Zerwürfnis mit Friedrich Berlin für immer verließ. Zu diesem Zeitpunkt war die rohe Vertäfelung der Wände nach Manger wohl fertiggestellt. Hoppenhaupt habe sie »mit Zierrathen von Vögeln, Früchten, Blumen, Festons etc. von Holz«, die Decke aber »mit eben dergleichen von Stuck« versehen, »wofür ihm 3,200 Thaler bezahlt wurden. Du Buißon kolorirte alle gedachte Zierrathen nach der Natur für 700 Thaler, womit er im May 1753 fertig wurde. Die Mahler Buchholz und Bock aber lackirten sodann alles glatte Tafelwerk strohgelb für 1,563 $^{1}/_{3}$ Thaler, womit sie im März 1754 zu Stande kamen.«[102]

Von der ersten Ausstattung sind im Alkoven die graulila gemalten Ornamentdekorationen Friedrich Wilhelm Höders erhalten. Die neue naturalistisch gehaltene Holzschnitzerei Johann Christian Hoppenhaupts, die sich kraftvoll plastisch vom gelblackierten Wandgrund löst, ist ein Markstein in der Entwicklung des friderizianischen Rokoko. »Der an französischen Vorbildern geläuterte Geschmack, der in den Raumschöpfungen der vierziger Jahre des 18. Jahrhunderts zum Ausdruck kommt, findet nun in der verstärkten Hinwendung zu naturalistischen Formen seine Überwindung, wobei das einzelne Ornament eine relativ größere Selbständigkeit und Eigenbedeutung innerhalb des Raumensembles gewinnt.«[103] Blütenzweige und Früchtearrangements evozieren stärker denn je die Stimmung des Weinbergs. Die nach Hoppenhaupts Entwurf wohl von Sartori stuckierten Blütengehänge der Decke sind unübertroffen an Feinheit, Virtuosität und Lebendigkeit. Oesterreich hebt als hervorragendes Ausstattungsstück den Kamin hervor: »Es scheint, als wann der Marmor geschmolzen wäre, so vortreflich ist die Arbeit.« Im ganzen Zimmer gebe es keine Vergoldung, »es thut aber dennoch dasselbe eine sehr schöne Würkung«.[104]

## Die Gärten von Sanssouci

Das in die Breite gelagerte Parterre am Fuße der Terrassen begründete geradezu zwangsläufig eine Querachse. Zwischen 1747 und 1763 bildete sich ein mehr als zwei Kilometer langer Weg heraus, gleichlaufend zum Höhenzug des Schlosses, an dem die jeweiligen Gärten und ihre Baulichkeiten, »wie Perlen an einer Schnur erlebbar, aufgereiht wurden«.[105] Diese Achse reicht vom Obelisken[106] bis zum Neuen Palais im Westen.

100 Oesterreich (wie Anm. 94) S. 63.

101 Mielke (wie Anm. 82) S. 65.

102 Manger (wie Anm. 10) 1, S. 144.

103 Eckardt (wie Anm. 92) S. 44.

104 Oesterreich (Anm. 94) S. 71.

105 Harri Günther, Sanssouci – ein Beispiel friderizianischer Gartenkunst, in: Friedrich II. und die Kunst. Katalog der Ausstellung zum 200. Todestag, 19. Juli bis 12. Oktober 1986, Neues Palais in Sanssouci, 2. Aufl. Potsdam-Sanssouci 1987, S. 183.

106 Nach Entwurf von Knobelsdorff ausgeführt von Hoppenhaupt und Martin Angermann 1748.

◁ *Potsdam, Schloß Sanssouci. ›Betender Knabe‹. Heute Kopie, Original im Berliner Pergamonmuseum*

*Plan des Parkes Sanssouci von Friedrich Zacharias Saltzmann, 1772* ▷

PLAN DE
levé et
l'Explication
Vases etc etc
chifres qui
pièces

S DE SANSSOUCI
probation de Sa Majesté
ec
nt des Statues Bustes
dre des lettres et des
se voient à coté des
que modernes
altzmann
du Roi.

*Potsdam, Obeliskportal in Sanssouci. Radierung von Andreas Ludwig Krüger, um 1780*

*Potsdam, Neptungrotte in Sanssouci. Radierung von Andreaqs Ludwig Krüger, 1779*

Das Obeliskportal in einer bastionsartig vorspringenden Rundung ist seit 1747 der Haupteingang des Gartens. Knobelsdorff entwarf es, Friedrich Christian Glume führte es aus. Die Viererbündelung korinthischer Säulen als Torpfeiler folgt dem Vorbild des Rheinsberger Portals. Gartengeräte, Blumen- und Fruchtgehänge, dazu Putten, die um Blumenvasen spielen, beleben die Torarchitektur. Flora und Pomona, die Göttinnen der Blumen und der Früchte[107], blikken seitlich auf den Besucher, der den Garten durch das Gittertor verläßt. An den Enden der Rundung ruhen Nymphen von Glume.[108] Die Rundung selbst war gefüllt mit einem zweiteiligen Rasenparterre, von Blumenrabatten gesäumt; es ist wiederhergestellt. Das Gelände zwischen Obelisk und Obeliskportal wurde bepflanzt mit Lindenreihen, die strahlenförmig von der Rundung ausgehen.

Der nächste Gartenteil ist das Mohrenrondell mit der Neptungrotte. Das Mohrenrondell ist eine Erweiterung des Hauptweges. Ursprünglich standen hier sechs Bildwerke: vier Mohrenbüsten aus der ersten Hälfte des 18. Jahrhunderts und zwei antike Büsten.[109] Den Gartenbereich durchziehen je zwei Diagonalwege, deren Hecken Obstbäume verbargen. Die Neptungrotte ist das Werk Knobelsdorffs (1751–57) mit Grottierarbeit von Johann Peter Benckert. Von ihm stammt auch der bekrönende Neptun (1760)[110], während die seitlich neben ihm liegenden Najaden 1752 von Georg Franz Ebenhech geschaffen wurden.

Zwischen den Gartenteilen mit Neptungrotte und Mohrenrondell und der östlichen Sanssouci-Rampe entstand bereits 1747 ein reiner Nutzgarten. An der Stelle der späteren Bildergalerie (vgl. S. 97 ff.) wurde ein Gewächshaus errichtet, in dem u. a. Pisangs (Bananen) gezogen wurden. Der Hang war in sechs Terrassen für die Gemüsetreiberei gegliedert. Auf der untersten Ebene wurde ein von Wegen durchzogenes Obstboskett um einen Vierpaßbrunnen angelegt. Um ihn herum gruppierte man acht Marmorbüsten von François Dieussart (um 1655), die Mitglieder des Hauses Oranien darstellen. Vor der Bildergalerie gestaltete Joachim Ludwig Heydert 1764 statt der Gemüseterrassen einen Ziergarten mit Hecken und Laubengängen.

Zu den bekanntesten Plastiken von Sanssouci zählen die beiden Sphingen aus Marmor von Ebenhech (1755) an der südlichen Hauptachse zum Schloß. Köstlich, wie der Künstler die gestrengen Wächterinnen in galante Rokokodamen verwandelt und sie in Beziehung setzt zu den Putten, die auf oder neben ihnen spielen.

Wann immer ein Gartenabschnitt vollendet war, wurde er sogleich mit Bildwerken[111] ausgestattet. Antiken standen neben Antikenkopien und zeitgenössischen Plastiken mythologischen oder allegorischen Inhalts. Das Interesse des Königs für Literatur und Musik bestimmte Ikonographie und Bedeutungsgehalt des Figurenprogramms.

Als Pendant zum östlichen Gewächshaus ließ Friedrich auf der Westseite des Schlosses durch Knobelsdorff eine Orangerie errichten. Davor

107 Kopien 1963.

108 Kopien 1931 und 1963.

109 Heute aus restauratorischen Gründen entfernt.

110 Oberkörper 1963 kopiert.

111 Zu den Plastiken umfassend: Hans Hoffmann/Saskia Hüneke, Bauten und Plastiken im Park Sanssouci, Potsdam-Sanssouci 1987.

*Potsdam, Schloß Sanssouci. Obeliskportal mit Rasenparterre*

*Potsdam, Schloß Sanssouci. ›Flora mit Putto‹ von Friedrich Christian Glume, um 1750, im Garten vor den Neuen Kammern, ehem. im Lustgarten des Potsdamer Stadtschlosses* ▷

lag ein von Hecken umzogener Obstgarten, mit Kirsch- und Pflaumenbäumen bepflanzt. Die Orangerie ging später in den Neuen Kammern (vgl. S. 99 f.) auf.

In den Boskettanlagen westlich der Weinbergterrassen wurden besondere künstlerische Akzente auf heckenumsäumte Rondelle gelegt. Sie hemmen hier wie an der Ostseite Mohren- und Oranierrondell als »Säle im Freien« den raschen Lauf der Querachse. Auch die Wege wurden von Hecken eingefaßt. In ihrem Schnittpunkt mit der Mittelachse der Orangerie stieß man auf ein Vierpaß-Fontänenbecken. Ursprünglich umstanden es acht vergoldete Bleistatuen von Ebenhech, die, weil verrottet, im späten 18. Jahrhundert zumeist durch Marmorfiguren aus Carrara (Mitte 18. Jahrhundert) ersetzt wurden.

Bedeutender ist das folgende Musenrondell mit acht Marmorstatuen der Musen von Friedrich Christian Glume (vor 1752).[112] Von diesem Rondell strahlen acht Sichtachsen aus: eine noch nach Norden zur Grottenanlage des Felsentors von 1750; drei im Gartengrundriß besonders markante Sichtachsen in Form eines Gänsefußes (patte d'oie) zielen in westliche Richtung. Hier treffen zwei auf Rondelle mit Fontänenbecken und Marmorstatuen. Die mittlere Sichtachse auf dem Hauptweg leitet über in das Entführungsrondell mit vier Marmorgruppen von Ebenhech (um 1750).

Promenierte man auf der nun als Allee mit Skulpturen geschmückten Querachse weiter nach Westen durch den Rehgarten, so stieß man etwa in seiner Mitte auf den Höhepunkt aller Wegeerweiterungen: auf Knobelsdorffs runde Kolonnade (1751–63) aus farbigem Marmor mit einer Fülle von Plastiken und Vasen, die teilweise vergoldet waren. Die Kolonnade, die im Garten von Versailles ihr Vorbild hatte, wurde nach Friedrichs Tod beseitigt; ihre Säulen verwendete man beim Bau des Marmorpalais im Neuen Garten.

Der Rehgarten, ein natürlicher Wald aus Eichen, Linden, Hainbuchen und Eschen, war durch die Rehgartenallee auf der großen Querachse eng mit dem Rokokogarten verzahnt. Andererseits waren Elemente des Landschaftsgartens nicht zu übersehen. So zogen sich dicht umpflanzte »gekrümmte« Alleen auf »englische

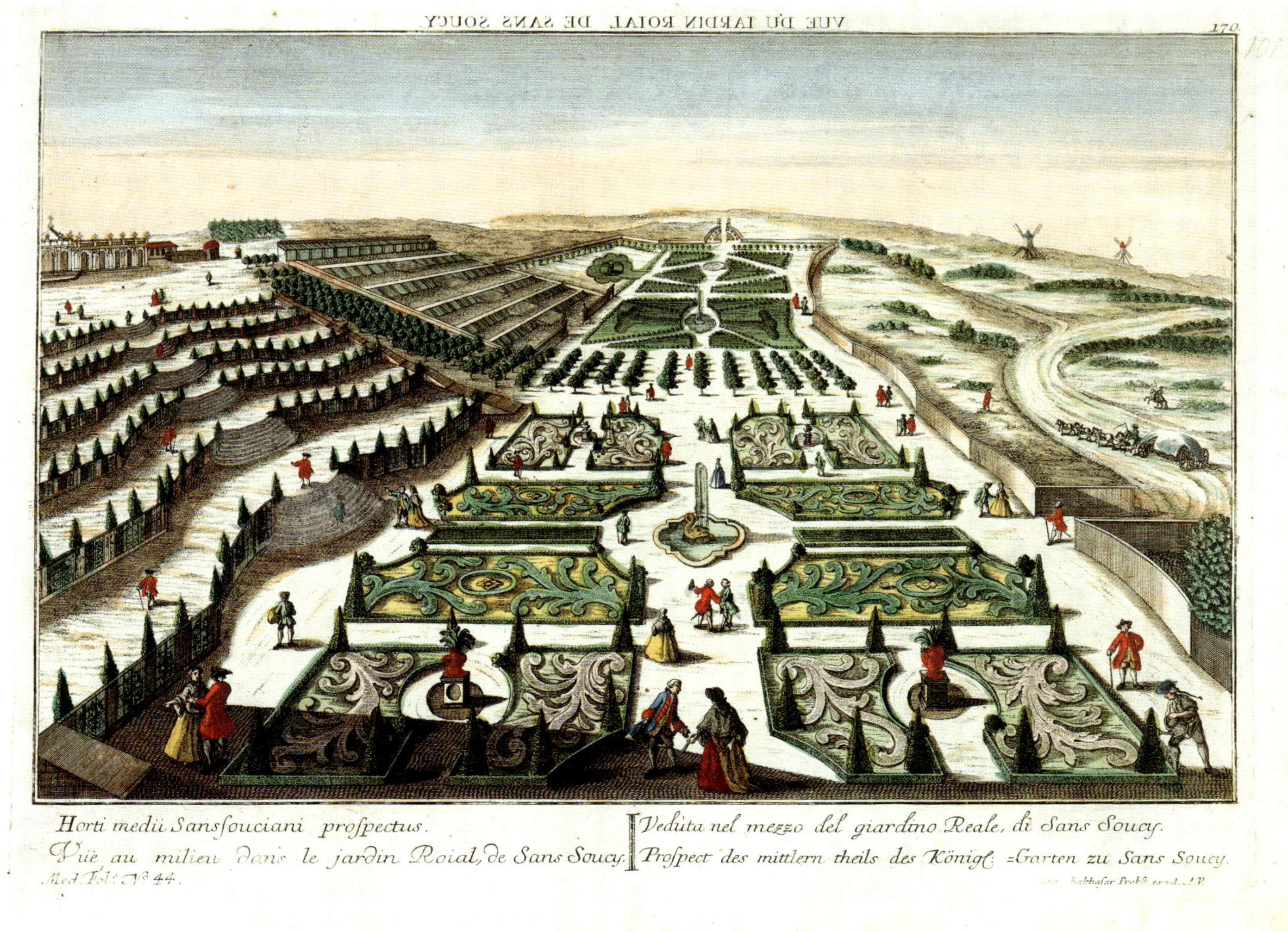


*Potsdam, Schloß Sanssouci.*
*Parterre und östlicher Lustgartenbezirk. Kupferstich von Georg Balthasar Probst, um 1750*

oder sinesische Art« am Rande des Rehgartens entlang. Manchmal erweiterten sie sich zu »Salons« oder sonderten Stichwege ab zu solchen Räumen im Grünen. Die Schlängelwege verdichteten sich im Bereich um das Chinesische Teehaus (vgl. S. 100 ff.). Die große Querachse sollte etwa 850 Meter westlich des Entführungsrondells an einer Grotte enden, die 1751 begonnen, aber nie vollendet wurde. 1755 ließ Friedrich sie wieder abtragen. Nach dem Siebenjährigen Krieg begann der Bau des Neuen Palais (vgl. S. 103 ff.) als neues Ziel der großen Achse durch den Park von Sanssouci. Der Hofgärtner Friedrich Zacharias Saltzmann präsentierte 1772 in seinem Gartenplan mit dazugehöriger Erklärung das Ergebnis des nahezu dreißigjährigen Werdens einer der originellsten Gartenschöpfungen im 18. Jahrhundert.

**Die Bildergalerie**

Die Bildergalerie von Sanssouci kann als erster noch erhaltener fürstlicher Museumsbau in Deutschland gelten. Friedrich der Große beauftragte Anfang 1755 den Landbaumeister Johann Gottfried Büring, die Pläne zu entwerfen. Schon bald wurde der Grundstein gelegt, im November desselben Jahres war das Gebäude weitgehend unter Dach. Wegen des Siebenjährigen Krieges konnte es aber erst 1764 ganz vollendet werden.

Ausdrücklich sollte die Galerie Pendantgebäude zu Knobelsdorffs Orangerie von 1747, den späteren Neuen Kammern, auf der anderen Seite des Schlosses sein und ähnlich aussehen. So setzt sich das verputzte Gebäude zusammen aus einem Mittelteil mit Laternenkuppel und

112 Heute teilweise Kopien des 19. Jahrhunderts oder stark ergänzt.

*Potsdam, Schloß Sanssouci. Inneres der Bildergalerie*

zwei Langflügeln an den Seiten, jeder durch zwei Risalite rhythmisiert. Dies ist der Typus der Orangerie, aber auch der von Schloß Sanssouci selbst; nur daß hier der große Mittelteil nicht gegen die Seitenflügel abgetrennt, sondern vielmehr in der ganzen Raumtiefe im Sinne der Raumvereinheitlichung geöffnet ist.

Man betritt die Bildergalerie durch den Haupteingang im Mittelbau oder von der obersten Terrasse über ein Treppenhaus. Ihm entspricht an der Ostseite ein Kabinett für kleinformatige Gemälde. An der Innenseite der Galerie-Nordwand führt ein Korridor entlang, »damit kein feuchtes Eindringen in die Mauer, woran die Gemählde kommen sollten, einigen Schaden verursachen möchte«.[113]

Die 81 Meter lange Galerie galt den Zeitgenossen als der prächtigste Gemäldesaal Europas. Weiträumigkeit und Glanz der Ausstattung mit einem Überfluß an Marmor und Goldstuck lassen jeden Besucher erstaunen.

Laut Katalog von 1770 waren 168 Gemälde in dichter Hängung versammelt und nach Schulen getrennt: im Westflügel und Mittelbau Werke niederländischer Meister, im Ostflügel Italiener, im Kabinett Gemälde aller Schulen. Seit der Neueinrichtung der Galerie nach dem Zweiten Weltkrieg sind die Italiener im Westen und die Niederländer im Osten plaziert. Der heutige Bestand von 126 Gemälden stammt teilweise aus anderen Sammlungen.[114]

## Die Neuen Kammern

Die Neuen Kammern, das Kavalierhaus auf der Westseite des Schlosses als Pendant zur Bildergalerie, gingen aus der alten Orangerie hervor. Von Knobelsdorff entworfen, wurden sie 1747 unter der Leitung von Johann Boumann errichtet. Einen Saal hinter dem Mittelrisalit flankierten auf beiden Seiten zwei Galerien, zwischen

113 Manger (wie Anm. 10) 1, S. 226.

114 Götz Eckardt, Die Gemälde in der Bildergalerie von Sanssouci, 3. Aufl. Potsdam-Sanssouci 1986. – Ergänzend: Gerd Bartoschek, Die Bildergalerie von Sanssouci, 6. Aufl. Potsdam-Sanssouci 1987.

◁ *Potsdam, Schloß Sanssouci. Gartenfront der Bildergalerie*

*Potsdam, Schloß Sanssouci. Chinesisches Teehaus* ▷

die sich jeweils hinter einem Risalit ein ovaler Saal schob. Erstmals konnte die stattliche Sammlung an Kübelbäumen von Sanssouci 1748/49 hier überwintern.

Für das Jahr 1768 berichtet Manger: »Nicht allein die Anzahl der erkauften Orangebäume war zu groß, sondern der König mußte auch schon damals Willens seyn, in dem 1747 erbauten Orangehaus zur rechten des Lusthauses Sanssouci Zimmer für Fremde einrichten zu lassen.«[115]

Äußerlich blieb die Anlage im wesentlichen unverändert. Hinzu kam die bereits 1756 veranschlagte Scheinkuppel mit adlerbekrönter Laterne auf dem Mittelbau. Auch der plastische Schmuck blieb unangetastet.

Die Gästequartiere wurden 1773–75 zuerst fertiggestellt. Dies sind drei Appartements, bestehend aus Wohnzimmer, Schlafzimmer mit Alkoven und zwei Dienerkammern. Ein weiteres dazwischen gelegenes Gästequartier bestand nur aus einem Alkovenzimmer mit Dienerkammer. Gegenüber den Gästeräumen im Schloß boten die Neuen Kammern mehr Bequemlichkeit. Denn nun mußten Gäste und Dienerschaft sich nicht mehr behindern, wenn sie ihr Quartier aufsuchen oder verlassen wollten. Dort, wo früher an der Nordseite der Heizgang der Orangerie gelegen hatte, zog sich nun ein gut belichteter Flur für die Dienerschaft entlang.

Die Säle der Neuen Kammern sind Raumschöpfungen, in denen das friderizianische Rokoko ein letztes Mal seinen Erfindungsreichtum entfalten konnte, ohne generell den Ermüdungserscheinungen eines Spätstils zu erliegen. So sehr sich der König auch dem Rokoko verbunden wußte: die Vorboten des Louis seize in der Ornamentik sind nicht zu übersehen.

## Das Chinesische Teehaus und das Drachenhaus

Friedrich der Große huldigte der Chinamode im Rehgarten mit dem geistreichsten Bauwerk seiner Art, dem Chinesischen Teehaus (Planung 1754; Vollendung des Rohbaus 1755; die Innenausstattung durch den Siebenjährigen Krieg unterbrochen; Einweihung 1764). Es sollte keine Kopie eines chinesischen Bautyps sein, sondern eine staunenswerte Architekturphantasie, in der sich Europäisches und Exotisches grotesk vermischten.[116]

Der König selbst skizzierte die erste Idee. Mit der Feinplanung beauftragte er den Landbaumeister Johann Gottfried Büring. Zugrunde gelegt wurde »un bâtiment chinois nommé le trèfle«, das der Architekt Emmanuel Héré de Corny in Lunéville für den Polenkönig Stanislaus Leszczyński errichtet hatte. Friedrich besaß das Stichwerk Hérés mit Kupferstichen dieses längst abgetragenen Gartenhauses.[117]

»Trèfle« – »Kleeblatt« hieß es wegen seiner Grundrißform: im Kern ein Rundsaal, ringsum in kleeblattartiger Formung geschlossene Raumeinheiten im Wechsel mit geschweiften offenen Galerien. Dieses Grundmuster klingt in Friedrichs Chinesischem Teehaus zwar noch durch, ist aber vereinfacht: Die Kleeblattform ist aufgegeben zugunsten eines Systems aus konzentrischen Kreisen, die zu rotieren scheinen. Der innere Rundsaal tritt im Grundriß hervor. Die angefügten Raumeinheiten sind zu Kabinetten geschrumpft, in der Grundrißform Pilzen ähnlich. Aus den Galerien des Trèfle werden im Teehaus Vorhallen, deren Decken Thomas Huber mit Ausblicken auf den Himmel bemalte – entmaterialisierte. »Durch die abwechslungsreiche Belebung der Raumschale gerät der Baukörper außen in einen rhythmisch kurvierenden Schwung von abgeschlossenen und offenen Teilen, die einmal von innen nach außen und das andere Mal umgekehrt von außen nach innen dringen oder ziehen.«[118] Auch das in Schlangenform bemalte Dach ist in schwingende Rhythmik versetzt. Auf der Dachhaube des Tambours thront ein goldglänzender Mandarin aus Kupfer mit einem schlangenumwundenen Stab, dem Attribut der Weisheit, und einem Parasol in den Händen. »Im Genuß einer ruhigen Behaglichkeit, fern des Lebens und durch seinen Schirm wohlgeschützt vor der Sonne, scheint der Mandarin ... seinen Amtspflichten Genüge zu tun.«[119]

Außen verputzt und grün gefaßt, soll das Chinesische Teehaus mit der umliegenden Natur korrespondieren. Die zweite Leitfarbe – Gold in verschwenderischer Fülle – hebt dieses Bauwerk in eine irreale Sphäre.

115 Manger (wie Anm. 10) 2, S. 313. – Grundlegend zu den Neuen Kammern und zur letzten Restaurierung: Adelheid Schendel/Jerzy Przytański u. a., Die Neuen Kammern im Park Sanssouci, Potsdam-Sanssouci 1987.

116 Grundlegend: Arno Krause, Das Chinesische Teehaus im Park von Sanssouci, 2. Aufl. Potsdam-Sanssouci 1968. – Ergänzend: Jutta Nicht, Das Chinesische Teehaus im Park Sanssouci, 2. Aufl. Potsdam-Sanssouci 1982.

117 Emmanuel Héré de Corny, Recueil des plans, élévations et coupes tant geometrales qu'en perspective des châteaux, jardins et dépendances que le roi de Pologne occupe en Lorraine etc. 1, o. O. o. J. (neue Aufl. Paris 1756).

118 Kurth (wie Anm. 87) S. 61.

119 Ebenda, S. 68.

Der Mandarin ist nicht der einzige Vertreter aus jener vielbestaunten und erträumten Welt des fernen Ostens. Eine ganze Chinesengesellschaft in Lebensgröße – vergoldete Sandsteinplastiken von Johann Peter Benckert und Johann Matthias Gottlieb Heymüller – umsteht den Bau oder hat sich unter vergoldeten Palmen – den steinernen Stützen des Daches – in den Vorhallen niedergelassen. Je näher man dem Bauwerk kommt, um so stärker ziehen die Gestalten mit ihren phantasievollen Kopfbedeckungen und Prunkgewändern die Aufmerksamkeit auf sich. Das Teehaus wird als Kulisse einer geselligen Szenerie begriffen, die ihresgleichen sucht.

Jeweils drei Gestalten sind unter jeder der beiden mittleren Palmen einer jeden Vorhalle versammelt. Man flirtet, schlürft Kaffee oder Tee, labt sich an Melonen und Ananas und lauscht dem Spiel von krapiziösen Musikantinnen und Musikanten samt ihrem Kapellmeister vor den Wandfeldern zwischen den Kabinettfenstern. So ist die Architektur durch Menschen bevölkert, wie man sie sich zu ihr passend dachte: sorglos, trunken in luxuriösem Raffinement – einzig dazu da, geistig und leiblich zu genießen. Die Gesellschaft um den König kann sich den Exoten nähern, wird mit ihnen aber niemals eins, wie sehr sie sich auch danach sehnen mag. Der Goldglanz macht die Figuren zu Wesen aus einer unwirklichen Welt. Eine Vielfalt vergoldeten Zierats am Sockel, um Fenster und Fenstertüren, am Dach und an anderen Stellen verstärkt den Eindruck des Märchenhaften. Auch die Natur wird verwandelt: vergoldete Palmen, vergoldetes Akanthuswerk an den Sockeln, phantastische Naturmotive in der Kleidung der Figuren.

Betritt man den Rundsaal, so empfindet man das Sichdurchdringen von Realität und Irrealität – jenes geistvolle Spiel des Rokoko – noch intensiver, ja man ist geradezu in dieses Spiel hineingezogen. Das Grün des Außenbaus ist im seladongrünen Stuckmarmor aufgegriffen. Üppig vergoldete Zierelemente auch hier an den Wänden. Der Blick nach draußen fällt auf die gleißenden Goldfiguren und Goldpalmen der Vorhallen und wird aufgefangen vom Grün der Natur ringsum in einiger Distanz.

Ein anderes Gebäude im chinesischen Stil, das eher an ostasiatische Vorbilder erinnert als das Chinesische Teehaus, ist Carl Philipp Christian von Gontards Drachenhaus von 1770/72 auf dem Klausberg.[120] Anregungen gaben vielleicht Entwürfe, die William Chambers 1763 dem König lieferte. Sicher spielten Pagodendarstellungen als Vorbilder eine Rolle, die Chambers in Stichwerken publizierte.

Das Drachenhaus steht auf achteckigem Grundriß. Die drei oberen Stockwerke sind offen, springen jeweils zurück und sind mit Dächern chinesischer Machart versehen. Vergoldete Drachen als Dachzier gaben dem Bauwerk den Namen. Außen einst sehr farbenprächtig »auf sinesische Art« bemalt, diente das Drachenhaus als Wohnung für den Winzer des Weinbergs.

*Potsdam, Belvedere und Drachenhaus auf dem Klausberg. Radierung von Andreas Ludwig Krüger, 1772 (Ausschnitt)*

120 Horst Drescher/Sibylle Badstübner-Gröger, Das Neue Palais in Potsdam. Beiträge zum Spätstil der friderizianischen Architektur und Bauplastik, Berlin 1991, S. 170 ff.

*Potsdam, Neues Palais. Gartenfront*

## Nachklang

### Das Neue Palais

»Fanfaronnade« – »Prahlerei« bezeichnete Friedrich der Große treffend das Neue Palais. Unmittelbar nach dem Ende des Siebenjährigen Krieges 1763 begonnen, sollte dieses Architekturmonument dem staunenden Europa vor Augen führen, daß Preußens Finanzkraft unerschüttert sei. Unter den Bauschöpfungen im Park von Sanssouci ist das Neue Palais mit den zugehörigen Communs und ihrer Kolonnade die letzte und umfangreichste Anlage des 18. Jahrhunderts.[121] Bereits nach sieben Jahren war sie fertiggestellt. Als bauliche Manifestation des preußischen Absolutismus folgt das Neue Palais dem von Knobelsdorff entworfenen und nur teilweise verwirklichten »Forum Friderizianum« mit Universität, Oper und Bibliothek in Berlin. Aber noch andere Vorbilder sind nachgewiesen, die der König eingebracht wissen wollte: Paul Deckers »Fürstlicher Baumeister« (1711–16) war ihm ebenso zur Hand wie die Ansichten der Schlösser Friedrichs I. von Jean-Baptiste Broebes (1733). Friedrich knüpfte also bewußt an die Architektur des ersten preußischen Königs an, um seine Königswürde mit Nachdruck zu veranschaulichen.

Aufs Ganze gesehen ist die Architektur des Neuen Palais nach rückwärts gewandt. »Das Große wird hier zur Verkörperung der Macht ... Der Bauherr selbst war bei seinem Regierungsantritt ... dem großen Baublock des Berliner Schlosses entflohen und wollte mit den Plänen zum ›Forum Friderizianum‹ in Berlin das Baumassiv modern französisch auflockern. Bei dem Bau des Neuen Palais aber war von dem Persönlichen, ja Privaten keine Rede mehr, eher hat man das Gefühl, daß sich der König in etwas hineinsteigerte, das ihm selbst nicht mehr angehörte.«[122] Bestimmt war das Neue Palais als Quartier für fürstliche Gäste und den Aufenthalt der Verwandten des Königs im Sommer.

121 Grundlegend: Drescher/Badstübner-Gröger (wie Anm. 120).

122 Kurth (wie Anm. 87) S. 69.

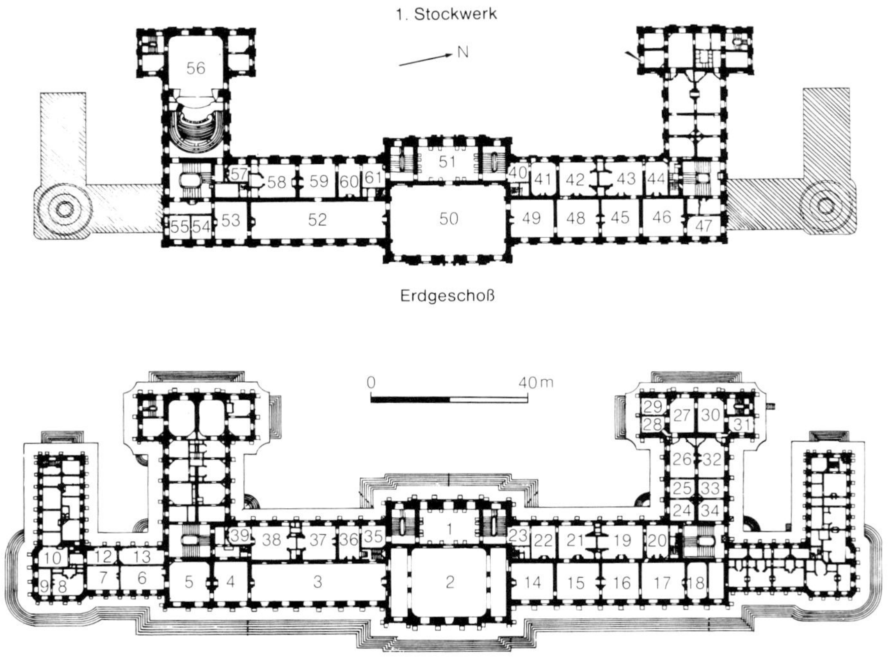


*Potsdam, Neues Palais. Grundrisse*
1 Unteres Vestibül – 2 Grottensaal – 3 Marmorgalerie – 4–13 Königswohnung – 5 Fleischfarbene Kammer – 6 Konzertzimmer – 7 Arbeitszimmer – 8 Schlafzimmer – 9 Schreibkabinett – 10 Speisezimmer – 12 Lesekabinett – 13 Bibliothek – 14–23 Unteres Fürstenquartier – 24–34 Heinrichswohnung – 35–39 Untere Rote Kammern – 40–49 Oberes Fürstenquartier – 50 Marmorsaal – 51 Oberes Vestibül – 52 Obere Galerie – 53–55 Wohnung des Prinzen von Preußen – 56 Schloßtheater – 57–61 Obere Rote Kammern

Schon 1755 hatte Friedrich beschlossen, außerhalb der Stadt Potsdam ein größeres Sommerschloß zu errichten. Johann Gottfried Büring und Heinrich Ludwig Manger entwarfen erste Pläne. Sie blieben die Grundlage für die spätere Ausführung. Gedacht war an einen Bauplatz an der Havel, dem Schloß Sanssouci gegenüber. Doch nach dem Frieden von Hubertusburg verwarf Friedrich den Standort und entschied sich für den jetzigen: am Westende der großen Allee von Sanssouci.

Anfangs war die Bauleitung Büring übertragen. Doch er fiel in Ungnade. 1765 wurde Carl Philipp Christian von Gontard (1731–1791) mit den Arbeiten betraut. Am Außenbau blieb für ihn nicht allzu viel mehr zu tun. Sein Anteil am Neuen Palais beschränkt sich im wesentlichen auf die Disposition der Innenräume.

Das Neue Palais ist ein zweieinhalbgeschossiger Bau mit Corps de logis und zwei Flügeln, die den Ehrenhof einfassen. Hinzu kommen an den Seiten zwei einstöckige Nebentrakte. Die Mitte des Corps de logis betonen giebelgekrönte Risalite. Darüber erhebt sich eine Tambourkuppel. Ihr antworten auf den Nebentrakten zwei kleine Kuppeln. Korinthische Kolossalpilaster fassen die Stockwerke zusammen und gliedern die Fassade in strengem Rhythmus. Eine umlaufende Balustrade schließt den Baukörper ab, nur an den Risaliten und an den Stirnbauten der Nebenflügel durch eine Attika unterbrochen. Zwischen Gebäude und Park vermittelt ein mehrstufiges Podest. Alle Werksteinteile waren gelb gefaßt, die Wandflächen verputzt, ziegelrot getönt und mit weißen Fugen bemalt. Nur der eingeschossige Südtrakt wurde in Ziegel ausgeführt, wie sie ursprünglich für das ganze Bauwerk vorgesehen waren. Die Verbindung zwischen Haustein und Ziegelflächen lernte Friedrich 1755 auf einer Reise nach Amsterdam kennen.

Charakteristisch für das Äußere des Neuen Palais ist die Fülle des bildnerischen Schmucks. Zwölf Bildhauer – darunter Johann Peter Benkkert, Johann Matthias Heymüller und die Gebrüder Räntz – waren mit ihren Gesellen daran beteiligt. Die fast fünfhundert Figuren, dazu Kartuschen, Schlußsteinköpfe und anderes mehr waren für die Bildhauer eine gewaltige Arbeitsbeschaffungsmaßnahme, die manch einen für die mageren Jahre des Siebenjährigen Krieges entschädigte. In der Maßlosigkeit leistete die Bauplastik ihren Teil an der »Fanfaronnade«. Kritisch äußerte Manger zum Gesamtbild des Neuen Palais: Hätte Büring »die Figuren vor den Pilastern weglassen dürfen, hätte er an einigen Orten Säulen am Mittel-Portale anbringen, und sowohl die untern als die obern elliptischen Fenster mit den Engelsköpfen, desgleichen die Kuppeln verändern können; so würde kein so sonderbarer Steinklumpen entstanden seyn, auf dessen Balüstrade gleichsam Jahrmarkt mit Puppen gehalten wird«.[123]

Im Innern[124] finden sich verschiedene Appartements für die königliche Familie und für fürstliche Gäste. Sie erreichten ihre Suiten über vier kleine Treppenhäuser. Für gesellschaftliche Zusammenkünfte standen mit Aufwand gestaltete Festsäle hauptsächlich im Mittelbau und ein Theater im Südwestflügel zur Verfügung. Die repräsentativsten Wohnquartiere im Corps de logis überließ der Monarch entgegen allen Gepflogenheiten barocker Etikette den Gästen. Friedrich ließ sich seine Wohnung abgesondert im ebenerdigen Südtrakt gestalten.

123 Manger (wie Anm. 10) 3, S. 547.

124 Charles F. Förster, Das Neue Palais bei Potsdam, Berlin 1923, S. 33 ff. – Hans-Joachim Giersberg, Neues Palais, 11. Aufl. Potsdam-Sanssouci 1988, S. 3 ff.

Erstes Vorzimmer der Friedrichswohnung ist im Anschluß an die Marmorgalerie die Blaue Kammer. Die Wanddekoration beruht auf einem Entwurf Johann Michael Hoppenhaupts: vergoldete gewellte Lisenen mit Putten und Konsolen. Die für Gemälde bestimmten Wandfelder dazwischen sind glatt getäfelt und blau gefaßt. Die Wandkonsolen präsentieren eine wundervolle Kollektion Meißner Porzellanvasen um 1760. Unter den in zwei Reihen gehängten Gemälden, überwiegend französische und italienische Barockmeister, ragt J. F. Detroys ›Lot und seine Töchter‹ von 1722 hervor.

Das zweite Vorzimmer der Friedrichswohnung heißt nach den Füllungen der Holzvertäfelung und der blaßrosafarbenen Decke die Fleischfarbene Kammer. Auf Konsolen zwischen den Wandfeldern und auf dem Kamin prunken herrlichste Schneeballvasen aus Meißner Porzellan nach Modellen von Johann Joachim Kändler um 1740. »Uebrigens ist in diesem ganzen Zimmer weder Gold noch Silber«, merkt Oesterreich an. »Es thut aber dennoch eine sehr gute Würkung, und ist von einem fürtrefflichem Geschmacke.«[125]

Mit dem Konzertzimmer beginnt die Raumsuite des eingeschossigen südlichen Nebentraktes. Wie das Konzertzimmer in Sanssouci entwarf Johann Christian Hoppenhaupt auch diesen Raum. Gewisse Ähnlichkeiten wie z. B. die Gittereinfassungen der verspiegelten Sofanischen fallen sofort ins Auge. Doch spürt man: Die vom Rokoko erstrebte Vereinheitlichung aller Raumteile zu einem geschlossenen Ensemble wird hier nicht mehr mit gleicher Vollkommenheit erreicht. Die vergoldeten Ornamentformen vor allem der Stuckdecke beginnen zu erstarren. Dennoch empfand Oesterreich den Raum »sehr schön und reich, und von einer guten Zeichnung«.[126] Die Bildhauerarbeiten stammen von Schwizer, die Stuckarbeiten der Decke von Karl Joseph Sartori.

Das benachbarte Arbeitszimmer Friedrichs des Großen hat eine effektvolle Stuckdecke von Sartori mit versilberten Ornamenten und naturalistisch bemalten Blumen. Die Wandbespannung aus rosafarbenem Silberbrokat mit eingewirkten Blumenranken wurde um 1900 nach einem Berliner Muster um 1765 originalgetreu kopiert. Alle Versilberungen sind erneuert. Zur ursprünglichen Raumausstattung gehören die Polstermöbel um 1765, »sehr reich und von einen großen Geschmack«.[127] Hervorzuheben ist eine prachtvolle »schöne Commode von Schildkröte und Perlmutter, mit Silber ausgelegt, von einer sehr schönen Zeichnung«[128] von Heinrich Wilhelm Spindler um 1765. Ornamentformen des Louis seize zeigt Friedrichs Schreibtisch: Einer der Spindler-Brüder fertigte ihn um 1765 mit üppigsten Jagdintarsien und versilberten Bronzen im neuesten Geschmack. 1767 lieferte die Königliche Porzellanmanufaktur Berlin für die Friedrichswohnung einen Fünfersatz Deckelvasen, von denen drei auf dem Kamin stehen. Oesterreich rühmt: »Bis dato hat noch

*Potsdam, Neues Palais.*
*Arbeitszimmer Friedrichs des Großen*

125 Oesterreich (wie Anm. 94) S. 13.

126 Ebenda.

127 Ebenda, S. 14.

128 Ebenda.

keine Fabrique in ganz Europa, schönere von Zeichnung und Geschmack dargezeiget.«[129]

Friedrichs Schlafzimmer ist – wie einst sein Schlafzimmer im Potsdamer Stadtschloß – auf Hellblau und Silber abgestimmt. Johann Christian Hoppenhaupt entwarf die Bildhauerarbeiten und führte sie aus. Sartoris Decke zeigt naturalistisch bemalte Blumengewinde, die sich durch versilberte Ornamente schlingen. Die Supraporten, Architekturstücke, malte C. F. Fechhelm.

Die Holzvertäfelung des Schreibkabinetts lackierte Martin strohgelb und malte farbige Blumengehänge mit Emblemen auf (heute erneuert). Eine Kostbarkeit sind die Spiegelrahmen aus weißglasiertem Berliner Porzellan: »In denen Blumen derselben herrscht eben so viel Geschmack als Feinheit.«[130]

Zu den Räumen der Friedrichswohnung gehören ferner das kleine Speisezimmer, das Lesekabinett und daneben die Bibliothek, in die man »nicht anders, als nur auf besondere Erlaubniß Sr. Majestät des Königes«[131] gelangte.

Im unteren Fürstenquartier beanspruchen zwei Räume besondere Aufmerksamkeit: das untere Konzertzimmer und das ovale Kabinett. Das untere Konzertzimmer, auch Apollosaal, ist nach einem im Stich überlieferten Entwurf Johann Michael Hoppenhaupts gestaltet. Wie im Konzertzimmer von Sanssouci wurden in die Wände Gemälde mit Szenen aus Ovids vom König so geliebten ›Metamorphosen‹ eingelassen.

Das ovale Kabinett ist ein eigenwilliger Raum nach Gontards Entwurf: Die Wandvertäfelung geht in eine Wölbung über. Pfeiler teilen die Wände und verbinden sich mit einem System vergoldeter palmenähnlicher Stäbe. Gemalte bunte Blumenranken durchdringen sie. Das Ganze scheint ein duftiges Laubendach zu bilden. Dem Blumendekor antworten der Fußboden mit kunstvollen Blumenmustern in farbiger Einlegearbeit von den Gebrüdern Spindler und die farbigen Blumen des Meißner Porzellanlüsters.

Das Obere Fürstenquartier des ersten Stockwerks wartet mit einigen üppigen Räumen – oberes Konzertzimmer, Jagdkammer – des späten friderizianischen Rokoko auf. Der konservative Geschmack des Königs bis ins Alter führte zu einer Verhärtung der Rokokoformen. Auffallend auch hier, daß sich klassizistische Elemente nicht mehr verdrängen ließen. Den Hauptsaal des Schlosses im ersten Stock gestaltete Gontard in Anlehnung an den Marmorsaal des Potsdamer Stadtschlosses. Der oberen Galerie liegen Entwürfe Johann Christian Hoppenhaupts zugrunde.

Derselbe Künstler entwarf das Theater im südwestlichen Hauptflügel und führte hier die vergoldeten figürlichen und ornamentalen Schnitzereien aus. Vorbild für die Raumgestaltung war das Theater im Potsdamer Stadtschloß. Den amphitheatralisch aufsteigenden Zuschauerraum umziehen zwei Ränge. Der obere ruht auf vergoldeten Hermen, nackte Jünglinge und Greise im Wechsel. Weitausladende vergoldete Konsolen tragen die Decke mit einer blaugetönten Voute, von girlandentragenden Putten belebt. Palmbäume – sie erinnern an die Palmen des Chinesischen Teehauses im Park von Sanssouci – gliedern die Proszeniumswand. Tragische und komische Musen flankieren über der Bühnenöffnung einen Schild mit Friedrichs Initialen und dem Adler.

Nach zweijähriger Bauzeit wurde das Theater am 18. Juni 1768 mit einem Oratorium von Johann Adolf Hasse eröffnet. Alle drei Ensembles des friderizianischen Hoftheaters – italienische Oper, Opera buffa und französisches Schauspiel – traten hier auf. Bei Fürstenbesuchen gab es Festprogramme, oft mit Konzerten, Bällen und Feuerwerk. 1865 wurde auf Anordnung Wilhelms I. der Zuschauerraum verändert. Man beseitigte die zwei Treppen zum ersten Rang und lockerte den vorderen Teil des Parketts auf. Bereichernd kamen im ersten Rang die Blumengehänge hinzu. Von der Bühnentechnik des 18. Jahrhunderts ist wenig erhalten geblieben. Die vortreffliche Akustik und die Atmosphäre des Raumes lassen einen Theaterabend noch heute zu einem Ereignis besonderer Prägung werden.

Den hohen Schloßflügeln gegenüber liegen die beiden Communs, entstanden 1766–69. Sie flankieren die einwärtsgeschwungene Kolonnade mit Triumphbogen in der Mitte und verbinden sich mit ihr zu einer der großen herrschaftlichen Architekturkulissen des 18. Jahrhunderts – im Grunde mehr »Fanfaronnade« als das Neue Palais selbst. Gontards Planung beruht auf

129 Ebenda.

130 Ebenda, S. 15.

131 Ebenda, S. 16.

*Potsdam, Neues Palais. Theater*

einem Entwurf des französischen Architekten Jean Laurent Le Geay. Die Anlage, beherrscht vom Hoheitsmotiv der Säule, schirmte den Blick der fürstlichen Gäste im Neuen Palais gegen das sumpfige Ödland ab, das sich nach Westen erstreckte. So prachtvoll die Communs mit ihren geschwungenen Freitreppen erscheinen, so sehr sie Herrschaftspathos in antikischem Geist demonstrieren: sie enthielten doch nichts anderes als Küchen- und Wirtschaftsräume, Unterkünfte für die Dienerschaft, für das Gefolge und die Bedienten der fürstlichen Gäste.

**Die Gartenbauten im Stil der Antike**

Mit dem Neuen Palais entstanden im westlichen Parkbereich von Sanssouci zwei kleine Gartenbauten, für die Friedrich »ein paar Skizzen« entwarf: Freundschafts- und Antikentempel. Gontard mußte »solche ins reine zeichnen, und nach einigen Aenderungen in den Entwürfen und Kostenanschlägen wurde zum Bau derselben geschritten«.[132]

Den Freundschaftstempel, zwischen 1768 und 1770 entstanden, widmete der König dem Gedächtnis seiner 1758 verstorbenen Schwester

132 Manger (wie Anm. 10) 2, S. 314. – Zu beiden Gebäuden ausführlich: Drescher/Badstübner-Gröger (wie Anm. 120) S. 161 ff.

*Potsdam, Communs und Kolonnade am Neuen Palais. Radierung von Johann Friedrich Schleuen (?), nach 1769*

*Potsdam, Freundschaftstempel im Park Sanssouci. Radierung von Andreas Ludwig Krüger, 1780*

Wilhelmine Markgräfin von Bayreuth. Das Gebäude ist ein Monopteros mit geschlossener Rückwand als Hintergrund einer marmornen Sitzfigur der Markgräfin, 1772/73 von den Gebrüdern Johann David und Johann Lorenz Wilhelm Räntz in Anlehnung an ein Porträt Wilhelmines von Antoine Pesne geschaffen. Eine unantikische, aber rokokohafte Idee sind die Medaillons mit Bildnissen berühmter Freundespaare, mittels Schleifen an den kannelierten Säulen befestigt. Dargestellt sind: Peirithoos und Theseus, Herakles und Philoktetes, Euryalos und Nisos, Pylades und Orestes.

Angeregt wurde der Freundschaftstempel wohl durch Voltaires Gedicht ›Le temple de l'Amitié‹. Aber auch der Apollotempel im Amaltheagarten zu Neuruppin dürfte Vorbild gewesen sein.

Der 1767/69 erbaute Antikentempel ist ein geschlossener Rundbau in vorgestelltem Säulenkranz mit rechteckigem Annex. Oesterreich meinte nicht zu unrecht, es handele sich um »eine Nachahmung der berühmten Rotonda zu Rom«[133], des Pantheons. Das verputzte Äußere erhielt eine aufgemalte Quaderimitation.

Im Antikentempel bewahrte der König seine Sammlung antiker Skulpturen, die Sammlung des Kardinals Polignac und Bestände aus dem Nachlaß der Wilhelmine von Bayreuth auf. Schöne Schränke im Annex bargen antike Kleinkunst wie Münzen und Gemmen. Das jetzt schmucklose Innere dient heute als Mausoleum, u. a. für Kaiserin Auguste Viktoria (gest. 1921).

Für eine weitere Architektur im Stil der Antike, das Belvedere auf dem Klausberg, ließ Friedrich sich anregen durch die barocke Rekonstruktion des Marcellum in Rom von Francesco Bianchini in dessen Werk ›Del Palazzo dei Cesari‹ (1738). Der doppelgeschossige Zentralbau mit Säulenkranz vor jedem Stockwerk geht wahrscheinlich auf einen Entwurf Gontards zurück. Georg Christian Unger führte ihn 1770–72 aus.

Das Belvedere war ein Ort der Geselligkeit im Sommer. Vom Garten aus sah man das stattliche Gebäude als point de vue. Umgekehrt bot sich von hier aus ein prachtvoller Blick auf Garten, Park und Havellandschaft, »die in der That mannigfaltig und reizend sind«[134] – mannigfaltig, unverwechselbar und staunenswert bis in die Gegenwart wie alles am friderizianischen Rokoko.

133 Oesterreich (wie Anm. 99) S. 65.

134 Manger (wie Anm. 10) 2, S. 340. – Im Zweiten Weltkrieg zerstört, wird das Belvedere zur Zeit wiederaufgebaut.

Adelheid Schendel

# IV Landbaukunst in Brandenburg um 1800

Im ländlichen Bauwesen der Mark Brandenburg vollzog sich um 1800 eine Entwicklung, die sowohl aus architekturgeschichtlicher als auch aus volkskundlicher Sicht interessant ist. Dieser Zeitraum umfaßt die von so bedeutenden historischen Ereignissen wie der Französischen Revolution und ihren Auswirkungen, dem Zusammenbruch Preußens, der napoleonischen Fremdherrschaft und den Befreiungskriegen geprägten Jahre zwischen 1786 und 1815, also die Epoche im Anschluß an den Tod Friedrichs des Großen bis hin zum Beginn des Wiener Kongresses.

Auf dem Lande bereiteten sich Entwicklungen vor, denen die Stein-Hardenbergschen Reformen ab 1807 zum Durchbruch verhalfen. Sie hatten auch Auswirkungen auf das ländliche Bauen, in dem sich parallel dazu stark obrigkeitlich geprägte Veränderungen vollzogen. Das trifft vorrangig auf Bereiche der Mittelmark zu und weniger auf die weiter entfernt von Berlin gelegenen Kreise, in denen durch günstige Bedingungen ein ökonomisch stärkeres Bauerntum vorhanden war. Ein Beispiel dafür ist die Prignitz, wo sich bis heute die meisten Zeugnisse traditionellen Bauens auf dem Lande erhalten haben.

Leider sind von Überlieferung und Konvention geprägte Bauweisen in den Dörfern Brandenburgs stärker als in anderen deutschen Hauslandschaften aus dem Ortsbild verdrängt worden. Die Kenntnis der hiesigen bodenständigen Hausformen ist deshalb nicht so verbreitet wie etwa die des oberbayerischen oder niedersächsischen Hauses. Außerdem sind die seit dem späten 17. Jahrhundert im Rahmen des Siedlungswesens von der preußischen Landbaukunst initiierten Veränderungen ihrerseits Tradition geworden.

## Traditionelle Bauformen auf dem Lande

*Die traditionellen dörflichen Bauformen* wurden in der zweiten Hälfte des 18. Jahrhunderts in der Mittelmark Brandenburg durch folgende vier Haustypen repräsentiert: das Mittelflurhaus mit seinen Sonderformen Nuthe-Nieplitz- und Vorlaubenhaus sowie das mitteldeutsche Ernhaus. Die ersten drei Typen sind vom Giebel her zugänglich und besitzen in der Mitte des längsgegliederten Hauses den Flur, häufig in Verbindung stehend mit der ›Schwarzen Küche‹. Ständig zunehmend war die Verbreitung des quergegliederten mitteldeutschen Ernhauses, in dessen Mitte sich der von der Traufseite her zugängliche Flur und gewöhnlich die ›Schwarze Küche‹ befanden. Seit dem hier behandelten Zeitraum wurde der im hinteren Teil des Hauses bzw. in der einen Gebäudehälfte liegende Stallteil häufig herausgenommen und Wohnzwecken zugeführt.[1]

*Das äußere Erscheinungsbild dieser Häuser* war in der Regel durch Fachwerk, verbretterte Giebel, Strohdach mit Giebelzierden aus gekreuzten Windbrettern und durch Firstbefestigungen mit sogenannten Windklötzern charakterisiert. In Fachwerk ausgeführte Schornsteine sowie häufige Verwendung von Senkbalken gehörten ebenfalls zu den traditionellen Bauelementen. Während die Giebelzierden von Manger nur als unnütze »Hörner« empfunden wurden, mußten die Hängeklötze wegen der Holzersparnis auf behördliche Anordnung hin durch Latten ersetzt werden.[2] Gegen die hölzernen Schornsteine wurde schon seit einer Verordnung von 1777 vorgegangen. Doch erwiesen sich diese als besonders zählebig, denn noch 1805 wurde in Falkenrehde ein Lehmer für das Staaken und Lehmen zweier Schornsteine sogar

Die Ausführungen entsprechen im wesentlichen den Arbeiten der Verfasserin zu diesem Thema: Veränderungen traditioneller Bauformen durch obrigkeitliche Einflüsse in Brandenburg um 1800, Diplomarbeit, Humboldt-Universität zu Berlin, 1970 (Ms.), gekürzte Fassung, in: Vom Bauen und Wohnen – 20 Jahre Arbeitskreis für Haus- und Siedlungsforschung in der DDR, hrsg. von Hans-Jürgen Rach, Berlin 1982.

1 Vgl. Werner Radig, Das Bauernhaus in Brandenburg und im Mittelelbegebiet, Berlin 1966.

2 H. L. Manger, Ökonomische Bauwissenschaft, Leipzig 1795, S. 192 und 225; F. Meinert, Der landwirtschaftliche Baumeister, Halle 1802, S. 153; Staatsarchiv Merseburg, Gen. Dir. Oberbaudepartement, Tit. XVIII, Nr. 71, fol. 4.

*Altwrietzen-Beauregard, Kreis Bad Freienwalde. Mittelflurhaus, zweite Hälfte 18. Jahrhundert*

aus der königlichen Domainenkasse bezahlt, und 1820 klagte man in einem Bericht aus dem Ruppiner Kreis über mangelhafte Durchsetzung der Verordnung, auf Grund derer im Jahr zuvor nur 51 solcher Schornsteine abgeschafft werden konnten.[3]

Anschleppungen an Wohn- und Wirtschaftsgebäuden waren ebenfalls üblich, aber unerwünscht, neben Ersparnisgründen nicht zuletzt aus ästhetischer Sicht, verliehen sie doch Gehöften und Dörfern ein irreguläres Bild.

*Die traditionelle ländliche Baupraxis* spiegelte die sozialökonomischen Verhältnisse auf dem Lande wider. Eine von Manger in seiner »Ökonomischen Bauwissenschaft zum Unterricht für den Landmann« 1795 vorgenommene Differenzierung der dörflichen Einwohnerschaft gliederte diese in Vollbauern, Kossäten und Tagelöhner, wobei der Status der »Laßunterthanen« unter den Bauern der meist verbreitete war.[4]

Infolge der relativ geringen Anzahl freier *Bauernhöfe* in der Mittelmark Brandenburg traten Bauern als selbständige Bauherrn selten in Erscheinung. Die bis 1810 geltende Erbuntertänigkeit des größeren Anteils der bäuerlichen Bevölkerung hatte zur Folge, daß die Gutsherren und der Staat wesentlichen Einfluß auf das ländliche Bauwesen nehmen konnten. So berichtete 1792 der Landrat von Maltitz für seinen Amtsbereich, daß »im hiesigen Kreise nicht so viel dem Unterthan, als den Obrigkeiten ... die Last des Bauens obliegt«.[5] Der aber dennoch nicht unwesentliche Anteil der Bauern wurde in Urbarien, wie dem des Dorfes Paretz aus dem Jahre 1785, genau festgelegt. Während der Gutsherr die Bezahlung der Baumaterialien und die Entlohnung des Handwerkers übernehmen mußte, bestanden die Pflichten des Paretzer Laßbauern in »nöthigen Handreichungen ..., kleinen Bauarbeiten, so er mit dem Gespann und der Hand zwingen kann,... Staaken-Kleben und Staaken, ingleichen das Leimen (Lehmen), nach Möglichkeit im Flößen des Bauholzes und in der Verrichtung von Dacharbeiten«.[6] In solchen und ähnlichen »Observanzen« war die örtliche Baupraxis festgelegt.

Für Bauunternehmungen im *Gutsbereich* wurden neben den Handwerkern ebenfalls die Bauern herangezogen, wobei der Grundsatz galt: »Alle Arbeiten, mit Ausnahme derjenigen, welche als Verpflichtungen oder als Folge des Feudalsystems unentgeltlich anzufertigen sind, werden nach dem Tagelohne oder nach der Arbeitslohne bezahlt.«[7]

*Kolonistenbauten* wurden im Rahmen der preußischen Siedlungspolitik im 18. Jahrhundert durch landesherrliche Kassen finanziert. Die Bauleitung lag hierbei in den Händen sogenannter Entrepreneure. Mit dem veranschlagten Geld warben diese Bauhandwerker an; die Baukontrolle oblag den Bauinspektoren, welche meist die entsprechenden Gebäudetypen pro-

*Birkenwerder. Aquarell einer Dorfanlage in der Nähe von Berlin, Ende 18. Jahrhundert*

*Rathsdorf, Kreis Bad Freienwalde. Quergegliederte Fachwerkhäuser, spätes 18. bis frühes 19. Jahrhundert*

jektiert hatten. In den Bauten dieser Kolonistenetablissements gab man erstmals landschaftlich gebundene Bautraditionen zugunsten möglichst wirtschaftlicher Bauweisen auf. Eine bedeutende Neuerung wurde die Einführung der Doppelhäuser auf dem Lande. Im allgemeinen blieb man jedoch bei der Fachwerkbauweise.[8]

Die eigentliche *Bauausführung* lag, abgesehen von den erwähnten Leistungen der Bauern bzw. Tagelöhner, in den Händen städtischer Handwerker. Daß die noch geltende Zunftverfassung die

3 Edikt vom 21. Oktober 1777, Staatsarchiv Merseburg, Gen. Dir. Oberbaudepartement, Tit. XVIII, Nr. 74, Tit. XXIV, Nr. 2, fol. 3-67; ebenda, Rep. 93 B, Nr. 1311 und H. A. Rep. 23 p, Nr. 42.

4 Manger (wie Anm. 2) S. 7.

5 Staatsarchiv Potsdam, Pr. Br. Rep. 2, 1 Dom. Reg. Nr. 639, fol. 14.

6 Staatsarchiv Potsdam, Paretzer Chronik, Bd. 3, Abschrift des Urbariums vom Oktober 1785.

7 A. F. Triest, Grundsätze zur Anfertigung richtiger Bauanschläge, welche die Landbaukunst in sich begreift, Berlin 1808, S. IV.

8 Staatsarchiv Potsdam, Pr. Br. Rep. 2, 1 Dom. Reg. D 2317, D 2551, D 2552, D 2553 (die Anlage neuer Dörfer um 1786 betreffend): W. Kuhn, Kleinsiedlungen aus friderizianischer Zeit, Stuttgart 1918.

Ansiedlung des Bauhandwerkes auf dem Lande verhinderte, beklagte auch Triest: »Wer die unzähligen Verdüßlichkeiten und andere üble Folgen kennt, welche aus den Privilegien der Handwerker, aus ihrem Zunftschlendrian und aus ihrem vermeinten auf eisernes Herkommen, Vorurtheil und Schwäche der Gesetzgeber sich gründenden Rechte entspringt, kann der Augenblick der Abschaffung des Zunftwesens nicht nahe genug erscheinen.«[9]

Das zwischen ländlichen Bauherren und Bauhandwerkern eingegangene Verhältnis nannte man, wenn es auf einer klaren Abmachung beruhte und der Handwerker einen »Accord« veranschlagt hatte, Verdinge. Vor Gesellen, die im Nebenverdinge arbeiteten, wurde gewarnt, und völlig unverdingt in eigener Regie zu bauen erforderte entsprechende Kenntnisse.[10] In den Amtsdörfern war den Bauern sogar vorgeschrieben, für ihre Bauten Amtszimmer- bzw. Amtsmaurermeister und keine »Pfuscher« zu rufen.[11] Das sogenannte Lehmen übernahmen jedoch häufig nichtzünftige Dorfhandwerker, wenn es die Bauern nicht sogar selbst ausführten. Ähnlich war es mit den in der Mark Brandenburg üblichen glatten Rohr- oder Strohdächern.[12]

Sowohl beim Wiederaufbau als auch bei einem Neubau konnte der Bauer Nachbarschaftshilfe erwarten, da er »mit einer gemäßen Anzahl Schocken von den associirten Dörfern der alten Verfassung gemäß unterstützt werden muß«. Außerdem war es »auf den mehresten Dörfern ... gebräuchlich, da wenn ein Bauer oder Kossäte ein neues Gebäude erbauet, ihm die ganze Gemeinde dazu einen unentgeltlichen Beytrag am Stroh leistet«.[13]

## Die Einführung neuer Bauformen auf dem Verordnungsweg

Wie in der vorangegangenen Beschreibung einiger Aspekte des traditionellen Bauens in der Mark Brandenburg schon beispielhaft deutlich wurde, haben die *Gesetze und Verordnungen* einen großen Anteil an der Entwicklung des ländlischen Bauwesens. Bis zu dem hier behandelten Zeitraum beinhalteten sie vorwiegend feuerpolizeiliche Forderungen. Auffallend ist, daß ihre Anzahl gegen Ende des 18. Jahrhunderts stark anstieg und sie in zunehmendem Maße auch eingreifende Veränderungen der Baugewohnheiten verlangten.

Vor der Herausgabe der Edikte, Gesetze und Verordnungen kam es besonders in der Zeit um 1800 häufig zu einem komplizierten bürokratischen Vorgang, der sehr modern anmutet. Charakteristisch dafür war die Vorbereitung des »Ediktes wegen des Auseinanderbauens«, die vom ersten Schriftverkehr über Vorschläge, Gutachten, Vorlagen und Verabschiedung bis zur Drucklegung fünf Jahre in Anspruch nahm.[14]

Die Wirkung des Verordnungsweges zeigte jedoch nicht immer die gewünschten Erfolge, wie häufige Wiederholungen beweisen. Dort, wo die Gesetze gewissermaßen mit der ökonomischen und bautechnischen Entwicklung einhergingen und inzwischen entstandenen Bedürfnissen Rechnung trugen, setzten sie sich schneller durch und mußten nicht durch drastische Strafandrohungen nachdrücklich unterstützt werden. Schwieriger war es mit den Gesetzen, welche die Aufgabe traditioneller zugunsten neuer Bauformen verlangten, zumal die älteren noch den wirtschaftlichen Bedingungen oder den gewohnten Lebensformen entsprachen und für die Bewohner vorteilhafter zu verwirklichen waren. So mußten bei den Bemühungen um die Verbreitung der Lehmpatzen- oder anderer Massivbauweisen, bei der Einführung der massiven Schornsteine und beim sogenannten Auseinanderbau Widerstände in der bäuerlichen Bevölkerung überwunden werden.

Das große Interesse an der Durchsetzung solcher Gesetze und Verordnungen begründete sich gegen Ende des 18. Jahrhunderts aus der zunehmenden Verknappung der Bauholzvorräte. Verursacht wurde diese Verknappung durch die rege Bautätigkeit im Verlaufe dieses Jahrhunderts in Stadt und Land sowie durch eine 1781 einsetzende Schädlingsplage in den brandenburgischen Wäldern.[15]

Vor der Gründung des *Oberbaudepartements* wurden die Baugeschäfte in »jeder Provinz für sich, von den Baudirektoren bei den Kriegs- und Domainenkammern, durch Bauinspektoren und Landbaumeister besorgt, ohne daß eine Oberaufsicht über das gesamte Bauwesen aller Provinzen stattfand«.[16] Besonders das staatlich

9 Triest (wie Anm. 7) Bd. 2, S. IV.

10 Meinert (wie Anm. 2) S. 116.

11 W. Lindner, Aus den Akten des Geheimen Staatsarchivs Berlin-Dahlem, in: Brandenburgische Jahrbücher, Jg. 17, S. 23.

12 Triest (wie Anm. 7) Bd. 2, S. II und IV; W. Bode, Grundriß der ländlichen Baukunst, ein Handbuch zu Vorlesungen, Breslau 1804, S. 149; A. F. Triest, Handbuch zur Berechnung der Baukosten sämmtlicher Gegenstände der Stadt- und Landbaukunst, Berlin 1826–29, S. 33.

13 Staatsarchiv Potsdam, Pr. Br. Rep. 2 Dom. Reg. 639, fol. 86.

14 Staatsarchiv Merseburg, Gen. Dir. Kurmark, Tit. XVII, Nr. 4; ebenda Rep. 87 B, 10214.

15 A. W. Graf von Mellin, Unterricht, eingefriedete Wildbahnen oder große Tiergärten anzulegen, Berlin 1800, S. 8.

16 Zitelmann, Kurze Darstellung der Geschichte der Verfassung des königlichen Ober-Baudepartements, in: Sammlung nützlicher Aufsätze die Baukunst betreffend, 5, Bd. 1, Berlin 1803, S. 90.

finanzierte ländliche Bauwesen hatte einen Tiefstand erreicht. Bemerkenswerte, vom barokken Zeitgeschmack geprägte Siedlungsformen konnten nicht über die in der Gewinnsucht der »Entrepreneure« begründete schlechte Ausführung vieler friderizianischer Kolonisationsbauten hinwegtäuschen.[17]

Um solche Mißstände zu beheben, wurde das Bauwesen neu organisiert. Laut königlicher Ordre vom 6. Mai 1770 kam es zur Gründung des ›Oberbaudepartements des Generaldirektoriums‹.

Seine Aufgaben waren:

- Prüfung von Bauentwürfen, welche Maschinenbau, Wasserbau und Straßenbau betreffen,
- Prüfung ebensolcher Anschläge für private Bauten, die durch staatliche Bauhilfsgelder gefördert wurden,
- Entwicklung von Normalzeichnungen für die geförderten Bauten,
- Kontrolle und fachliche Anleitung der Landbaumeister und sonstigen Baubedienten in den Provinzen.[18]

## Systematische Bauausbildung und Baukontrolle

Dem unter Friedrich Wilhelm I. geschaffenen Stand der *Landbaumeister* gehörten bis dahin in Ermangelung einer geregelten Ausbildung Künstler, Offiziere, Ingenieure, Landmesser und Handwerker an. Ab 1770 mußten diese eine Prüfung vor dem Oberbaudepartement und die Baukondukteure ein »Feldmeßexamen« ablegen.[19] Als erster Prüfling für das Amt des Landbaumeisters stand David Gilly 1770 vor einer Kommission des Oberbaudepartements, nachdem er eine gründliche Ausbildung in der Praxis bei den Ingenieuren und Landbaumeistern Petri, Hahn und Dornstein erfahren hatte. Bei der Trockenlegung und dem Siedlungsbau im Oderbruch und beim Wiederaufbau von Küstrin und Landsberg an der Warthe lernte er vielfältige Bauaufgaben kennen.[20]

Zum Aufgabenbereich der Landbaumeister und Kondukteure gehörten:

- Ämterbau,
- Forstgebäude,
- ländiche Industrie-, Militär- und Akzisebauten,
- Wasser-, Schleusen- und Brückenbauten, Meliorationen,
- durch Bauhilfsgelder unterstützte Unternehmungen,
- und die »polizeiliche Aufsicht über Privatbauten«.[21]

Neben den Baubedienten gab es in den Provinzen noch bei der Kurmärkischen Kriegs- und Domainenkammer vereidigte *Amtszimmermeister,* die in halbamtlicher Funktion Ämterbauten sowie dörfliche Gebäude zu veranschlagen und zu bauen hatten. Ihnen war auch die Kontrolle über die Tätigkeit der übrigen Bauhandwerksmeister übertragen, denen dafür sogar Gebühren auferlegt wurden. Weil »angesetzte Amtszimmermeister, ihren Vortheils halber [dem Massivbau] entgegenarbeiten und den Massiv-Bau als unmöglich und zu kostbar ausschrein, da noch mancher Bau, wo nicht mit gleichen doch mit wenig Kosten mehr, massiv auszuführen seyn dürfte«, wurde zusätzlich die Stellung des *Amtsmaurermeisters* geschaffen.[22]

Eine gewisse Kontrollfunktion kam auch den Forstbedienten zu, die Bauanschläge auszufertigen bzw. durchzusetzen hatten und damit zur Verwirklichung der holzsparenden Maßnahmen beitragen konnten.

Die Durchsetzung der meisten beim Oberbaudepartement entwickelten Bauvorstellungen lag zu einem wesentlichen Anteil in den Händen der Baubeamten sowie der Amtszimmer- und Amtsmaurermeister. Mit zunehmender Qualifikation, die dieser Personenkreis durch die neu geschaffenen Ausbildungsmöglichkeiten an der Bauakademie und an den Provinzialkunst- und Baugewerksschulen erlangte, konnten die mißlichen Verhältnisse im Landbauwesen bis zum Ende des 18. Jahrhunderts überwunden werden.

Die Ausbildung der Baubedienten war vor der Gründung der *Bauakademie* nicht zentral geregelt. Die fachliche Qualifikation ließ häufig zu wünschen übrig. So gab es zunächst private Initiativen zur Verbesserung der Ausbildung. Schon 1788 bemühten sich Eytelwein und Becherer um die Einrichtung einer Schule.[23]

17 Vgl. H. J. Helmigk, Die Baugeschichte des Oderbruchs, in: Das Oderbruch, Bd. 2, Eberswalde 1934, S. 37–104.

18 M. Lammert, David Gilly – Ein Baumeister des deutschen Klassizismus, Berlin 1964, S. 5.

19 H. J. Helmigk, Aus dem Schaffen der altpreußischen Landbaumeister in Pommern, Stettin 1938, S. 9–10; Lammert (wie Anm. 18) S. 6.

20 Ebenda.

21 L. v. Rönne, H. Simon, Die Baupolizei des Preußischen Staates, Breslau 1846, S. 16.

22 Staatsarchiv Potsdam, Pr. Br. Rep. 2 Dom. Reg. O 640, fol. 112.

23 Lammert (wie Anm. 18) S. 201, Anm. 217 f.

1793 gründete David Gilly eine private Bauschule. Dazu schrieb der Baumeister: »Diese Privatanstalt verdankt ihr Daseyn der festen Überzeugung von der Nothwendigkeit derselben, die wohl Niemand mehr als wir fühlen kann, da uns die Arbeiten der Baubedienten in so großer Menge zu Gesichte kommen, um von uns geprüft zu werden. Wir setzen das oft mangelhaft befundene dieser Arbeiten vorzüglich und wohl mit größtem Recht, in den Mangel einer solchen Anstalt, in welcher der Bau-Meister und Feldmeßer nicht bloß Theorie ohne Praxis oder letztere ohne erstere erlernen, sondern in beyden sich Kenntnis erwerben könnte.«[24] Die Vorlesungen an der Schule übernahmen neben Gilly noch einige andere Mitglieder des Oberbaudepartements: Mencelius, Eytelwein und Zitelmann. Die Schule bestand jedoch nur bis 1796.[25]

Die Bemühungen um die Gründung einer öffentlichen Bauschule hatten erst 1799 Erfolg. Die Geheimen Räte Riedel, Gilly und Eytelwein entwarfen einen entsprechenden Plan. Nachdem dieser durch die vom Kurator der Akademie der Künste und vom Oberbaudepartement eingesetzte Kommission begutachtet worden war, kam es mit königlicher Einwilligung endlich zur Gründung der Bauakademie.[26]

Die Bauakademie legte in ihrer Ausbildung größten Wert auf die Cameralbauwissenschaft, deren Gegenstand dem Aufgabenbereich der Landbaumeister und Kondukteure entsprach. Das geht aus dem Lehrplan hervor, der dem »Publikandum wegen der vorläufigen ... Einrichtung einer Königlichen Bau-Academie zu Berlin« beigegeben wurde. Interessant ist, daß der Lehrplan in fast allen Fächern »praktischen Unterricht auf den Baustellen« verlangte.[27]

In einem Königlichen Reskript Friedrich Wilhelms III. erging außerdem die Aufforderung an die Kurmärkische Kammer, »mit Anfang jedes Jahres von den, in Euren Provinzen im nächsten Jahre auszuführenden Land- und Wasserbauten, dem Curatorio der Bau-Academie Anzeige zu thun, damit ebenfalls dahin Zöglinge aus der Academie zur praktischen Ausbildung oder auch zur Aufsicht bei solchen Bauten, nach dem von Euch für nöthig gehaltenen Erfordernis hingesandt werden können«.[28]

Wie dem oben erwähnten Publikandum zu entnehmen ist, wurde auch der theoretische Unterricht von erstklassigen Fachleuten übernommen, die durch Veröffentlichungen über das Cameralbauwesen und wie im Falle Eytelweins über angewandte Mathemathik hervorgetreten waren.

Die gute praktische und theoretische Ausbildung brachte schon in den ersten Jahren des Bestehens der Bauakademie tüchtige und erfolgreiche Landbaumeister hervor und hob wesentlich das fachliche Niveau des Landbauwesens in Preußen. Die auf dieser Schule Ausgebildeten kannten die neuesten Forschungen und Experimente in ihrem Fachbereich. Sie hatten erheblichen Anteil an der Förderung neuer Bauformen. Resultierend aus den vielen Dienstreisen, verfügten sie über eine gute Kenntnis der sozialen Lage in den Dörfern, der örtlich vorhandenen Baumaterialien und der üblichen traditionellen Bauformen.

Diese Kenntnisse kamen ihnen bei der Bewältigung der Bauaufgaben sehr zugute. Sie versetzten die Baubedienten in die Lage, die Durchsetzungsmöglichkeiten etwa z. B. des Massivbaues, des Lehmpatzenbaues, der massiven Schornsteine und anderer erwünschter Veränderungen real einzuschätzen. Im Wirken der Landbaumeister und Kondukteure fanden traditionelle Bauweisen der jeweiligen Distrikte Berücksichtigung. Das war wohl die Ursache ihrer in der Regel erfolgreichen Tätigkeit.

Von der Qualität des Unterrichts an der Bauakademie zeugen noch heute Schriften, die als Vorlesungsstoff gedacht waren. So erschien 1799 der »Abriß der Cameralbauwissenschaft zu Vorlesungen entworfen von David Gilly«.[29] Auch Wilhelm Bode veröffentlichte sein Buch »Grundriß der ländlichen Baukunst« extra mit der Ergänzung: »ein Handbuch zu Vorlesungen über diese Wissenschaft«.[30]

Wilhelm Bode war Bauinspektor und Lehrer an der Provinzialkunst- und Baugewerksschule in Breslau, die sich der Ausbildung von Bauhandwerkern widmete. Durch solche Schulen bekamen Handwerker erstmals außer der üblichen Ausbildung in den Zünften fachliches Wissen vermittelt. In seinem Buch »Landwirtschaftlicher Baumeister« hat Meinert die Aufgabe dieser Schulen umrissen: »Durch Provinzialschulen im Preußischen Staate, wie in Berlin,

24 Ebenda, S. 201, Anm. 215.

25 Ebenda, S. 22.

26 Publikandum wegen der vorläufigen Einrichtung der von seiner Königlichen Majestät allerhöchst unter dem Namen einer königlichen Bau-Akademie zu Berlin gestifteten allgemeinen Bau- Unterrichts-Anstalt De Dato Berlin, den 6. July 1799, in: Staatsarchiv Potsdam, Pr. Br. Rep. 2, 1 Bauregistratur, Generalbausachen Nr. 87 B 1.

27 J. Becker, Von der Bauakademie zur technischen Hochschule, Berlin-Charlottenburg 1949, S. 10.

28 Staatsarchiv Potsdam Pr. Br. Rep. 2 Dom. Reg.-Gen.-Bau-Sachen Nr. 2 B 1, fol. 9.

29 Erschienen in Berlin.

30 W. Bode, Grundriß der ländlichen Baukunst, ein Handbuch zu Vorlesungen, Breslau 1804.

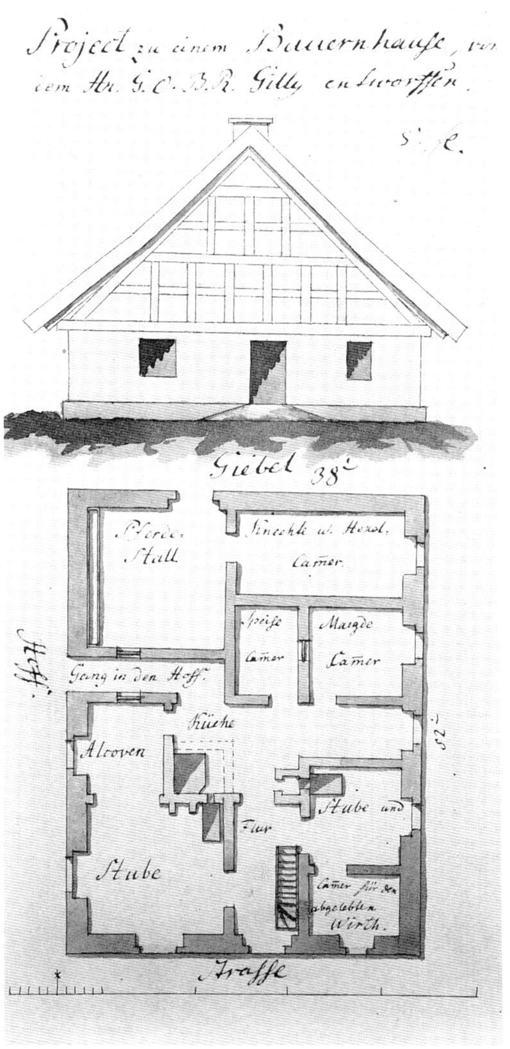


*Typenhausentwurf von David Gilly. Wohnstallhaus mit Mittelflur und ›Schwarzer Küche‹*

Königsberg, Breslau, Magdeburg und Halle könnten gute Muster in die Hände der Maurer, Zimmerleute, Töpfer und Landwirthe kommen, auch sind diese Schulen dienlich, die unter den gemeinen Handwerkern noch vorhandenen Vorurtheile nach und nach zu schwächen, und diese nützliche und unentbehrliche Klasse von Arbeitern mit bessern Kenntnissen bekannt zu machen.«[31]

Zu den wichtigsten angestrebten Veränderungen im ländlichen Bauen der Mark Brandenburg, an deren Durchsetzung die Baubeamten und Amtszimmer- und Amtsmaurermeister mitzuwirken hatten, gehörte der sogenannte *Auseinanderbau.* Um die zur Hilfe beim Wiederaufbau nach Bränden verpflichteten landesherrlichen bzw. gutsherrlichen und Feuersozietätskassen zu schonen und Bauholz zu sparen, war man an ihm besonders interessiert.

Den äußeren Anlaß zu dem 1795 formulierten »Edikt wegen des Aueinanderbauens der Unterthanen-Gehöfte und Gebäude in der Kurmark« lieferte eine aktenkundig gewordene Streitsache über den Wiederaufbau eines abgebrannten märkischen Dorfes. Bis dahin war der sogenannte Auseinanderbau nur bei Kolonisationsbauten und beim »Retablissement« verlangt worden. Doch am 4. März 1790 wurde vom Amt Zossen »angezeigt ..., daß die abgebrannten Laß-Unterthanen zu Christinendorf, ... sich schlechterdings weigern, ihre Gebäude nach dem von uns entworfenen, und Eur. Königlichen Majestät Etats-Ministre von Voß gebilligten Plan wieder aufzurichten«. In dem Bericht gab man aber zu, die Durchsetzung des Planes würde nicht nur »dem eigenen Besten« der Untertanen, sondern auch »zur Beförderung Eur. Königlichen Majestät Domainen und Forstinteresse gereichen«. »Nach vergeblichen Versuchen gelinderer Strafen« erhielt das Justizamt Zossen aufgrund einer Anweisung des Königs den Auftrag: »Die genannten sich widersetzenden Unterthanen durch Gefängnis von 8 bis 14 Tagen halb bei Wasser und Brod anzuhalten, daß sie sich ... nicht ferner widersetzen.« Als weitere Strafmaßnahme war die »Entsetzung von ihren Höfen« angedroht worden. Doch fügten sich die Christinendorfer offenbar, ohne daß die Drohungen wirksam werden mußten.[32]

Das im Gefolge dieses Aktenvorganges entstandene Edikt von 1795 verlangte nun feuersichere Abstände zwischen den Bauten, während der im darauffolgenden Jahr erschienene Nachtrag dazu auf Trennung der Wohn- und Wirtschaftsgebäude abzielte.[33] In weiteren Nachträgen von 1796 und 1804 wurde festgelegt, daß »Zimmermeister, welche dergleichen vorschriftswidrig angelegte Gebäude verbinden«, mit 20 Reichstalern zu bestrafen seien. Auch die Baubeamten sollten bei Zuwiderhandlungen zur Verantwortung gezogen werden.[34]

Aber nicht nur auf dem Verordnungswege wurde versucht, die getrennte Bauweise durchzusetzen, sie wurde auch von Autoren der zeitgenössischen Landbaukunst-Bücher propagiert.[35] Die Trennung von Wohn- und Wirtschaftsgebäu-

31 Meinert (wie Anm. 2) S. 173.

32 Staatsarchiv Merseburg, Gen. Dir. Kurmark, Tit. XVII, Nr. 4.

33 Verordnung gegen die Verbindung der Wohn- und Wirtschaftsgebäude auf dem platten Lande in der Kurmark, in: Staatsarchiv Merseburg, Rep. 87 B, Nr. 10214 und Rep. 92 B, Nr. 1309, fol. 5–7.

34 Staatsarchiv Merseburg, Gen. Dir. Kurmark, Tit. XVII, Nr. 4.

35 J. F. Colberg, Abhandlung über die Ausmittelungsgründe, Größe und Anlage Unterthanen-Gebäude auf die Verfassung der Unterthanen in der Mittelmark der Kurmark Brandenburg gerichtet, mit Rissen und Anschlägen, Berlin 1792, S. 8–10. In diesem Sinne äußerten sich auch Bode (wie Anm. 30), Manger (wie Anm. 2) und Meinert (wie Anm. 2).

den ist erst seit dem hier behandelten Zeitraum um 1800 allgemeiner Brauch geworden. Daran hatten die geschilderten administrativen Maßnahmen einen wesentlichen Anteil. Doch auch Veränderungen in der landwirtschaftlichen Produktion, wie die Einführung neuer Anbausysteme und gesteigerte Viehhaltung, förderten das Bedürfnis nach einer Funktionstrennung der Gebäude. Andererseits verursachten aber gerade die neuen Entwicklungstendenzen in den ländlichen Produktionsverhältnissen neue Vorschriftswidrigkeiten. So beobachtete der Landrat von Ziethen im Ruppiner Kreis zu enge Lückenbebauungen durch »Tagelöhnerwohnungen sowohl der Herrschaften als auch der Unterthanen« und bei neuen Büdneranwesen, ein Zeugnis für die wachsende Anzahl und Mobilität der freien ländlichen Arbeitskräfte.[36]

## Das Wirken von David Gilly und Karl Friedrich Schinkel im ländlichen Bauen

Mit dem Mangel an Bauholz wuchs das Interesse der für das Bauwesen verantwortlichen Institutionen an der Einführung von *Massivbauweisen* auch auf dem Lande, denn hier war das Fachwerk üblich. Besondere Bedeutung kam dabei dem breit angelegten Versuch zu, Lehmbauweisen – vor allem den *Lehmpatzenbau* – zu verbreiten. Das durch die zuweilen beigehefteten Bauzeichnungen sehr anschauliche Aktenmaterial hierzu demonstriert, wie dies auf dem typisch preußischen Verordnungswege, unterstützt durch die erhoffte Wirkung der Musterbauten und eine umfangreiche publizistische Tätigkeit, geschah.[37]

Der Initiator war David Gilly. Er regte diese Bauweise zuerst für die Mark Brandenburg in einem 1789 verfaßten Bericht über westpreußische Beispiele an. Von diesem Zeitpunkt an erhielten die Baubeamten bis etwa 1802 unablässig Zirkularverordnungen und Reskripte, die wiederholt Untersuchungen und Gutachten über die Möglichkeit dieser Bautechnik in den einzelnen Kreisen und auch die Durchsetzung des Lehmpatzenbaues verlangten.

Das gesamte Material beweist, daß die Voraussetzungen und die Bereitschaft dazu unterschiedlich waren und von den Baubedienten auch so eingeschätzt wurden. Die Vergleichsanschläge ergaben stets höhere Kosten für den Lehmpatzenbau, deshalb wurde die Kostendifferenz anfangs vom Finanz- und Forstdepartement getragen.[38]

Als Gillys Schrift »Beschreibung einer vortheilhaften Bauart mit getrockneten Lehmziegeln« im Jahre 1790 erschien, leitete man eine regelrechte Kampagne ein, mit Hilfe dieses Buches den Lehmpatzenbau populär zu machen. Laut königlichem Reskript wurden dem Oberbaudepartement 200 Exemplare mit der Maßgabe überwiesen, diese an Oberforstmeister, Land- und Steuerräte, Domainenbeamte, Baubediente usw. zu verteilen. In den Kreisen Badingen und Zehdenick bekam sogar jeder Dorfschulze ein Exemplar der Abhandlung Gillys von dem hier besonders eifrigen Bauinspektor überreicht. Dieser verlangte auch von den Bauern und Kossäten der Amtsdörfer mit entsprechenden Lehmlagerstätten, 1000 oder 500 Lehmpatzen anzufertigen und »vorräthig zu haben«, wie es in einer 1790 ergangenen Anweisung an alle Ämter hieß. Auf diese Weise wollte man die traditionelle Nachbarschaftshilfe nutzen, um die Einführung der neuen Bauart zu fördern. Selbst sogenannte Flachsschefen sollten die Bauern nicht wegwerfen, sondern für die Verfertigung von Lehmpatzen sammeln.[39]

Wie weit der Lehmpatzenbau in der Mark Brandenburg verbreitet wurde, läßt sich heute nicht mehr exakt feststellen. Daß der erste Musterbau, ein Unterförsterhaus im Spandauer Forst, sowie weitere Forst- und Chausseehäuser aus Lehmpatzen gebaut wurden, beweist das landesherrliche Interesse an dieser Bauweise. Andere Lehmpatzenbauten entstanden vorwiegend in Amtsdörfern, wo mehr Einfluß genommen werden konnte. Noch schwieriger ist überprüfbar, in welchem Maße sich diese Bautechnik im gutsherrlichen Bereich durchsetzte. Das Resümee des Landrates von Ziethen für den Ruppiner Kreis: »Die wenigen Versuche, welche in hiesiger Gegend angestellt worden, sind häufig nachtheilig ausgefallen«, war wohl auch für die übrigen Kreise zutreffend.[40] Die gewünschte Breitenwirkung blieb daher aus.

Den Experimenten mit der *Pisébauweise* und den sogenannten Wellerwänden war ebenfalls

36 Staatsarchiv Merseburg, Gen. Dir. Kurmark, Tit. XVII, Nr. 6, Bericht vom 28. Oktober 1800.

37 Besonders instruktive Zeichnungen (Grund- und Aufrisse) enthalten die Vergleichsanschläge der Akten in: Staatsarchiv Potsdam, Pr. Br. Rep. 2, 1 Dom. Reg. D 645.

38 Staatsarchiv Potsdam, Pr. Br. Rep. 2, 1 Dom. Reg. D 643 bis D 646.

39 Staatsarchiv Potsdam, Pr. Br. Rep. 1, 1 Dom. Reg. D 643, fol. 36, 75, 128 und 146.

40 Staatsarchiv Merseburg, Gen. Dir. Oberbaudepartement, Tit. XVIII, Nr. 71, fol. 6. Diese Akte enthält auch Unterlagen über die Einführung der Pisébauweise und die sogenannten Wellerwände.

kein großer Erfolg beschieden. Wieder war David Gilly der Initiator. Angeregt durch eine in Frankreich erschienene Schrift über den Pisébau, setzte er sich mit dem Autor Cointeraux in Verbindung, ließ sich Lehmproben schicken und versuchte die Technik in einem Probebau. Mitglieder des Oberbaudepartements berichteten an den König darüber: »Der Gilly hat daher auf seinem, dergleichen Versuche gewidmeten kleinen Etablissement in Schöneberg einen Anbau en Pisé ausführen lassen, ... bei diesem Versuch hat sich von neuem gefunden, daß diese Wände, selbst bei dem nur mageren Schönebergschen Lehm, eine unglaubliche Härte und Festigkeit erhalten, allein ist zugleich auch dasjenige bestätigt worden, ... daß diese Bauart sehr umständlich und hinfolglich ... sehr kostbar sey.«[41]

Weitere Versuche wurden bis 1801 in Schlesien durchgeführt. Eine für die Veröffentlichung vorgesehene Beschreibung hat C. Held verfaßt und mit anschaulichen Zeichnungen ergänzt. Beim Pisébau handelt es sich um eine Bauart, die der heutigen mit Beton sehr nahe kommt. Ein Lehmgemisch wurde in eine abnehmbare Verschalung geschüttet und gestampft.

Darüber hinaus interessierte man sich für die sogenannten Wellerwände, bei denen ebenfalls feuchter Lehm übereinandergeschichtet wird. Jede Schicht muß vor dem Weiterbauen austrocknen. Diese Technologie war in Brandenburg bekannt und wurde wieder aufgegriffen.[42]

Den Lehmbauweisen war kein großer Erfolg beschieden. Dennoch ist 1817 auf dem Gut Hohenschönhausen eine Scheune »nach der verbesserten Hundt'schen Bauart« ausgeführt worden. Der Bau sollte vom Oberbauassessor Held beobachtet und beschrieben werden.[43] Trotz aller Experimentierfreudigkeit gelangte man jedoch nicht über Anfangserfolge hinaus.

Die Lehmbauweisen gehörten nicht zur Bautradition in der Mark Brandenburg, und die dienstpflichtigen Bauern hatten durch die auf den Fachwerkbau bezogenen »Observanzen« formale Mittel in der Hand, sich gegen Baudienste an Lehmbauten zu wehren. Gute und ausreichende Lehmlagerstätten fehlten. Mangelnde Erfahrung, unbefriedigende Ergebnisse sowie die Tatsache, daß die Lehmbautechniken teurer waren als der Fachwerkbau, wirkten sich ebenfalls hemmend aus. Ein Verständnis für die mit den Lehmbauweisen verfolgten staatlichen und forstwirtschaftlichen Interessen konnte bei der ländlichen Bevölkerung Brandenburgs nicht erwartet werden.

Die Möglichkeiten, andere Massivbauweisen mit *Feld-, Bruch-* bzw. *Ziegelsteinen* durchzusetzen, wurden im Gegensatz zu den vorangegangenen Beispielen von vornherein realistischer eingeschätzt. Hierzu erließ zwar schon Friedrich der Große 1770 eine Instruktion, nach der »auf dem platten Lande, sooft ein neuer Bau, sey es Amts- oder Unterthanenbau vorfällt, darauf gesehen werden soll, daß derselbe massiv, mit Anwendung der an manchen Orten zu findenden Bruch- oder häufigen Feldsteinen ... ausgeführt, und dergestalt das überflüssige Holz erspart wird«.[44] Doch wurde diese Instruktion offensichtlich kaum befolgt. Dennoch kann man in einigen Dörfern des Fläming und anderswo Bauernhäuser sehen, die aus gespaltenen Feldsteinen errichtet wurden. Besonders schöne Beispiele, allerdings aus den Jahren um 1830 stammend, sind die Bauten des Dorfes Wolfshagen in der Uckermark, deren Feldsteinmauerwerk mit reicher neogotischer Gliederung in roten Backsteinen kombiniert ist und deren Dächer aus Bohlenbinderkonstruktionen bestehen. Um die Bauweise mit gespaltenen

*Darstellung zur Technologie der Pisébauweise von C. Held, 1801*

41 Staatsarchiv Merseburg, Gen. Dir. Oberbaudepartement, Tit. XVIII, Nr. 47, fol. 1–3.

42 In Akte Staatsarchiv Potsdam, Pr. Br. Rep. 2 Dom. Reg. D 1652 werden zwei Bauten des Bauinspektors Colberg erwähnt, ein 1774 erbauter Schafstall im Vorwerk Seelow und ein zweistöckiger Kornspeicher in Groß Rohde (Amt Frauendorf).

43 Staatsarchiv Merseburg, Gen. Dir. Oberbaudepartement, Tit. XVIII, Nr. 47, fol. 14–26.

44 Staatsarchiv Merseburg, Gen. Dir. Oberbaudepartement, Tit. XVIII, Nr. 74, fol. 1.

*Zützen. Speicherhaus, um 1800*

Feldsteinen zu befördern, widmete David Gilly ihr auch ein Kapitel in seinem »Handbuch der Landbaukunst«, ergänzt durch eine anschauliche Darstellung im Kupferstichanhang.

Der junge Karl Friedrich Schinkel, der zeitweilig zu den Schülern David Gillys gehörte, ließ kurz nach 1800 eines seiner Erstlingswerke in Feldstein ausführen. Das Wirtschaftsgebäude auf dem Gut Haselberg (Oberbarnim) besaß in seinen Umrissen die schlichten Formen der preußischen Landbaukunst. Ein Mittelrisalit mit Eingangstor unterbrach die lange Front, und das Dach zeigte den typischen Krüppelwalm. Einen Hauch von französischer Revolutionsarchitektur vermittelten die zwei Reihen kreisrunder Öffnungen im Feldstein-Mauerwerk, die traditionelle Fensterformen ersetzten.[45]

Der mancherorts in der Mark Brandenburg vorkommende *Raseneisenstein* wurde ebenfalls mit Vorliebe als bodenständiges Baumaterial genutzt. Die Kombination mit anderen Materialien eröffnete interessante Gestaltungsmöglichkeiten. Auch hierfür schuf Schinkel in der Nähe von Neuhardenberg Beispiele mit den Bauten auf dem Vorwerk Bärwinkel. Beim Wiederaufbau von Neuhardenberg, das damals noch Quilitz hieß, errichtete er anstelle der durch Brand zerstörten Bauernhäuser neue, deren Wände aus verputzten Raseneisenstein-Mauern bestanden.[46]

Diese holzsparenden Bauweisen wurden jedoch nicht sehr häufig eingesetzt. Selbst für Kolonisationsbauten zog man meist das billigere Fachwerk vor. Die nach 1787 geschaffene Stellung des Amtsmaurermeisters beweist, daß die Durchsetzung des Massivbaus weiterhin Ziel blieb. Auch in der Landbaukunst-Literatur beschrieb man ihn stets als vorteilhaft, besonders wegen der verminderten Feuersgefahr. Doch blieben der *Ziegelsteinproduktion* in der Mark damals noch »materielle und produktionstechnische Schranken gesetzt«.[47] Dennoch kann man besonders in den königlichen Domänendörfern zahlreiche Massivbauten aus der Zeit um 1800 nachweisen. So herausragende Bauunternehmungen wie der Wiederaufbau des Dorfes Paretz als Sommerresidenz Friedrich Wilhelms III. von Preußen in den Jahren 1797 bis 1805 oder der sogenannte Abbau von Falkenrehde nach dem Brand von 1810 sind entsprechende Beispiele.

45 H. Kania und H.-H. Möller, Karl Friedrich Schinkel – Lebenswerk – Bauten für die Mark Brandenburg, Berlin 1954, S. 13/13.

46 Ebenda, S. 13/14.

47 H. Büttner, Der Landbaumeister David Gilly, in: Architektur, 11, 1958, S. 617.

*Bärwinkel. ›Basilika‹, Wirtschaftsgebäude auf einem Vorwerk bei Neuhardenberg von Karl Friedrich Schinkel*

In den Kreisen der Baubeamten und Landräte wußte man aber auch die Vorzüge der traditionellen Bauweisen zu schätzen. Das zeigte sich, als um 1791 versucht wurde, die Einführung der *Ziegeldächer* zu fördern, denn die Gutachten fielen nicht günstig aus. Selbst die zunächst in fünf Ämtern angeordnete »extraordinaire« Auszahlung der Kostendifferenz zwischen Stroh- und Ziegeldach wurde wegen mangelnden Erfolges aufgegeben und 1801 mit einem Abschlußbericht beendet.[48] Die Bemühungen um die Einführung der von David Gilly propagierten feuersicheren *Lehmschindeln* verliefen ähnlich, obwohl die kurmärkische Kammer den Ämtern die Dachdeckungskosten überwiesen hatte.[49]

Lehmschindeln wurden aus Lehm und Langstroh hergestellt und auf die Lattung des Daches aufgebunden. Die Technologie hatte David Gilly 1794 in der von der Königlichen Hofdruckerei ausgelieferten »Beschreibung der Feuer-abhaltenden Lehmschindeldächer« dargelegt. Andere Autoren der Landbaukunst um 1800, wie Meinert, Bode, Manger und Lange, widmeten dieser vergessenen Form der Dacheindeckung ebenfalls Kapitel. In einem Aktenstück zur erstrebten Ablösung der Rohr- und Strohdächer führte ein Baukondukteur in seinem gutachtlichen Bericht die Vorteile dieser Eindeckung auf und hob damit besonders die in der Bautradition wurzelnden Hindernisse für die Einführung feuerfesterer Dächer hervor. Er legte dar, daß Stroh nichts und der Deckerlohn wenig kostete, die Eigenleistung der Bauern gewöhnlich nicht gerechnet wurde, die meist übliche Nachbarschaftshilfe einen unentgeltlichen Beitrag an Stroh oder Rohr darstellte, Reparaturen am Dach selbst vorgenommen werden konnten und außerdem das alte Dach als Dünger diente.[50]

## Die Einführung von Typenhauszeichnungen

Die umfangreichen Bauaufgaben der friderizianischen Kolonisation brachten es schon zu ihrer Zeit mit sich, daß *Typenhauszeichnungen* verwendet wurden. Diese verdrängten teilweise überlieferte Bauformen. Die wichtigste Neuerung war wohl die Einführung der traufseitig aufgeschlossenen Doppelhäuser.

48 Staatsarchiv Potsdam, Pr. Br. Rep. 2, 1 Dom. Reg. D 628.

49 Ebenda, fol. 185 und D 652; David Gilly, Beschreibung der Feuerabhaltenden Lehmschindeldächer, nebst gesammelten Nachrichten und Erfahrungen über die Bauart mit getrockneten Lehmziegeln, Berlin 1794.

50 Staatsarchiv Potsdam, Pr. Br. Rep. 2, 1 Dom. Reg. D 639, fol. 85–87.

*Neuhardenberg. Mittelflurhaus von Karl Friedrich Schinkel, erbaut nach dem Brand von 1801*

Schwieriger als für die Kolonisten waren Typenhauszeichnungen für Bauern-, Kossäten- und Büdner-Wohnungen zu schaffen. Besitz und Tätigkeit der Kolonisten stellten sich in den neuen Siedlungen meist einheitlich dar. Die Verhältnisse der bäuerlichen Bevölkerung in den alten Dörfern erwiesen sich jedoch als komplizierter. Man versuchte zunächst in den Entwürfen Grundbesitz, Einkommen, Einschnitt, Viehbestand und Zahl der Personen zu berücksichtigen. Doch waren Dienstpflichtigkeit und Wirtschaftsart zu unterschiedlich, so daß zunächst unbefriedigende Lösungen die Folge blieben.[51]

Gegen Ende des Jahrhunderts wurde diese Aufgabe erneut aufgegriffen. 1787 schrieb das Oberbaudepartement in einer Instruktion, »daß die Gebäude, so zu einerley Zweck bestimmt sind, auch so viel als möglich einförmig erbaut werden und darunter nicht so viel unschickliche Abweichungen mit unterlaufen, daß überall Egalität und Geschick in Maß und Gewicht der Materialien eingeführt wird und so viel als immer möglich in jeder Provinz allgemeine Grundsätze bey denen Anschlägen festgestellt werden«.[52]

Normalzeichnungen für Förstereien gab es schon seit 1781, und der damals noch in Pommern tätige David Gilly entwickelte 1783/84 für die dortige Provinz zwei Haustypen, die als Mittelflurhaus gestaltet waren. Auch aus Brandenburg ging schon 1785 ein Vorschlag zu je einem Bauern- und einem Kossätenhaus ein.[53]

Aufgrund der oben erwähnten Instruktion des Oberbaudepartements von 1787 wurde von Berson eine Aktion in Brandenburg angeregt. Durch sie begann eine große statistische Erfassung, aus deren Material Normalzeichnungen entwickelt werden sollten. Am 24. März 1788 erging an die Kreise Ober- und Niederbarnim, Teltow, Lebus, Havelland und an die »Bruchoerter« die Anweisung, nach einem vorgegebenen Schema Angaben darüber zu erstellen, welche durchschnittlichen Ernteergebnisse von Bauern verschiedener Wirtschaftsgrößen erzielt wurden und wie der Viehbestand im einzelnen war. Daraufhin gingen die verlangten »Nachweisungen« in Tabellenform aus den betreffenden Kreisen ein.[54] Die unter ihrer Berücksichtigung entstandenen Normalzeichnungen wurden in Kupfer gestochen und konnten somit unbeschränkt verbreitet werden. Es handelte sich hierbei um:

53 Ebenda, S. 52, Abb. 53. Staatsarchiv Potsdam, Pr. Br. Rep. 2 Dom. Reg. D 640, fol. 65, 66.

54 Kuhn (wie Anm. 8) S. 60. Das dazugehörige Material für die Mark Brandenburg konnte im Staatsarchiv Potsdam aufgefunden werden: »Acta wegen der vom Oberbaudepartement sich ausgebethenen Nachrichten zu Anfertigung eines Generalplans zur Einführung einförmiger Bauer-Gebäude«, Pr. Br. Rep. 2, 1 Dom. Reg. D 642+.

»Wohnhaus, Stall und Scheune für acht Unterthanenwirtschaften gezeichnet, und zwar für einen Bauern mit 1/2 bis 2 Hufen und mit 3 bis 4 Hufen Land, je vier Grundrisse verschiedener Größe, 4 in Fachwerk und 4 in massiver Ausführung.«[55] Auch für Ämterbauten sind solche Normalzeichnungen entwickelt worden.[56]

Interessant war die Berücksichtigung der ländlichen Bautraditionen. So wurden zum Teil die Längsgliederung und die ›Schwarze Küche‹ beibehalten.

Mit der Entwicklung der Typenbauten verband das Oberbaudepartement den Wunsch nach größtmöglicher Verbreitung. Um auch die Bauherren adeliger Güter und die freien, für ihre Bauten selbst verantwortlichen Bauern zu erreichen, veröffentlichte der Bauinspektor im Departement Kurmark, J. F. Colberg, 1792 seine »Abhandlung über die Ausmittelungsgründe, Größe und Anlage der Unterthanen-Gebäude auf die Verfassung der Unterthanen in der Mittelmark der Kurmark Brandenburg gerichtet, mit Rissen und Anschlägen«.

Auch die übrige Landbaukunst-Literatur enthielt Typenvorschläge, wobei besonders häufig Tagelöhner- und Büdnerhäuser vertreten waren. Als Weiterentwicklung friderizianischer Doppelhäuser zu verstehen, wurden diese um 1800 zu langen Reihenhäusern erweitert, deren Grundrisse nach heutigen Anschauungen ausgesprochen unsozial anmuten.

*Musterzeichnung für Kolonistenhäuser in der Mittelmark und für die ›Bruchörter‹ von Berson, 1788*

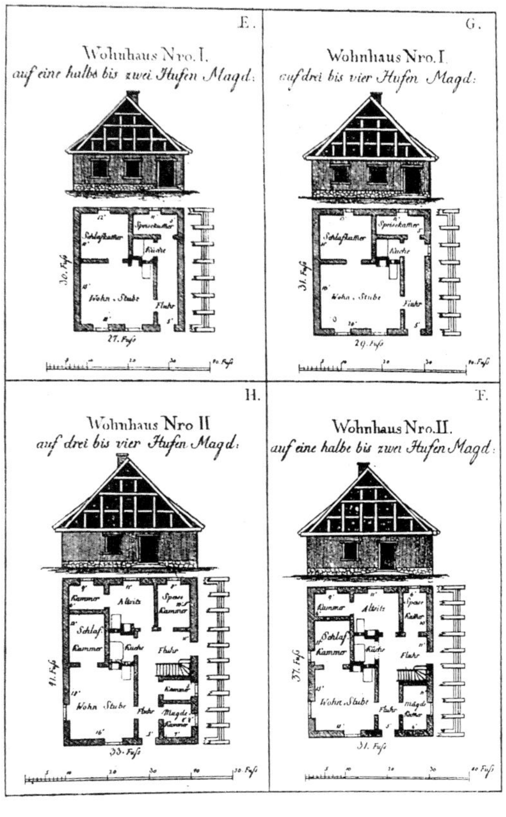


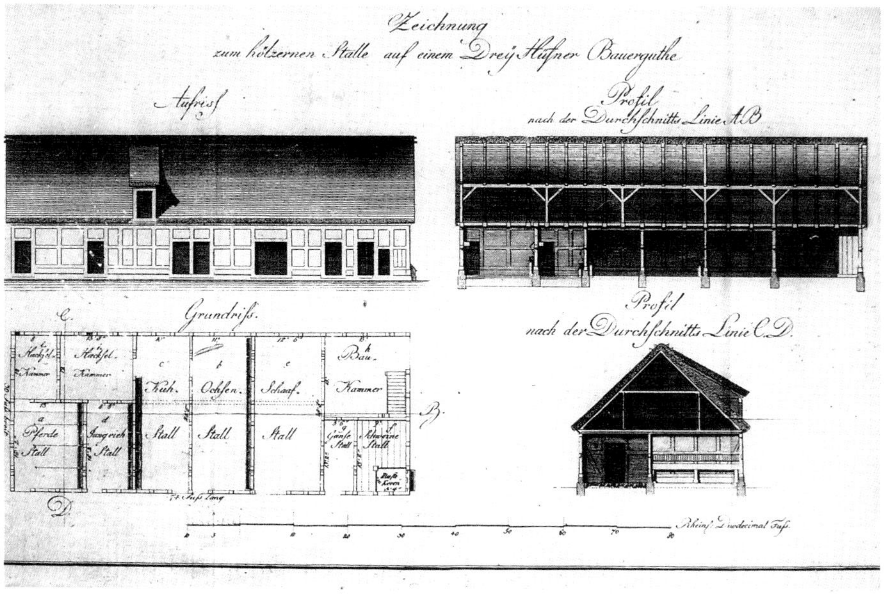


*Musterzeichnung für den Stall eines »Unterthanen«-Hofes von J. F. Colberg, 1792*

Daß die Typenhäuser neben den Vorteilen der Wirtschaftlichkeit auch Nachteile für ihre Bewohner enthielten, stellte H. L. Manger in seiner »Ökonomischen Bauwissenschaft zum Unterricht für den Landmann«, die 1795 erschien, treffend fest: »Aber wie mancher Häusler hat nich 6 bis 9 Kinder, ein anderer gar keine, doch haben beyde nur einerley Bau. Daher entsteht vielerley ungeschickter Nach- und Anbau, wodurch so viel Dörfer und andere neue Anlagen verunstaltet werden.«[57]

Nicht nur an der Vereinheitlichung der ländlichen Einzelbauten bestand Interesse, man versuchte auch *Hof- und Siedlungsformen* zu beeinflussen. Anschleppungen sowie Nebenbauten wurden als materialverschwendend abgelehnt und statt dessen regelmäßige, klare Gehöftformen angestrebt. Am stärksten konnten sich solche Vorstellungen bei der Neuanlage bzw. beim Wiederaufbau von Dörfern durchsetzen.

Im Bereich des Siedlungswesens waren um 1800 die Aufgaben nicht mehr so umfangreich wie in der friderizianischen Ära. Das letzte größere Projekt dieser Zeit stellte die »Anlegung neuer Dörfer, jedes zu 6 Bauern und 6 Büdner«

55 Kuhn (wie Anm. 8) S. 60.

56 Ebenda, S. 60/61.

57 Manger (wie Anm. 2) S. 283.

*Typenentwurf für Kolonistenhöfe, 1786*

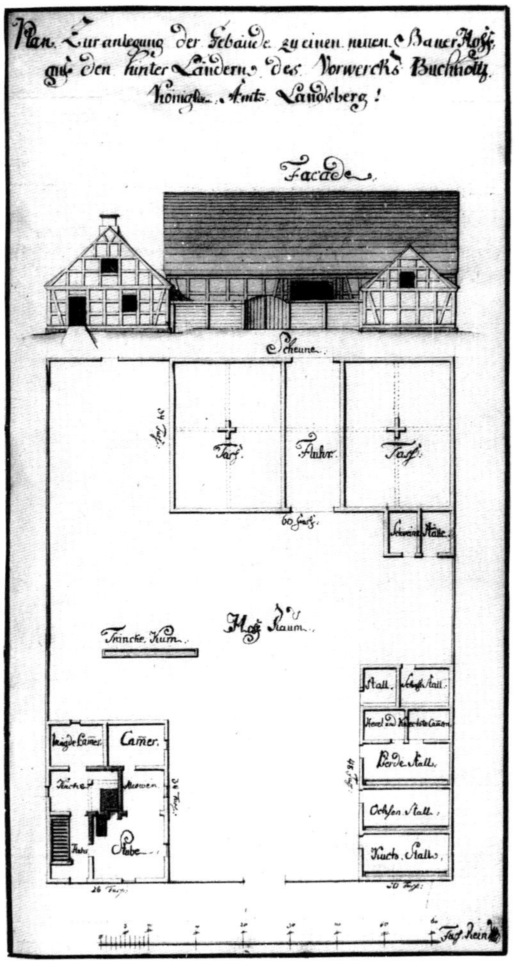


dar, von denen Friedrich der Große kurz vor seinem Tode im Juli 1786 forderte, daß »der Anfang gemacht und dann in einem immer größeren Zirkel um die Residenz herum fortgefahren werden müsse«. Zur Ausführung jedoch kamen nur vier, durch eine Reihung von Dreiseithöfen als Straßendörfer angelegte kleine Siedlungen:

1. im Amt Rüdersdorf zwischen Lichtenow und Zinnerdorf (reduziert auf zwei Bauern und vier Büdner);
2. im Amt Landsberg bei Wolfshagen (nur vier Bauern und vier Büdner);
3. im Amt Landsberg bei Tiefensee (sechs Bauern und sechs Büdner);
4. bei Treuenbrietzen (sechs Bauern und sechs Büdner).[58]

Für die Bauern ist ein Dreiseithof veranschlagt worden. Diesen Hoftyp hat Radig als »charakteristische Hofform« für das Ruppiner Gebiet und das Havelland bezeichnet.[59] Es wurden also traditionelle Gebäudeanordnungen übernommen.

Der Dreiseithof bot die Möglichkeit, mit großen Zwischenräumen zu bauen, wie es die Verordnungen aus den Jahren 1795, 1796 und 1804 verlangten. Drei Gebäude, Wohnhaus, Stall und Scheune, waren offenbar ausreichend für die damaligen Wirtschaftsgrößen weiter Teile Brandenburgs. Erst mit der verbesserten Landwirtschaft, dem Anwachsen des Viehbestandes und höheren Erträgen benötigten immer mehr Bauern ein zweites Stallgebäude und größere Scheunen. Diese Entwicklung setzte in dem hier behandelten Zeitraum ein.

In seiner schon zitierten »Ökonomischen Landbaukunst« empfahl H. L. Manger insbesondere den Vierseithof. Er forderte darin sogar die Bauern auf, die »Gehöfte nach und nach nach regulärem Plan vom ökonomischen Landbaumeister aufzubauen, bis alte Gebäude völlig verschwunden sind«, und »endlich wird ein dauerhaft bebautes reguläres und nutzbares Gehöfte seyn, welches durch die außerordentlich verminderten Reparaturkosten zwey- und mehrfach wert ist, als das ehemalige ... alte Gehöfte«.[60]

Obwohl Vierseithöfe nur bei wohlhabenden Bauern und nicht sehr häufig anzutreffen waren, versuchte David Gilly beim völligen Neuaufbau des Dorfes Paretz den äußeren Eindruck einer Aneinanderreihung solcher Höfe zu vermitteln. Paretz wurde in den Jahren 1797 bis 1805 nach den Entwürfen des großen Landbaumeisters ausgeführt. Bauherr war der preußische Kronprinz Friedrich Wilhelm (III.), der den Ort für seine Gemahlin Luise und sich als Sommeraufenthalt gewählt hatte. Die Bauleitung lag in den Händen von M. F. Rabe. Er war auch der Zeichner des sogenannten ›Paretzer Skizzenbuches‹, einer Dedikationsmappe, in der sorgfältig gezeichnete und kolorierte Aufmaße sämtlicher Gebäude des Dorfes enthalten sind. 1811 überreichte der Hofmarschall von Massow dieses Werk seinem König, der die Anregung zum Umbau eines ganzen Dorfes als sommerliche Residenz von dem ebenfalls durch David Gilly umgebauten Massowschen Gutsdorf Steinhöfel erhalten hatte. Steinhöfel war in den Jahren 1790 bis 1794 umgestaltet worden, und der König lernte den Ort während eines Zwischenaufenthaltes auf der Fahrt zur Niederschlagung des Aufstandes in Polen kennen. Luise war bis hierin mitgereist.[61]

58 Staatsarchiv Potsdam, Pr. Br. Rep. 2 Dom. Reg. D 2317, Titelblatt, fol. 1–4, 47, 85. Die Anschläge hatten Dornstein (Tiefensee, Wolfshagen und Zinnerdorf) und Helwig (Treuenbrietzen) gemacht. Vgl. Staatsarchiv Potsdam, Pr. Br. Rep. 2 Dom Reg. 2552, fol. 13.

59 Radig (wie Anm. 1) S. 85.

60 Manger (wie Anm. 2) S. 333/334.

61 Lammert (wie Anm. 18), ausführlich zu Steinhöfel und Paretz. Das sogenannte ›Paretzer Skizzenbuch‹ befindet sich in der Plankammer der Stiftung Schlösser und Gärten Potsdam-Sanssouci.

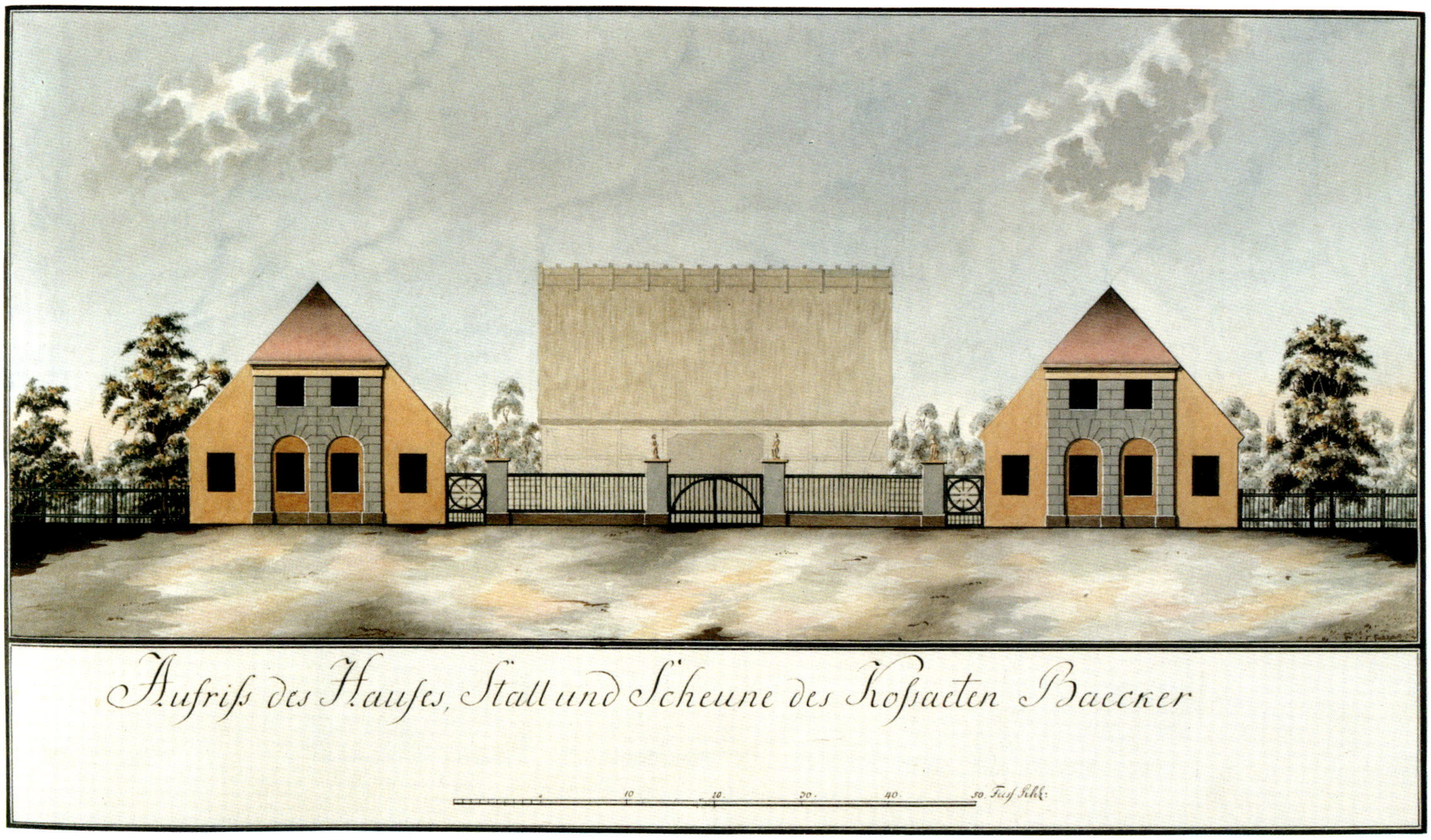


Aus dem ›Paretzer Skizzenbuch‹. Gezeichnet von Martin Friedrich Rabe, 1799, überreicht an Friedrich Wilhelm III. 1811 durch Hofmarschall von Massow

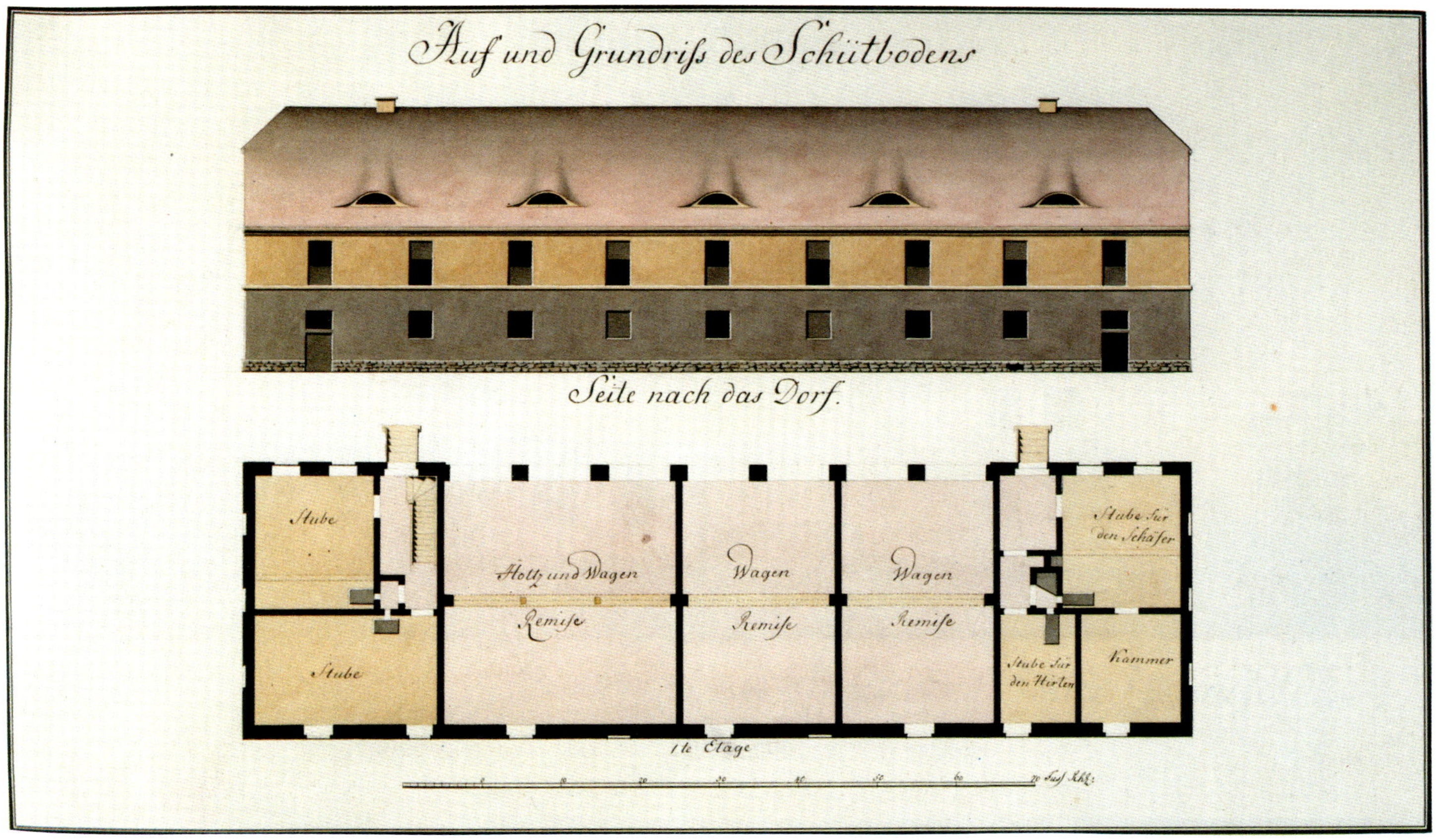

*Paretz. Torhäuser*

In Paretz wurde die alte Straßenführung mit ihrer Krümmung beibehalten. Die hier aufgereihten Gebäude wurden dem repräsentativen Anspruch der Anlage gemäß angeordnet. Das Tagelöhnerhaus fand wegen seiner durch die Länge der Fassade bewirkten Monumentalität einen Platz in der Mitte, so daß der Blick von beiden Richtungen der Dorfstraße her schräg darauf fällt und das Gebäude vollständig sichtbar ist. Ihm gegenüber wurde das Schulzenhaus mit der als antikisierendem Portikus gestalteten Vorfahrt erbaut. Auf der kürzeren Innenseite der Dorfstraße gelegen, ragte sie hervor und bestimmte das Bild hier in vergleichbarer Weise. Obwohl die zum Schulzenhof gehörenden Gebäude als Vierseithof angeordnet waren, erschien das Wohnhaus herausgehoben und die angrenzenden Stallgebäude scheinbar zu den Nachbarhäusern gehörig. Dieser Widerspruch zwischen innerer Organisation und Fassadengestaltung verlieh dem Straßenbild ein repräsentatives Aussehen. Trotz dieser noch im Sinne des 18. Jahrhunderts zu sehenden Kunstgriffe sind die typisierten Häuser mit ihren verschieden gestalteten Fassaden und Anstrichen zu den bedeutendsten Zeugnissen der preußischen Landbaukunst um die Wende zum 19. Jahrhundert zu zählen.

Auch die Häuser im Schloßbereich, das Schloß selbst und die an seinen zum Dorf hin offenen Hof rechts und links anschließenden Wirtschaftsgebäude verbanden in idealer Weise ästhetischen Anspruch und Funktion. Hier in Paretz waren die Mehrzahl der Bauerngehöfte Dreiseithöfe.

Beim Wiederaufbau des Dorfes Quilitz (später Neuhardenberg) wurden je Gehöft nur zwei winkelförmig zueinander angeordnete Gebäude errichtet, wovon das Wohnhaus mit der Giebelfront zur Straße zeigte. Vermutlich auf Empfehlung des erkrankten Gilly konnte der junge Schinkel hier seine erste umfangreichere Bauaufgabe ausführen, die durch den Brand des Dorfes am 9. Juni 1800 entstanden war. Für 140 Familien mußte neu gebaut werden.

Schinkel entwickelte Typenhäuser, die aus der Tradition der märkischen Mittelflurhäuser hervorgingen. Ihre Außenmauern wurden in Ermangelung anderer, in diesem Umfang schwer zu beschaffender Materialien in Raseneisenstein errichtet und verputzt. Leider ist an den

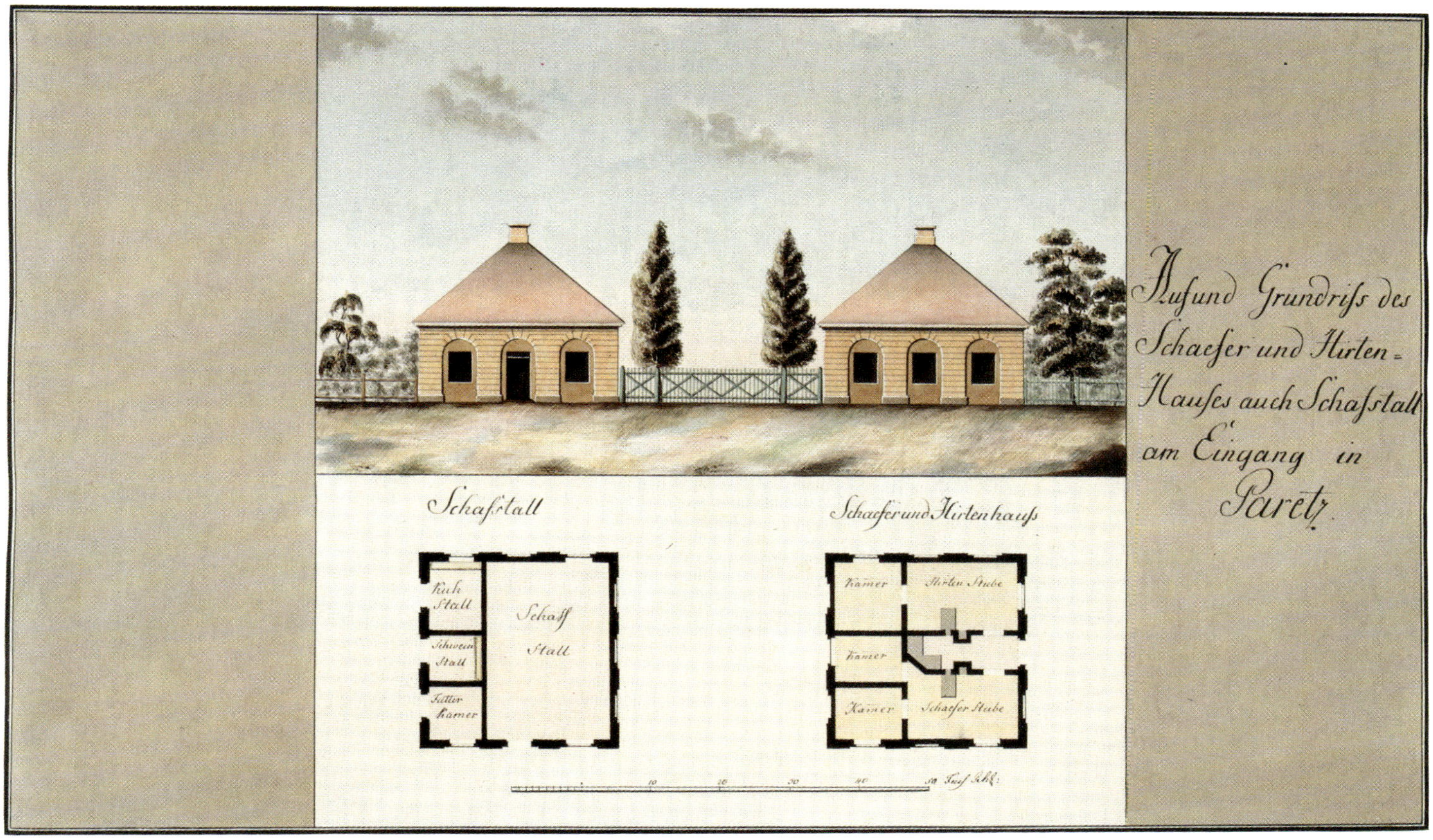


Aus dem ›Paretzer Skizzenbuch‹. Gezeichnet von Martin Friedrich Rabe, 1799, überreicht an Friedrich Wilhelm III. 1811 durch Hofmarschall von Massow

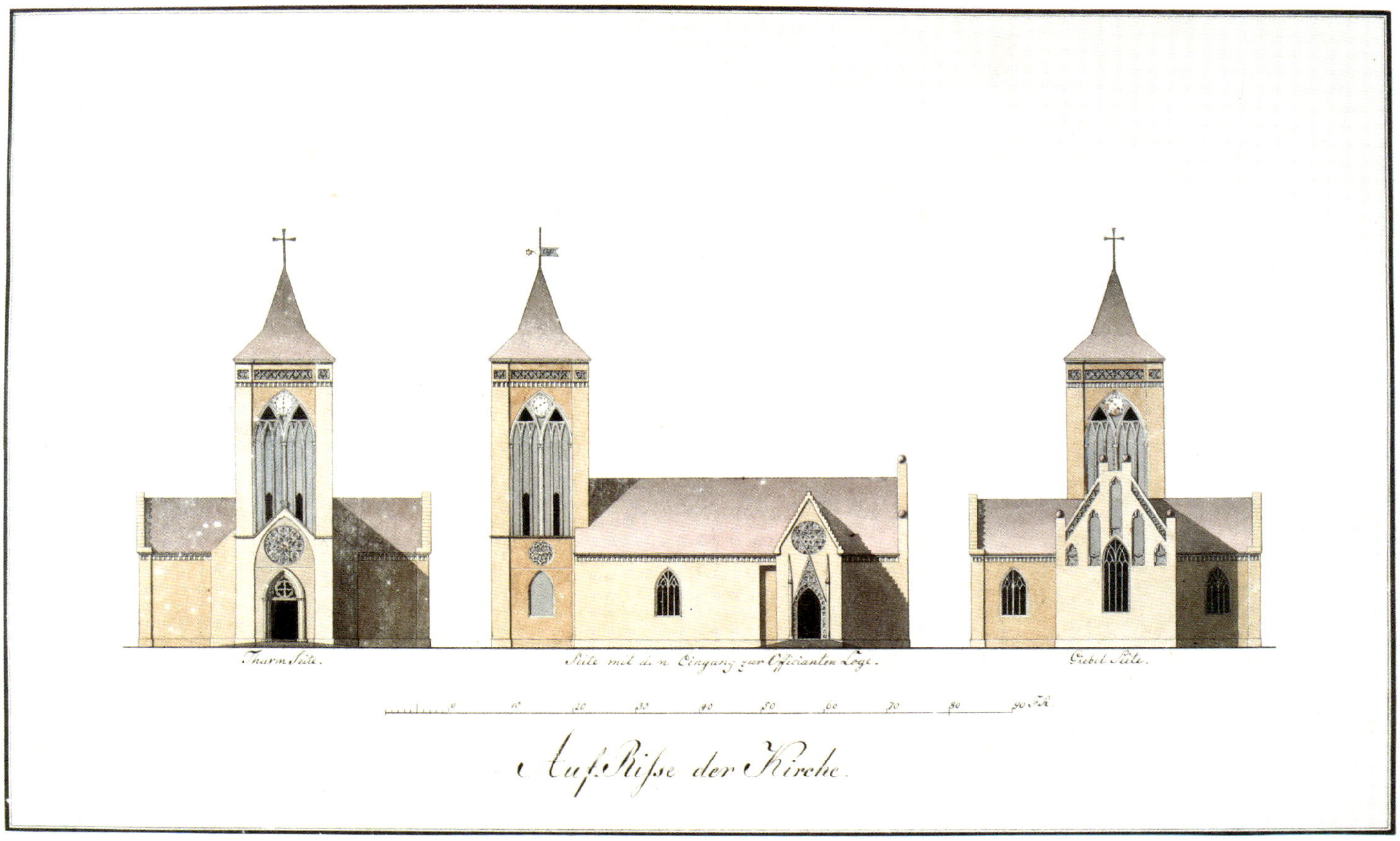

*Neuhardenberg. Wirtschaftsgebäude beim Schloß, erbaut von Karl Friedrich Schinkel*

noch erhaltenen Häusern der alte Fassadenputz nicht mehr vorhanden. Die Höfe reihte der zwanzigjährige Kondukteur in exakter Linie an der Dorfstraße auf, die sich vom Ortseingang her kaum spürbar aufweitet und an ihrer anderen Seite in der Mitte der Kirche Platz bietet. Hinter dieser setzt sich die Straße platzartig fort. Hier mußten Schloß- und Gutsbauten aufgebaut werden.

Noch im Jahr der Katastrophe bezogen 32 Kossäten und Bauern neue Häuser. Organisatorisch ging man so vor, daß zunächst entweder ein Wohnhaus oder die Scheune übergeben wurden. Mittels entsprechender Nachbarschaftshilfe war so für viele Dorfbewohner ein schneller Neuanfang möglich.

Da Schinkel den Grundriß der Häuser als Wohnstallhaus konzipiert hatte, genügte zur Hofbildung die Ergänzung durch eine Scheune. Die typische ›Schwarze Küche‹ in der Mitte des Hauses ist in keinem der Häuser mehr vorhanden.[62]

Als zehn Gehöfte Falkenrehdes ebenfalls nach einem Brand in den Jahren 1809 und 1810 neu aufgebaut wurden, wählte man außerhalb des Ortes auf der Feldmark weit auseinanderliegende Standorte. Solche Streusiedlungsform stellte auch der schon mehrfach herangezogene Manger in seiner »Ökonomischen Bauwissenschaft« als erstrebenswert dar. Verbreitungsmöglichkeiten sah er wegen der »jetzt gewöhnlichen Aufhebungen der Gemeinheiten«.[63] Doch die Ablösung der alten Flurverfassung durch Separierungen vor 1800 und die Agrarreformen änderten nichts Wesentliches an den traditionellen Siedlungsstrukturen der Mark Brandenburg, so daß der sogenannte Abbau von Falkenrehde ein unter direktem Einfluß der Landbaumeister entstandenes Einzelbeispiel blieb. Der Vorschlag hierzu ging auf ein Gutachten von A. F. Triest zurück.

So interessante und vielgestaltige Dorfgrundrisse, wie sie in der friderizianischen Kolonisation nachweisbar sind, wurden in der Zeit um 1800 nicht mehr geschaffen.

Nur beim Bau von Vorwerken und Gutshöfen entstanden noch einige bemerkenswerte Ensembles. Da hier meist keine Rücksicht auf vorgegebene Siedlungsstrukturen genommen werden mußte, war der Baumeister relativ frei in der Wahl des Grundrisses, den er der Anlage geben wollte.

Der junge Schinkel wählte für die Anordnung des 1802 im Kreis Lebus errichteten Gutshofes Behlendorf ein Achteck in länglicher Form. Darum wurden acht Gebäude einschließlich Verwalterhaus aus Raseneisenstein errichtet. Ein Teil der Dächer hatte die für Bohlenbinderdächer charakteristische gewölbte Form, andere

62 Kania/Möller (wie Anm. 45) S. 13–15.

63 Manger (wie Anm. 2) S. 326. F. Bestehorn, Das Potsdam'sche Kämmereidorf Falkenrehde und sein tragisches Schicksal, in: Mitteilungen des Vereins für die Geschichte Potsdams 1737, S. 321– 334.

besaßen wegen des Krüppelwalms stumpfe Giebel. Das Zentrum der Anlage bildete der Teich.[64]

Das Vorwerk Bärwinkel bei Neuhardenberg ist ebenfalls ein Frühwerk Schinkels (siehe Abb. S. 121). Den Grundriß bildet hier ein Sechseck. Der Eindruck der Anlage muß monumental gewesen sein, so daß er von Fontane als nicht ganz angemessen beschrieben wurde. Wirtschaftsgebäude aus Raseneisenstein im Wechsel mit solchen aus traditionellem Fachwerk standen dem ebenfalls aus Raseneisenstein errichteten sogenannten Molkenhaus gegenüber. Dieses Verwaltergebäude erinnerte an eine Basilika und leitete sich im Gegensatz zu den anderen Wirtschaftsbauten nicht von schon länger bekannten Gebäudeformen her.[65]

Wer der Architekt einer so attraktiven Anlage wie des Gutshofes von Dahlwitz war, ist noch nicht festgestellt worden.[66]

## Die Bedeutung der Landbaukunst-Literatur

Eine weitere Möglichkeit der Einflußnahme auf das ländliche Bauen boten die *Schriften zur Landbaukunst,* deren Anzahl gegen Ende des 18. Jahrhunderts sprunghaft anstieg. Im Gefolge der Aufklärung und des damit verbundenen wachsenden Interesses an der Landwirtschaft rückte auch das Landbauwesen immer mehr in den Vordergrund. Erstmals beschäftigte man sich mit wissenschaftlichen Untersuchungen und Experimenten über Bautechniken für spezifisch ländliche Verhältnisse und machte durch Veröffentlichungen damit bekannt.

In Preußen – vor allem in Berlin – entstand für diesen Bedarf ein besonderes Zentrum, da hier durch die Gründung des Oberbaudepartements und der Bauakademie die Bemühungen um das Landbauwesen sehr günstige Voraussetzungen fanden. Das an der Bauakademie vermittelte Wissen schlug sich in der publizistischen Tätigkeit ihrer Lehrer nieder. Aber auch andere, meist in Berlin ausgebildete und in den Provinzen tätige Baubeamte verfaßten entsprechende Schriften.

Mit der von den Mitgliedern des Oberbaudepartements herausgegebenen »Sammlung nützlicher Aufsätze und Nachrichten, die Baukunst betreffend«, die 1797 bis 1806 in Berlin erschien, hatte man ein geeignetes Forum für Rezensionen und Anzeigen über Neuerscheinungen. So wurde zum Beispiel die »Mecklenburgische Land-Baukunst« von Behrens, die 1796 in Schwerin herauskam, als besonders holzverschwenderisch kritisiert. Aber auch interessante Experimente stellte man vor.[67]

Von den Lehrbüchern jener Zeit ist wohl David Gillys »Handbuch der Landbaukunst« (1. Auflage, Berlin 1797) das bekannteste geworden. Mit anschaulichen Kupfertafeln versehen, vermittelte es nicht nur Beschreibungen traditioneller Bautechniken, auch der Lehmpatzenbau und andere Entwicklungen fanden hier ihre Würdigung.

Weitere Werke mit Handbuchcharakter, die sich an eine breitere Leserschaft richteten, verfaßten Manger, Bode und Meinert. Mit Mangers schon mehrfach zitierter Schrift über das ländliche Bauen erfuhr noch 1795 die im Rahmen der Aufklärung zu besonderer Bedeutung gelangte Hausväterliteratur eine wichtige Ergänzung.

Neben Einzeldarstellungen zu bestimmten Bautechniken, unter denen die Beschreibungen der Lehmbauweisen hervorzuheben sind, erschienen Schriften, die sich mehr an Baubediente und Handwerker wendeten. Ihr Ziel war die »Anfertigung richtiger Bauanschläge«, so der gekürzte Titel eines in Berlin 1777 ff. erschienenen Werkes von F. Holsche. H. C. Riedels »Taschenbuch über Baumaterialien und Grundsätze zur Anfertigung richtiger Bauanschläge, welche die Landbaukunst in sich begreift«, Berlin 1808 bis 1815, gehört ebenfalls dazu.

Gewissermaßen als Lehrbücher für Baueleven sind dagegen die Abhandlungen zur angewandten Physik und Mathematik zu verstehen, die Eytelwein veröffentlichte und die offensichtlich aus dessen Lehrtätigkeit an der Bauakademie hervorgingen.[68]

Die Anliegen der Landbaukunst-Literatur waren in erster Linie bautechnische Verbesserungen, rationellere Bauweisen und Grundrißlösungen im Interesse einer größtmöglichen Ausnutzung der Baumaterialien und geringer Baukosten. Das verleiht ihr eine zeitlose Allgemeingültigkeit in vielen ihrer Themen, obwohl eingeschränkt werden muß, daß es besonders

64 Kania/Möller (wie Anm. 45) S. 18.

65 Ebenda, S. 16 und 18.

66 Zeitgenössische Ansicht aus der Vogelperspektive im Besitz des Märkischen Museums.

67 Sammlung nützlicher Aufsätze und Nachrichten die Baukunst betreffend, Bd. 1, Berlin 1797, S. 187–190.

68 J. A. Eytelwein, Handbuch der Statik fester Körper, Berlin 1808, und andere einschlägige Veröffentlichungen.

*Blick in das Bohlenbinderdach der Scheune vor Burg Rabenstein* ▷

bei den Tagelöhnerhäusern zur Propagierung ausgesprochen unsozialer Grundrißlösungen kam.[69] Herausgabe und Verbreitung der Literatur über das ländliche Bauen wurden zum Teil staatlicherseits gefördert, boten sie doch die Möglichkeit der Einflußnahme auf das ländliche Bauen.

Ein nicht zu unterschätzender Anteil kam dabei der vorbildhaften *Wirkung städtischer Architektur,* den *Musterbauten* und den von namhaften Baumeistern entworfenen Dorf- und Gutsanlagen zu.

Das um 1800 noch übliche Fachwerk war wegen seiner durch die Holzkonstruktion bestimmten Fassadengliederung kaum zu beeinflussen, so daß meist nur Türen entsprechenden Schmuck aufwiesen. Überhaupt waren die Türen das einzige Bauelement, an dem sich die allgemeine Stilentwicklung auch auf dem Lande deutlicher niederschlug.

Bei der sich zunehmend durchsetzenden Massivbauweise gab es keine Hindernisse mehr, städtische Stilelemente in größerem Maße auf ländliche Bauten zu übertragen. Das verdienstvolle Wirken der Berliner Baumeister führte zur Verbreitung ländlicher Bauformen, die wegen ihrer künstlerischen Qualität auch durch die Architekturgeschichte zahlreiche Würdigungen erfahren haben.[70]

Das fünfachsige quergegliederte Bauernhaus fand in der Zeit um 1800 zunehmende Verbreitung. Bereichert durch zurückhaltende frühklassizistische Fassadendetails in vielfältigen Variationen, wurde es zu einem ausgereiften Haustyp weiterentwickelt und seinerseits wieder Bestandteil der ländlichen Bautradition.

Ein beeindruckendes Beispiel für die zahlreichen Variationen der Fassadengestaltung gab David Gilly mit seinen Bauernhäusern in Paretz, wo er trotz sparsamster architektonischer Mittel selbst diesem schlichten Haustyp zu repräsentativer Wirkung verhalf.

Auch Schinkel schuf mit seinen Bauten auf dem Vorwerk Bärwinkel Vorbildliches. Er errichtete die Gebäude teilweise in traditioneller Bautechnik und verwendete Fachwerk sowie Stroh- oder Rohrdächer. Daneben stellte er in wirkungsvollem Kontrast Bauten aus Raseneisenstein, deren Fassaden im Sinne frühklassizistischen Stilempfindens gestaltet waren. Die breit gelagerte, erdverbundene Form der Wirtschaftsgebäude wurde durch tief herunterreichende große Dächer bestimmt. Die Scheune aus Rasen-

*Scheune vor der Burg Rabenstein im Fläming, erbaut um 1800*

69 E.S.H. Boethke, Beyträge zur Lehre wie man mit möglichster Schonung des Holzes alle Landgebäude wohlfeil, dauerhaft und feuersicher bauen kann, Berlin 1795 (2 Kupfer), darin der Vorschlag »zum Bau eines Deputantenhauses massiv und in Fachwerk, für 4 Familien, wovon immer 2 eine Stube bewohnen, jede aber ihre eigene Kammer hat, und 2 und 2 ein kleines Ställchen erhalten, mit gemeinschaftlicher Feuerung und Fluhr«.

70 Vornehmlich von Hermann Schmitz, u. a. in: Berliner Baumeister vom Ausgang des 18. Jahrhunderts, Berlin 1914.

eisenstein bezog ihre ästhetische Qualität aus den verwendeten Materialien. Das Mauerwerk aus Raseneisenstein gliedert sich in eine hohe Sockelzone, die von der übrigen Wandfläche durch eine Lage Ziegel abgegrenzt war. Wie Entlastungsbögen saßen in rhythmischem Abstand ebenfalls aus einer Ziegellage gemauerte Halbkreise auf. Die großen Einfahrtstore waren in risalitartige Flächen eingefügt, deren segmentbogiger flacher Abschluß das Dach an dieser Stelle in sanfter Wellenform anhob und sich allmählich in der Dachfläche verlief.

Noch schlichter war die Stellmacherei in Behlendorf gegliedert. Sie gehörte zu einem 1802 vom jungen Baukondukteur Schinkel errichteten Gutshof im Kreise Lebus. Mit der Wahl der Bohlenkonstruktion folgte der Baumeister Empfehlungen seines Lehrers Gilly, diese holzsparende Dachform auch im landwirtschaftlichen Bereich einzusetzen. Ähnlich wie in Bärwinkel wurde die lange Seitenfassade durch große Toreinfahrten gegliedert, über denen flache Dreiecksgiebel mit Dachfenstern in die Dachzone hineinreichten. Von deren Spitzen ausgehende Grate zeichneten sich in der Dachhaut ab und paßten sich ihr an.[71]

Noch schlichter, aber nicht weniger monumental wirkend ist eine Scheune aus der Zeit um 1800, die im Wirtschaftsbereich der Burg Rabenstein im Fläming steht. Sie besitzt noch eines der wenigen erhaltenen Bohlendächer.

Die Wirtschaftsgebäude des Schlosses Neuhardenberg (s. Abb. S. 128) zeigten mehr durch ihre Form als durch ihre Fassaden ländlichen Charakter. Quaderputz in Form einer verblendeten Rundbogenarchitektur läßt zurückliegende Mauerflächen frei, in denen sich ebenfalls rundbogige Fenster befinden.[72] Eine vergleichbare Fassadengestaltung wählte D. Gilly für die von städtischen Torhäusern hergeleiteten Eingangsbauten des Dorfes Paretz.

Die aus der »Prachtbaukunst« entlehnten Gestaltungsmittel des frühen Klassizismus in der preußischen Landbaukunst um 1800 fanden sich vornehmlich im Schloß- und Gutsbereich sowie an Chaussee- und Brückenhäusern, die mit der um diese Zeit einsetzenden Anlegung der »Kunststraßen« vermehrt gebaut wurden. Für die anderen ländlichen Bauaufgaben fand man eigenständigere Lösungen.

Es gab an ländlichen Gebäuden auch Fassadenschmuck, der anderen Stilepochen entlehnt war und durch seine malerische Wirkung die gleiche Funktion zu erfüllen hatte wie die Gartenarchitekturen im Park. In der Regel standen sie damit auch in engem Zusammenhang. Ein Beispiel dafür bietet die Schmiede in Paretz, wo der gotisierende Fassadenschmuck etwas naiv anmutet und gewissermaßen auf die Fassade des schlichten Hauses appliziert ist.

Der Entwurf für ein Weinmeisterhaus in Steinhöfel ist stärker von dem Willen durchdrungen, ›gotisch‹ zu sein. Das aus dem Umkreis Gillys stammende Blatt zeigt ein Gebäude, an dem spitzbogige Blendarkaden und Fenster geschickt in das Mauerwerk integriert sind und mittelalterliche Bausubstanz suggerieren. Ob der Entwurf zur Ausführung kam, ist nicht bekannt.[73]

Das im Jahre 1807 auf der Dorfstraße von Heinrichsdorf errichtete kleine Spritzenhaus ist mit seinem Feldsteinmauerwerk und dem malerischen Backsteingiebel ebenfalls hier einzuordnen (siehe Abb. S. 134).

Mit dem antikisierenden Portikus am Schulzenhaus in Paretz griff David Gilly eine auf den ersten Blick nicht erkennbare märkische Bautradition auf. Die Gasthöfe und zuweilen auch Höfe reicher Bauern hatten Vorfahrten, die im Falle der Vorlaubenhäuser in die Giebelfront integriert oder bei den Doppelstubenhäusern der Traufseite vorgelagert waren.

Neben der vorbildhaften Wirkung der ausgeführten Bauten berühmter preußischer Landbaumeister mußte sich ein weiterer Einfluß des Zeitgeschmacks zwangsläufig verstärken. Erstmals empfahl man Handwerksgesellen, außerhalb der Zünfte die neugegründeten Provinzialkunst- und Baugewerksschulen als »Bildungsmittel« in Anspruch zu nehmen, wenn sie »als Meister ihr Gewerbe treiben und als solche den Gewerbeschein nach dem Gesetz vom 7ten September 1811 erhalten wollten«.[74] An diesen Schulen und durch die umfangreiche Landbaukunst-Literatur wurden neben bautechnischem Wissen auch baukünstlerische Normen vermittelt.

Das ländliche Bauwesen der Mark Brandenburg war um 1800 trotz vieler, ausschließlich

71 Kania/Möller (wie Anm. 45) S. 15–18.

72 Ebenda S. 13–14.

73 Stiftung Preußischer Kulturbesitz, Kunstbibliothek Berlin, HdZ 5724.

74 Staatsarchiv Merseburg, Rep. 76, K 3, Nr. 33, fol. 25.

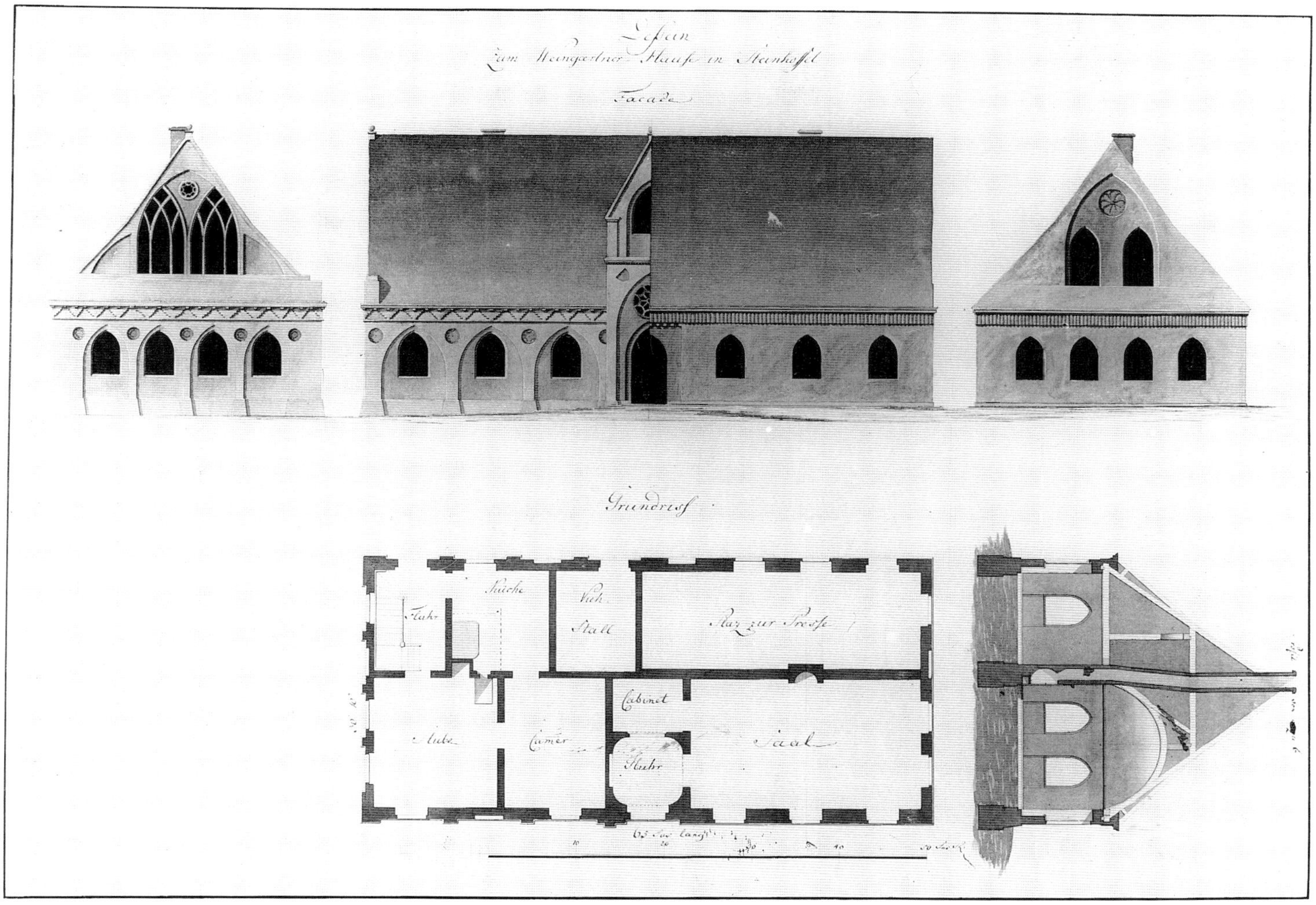

*Entwurf für ein Weinmeisterhaus in Steinhöfel. Umkreis Gillys, um 1795*

von staatlicher Seite hineingetragener Veränderungen durch eine enge Wechselbeziehung zwischen Traditonellem und Neuem charakterisiert. Reformen und Wandlungen der sozialökonomischen Strukturen änderten nichts an der Tatsache, daß hier weiterhin der bäuerliche und der Gutsbetrieb, freilich unter anderen Bedingungen, die Bauaufgaben bestimmten.

Sie verlangten von den städtischen Vorbildern unterschiedene, auf die spezifisch ländlichen Verhältnisse zugeschnittene eigenständige Lösungen, die zu finden den Landbaumeistern um 1800 noch weitgehend gelang. In ihrem Schaffen spielte die Kenntnis der regionalen Bauüberlieferungen noch eine große Rolle, wie das Beispiel der Typenhauszeichnungen demonstriert. Häufig setzten sie sich für die Beibehaltung vorteilhafter älterer Bauformen ein und warnten vor gedankenloser Anwendung obrigkeitlich angestrebter Neuerungen.

So wandten sie sich gegen den Bau traufseitig aufgeschlossener Häuser, wenn Weichdächer vorgesehen waren, da diese im Fall eines Brandes herunterrutschen und die Hauseingänge versperren würden.[75]

Bei Fachwerkbauten schlossen sich die Landbaumeister zumeist der traditionellen Zimmerungstechnik an. Die Verwendung des Andreaskreuzes in der Giebelspitze, eine der wenigen Schmuckformen des brandenburgischen ländlichen Fachwerkbaues, war auch bei ihnen sehr beliebt. Andererseits hatten sie die Verwendung der Senkbalken zu verhindern und die Verbreitung der Bohlendächer zu fördern.[76]

Ihrem Beamtenstatus gemäß mußten die Baubedienten eine Mittlerrolle zwischen staatlichem Wollen und Baupraxis auf dem Lande übernehmen. Diese Aufgabe zu erfüllen war bei der Durchsetzung neuer Bauformen leichter, wenn diese inzwischen entstandenen Bedürfnis-

75 Colberg (wie Anm. 35) S. 16; Staatsarchiv Merseburg, Gen. Dir. Kurmark, Tit. CCIV, Nr. 2, unfoliert, Bericht des Baubeamten Dornstein, datiert: Wriezen 1782.

76 Vgl. die Zeichnungen in den Akten des Staatsarchives Potsdam, Pr. Br. Rep. 2 Dom. Reg. D 645 bzw. O 640; David Gilly, Über Erfindung, Construktion und Vortheile der Bohlen-Dächer mit besonderer Rücksichtnahme auf die Urschrift des Erfinders, Berlin 1797.

*Heinrichsdorf, Kreis Neuruppin. Spritzenhaus, 1804*

sen, wie der Herausnahme des Stalles aus dem Wohnhaus, entgegenkamen oder die Beibehaltung traditioneller Formen ermöglichten, wie bei dem massiv gebauten märkischen Mittelflurhaus.

Der mangelnde Erfolg bei der Durchsetzung der Lehmbauweisen bewies, daß nicht nur die schwierige Anwendbarkeit, sondern auch die Bereitschaft zu deren Annahme bei der ländlichen Bevölkerung entscheidenden Einfluß hatte. Im allgemeinen jedoch förderte die geschilderte massive Beeinflussung eine Abkehr von den historisch gewachsenen Überlieferungen und Konventionen, obwohl die propagierten neuen Formen der Landbaukunst um 1800 noch weitgehend an alte Haus- und Hofformen der Mittelmark anknüpften. Dabei genoß das mitteldeutsche Ernhaus den absoluten Vorrang. Das Mittelflurhaus wurde teilweise akzeptiert, und nur das Giebellaubenhaus bzw. das Nuthe-Nieplitz-Haus verwarf man. Auf Ablehnung des nur in einigen nördlichen Teilen der Mark Brandenburg, zum Beispiel in der Prignitz, verbreiteten niederdeutschen Hallenhauses sei noch einmal verwiesen.[77]

Nach dem Höhepunkt der preußischen Landbaukunst um 1800, die auch in Brandenburg viele Zeugnisse ihres Schaffens aufzuweisen hatte, setzten Wandlungsprozesse ein. Wie kritisch einer der führenden Vertreter des Standes der Landbaumeister, A. F. Triest, 1808 schon erste Anzeichen dafür einschätzte, dokumentiert seine Bemerkung: »Leider ist in unseren Tagen mehr als begründet, daß Bauunternehmer ein Kapital zu einem Gebäude fundieren, dann mit den wohlfeilsten Handwerkern verdingen oder wohl gar die wohlfeilsten Arbeiter im Tagelohn stellen, die schlechtesten Materialien wählen, die Konstruktion der Mauern, Wände und des Dachs gegen alle statischen Gesetze ausführen lassen und dann, wann der Bau beendigt und durch einen schönen Anstrich, durch angebrachte Verzierungen und ins Auge fallende Verschönerungen, das Fehlerhafte bedeckt ist – das Gebäude sogleich wieder verkaufen, mit dem gewonnenen Gelde neue Baue ähnlicher Art zu unternehmen und so nach und nach auf Kosten ihrer Zeitgenossen sich zu bereichern suchen.«[78]

77 Vgl. dazu K. Baumgarten, Das mecklenburgische Bauernhaus, Berlin, S. 90 ff.

78 Triest (wie Anm. 7) Bd. 2, Einleitung, S. XXIV.

Detlef Karg

## V Gartenkunst in der Mark Brandenburg – Landschaftsgärten – Zur Tätigkeit von Hermann von Pückler und Peter Joseph Lenné

Die Entwicklung des Landschaftsgartens, deren Höhepunkt bis in die jüngste Vergangenheit in dem Streben nach einer durch die Kunst idealisierten Natur gesehen wurde, unterlag auch einer sich darauf beziehenden Bewertung. Franz Hallbaum hat 1927 in einer ersten Klassifizierung nach Stilphasen diesen Höhepunkt als »klassisch« bezeichnet.[1] Doch ein derartiges Idealbild, das lediglich durch die Verwendung natürlicher Gestaltungselemente mit wechselnden Gehölzkulissen und geschwungenen Wegen, mit mehr oder weniger bewegten Bodenmodellierungen und darin eingeschlossenen Wasserflächen und -läufen erreicht werden sollte, hatte, wenn überhaupt, nur für kurze Zeit die Gestaltung der Gärten bestimmt. Insofern war es mehr ein Leitbild als wirkliche Gartenpraxis. Seit dem Ausgang des 17. Jahrhunderts war dieses Leitbild; vornehmlich vertreten durch Philosophie, Literatur und Malerei, gegen die absolutistische Ordnung gerichtet, um sich dann im 18. Jahrhundert unmittelbar mit den aufklärerischen Bestrebungen zu verbinden. Im Mittelpunkt der Kritik standen die barocken Gärten mit ihrem regelmäßig-geometrischen Formenapparat und den durch Schnitt geformten Pflanzen. In diesem ›bevorzugten‹ Stellenwert darf keine Besonderheit gesehen werden, denn wie kaum in einer anderen Gesellschaft waren im Absolutismus die Ordo-Vorstellungen gleichermaßen für Gesellschaft und Garten verbindlich.

Doch das schöne, erhabene und darauf bezogen vereinheitlichte Naturbild erschien auch im 19. Jahrhunderts erstrebenswert. Dafür steht insbesondere das Werk des Fürsten Hermann von Pückler-Muskau (1785–1871) und des preußisch-königlichen Gartendirektors Peter Joseph Lenné (1789–1866). Obwohl sie unterschiedlichen Entwicklungslinien entstammten und die

1 Franz Hallbaum, Der Landschaftsgarten, München 1927; dazu auch: Gerhard Hinz, Peter Joseph Lenné und seine bedeutendsten Schöpfungen in Berlin und Potsdam. Kunstwissenschaftliche Studien, Bd. XXII, Berlin 1937; ders., Peter Joseph Lenné, Das Gesamtwerk des Gartenarchitekten und Städteplaners, Hildesheim, Zürich, New York 1989; Alfred Hoffmann, Der Landschaftsgarten, Bd. III, Geschichte der deutschen Gartenkunst von Dieter Hennebo und Alfred Hoffmann, Hamburg 1963.

*Bad Muskau. Blick von der Schloßterrasse »nach Hinwegnahme von einigen zwanzig Linden vor dem Schlosse«, aus: Hermann von Pückler-Muskau, Andeutungen über Landschaftsgärtnerei, Stuttgart 1834, Tafel II b*

von ihnen vertretenen Gartenauffassungen auch die politischen, wirtschaftlichen und kulturellen Veränderungen im preußischen Staat unterschiedlich reflektierten, so war ihnen doch das Streben nach einer durch die Kunst idealisierten Natur im Garten gemeinsam. So schreibt Lenné kurz nach der 48er Revolution in einem Brief vom 12. Januar 1849 an den im Juli 1848 mit der Neuordnung der Kunstangelegenheiten im preußischen Staat beauftragten Kunsthistoriker Franz Kugler, »daß es die besondere Aufgabe der Gartenkunst ist, in ihren Bildungen das Große, Edle und Höhere in der Natur, von dem individuellen Geiste des Künstlers durchdrungen schöpferisch darzustellen, wie die übrigen Künste den Sinn für das Schöne zu erwecken, und gleich diesen, als Bildungs- und Erziehungsmittel für das Volk zu dienen«.[2]

Die Ausbildung derartiger Gartenbilder bzw. der von Fürst Pückler wie auch von Lenné dazu unternommene Versuch fallen in die Restaurationsphase nach 1815, also in das brisante Spannungsfeld, das sich zwischen den liberalen Tendenzen der Stein-Hardenbergschen Reformideen und den gegen diese gerichteten restaurativen Bestrebungen zur Festigung absolutistischer Herrschaftsansprüche auftat.

Keineswegs läßt sich aber der Entwicklungsgang des Landschaftsgartens einzig auf die Umsetzung malerischer, durch die Kunst idealisierter Gartenbilder beschränken. Vielmehr muß für diesen das von Hennebo bezeichnete Prinzip formaler und funktionaler »Integration« im Sinne des Zusammenschlusses bzw. der Vereinigung verschiedenartiger, aber gleichwertiger Komponenten geltend gemacht werden.[3] Nach diesem Prinzip lassen sich Gestaltungstendenzen als Ordnungsprinzipien für das Gegen-, Neben- und Miteinander landschaftlich und regelmäßig-geometrisch gestalteter Partien innerhalb einer Gesamtanlage ableiten. Vor dem Hintergrund der vorab angesprochenen vielschichtig wirkenden gesellschaftlichen Kräfte und im Hinblick auf die Verwirklichung eines Naturideals im Garten kann dem Wirken von Pückler und Lenné bis zur Mitte des 19. Jahrhunderts eine gewisse Eigenständigkeit zuerkannt werden.

Doch die ersten zaghaften Versuche zu einer praktischen Umsetzung waren schon in England in der ersten Hälfte des 18. Jahrhunderts unternommen worden.[4] Anfangs war es mehr ein Aufbrechen des festgefügten barocken Kanons in den Gärten, mehr im Sinne der Gartenregeln, die Dezaillier d'Argenville erstmals 1709 unter dem Titel »Théorie et Pratique du Jardinage ...« in Paris veröffentlichte, ein Traktat, das dann bis 1743 in mehrfachen Auflagen in England erschien. Das Leitbild für die nun geforderten Veränderungen war die von Sir William Temple nach seiner Chinareise gepriesene »elegante Unordnung« – sharawagdi. In ihr sahen der Earl von Shaftesbury als Philosoph wie auch der Essayist Joseph Addison und der Dichter Alexander Pope, dessen Garten in Twickenham zu den bekanntesten Beispielen dieser neuen Gestaltung gehörte, den von ihnen geprägten Naturbegriff verwirklicht. Derartige Ansätze der »englischen Gartenrevolution« (Clifford) waren von den Grundsätzen eines frühen aufklärerischen Liberalismus getragen, die zur grundlegenden gesellschaftlichen und geistesgeschichtlichen Wende im 18. Jahrhundert führten.

Die Bezüge zur südenglischen Landschaft, die fast zwingend eine Bildübernahme dieser durch Weidewirtschaft geprägten Region für den Garten erbrachten, korrespondierten mit der Landschaftsmalerei von Claude Lorrain, Gaspard und Nicolas Poussin sowie von Salvatore Rosa und Jacob Ruisdael. Erst William Kent vollzog dann den entscheidenen Schritt zu den nach den Regeln der Landschaftsmalerei komponierten Gartenszenen. Wie schwierig diese Versuche einer Übertragung vom Bild in den Raum mit der erforderlichen Gruppierung von Massen, der Wirkung von Licht, Schatten und Farben jedoch waren, zeigen seine Versuche zur »Naturalisierung« von Chiswick. Um 1764 erreichte William Shenstone mit der Umwandlung seines Besitzes ›The Leasows‹ in eine »ornamented farm« wie auch mit seinen theoretischen Äußerungen in den »Undonnected Thoughts on Gardening« den Zusammenschluß vielfach belegter Gartenszenen. Diese Voraussetzungen ermöglichten es Lancelot Brown, einen sogenannten Naturgarten als den bevorzugten Stil für einen Landschaftsgarten zu definieren. Er war den Idealen der Einfachheit, Erhabenheit und Schönheit unterworfen und stellte sich als eine Folge

2 Ehem. Zentralarchiv, Hist. Abt. II Merseburg, Hausarchiv Rep. 192, Nachlaß Lenné, Nr. 6, fol. 1–7.

3 Dieter Hennebo, Gestaltungstendenzen in der deutschen Gartenkunst des 19. Jahrhunderts, in: Fachreferate des Internationalen Kolloquiums »Leben und Werk Peter Joseph Lennés – Ein Gartenkünstler des 19. Jahrhunderts« vom 22. bis 26. Mai 1989 in Potsdam und Magdeburg, Berlin, Dezember 1991. S. 31–54.

4 Hoffmann (wie Anm. 1); Adrian von Buttlar, Der Landschaftsgarten, Köln 1989; Derek Clifford, Gartenkunst, Reutlingen 1966, insbesondere S. 273–397; ders., Der englische Landsitz 1715–1760, Symbol eines liberalen Weltentwurfs, Diss. München 1977.

differenzierter Räume mit pittoresken Bildern und raumverbindenden, auch in die Umgebung gerichteten Blickachsen dar. Doch die so gefundene Form erschien als entleert und drängte zum Ende des 18. Jahrhunderts, wesentlich getragen durch die Arbeiten Humphry Reptons und William Chambers, wieder zum Bauwerk. Das kennzeichnende Merkmal war nun das des »zonierten« Landschaftsgartens.[5]

Den unmittelbar am Haus gelegenen Terrassen mit durchaus auch regelmäßig gestalteten Gartenbereichen folgte ein mit Blumen und Einzelgehölzen sowie Gehölzgruppen – den Clumps und Shrubberies – bestandenes Rasenstück, der Pleasureground. Abgetrennt durch einen Zaun, war er die vermittelnde Partie zu den angrenzenden großräumigen landschaftlichen Bereichen. Sie wurden von einem Belt, einer rahmenden Gehölzpflanzung, umfaßt, bei der bewußt eingefügte Unterbrechungen, bezeichnet als »AHA«, die optische Überleitung in die angrenzende Landschaft bewirkten. In die Gesamtanlage eingebettet waren, der Stilvielfalt der Zeit verpflichtet, eine Vielzahl von Gebäuden, denen mannigfaltige Pflanzenarten beigestellt wurden. Der Gleichklang von Gebäude und Pflanze sollte die Gedanken und Empfindungen bei der Betrachtung der dargestellten historischen, literarischen und geographischen Szenen steigern. Repton legte mit dieser Synthese von emblematischen Gehalten und unterschiedlichen Gestaltungsweisen in einer »ideal gesteigerten Natur« die Grundlagen für die Darstellungsformen der Gartenkunst im 19. Jahrhundert.

In seinem fünfbändigen Werk zur neuen Gartenkunst, das schon nach seinem Erscheinen (1779–85) zu den gartentheoretischen Standardwerken gehörte, hatte der Kieler C. C. L. Hirschfeld die enge Beziehung der deutschen Gartenkunst zu den Entwicklungslinien in England belegt.[6] Doch in den praktisch ausgeführten Gärten, bei denen man sich auf den Einfluß der englischen Gartenkultur oder auf das, was man auf dem Festland dafür hielt, berief, vollzog sich diese Entwicklung mit unterschiedlicher Intensität und durchaus mit eigenständigen Lösungsansätzen. Zu nennen sind die Gartenanlagen um Dessau mit dem alles überstrahlenden Beispiel Wörlitz, ebenso die Gärten am Weimarer Hof mit Tieffurt, dem Ilmpark und den Gartenanlagen am Belvedere, aber auch die Gärten in der Mark Brandenburg, der Neue Garten in Potsdam mit seiner Korrespondenz zur Pfaueninsel in der Havel, die Gartenanlagen in Steinhöfel, Alt Madlitz oder Garzau. Zweifelsohne muß zu den bemerkenswerten Anlagen dieser Entwicklung auch Rheinsberg, das bis zum Tode des Prinzen Heinrich 1802 entstanden war, gezählt werden. Auf der dem Schloß gegenüberliegenden Uferseite des Grienerick-Sees bewirkten sentimentale Parkarchitekturen, Grotten, antike und gotisierende Bauwerke sowie Erinnerungsmale, gesteigert durch die sorgsam gewählten Gehölze, eine nach malerischen Bildfolgen komponierte Landschaft. Die ausgewählten natürlichen Elemente standen hier schon, vereint mit den Gegenständen der Kunst, für einen übergreifenden Zusammenhang. Rheinsberg verwies auf die Selbständigkeit der landschaftlichen Gartenkunst, die nun auch ohne die Mithilfe anderer Künste zu den weitesten Raumgestaltungen befähigt war.[7] Als Stimmungsträger dienten nicht nur Gebäude, sondern auch der Baum, die Baumgruppe, der Hain, der Wald und die Wildnis, die zugleich bestimmend für die Größe und die Mannigfaltigkeit sich abwechselnder Prospekte von Offenem und Verschlossenem, von Hell und Dunkel, von Sanftem und Erhabenem, von Melancholischem, Wildem, Romantischem und Zierlichem wurden. Zur Klärung dieser Sachverhalte hatte der Theoretiker Hirschfeld wesentlich beigetragen und die Möglichkeit eröffnet, Bauwerk und gärtnerisch gestaltete Anlagen einem übergeordneten Stimmungswert zu unterstellen. Damit war auch in der deutschen Gartenkunst der Weg zu den durch die Kunst idealisierten Naturbildern vorgezeichnet.

Die napoleonischen Kriege erzwangen auch in Brandenburg-Preußen, obwohl nur kurzfristig, einen Stillstand in der Entwicklung, der aber mitbewirkte, daß nicht die Entwicklungslinien deutscher Gartenkunst, sondern die von England und Frankreich aufgenommen wurden. Diese Tendenz begann, als Graf Hermann von Pückler achtunggebietend am 1. Mai 1815 das Vorhaben, seine Standesherrschaft in einen großräumigen Landschaftspark zu verwandeln, den Muskauer Bürgern kundtat. Erste Arbeiten

5 Humphry Repton, Observations on the Theory and Practice of Landscape Gardening, London 1803; William Chambers, Dissertation on Oriental Gardening, London 1774, siehe Anm. 4.

6 Christian Cajus Laurenz Hirschfeld; Theorie der Gartenkunst, Leipzig 1779–85, 5 Bde.

7 Detlef Karg, Der Schloßpark von Rheinsberg, Rheinsberg 1981.

8 Detlef Karg, Der Muskauer Park, Ein Werk des Fürsten Hermann von Pückler, in: Die Gartenkunst, 2. Jg. H. 1/1990, S. 63–76.

*Rheinsberg. »Perspective du Chateau du Jardin et des environs du Lac de Rheinsberg tirée au bord du Lac, du Coté de la Ville«, sig. »dessiné par F. C. Ekel, gravé par F. C. Krüger«*

dazu waren bereits 1811 erfolgt.[8] Der Graf brauchte das Wohlwollen der Bürger, um die Arrondierung eines mehr als 700 Hektar großen Areals durchführen zu können, das sich über die Neißeaue, darin eingebettet die Stadt Muskau, bis zu den Dörfern Köbeln, Berg, Krauschwitz, Lugknitz und Braunsdorf erstreckte. Zweifelsohne gaben für dieses Unternehmen die ausgedehnten parkartig gestalteten englischen Adelssitze, die er während seiner ersten Englandreise 1813/15 besuchte, einen entscheidenden Anstoß. Wesentlicher aber dürften die gesammelten Eindrücke und Erlebnisse auf seiner zweiten Englandreise von 1826 bis 1829 gewesen sein. Das auf dieser Reise Erfahrene veröffentlichte Pückler 1830 anonym in den »Briefe(n) eines teuren Verstorbenen«, eines der vielbeachteten und vielgelesenen Reisejournale, das aus den Briefen an seine geschiedene Frau Lucie, der Tochter des preußischen Staatskanzlers von Hardenberg, entstanden war.[9] Die Scheidung war ein pro-forma Akt Pücklers, vorrangig vollzogen, um auf der Reise durch die Heirat mit einer reichen englischen Erbin seine finanziellen Probleme zu lösen. Die »Briefe eines teuren Verstorbenen« waren eine aufmerksame Schilderung aristokratischer englischer Lebensweise, sie waren aber auch eine Kritik an den restaurativen und beengten politischen Strukturen in Deutschland.

Pückler ließ nie einen Zweifel an seiner Standeszugehörigkeit aufkommen, auch nicht, als sein Bemühen, in den Staatsdienst einzutreten, scheiterte. Wohl mehr zum Trost war ihm 1822 der Fürstentitel zugefallen. Pückler erkannte aber schon frühzeitig die sich anbahnenden revolutionären Veränderungen, den Fortgang der kapitalistischen Entwicklung, die er mit der bestehenden Ordnung verschmolzen wissen wollte. Hierfür war England sein Vorbild, die konstitutionelle Monarchie, die er auf deutsche Verhältnisse zu übertragen gedachte und gleich einem »Revolutionär« durch Flugschriften propagierte. Dazu sollte seine Standesherrschaft in Muskau das Modell liefern, wobei Pückler auf die Gartenkunst, auf die Wirkung einer gartenkünstlerisch verschönten Umwelt, setzte. Eindrucksvoll verdeutlicht ist dieses Modell in seinen 1834 erschienenen »Andeutungen über Landschaftsgärtnerei«.[10]

»Ich will« – so schreibt Pückler in der Einleitung seines Gartentraktates – »damit keineswegs behaupten, daß nicht auch die wildeste Natur, in ihrer einfachen, oft erhabenen, zuweilen Grauen erregenden Größe sich allein überlassen, die tiefsten, ja die seeligsten Empfindungen hervorrufen können; doch werden zu dauerndem Wohlbehagen immer die Spuren der Sorgfalt des Menschen und seines verständigen

9 Hermann von Pückler-Muskau, Briefe eines Verstorbenen, 2 Bde., Neuausgabe Berlin 1887.

10 Hermann Fürst von Pückler-Muskau, Andeutungen über Landschaftsgärtnerei, Stuttgart 1834.

Wirkens erforderlich seyn. Selbst in der gemalten Landschaft verlangen wir schon etwas, das an menschliches Treiben erinnert um, wie wir sagen, sie zu beleben. Einer weit größeren Mannichfaltigkeit bedarf aber die wirkliche Landschaft, als die gemalte, und doppelt anmuthig, wie zugleich dem menschlich fühlenden Herzen wohlthätig, erscheint es uns daher, wenn wir, wie in England, in der fast überall durch Kunst idealisirten Natur nicht nur die Palläste und Gärten der Grossen in ihrer Pracht und Herrlichkeit bewundern dürfen, sondern, im harmonischen Ganzen, auch die bescheidenen Wohnungen geringer Pächter in ihrer Art eben so reizend angelegt, und vollendet ausgeführt finden.«[11]

Pückler findet sich hier in Übereinstimmung mit Haltungen, die durch den Einfluß einer erhabenen schönen Landschaft eine positive Wirkung auf die geistige Entwicklung der Menschen erhoffen. Doch Muskau war nicht eine vordergründige Planung, bei der mit den Mitteln der Gartenkunst lediglich eine Landschaft verschönt werden sollte. Gedacht war an das mit diesen Mitteln darzustellende Gesellschaftsmodell. Muskau war der Versuch, ein soziales Gemeinwesen zu schaffen, vereint unter Pücklers patriarchalischer Fürsorge und auch bezogen auf die Stadt, die für ihn das Symbol des wirtschaftlich und politisch erstarkenden Bürgertums darstellte und in der er auch eine Gefahr für die bestehende Ordnung erkannte. Ebendieser setzte er seine Idee für die Anlage in Muskau entgegen: »Da sie eine mir bisher unterthänige, und noch immer abhängige Mediatstadt ist, so gewann ihre Hinzuziehung zu den projektierten Ganzen eine historische Bedeutung, denn die Hauptidee, welche ich der Fassung des ganzen Planes zu Grunde legte, war aber keine andere als die, ein sinniges Bild des Lebens unserer Familie, oder vaterländischen Aristokratie, wie sie sich eben hier vorzugsweise ausgebildet, auf eine solche Weise darzustellen, daß sich diese Idee im Gemüth des Beschauers, so zu sagen, von selbst entwickeln müsse. Hierzu war nur nöthig, dass das schon Gegebene benutzt, hervorgehoben und in demselben Sinn bereichert, der Lokalität und ihrer Geschichte aber nirgends Gewalt angethan würde.«[12]

Pücklers Appellation an den Fortgang der Geschichte, verbunden mit einem Moralappell und der Wertschätzung für das Neue, ließ ihn im Kreise seines Standes zum Außenseiter, zum »Enfant terrible« werden. Sie brachte ihm aber auch den Zuspruch und die Anerkennung reformbestrebter Adliger und bürgerlicher Intellektueller. Pücklers Anleihen an den erprobten Formenapparat der englischen Gärten erfolgten weniger wegen des allgemeinen Zuspruchs, den der Landschaftsgarten in der ersten Hälfte des 19. Jahrhunderts verzeichnete, sie folgten vor allem der engen Verbindung von Adelssitz und Landschaftsgarten, die bis zur Mitte des 18. Jahrhunderts als Symbol liberaler Ideen galt. Obgleich sein auf ein soziales Gemeinwesen ausgerichtetes Wirken den englischen Landsitzen des 18. Jahrhunderts mit ihrem Formenapparat verpflichtet war, so kennzeichnete es doch die besonderen Entwicklungslinien in den deutschen Staaten des 19. Jahrhunderts mit ihren ökonomischen, sozialen und kulturellen Besonderheiten, vornehmlich in Brandenburg-Preußen.

Prägend erscheint so in Muskau der gestalterisch-ästhetische Ansatz, der vorrangig im Gleichklang von Naturschönheit und Kunstschönheit bestand und die Grenzen zwischen Landschaft und Garten aufhob, getragen von dem Kompositionsprinzip des Malerischen und geordnet durch den emblematischen Gehalt der Vedute. Das darzustellende Landschaftsbild zeichnete aber Unterschiede, kenntlich in der Sehnucht nach dem vermeintlich antiken, dem klassischen Landschaftsbild und in einer zunehmenden Wertschätzung der einheimischen Landschaft, die eine Verbindung mit der ebenfalls als malerisch empfundenen gotischen Architektur einging. Aus dieser Verbindung formt sich das Landschaftsideal der Romantik mit der Zartheit der schwingenden Berglinien, der Wälder und dem traulichen Einklang von Natur und menschlichen Wohnstätten. Bevorzugt wurde die malerische Mittelgebirgslandschaft, der Pückler zutiefst zugetan war. So steht die einheimische Landschaft, wie die gotische bzw. – verallgemeinert – die mittelalterliche Architektur, als Symbol für die Sehnsucht nach einer großartigen Vergangenheit. Geschichtlichkeit andeutend, verbindet sich diese symbolträchtige Landschaft als Sinnbild freier Eintracht und freiheitlicher Staatsform in diesem

11 Ebenda.

12 Ebenda.

*Bad Muskau. »Blick vom Tempel der Beharrlichkeit« (heute Pückler-Stein), aus: Hermann von Pückler-Muskau, Andeutungen über Landschaftsgärtnerei, Stuttgart 1834, Tafel XXIII*

Gehalt mit den politischen Vorstellungen des in den deutschen Staaten erwachenden Nationalgedankens.

Derartige Sinngehalte bezeichnen auch den Muskauer Park. Das wird im Gebauten am deutlichsten, besonders in der neu von Karl Friedrich Schinkel geplanten Ritterburg auf dem Burgberg. Sie sollte »den noch ziemlich wohl erhaltenen ältesten Burgen am Rhein« gleichen. Pückler wollte ein altes, ein mittelalterliches Aussehen als einen Hinweis auf eine lang bestehende Tradition. Und damit an seiner Existenzberechtigung keine Zweifel gehegt wurden, führte er wie bei einer Beweisführung die Chronik Muskaus an, verkettet mit der Geschichte seines eigenen Geschlechts.

Geschickt benutzte Pückler für sein Vorhaben die in den englischen Gärten schon erprobten Gestaltungsprinzipien. Gleich Repton strukturierte er die einzelnen Gartenräume in einer engen Anlehnung an die Architektur und mit einer reichen gärtnerischen Ausstattung, vom Blumenbeet bis zum Ruhesitz, von der Pergola bis zur üppig dekorierten Terrasse. Es war das Konzept des zonierten Landschaftsgartens. Blumenbeete und Gehölzgruppen leiteten zu den sich anschließenden Rasenflächen, dem Pleasureground über, der auch bei Pückler durch einen Zaun von dem dann folgenden, lediglich durch die natürlichen Elemente charakterisierten Park geschieden war. Diese oft dekorativ aufgewertete Trennung entzog sich nicht dem Blick des Betrachters, denn für alle Teile war die malerische Gruppierung von Blumenpflanzung, Einzelgehölzen, Strauch- und Baumgruppen verbindlich. Sie bewirkte die harmonische Raumfolge innerhalb des Ganzen. Und dem Park folgte die Landschaft, die der Idee der »ornamented farm« verpflichtet war.

Wie in den englischen Gärten war auch bei Pückler die malerisch-bildhafte Ausdeutung der Szenerien zentrales Anliegen. Er hatte zur Unterstützung den Landschaftsmaler August Wilhelm Schirmer durch die Vermittlung Schinkels gewinnen können. Schirmer fertigte die wichtigsten Ansichten an, die den »Andeutungen über Landschaftsgärtnerei« beigelegt wurden. Nach diesen Vorlagen wurde dann zum größten Teil auch im Gelände gearbeitet. Auffällig ist auf diesen Vorlagen das statische Moment der Betrachtung, das im Gegensatz zu den aus der Bewegung heraus erlebbaren Bildern im Parkraum steht. Derartige Bildfolgen erscheinen in Muskau an besonders von Pückler gekennzeichneten Standorten, etwa auf der Schloßterrasse mit dem Blick auf die Abhänge des gegenüberliegenden Neiße-Ufers, auf die oberhalb liegende Ritterburg, die Begräbniskapelle und auf das Standbild der Muttergottes, wobei jede Blickrichtung eingebettet ist in eine durch die Kunst verschönte Natur. Hier war die Zusammenfassung einzelner Elemente im Bildhaften erfolgt, die dann aber vollends beim Durchschreiten des Raumes erreicht wurde. Diesem Raumerlebnis hatte Pückler die kontemplative Rezeption einer Standort-Blickpunkt-Beziehung in einem, auf eine besondere Szenerie, wie von der Schloßterrasse, der Gloriette oder dem Moossalon, Aufmerksamkeit gebietenden Sinn beigestellt. Kenntlich gemacht hatte er diese Absicht in den Spaziergängen und -fahrten, wo er – dem Prinzip des Brown-Reptonschen Belt-Walk folgend – auf die für die Darstellung seiner Idee bedeutsamen Ausblicke verwies. Und im Tempel der

*Branitz. Blick über den Schilfsee zum Schloß*

*Branitz. Seepyramide*

Beharrlichkeit, dem gleichfalls von Schinkel geplanten, aber nie gebauten Pavillon, manifestierte sich nochmals Pücklers Vorstellung von der konstitutionellen Monarchie als dem von ihm erhofften Staatsgebilde. Diesen Tempel widmete er dem preußischen König Friedrich Wilhelm III., dessen Büste darin aufgestellt werden sollte. Hier manifestierte sich die Verehrung für den König, der für Pückler den Staat repräsentierte. Jedoch war der Tempel, wie auch das Schloß, keineswegs der Kristallisationskern im Gesamten. Im Gefolge des Zonierungsprinzips mit Bauwerk, Blumengärten, Pleasureground, Park und der im Sinne der »ornamented farm« zu verschönernden Gutsflur Braunsdorf erhielt lediglich das Schloß eine gewisse Dominanz. Verbindlich blieb für alle Teile einschließlich der Stadt die harmonische Raumfolge innerhalb des Ganzen.

In dieser Vielschichtigkeit von gesellschaftlichen Ordo-Vorstellungen und künstlerischer Ausprägung, geschult an dem englischen Vorbild, hatte die deutsche Gartenkunst in den ersten Jahrzehnten des 19. Jahrhunderts kaum etwas Ebenbürtiges. Darin darf die Besonderheit der Muskauer Anlage gesehen werden, die damit aus dem gartenkünstlerischen Gesamtwerk Pücklers herausragt. In der geplanten Ausdehnung wie in der erstrebten ikonographischen Aussage bleibt Muskau unter Pückler ein Relikt, denn die Vielzahl der vorgesehenen Bauten wurde größtenteils erst nach 1845 – dem Verkauf Muskaus – errichtet, wohl am vorgesehenen Standort, aber in einer veränderten Fassung. Der Verlust Muskaus war zwar durch Pücklers finanziellen Bankrott entschieden worden, unklar blieb aber, ob das »Unternehmen Muskau« nicht doch auch von Pückler selbst als eine Utopie erkannt wurde. Über den Fortgang der Arbeiten ließ er sich nur noch von seinem Schüler Eduard Petzold, der die weitere gärtnerische Ausgestaltung übernommen hatte, berichten. Der Verlust von Muskau, wohl auch die Ergebnisse und Ereignisse der 48er Revolution in Deutschland mögen ihn veranlaßt haben, in einem Brief an seine Biographin Ludmilla Assing zu resümieren: »In der Theorie, im Reich der Gedanken, werden wir immer vieles leisten, aber nie für uns; andere Völker werden diese Gedanken erst praktisch ausführen!«

Noch im Verkaufsjahre 1845 war Lucie nach Branitz, das seit 1692 zum Familienbesitz Pücklers gehörende Gut, übergesiedelt.[15] Erst ihr Drängen bewegte den schon einundfünfzigjährigen Pückler, sich der Verschönerung dieser bislang rein landwirtschaftlich genutzten Anlage anzunehmen. Im Mai 1846 begann Pückler mit den ersten Pflanzungen um das Schloß. Für die Bauten konnte er den führenden sächsischen Baumeister Gottfried Semper gewinnen, und wohl nicht ohne Einfluß Pücklers erfolgten die Umbauten. Entgegen anderen Plänen behielt das Schloß, dem eine Treppenanlage mit einer umlaufenden Terrasse zugefügt wurde, seine barocke Gliederung. Zwischen dem neogotisch überformten Kavalierhaus und dem Marstall entstand anstelle des verwahrlosten Wirtschaftshofes ein italisierender, dem Schoß vorgelagerter Pergolenhof. Bis 1850 war auch mit einer einmaligen Dekorationsfülle der unmittelbare Schloßbereich als Pleasureground und der als Hauptgarten bezeichnete nordwestlich vom Schloß gelegene Bereich fertiggestellt. Es folgten die Erweiterungen nach Südosten, die Schmiedewiesen, an deren äußerstem Rand, durch vielfältige Blickbeziehungen in die Gestaltung einbezogen, das alte Schmiedegebäude stand. Nach 1855 integrierte Pückler auch das Gelände nördlich des Hauptgartens in seine Gestaltung. Wie schon am Schloß und in den übrigen Teilen wurden auch hier künstliche Seen und Wasserläufe angelegt. Die Erdmassen ließ er zu wuchtigen Pyramiden aufschütten, es entstanden die Landpyramide, die Seepyramide und der unvollendet gebliebene Hermannsberg. Das neue Erweiterungsgebiet wurde aber erst nach seinem Tode 1871 von Georg Bleyer vollendet.

Charakterisch für die Gesamtanlage waren die umfassenden Gehölzpflanzungen, die auch im Innenbereich die einzelnen Erweiterungsgebiete markierten. Sie verweisen wiederum auf die erprobten Gestaltungen von Brown und Repton. Eine derartig sichtbare Gliederung fehlte in Muskau, wenngleich die kulissenhaft gestellten Einzelgehölze und Gehölzgruppen – hinzukamen die Öffnungen in den Umfassungspflanzungen – dennoch eine Abfolge ineinander überleitender Räume bewirkten. Die harmonischen Raumfolgen waren auf die Dominanz des Schlosses in der Gesamtanlage gerichtet und folgten dem in Muskau schon erprobten Prinzip der Zonierung. Eine Anbindung an die umgebende Landschaft suchte Pückler durch die weit in die Äcker vorgeschobenen Gehölzstreifen zu erreichen, die zu den entfernt liegenden Waldungen führten. Dieser Aufschmückung der Feldflur lag auch der Gedanke der »ornamented farm« zugrunde. Branitz war der verschönte Landsitz eines Adligen, in deutlicher Abgrenzung zur Umgebung auf die privaten Neigungen ausgerichtet. Auch die Merkwürdigkeiten der Pyramiden zeigen eine Veränderung. So sind sie nicht nur Form an sich oder eine Erinnerung an Reiseeindrücke, sondern auch »Denkmäler weltberühmter und weltbeherrschender Völkerführer«, »... Symbole des All«.[14] Ihr kosmologischer Gehalt läßt sich durchaus mit der Persönlichkeit Pücklers verbinden, der die Seepyramide zu seinem Grab erwählte.

Gleichzeitig künden die Pyramiden aber auch von der Preisgabe des klassischen Einheitsgedankens einer idealisierten Natur. Insofern tritt der Branitzer Landschaftsgarten in seiner gesellschaftlichen Bedeutung hinter Muskau zurück, obwohl seine formale Ausprägung von der sicheren und perfekten Handhabung landschaftsgärtnerischer Verschönerung kündet.

13 Hermann Ludwig Heinrich Fürst von Pückler-Muskau, Gartenkunst und Denkmalpflege, Weimar 1989, darin: Helmut Rippl, Pücklers Parkanlagen in Muskau, Babelsberg und Branitz, S. 41–76; Anne Schäfer, Hermann von Pücklers Arbeiten in Branitz, in: Fürst Hermann von Pückler-Muskau 1785–1985, Festansprache und Vorträge anläßlich der Pücklerehrung, Cottbus 1986; Ludmilla Assing, Briefwechsel und Tagebücher des Fürsten Hermann von Pückler-Muskau, Hamburg 1873.

14 Gottfried Semper zitiert bei Adrian von Buttlar (wie Anm. 4) S. 232.

15 Hermann Ludwig Heinrich Fürst von Pückler-Muskau, Gartenkunst und Denkmalpflege, Helmut Rippl (wie Anm. 13); Heinrich Hamann, Fürst Hermann von Pückler-Muskau in Potsdam, in: Fürst Hermann von Pückler-Muskau 1785–1985, Festansprache und Vorträge anläßlich der Pücklerehrung (wie Anm. 13).

16 Hermann Ludwig Heinrich Fürst von Pückler-Muskau (wie Anm. 13) S. 123–132.

Branitz ist vor allem mit den privaten Villenanlagen der zweiten Hälfte des 19. Jahrhunderts vergleichbar, jedoch vielfach größer und in einer gereiften Form. Der Anspruch eines übergreifenden, alles umfassenden Naturideals war aufgegeben worden und unterlag der formalen Darstellung künstlerisch gesteigerter Naturbilder in den einzelnen Raumfolgen.

1842 begegneten sich die in dieser Zeit in Brandenburg-Preußen führenden Gartenkünstler – der noch in Muskau wirkende Fürst Hermann von Pückler und der für die höfischen Gartenanlagen verantwortliche Gartendirektor Peter Joseph Lenné. Anlaß zu dieser Begegnung war der Babelsberg bei Potsdam, den der preußische Prinz Wilhelm nach seiner Vermählung mit der Weimarer Prinzessin Augusta 1833 als zukünftige Sommerresidenz in Erbpacht nahm.[15] 1834 erfolgte die Grundsteinlegung für ein neogotisches Schloß auf halber Höhe des Abhanges zur Havel nach den Entwürfen Karl Friedrich Schinkels. Doch nur der östliche Teil wurde errichtet. Nach dem Tod Schinkels übernahm Ludwig Persius die weitere Ausgestaltung, für die er ergänzende Pläne lieferte. Parallel zu diesen Bauunternehmungen entstanden unter Anleitung von Lenné die gärtnerischen Anlagen auf einer Fläche von ca. 70 Hektar. Westlich des Schlosses sah er in der langgestreckten muldenförmigen Partie einen intensiven Gartenbereich mit Blumenanlagen vor, der zu dem großzügig gestalteten, zur Havel hin abfallenden Gelände überleitete. Doch die unzureichenden finanziellen Mittel begrenzten nicht nur die Idee für die Ausgestaltung, sondern auch die notwendigen Pflegemaßnahmen für das schon Geschaffene.

Das unbefriedigende Erscheinungsbild, aber wohl auch die von Lenné vertretene Gestaltungsidee führten zu vermehrter Kritik, so daß Wilhelm veranlaßt wurde, Pückler um Rat zu bitten. Im März 1842 besichtigte dieser den Babelsberg und unterzog die Arbeiten Lennés einer schonungslosen Kritik.[16] Sie umfaßte sowohl den Planungsgedanken wie auch die schon getätigten Pflanzungen. Seine Äußerungen berücksichtigten aber nicht die Vielfalt des handwerklichen Könnens eines Gärtners. Pückler verwies lediglich auf seine Erfahrungen und Arbeiten in Muskau, die mit dem Vorhaben Babelsberg im

*Babelsberg. Partie im Pleasureground mit Schloß*

*Babelsberg, Pleasureground. Gotische Fontäne*

Hinblick auf die dortigen Voraussetzungen nicht zu vergleichen waren.

In Muskau entschied Pückler als Bauherr und Ausführender jede Maßnahme, auch die erforderlichen Korrekturen, wenn das Fertiggestellte nicht seinen Ansprüchen genügte. Eine Beschränkung der dafür erforderlichen Mittel kannte er nicht. Aufschlußreich bleibt seine Kritik an dem Schaffen Lennés aber in einem mehrfachen Gehalt. So empfiehlt er, daß von der »Idee, das Ganze wie einen pleasureground zu behandeln, als dem Local ganz unangemessen, abgegangen werde, im Gegenteil das Gros der Anlage nur als eine natürliche ›forestscenerie‹ sich darstellen solle, mit abwechselnden Effecten und möglichst üppigen Baumwuchs ... Blumengärten und pleasureground sollten nach diesem Plan auf einen verhältnismäßig nur kleinen Raum beschränkt, dafür aber desto reicher geschmückt [werden] und in unmittelbarer Verbindung mit dem Wohnzimmer ... im absichtlich markierten Contrast mit der umgebenden freien Landschaft [stehen] ...«

Deutlich wird in dieser Empfehlung das von Pückler schon in Muskau vollzogene Prinzip des zonierten Landschaftsgartens in der Abfolge von Schloß, Blumengarten, Pleasureground und natürlicher »forestscenerie«. Gerade sie vermißte Pückler in dem Lennéschen Konzept, so daß er, um diese auch angemessen darstellen zu können, um eine Erweiterung der Anlage wirbt. Inwieweit Pückler, bewußt oder unbewußt, die Einbeziehung der Havellandschaft als Teil des Ganzen erkannte, muß offen bleiben. Lenné darf diese Absicht unterstellt werden, denn die Anlagen auf dem Babelsberg gehörten zu dem umfassenden Gedanken, den er in seinem ersten »Verschoenerungs-Plan der Umgebung von Potsdam« 1833 darstellte.[17] In dieser Absicht stand, ausgehend von den Gärten in Sanssouci, die Umgebung von Potsdam mit den schon bestehenden, zu verschönernden und neu anzulegenden Anlagen zu einem Ganzen zusammenzufassen. Über 750 Quadratkilometer der Havellandschaft umfaßte das Bearbeitungsgebiet. Um den Tiefen See und den Heiligen See legte sich ein Kranz von Gartenanlagen: der Neue Garten mit dem Pfingstberg und die kleineren Villengärten; ihnen gegenüber der Königswald mit Sacrow und in der Havel die Pfaueninsel als

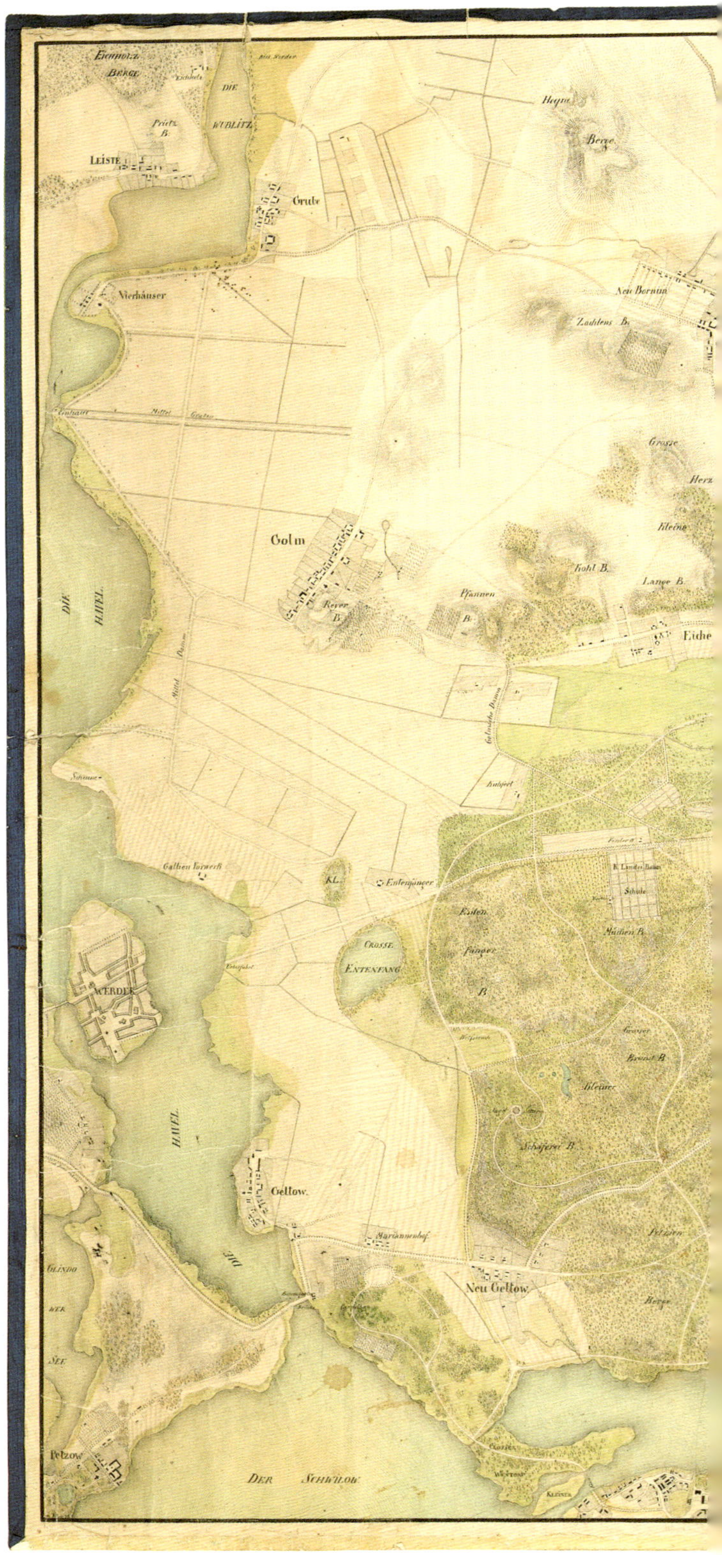


östliche Grenze; auf den jenseitigen Ufern nach Potsdam zu folgten die Anlagen von Nikolskoe, von Klein-Glienicke und Babelsberg. Die verbindenden Blickbeziehungen richteten sich auch auf das Belvedere, auf den Brauhausberg und

17 Zum Leben und Werk Peter Joseph Lennés siehe Hinz (wie Anm. 1); desweiteren: Harri Günther, Peter Joseph Lenné, Berlin 1985. Bestandskataloge der Lennépläne in der Plankammer der Staatlichen Schlösser und Gärten Potsdam-Sanssouci; Harri Günther, Sibylle Harksen, Peter Joseph Lenné, Pläne für Potsdam und Umgebung, Potsdam 1989 (2. Aufl.); Harri Günther, Sibylle Harksen, Peter Joseph Lenné, Pläne für Berlin, Potsdam 1989; Harri Günther, Sibylle Harksen, Peter Joseph Lenné, Pläne für Stadt und Land, Potsdam 1990; Peter Joseph Lenné, Volkspark und Arkadien, hrsg. von Florian von Butlar, Berlin 1989, darin: Dieter Hennebo, Vom »klassischen Landschaftsgarten« zum »gemischten Styl«, S. 49–59; Clemens Alexander Wimmer, Äußerung Lennés zur Gartentheorie, S. 60–68; Curt Gröning, Peter Joseph Lenné und der »Verein zur Beförderung des Gartenbaus in den Königlich Preußischen Staaten«, S. 82–90. Detlef Karg, Gartenkunst und Denkmalpflege – die Garten- und Parkanlagen Peter Joseph Lennés in der DDR, in: Fachreferate des Internationalen Kolloquiums »Leben und Werk Peter Joseph Lennés – Ein Gartenkünstler des 19. Jahrhunderts« (wie Anm. 3) S. 163-186.

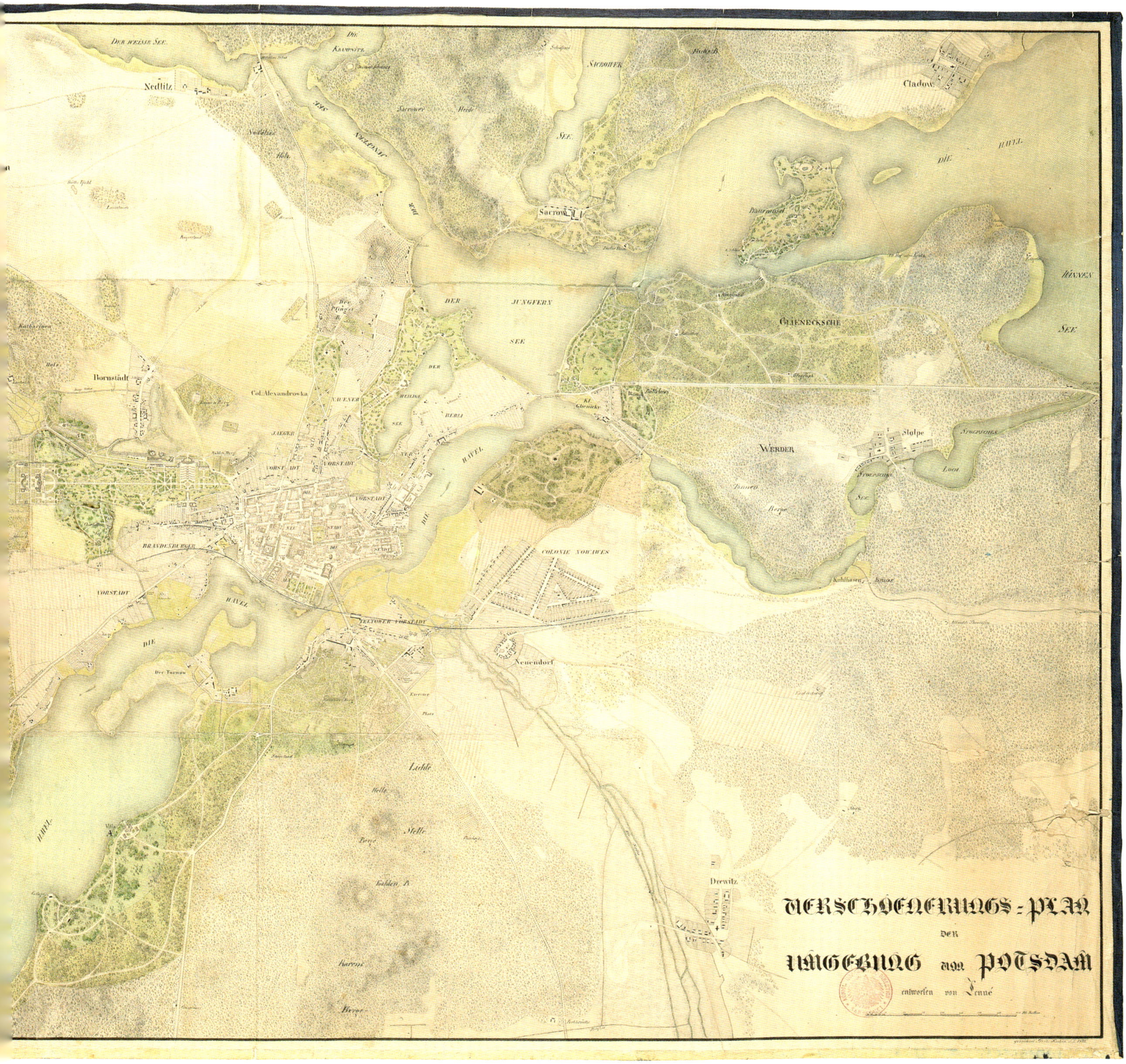


weiter auf die Schäfereiberge nach Geltow, wo sich vermittelnd zwischen ihnen und den Sanssouci-Gärten der Wildpark legte. Eine Vielzahl von kleineren Gärten, aber auch von Schloß- und Gartenanlagen, wie Caputh und Petzow, war in dem nordwestlichen Bereich Ausgangspunkt und Ziel für die gliedernden Alleen, Gehölzstreifen, bewaldeten Uferlinien und Hügel. Die gesamte Gutsflur des Bornstedter Feldes bis nach Marquardt wurde so aufge-

*Potsdam. »Verschoenerungs-Plan der Umgebung von Potsdam entworfen von Lenné, gezeichnet von Gerh. Koeber i. J. 1833«. Stiftung Schlösser und Gärten Potsdam-Sanssouci, Plansammlung Nr. 3639* schmückt, begleitet durch die »verschönten« Gutsanlagen und Kirchen als markante Blickpunkte für die vielfältigen Sichtbeziehungen. In diesen Raumfolgen waren die landschaftlich genutzten Flächen fest einbezogen, ohne ihre Wirtschaftlichkeit einzuschränken.

Die Gestaltung der Umgebung von Potsdam, zusammengefaßt in einem Planungsgedanken, war 1853 Gegenstand der Begründung für Lennés Ehrenmitgliedschaft in der »Königlichen Akademie der Künste und mechanischen Wissenschaften zu Berlin« – »... insbesondere aber ... auch die Verbindung aller dieser Anlagen [das bezog sich auf die Gärten und Planungen um Potsdam, d. V.] zu einem einzigen wohlverbundenen Ganzen, wie es in der That seines gleichen sucht«. Dabei ist die Nähe zu der »ökonomischen Aufschmückung« der Feldfluren unverkennbar. Die wirkenden Aktionen zur Gestaltung dieser Landschaft erfolgten nach 1840, befördert durch den König Friedrich Wilhelm IV., der darin seine romantischen Neigungen für eine ganzheitliche Welt verwirklicht sah.[18] Er verwies auf Wörlitz, wo gleichfalls eine Gestaltungsidee eine Landschaft, einen Staat prägte. In diesem Wollen bestehen durchaus Parallelen zu Muskau. Doch Lenné orientiert sich vor allem auf die Verbindung des Verschönerungsprinzips mit Wald- und Fruchtbau. Und er sieht sich dabei in der Hoffnung, »das erste in jeder Beziehung befriedigende Beispiel ... [in der] ... Pirschheide aufzustellen«. Derartige Absichten führen zu den Grundsätzen der Landesverschönerung, die Gustav Vorher schon 1808 »Über (die) Verschönerung Deutschlands« zur Hebung und Förderung des Ackerbaus, der Gartenkunst und der Baukunst für ein ganzes Land vorgestellt hatte. Sie stehen in den nachwirkenden aufklärerischen Bestrebungen des 18. Jahrhunderts, daß von einer erhabenen schönen Landschaft die geistige Entwicklung der Menschen und damit die Lebensweise eines ganzen Volkes berührt wird.

Wohl nicht in einer direkten Anlehnung, aber doch in ihrem Gehalt stehen dafür auch die Arbeiten Lennés zur Aufschmückung der Gutsfluren, so in Reichenbach, Boitzenburg oder Liebenberg. Selten sind es Neuanlagen, so daß Lenné immer an das Vorhandene anknüpft, nicht nur um zu erweitern, sondern um das Alte grundlegend im Sinne des Zeitgeschmacks zu verändern. Dabei respektierte Lenné die Anforderungen einer ökonomisch ausgerichteten Landwirtschaft, so wie sie Albrecht Thaer, dessen Einfluß auf Lenné noch ungeklärt ist, in seinen von 1809 bis 1812 erschienenen »Grundsät-

18 Georg Poensgen, Die Bauten Friedrich Wilhelms IV. in Potsdam, Berlin 1930.

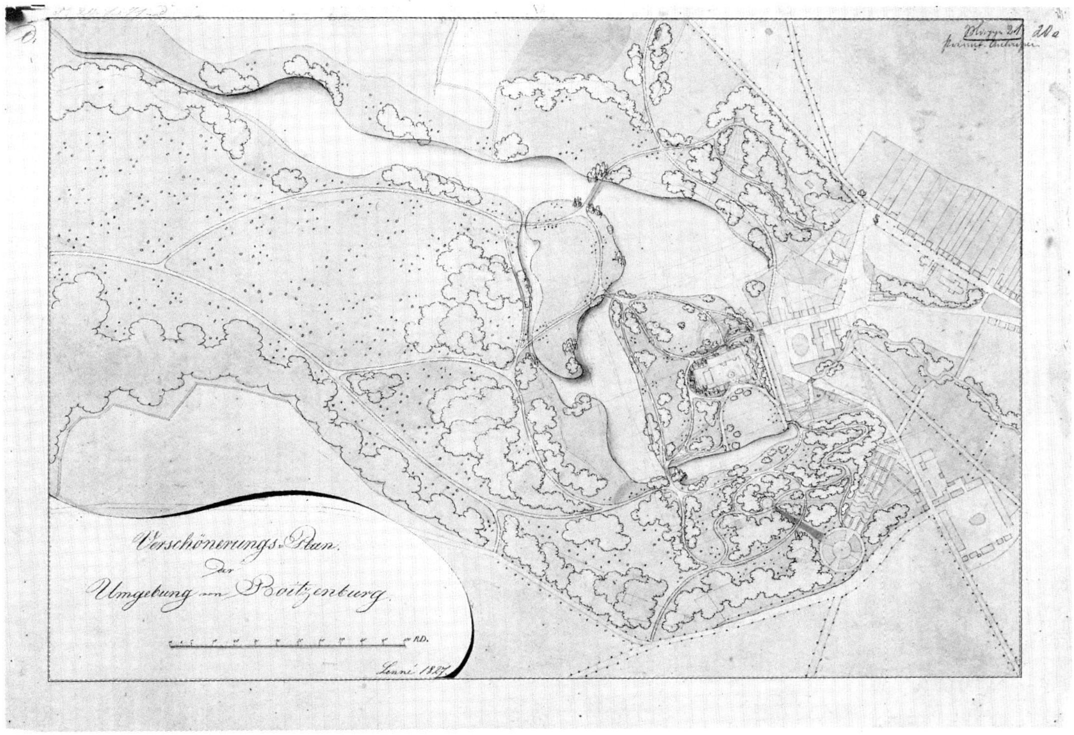


*Boitzenburg. »Verschönerungs-Plan zur Umgebung von Boitzenburg«, sig. »Lenné 1872«. Stiftung Schlösser und Gärten Potsdam-Sanssouci, Plansammlung Nr. 3641*

ze(n) der rationellen Landwirtschaft« dargelegt hat. Daß diese Grundsätze, hervorgegangen aus den Reformbestrebungen am Anfang des 19. Jahrhunderts, auch noch in der Restaurationsperiode für den König und den landbesitzenden Adligen von uneingeschränktem Interesse waren, begründete sich aus dem Stellenwert, den die Landwirtschaft als bedeutendste wirtschaftliche Grundlage für sie besaß. Das galt auch für den Gartenbau, der ebenso durch wissenschaftliche Arbeiten zu befördern war. Auf Anregungen des Oberpräsidenten von Vincke in Münster und des Ministers von Altenstein wurde durch den König Friedrich Wilhelm III. am 4. Juli 1822 der »Verein zur Beförderung des Gartenbaues in den Königlich-Preußischen Staaten« genehmigt. Zu den elf Gründungsmitgliedern und den Ehrenmitgliedern zählten Wissenschaftler, Staatsbeamte, Industrielle und Gutsbesitzer – u. a. die Botaniker Link und Otto, der Gärtner L. Bouché, Humboldt, Thaer, Hardenberg, Siemens, Borsig, Beuth, von Arnim und auch Lenné.

Lenné übernahm die Positionen des zweiten Stellvertreters des Direktors, gleichzeitig auch die Aufgaben für die Abteilungen bildende Gartenkunst und Obstbaumzucht. Die Erfahrungen, die er in seiner rheinischen Heimat sammeln konnte, dürften wesentlich dazu beigetragen haben, daß er schon am 5. Januar 1823 dem Verein eine Abhandlung zur Einrichtung einer Baumschule bei Potsdam vorlegen konnte.[19] Die von ihm geforderten Landes-Baumschulen waren nicht nur zur Anzucht von Gehölzen für die Aufschmückung der Feldfluren gedacht, sondern sollten vermehrt der Obstbaumzucht dienen. Wie eng dieser Erwerbsgartenbau nicht nur mit der Verschönerung der Feldfluren verbunden war, zeigen auch seine Entwürfe für kleinere Anlagen.

Lennés 1828 vorgelegter Verschönerungsplan für die ehemalige Gartenanlage am Schloß Caputh wies in den landschaftlich gestalteten Bezirken zwischen Bauwerk und Havel dicht umpflanzte Flächen für den Gemüseanbau auf. Sie blieben so den Blicken der Betrachter verborgen. Das Gegenteil zeigt der Gartenentwurf für die Villa Jacobs am Jungfernsee in Potsdam. Aus dem ehemaligen Kaffeehaus war unter Leitung von Ludwig Persius eine Villa mit einem weit aus der Landschaft sichtbaren Turm entstanden. Die Uferpartie wurde zu einer landschaftlich gestalteten Anlage verwandelt, und seitlich der Villa war, von einer Pergola umfaßt, eine durch ein orthogonales Wegesystem gegliederte Schmuckanlage vorgesehen. Sie bildete den Bezugspunkt für den anschließenden Weingarten, dem, parallel zur Uferpartie, ein Obst- und ein Kirschgarten folgten. Derartige Gestaltungen lagen durchaus in der Zielsetzung des Vereins zur Beförderung des Gartenbaues.

Doch für die ausführenden Gärtner bedurfte es einer Ausbildung auf wissenschaftlicher Grundlage. Wiederum auf Betreiben des Ministers Altenstein wurde im August 1823 die erste Ausbildungsstätte für Gärtner, die Gärtnerlehranstalt in Schöneberg und Potsdam, gegründet. Altenstein zog im Vorfeld Lenné als Berater hinzu, der dann auch der Direktor der Lehranstalt wurde. Lenné hat an dieser Ausbildungsstätte nie gelehrt. Jedoch zog er für die ihm übertragenen Gestaltungsaufgaben die »Zöglinge« zur Mitarbeit heran. Inwieweit er dabei direkt das Ausbildungsprogramm beeinflußte, läßt sich nur ermessen, wenn dabei auch der Anteil seiner für den Lehrbetrieb verantwortlichen Mitarbeiter bedacht wird, zu deren bekanntesten Gerhard Koeber, Gustav Meyer, August Gottfried Klengel, Eduard Nietner und Koschny gehörten.

Dieses Ausbildungskonzept fand auch Eingang in einem von Lenné angedachten Werk über die Gartenkunst und das Gartenwesen.[20] Das Gartentraktat sollte mit allgemeinen Bemerkungen über die Gartenkultur, gestützt mit darzustellenden Beispielen, beginnen, daran anschließend eine Art Gestaltungstheorie in Hinblick auf das Gemeinsame von Nützlichem und Zierde, dann die Anlagetechnik und ergänzend die Ausbildung der Gartenkünstler. Es bleibt gegenwärtig verborgen, warum nicht Lenné, sondern sein Mitarbeiter und in gewisser Weise auch Schüler, der spätere Erste Berliner Stadtgartendirektor Gustav Meyer dieses Anliegen verwirklichte. 1859 erschien Meyers »Lehrbuch der Schönen Gartenkunst«, das den Stand der Gartenkunst wiedergab und das dann entscheidend den Lenné-Meyerschen Gartenstil in der zweiten Hälfte des 19. Jahrhunderts begründete.

19 Hans-Joachim Dreger, Die Königliche Landesbaumschule zu Potsdam und Alt-Geltow, in: Peter Joseph Lenné, Gartenkunst im 19. Jahrhundert, Berlin, München 1992, S. 147–170.

20 Clemens Alexander Wimmer (wie Anm. 17) S. 66–67.

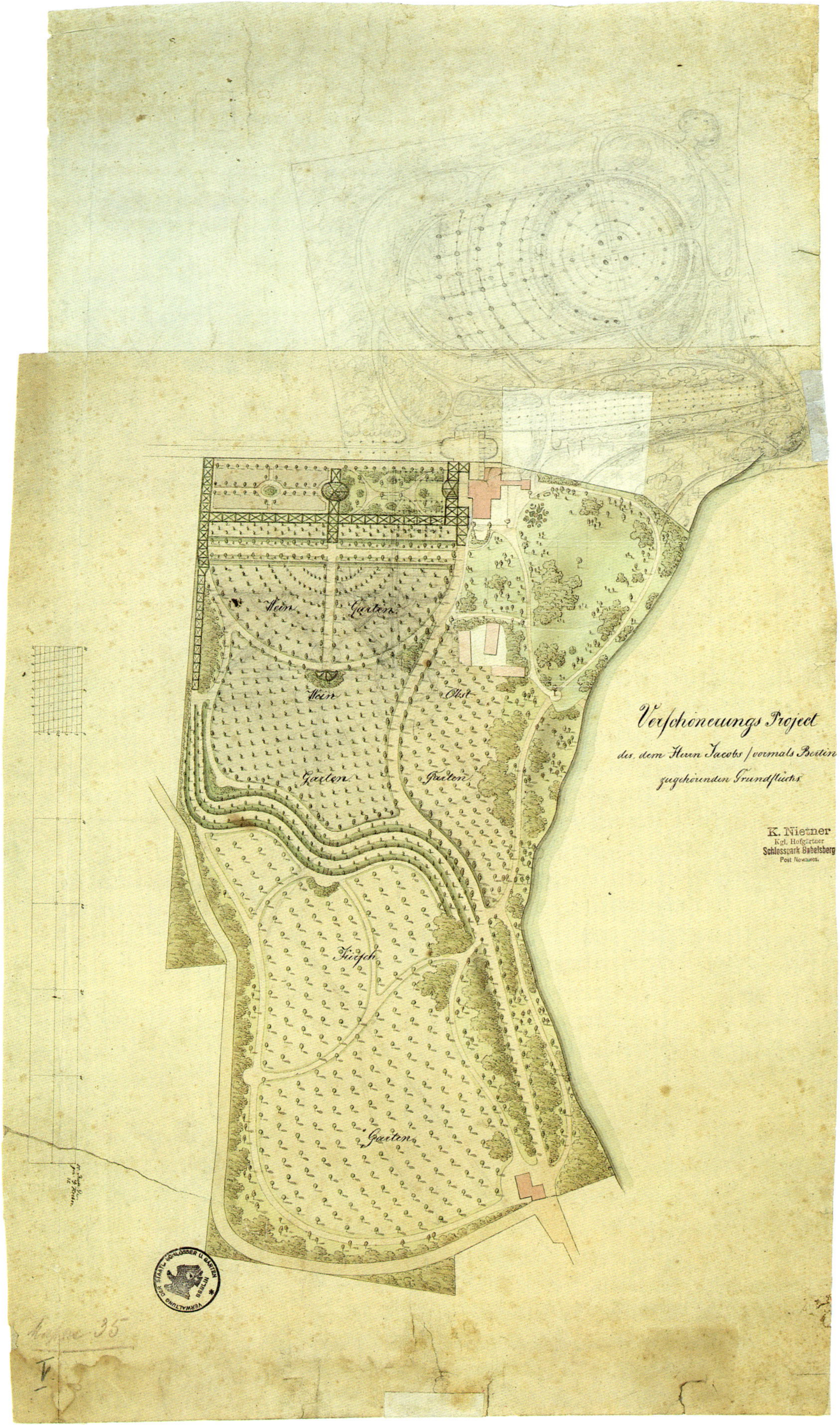


*Potsdam, Villa Jacob (Bertini). »Verschönerungs-Project des, dem Herrn Jacobs vormals Bertini zugehörenden Grundstückes«, sig. »gez. G. Koeber 35«, 1835. Stiftung Schlösser und Gärten Potsdam-Sanssouci, Plansammlung Nr. 3667*

Sowohl in dem Lenné zugeschriebenen ersten Konzept für das Lehrbuch wie auch in seinen, wenn auch spärlichen, schriftlichen Äußerungen über eine Gartentheorie wird erkennbar, wie beharrlich Lenné die künstlerische Ganzheit für seine Gartenentwürfe verfolgte. Prägendes Moment blieb das durch künstlerische Mittel zu steigernde Naturideal, das für ihn noch im Sinne des 18. Jahrhunderts durch die Anschauung vermittelt werden sollte. Es bleibt deshalb im Hinblick auf die Laudatio der philosophischen Fakultät der Universität Breslau, die ihn 1861 zum »Doctor Philosophiae artium liberalium magister honoris causa« promovierte, zu fragen, warum »... er eine neue Kunst der Gartengestaltung begründet hat, die durch wissenschaftliche Kenntnis nicht weniger als durch langjährige Anwendung wohl geordnet, von jeder Nachahmung entfernt und im eigentlichen Sinn ein Kennzeichen der Deutschen ist«.

Die bereits weitverbreiteten englischen Einflüsse am Beginn des 19. Jahrhunderts scheint Lenné ignoriert zu haben, denkt man etwa an die Arbeiten von Humphry Repton in dessen »Red Books« und an die 1823 erschienene Gartenenzyklopädie von Loudon.[21] Auf seiner Englandreise 1822 kritisiert er das Gesehene und kommentiert: »Die großartigen Züge, die imponierenden Massen, diese einfachen und edelgeformten Rasenplätze, welche die Gärten aus der Kentschen Schule so bezaubernd machen, findet man in den neuen Gärten nicht wieder.«[22]

Anhand der von ihm eigenhändig gefertigten Entwürfe läßt sich das durch Kent geprägte malerische Prinzip in der Gestaltung immer wieder belegen, und dennoch ist Lenné einer anderen Traditionslinie zugetan. Um so mehr verwundert es deshalb, daß er auf die Anfrage des Vereins zur Beförderung der Landesverschönerung aus Wittenberg 1828, welche geeigneten Kupferstichwerke zur Anschauung für die Anlage von Zier- und Schmuckanlagen zu empfehlen seien, nur Hirschfelds Theorie der neuen Gartenkunst und Sckells Beiträge zur bildenden Gartenkunst erwähnt[23], die seine praktischen Arbeiten zur Gestaltung des Englischen Gartens in München unterstreichen. Lenné beklagt gleichzeitig den »fühlbaren Mangel« nicht nur in der deutschen, sondern auch in der Literatur Englands und Frankreichs von »erläuternden Zeichnungen und Plänen«.

Der von Lenné aufgezeigte Mangel an geeigneten Gartentraktaten und Plandarstellungen erscheint kaum glaubhaft angesichts der Veröffentlichung der »Plans Raisonnés de Toutes les espece de Jardins« von Gabriel Thouin 1823 in Paris. Thouin hatte sein Werk der Ägide Vergils und Delilies anheimgestellt und damit auch einen Brückenschlag vom 18. zum 19. Jahrhundert vollzogen. Die Bekanntschaft mit Thouin, ebenso mit dessen Bruder André, dem Leiter des Jardin des Plantes, hatte Lenné während seines Aufenthaltes in Paris schon 1811 gemacht. Diese Begegnungen waren wohl prägend für sein späteres Wirken als Gartenkünstler, denn seine Absicht, Botaniker zu werden – weshalb er auch eine Stellung am Jardin des Plantes angenommen hatte –, wandelte sich. Ebenso bedeutsam für diesen Wandel dürfte die Begegnung mit Jean N. L. Durand gewesen sein, bei dem Lenné an der Ecole Polytechnique einen Kurs in Architektur belegte. Nach diesem Paris-Aufenthalt ging Lenné nach Koblenz, wo er vermutlich an den Aufgaben seines Vaters Peter Lenné, der u. a. die dortige Landesbaumschule leitete, mitwirkte. Studienreisen durch die Schweiz und Süddeutschland führten ihn auch nach München, so daß es unwahrscheinlich wäre, wenn er nicht auch die Arbeiten Sckells besichtigt hätte. Doch die klare Entscheidung über den zu beschreitenden Berufsweg war offensichtlich noch nicht gefällt. Als Lenné 1812 eine Tätigkeit im botanischen Garten in Schönbrunn aufnahm, war sein Interesse noch immer auf die Botanik gerichtet. Erst als ihm 1814 die Umgestaltung des Laxenburger Parkes übertragen wurde, er führte den Titel eines »Kaiserliche(n) Garten-Ingenieur(s)«, schien die Gartenkunst für sein zukünftiges Wirken ein begehrenswertes Ziel zu werden.

1816 begann dann der siebenundzwanzigjährige Lenné als Gartengeselle im Neuen Garten in der königlichen Gartendirektion, der er seit 1854 als Generalgartendirektor bis zu seinem Tode kurz vor Vollendung seines fünfzigjährigen Dienstjubiläums 1866 vorstand. Daß Lenné in dieser Zeit prägend die Gartenkultur in Brandenburg-Preußen bestimmte, ist vielfach belegt und bewiesen, letztlich durch die heute noch vor-

21 John Claudius Loudon, Eine Encyclopädie des Gartenwesens, Weimar 1. Bd. 1823, 2. Bd. 1825 und 1826 (1820 erschien die englische Originalausgabe).

22 Peter Joseph Lenné, Allgemeine Bemerkungen über die Britischen Parks und Garten, in: Verhandlungen des Vereins der Beförderung des Gartenbaues in den Königl. Preußischen Staaten, 1. Bd. 1824, S. 82–96.

23 Friedrich Ludwig von Sckell, Beiträge zur bildenden Gartenkunst für angehende Gartenkünstler und Liebhaber, München 1819.

handenen, von ihm geschaffenen bzw. beeinflußten gärtnerischen Anlagen in den Städten und auf dem Land. Diese unermeßliche, kaum vorstellbare Leistung läßt auf eine außergewöhliche Persönlichkeit schließen, fähig, die Bauaufgaben der Zeit zu erkennen und sie mit der Zielsetzung der Gartenkultur zu verbinden. Am Ende seines Schaffens hatte die Gartenkunst ihren der Architektur und bildenden Kunst ebenbürtigen Stellenwert bestätigt.

Die erfolgte Stilbildung des Landschaftsgartens, spätestens nach der Thronbesteigung Friedrich Wilhelms IV. 1840, hatte die verschiedenartigen, landschaftlich und regelmäßig-geometrisch gestalteten Partien im Sinne des »Integrationsprinzips« vereint. Diese Entwicklung kann nur vor dem Hintergrund der vielschichtig wirkenden gesellschaftlichen und kulturellen Kräfte gesehen werden. Sie mündete doch in die seit dem frühen 19. Jahrhundert bestehenden historischen Tendenzen der Architekturauffassung. Bestimmend für die Gestaltung der Gärten war zweifelsohne die Vorliebe des Königs für den Formenapparat der italienischen Renaissanceanlagen. Zunehmend hat sich der beamtete Lenné dieser Wünsche angenommen, seit der Mitte der vierziger Jahre dann wohl mehr im Sinne der Korrektur und Bestätigung der von seinen Mitarbeitern erarbeiteten Entwürfe. Diese Arbeitsteilung wird auch durch die verantwortliche Stellung, die Lenné als Gartendirektor für die vielfältigen Aufgaben und Verpflichtungen ausübte, erklärbar. Doch diese Entwicklung belegt, daß das von Lenné am Anfang seiner Tätigkeit am preußischen Hof mit so viel Vehemenz vertretene ganzheitliche Naturideal in den Landschaftsgärten an Dominanz verloren hatte. Daß er sich diesen italisierenden Gestaltungen nicht versagte, wohl auch nicht versagen durfte, unterstreichen seine Italienreisen von 1844 bis 1847, die vor allem dazu dienten, das vom König Gewollte aus eigener Anschauung zu erleben.

Die nun entstehenden Anlagen, wie die Terrassenanlage an der Orangerie in Sanssouci, der Nordische und Sizilianische Garten und auch die Villa Lindstedt, stehen im Kontrast zu seinem kurz nach der Anstellung 1816 vorgelegten, aufsehenerregenden Entwurf zur grundlegenden Umgestaltung der Sanssouci-Gärten. Ein vollkommen verändertes Wegesystem, das nun kurvenreich die gesamte Anlage umfaßte und durchzog, unterstützte die Sichtachsen zu den einzelnen Bauten. Sie waren, begleitet von den Gehölzgruppierungen, das ordnende Moment

*Potsdam-Sanssouci. »Project, die zwischen den Terrassen und dem Obeliscus zu Sans-Souci gelegene Hecken-Partie, zu verschöneren«, sig. »von P. J. Lenné; Garten-Ingenieur«, 1816. Stiftung Schlösser und Gärten Potsdam-Sanssouci, Plansammlung Nr. 3675*

für die Gesamtanlage. In dieser Gestaltungsabsicht, die aber aus Pietät vor Friedrich II. und auch aus Kostengründen von Friedrich Wilhelm III. verworfen wurde, steht die Absage an das regelmäßig-geometrische Ordnungsprinzip. Die belassenen Partien, wie am Obelisk, scheinen mehr der Verbindung zum angrenzenden Stadtgefüge als der Anerkennung regelmäßiger Gestaltungen verpflichtet zu sein.

Noch deutlicher werden Lennés Gestaltungsabsichten in der Vielzahl seiner Entwürfe für die Gutsanlagen in der Mark Brandenburg. Daß seine Auftraggeber aus dem Umkreis, wenn nicht sogar direkt aus dem Kreis reformbestrebter Adliger kamen, darf durchaus in der Wertschätzung des Landschaftsgartens gesehen werden, für dessen Verwirklichung Lenné als Garant erscheint. Für seinen Mäzen, den Fürsten Hardenberg, hatte Lenné 1821 zwei Entwürfe gefertigt, die das um 1820 von Schinkel im Sinne eines klassizistischen Palais umgebaute Herrenhaus mit einem Landschaftsgarten aufwerten sollten. Lennés Planung umfaßte den alleeartig mit Bäumen bestandenen Anger des Dorfes und den landschaftlich gestalteten Bereich um die Kirche. Die eigentliche landschaftlich gestaltete Anlage bezeichnete den ehemaligen, dem Herrenhaus südlich vorgelagerten regelmäßig gestalteten Lustgarten und öffnete sich trichterförmig nach Südosten in einer Tiefe von ca. 600 Metern zur Landschaft. Unmittelbar vor dem Herrenhaus hatte Lenné Blumenbeete im Wechsel mit Gehölzgruppen vorgesehen, die in ihrer Stellung einem Pleasureground entsprachen. Das darin erkennbare Zonierungsprinzip hatte Lenné schon für den gleichen Bauherrn in Klein-Glienicke verwandt und ist auch in den mannigfaltigen Anlagen nachweisbar.

Die Ränder der Gesamtanlage wurden durch dichte Gehölzmassive abgepflanzt, die, an einzelnen Stellen unterbrochen, den Ausblick in die Umgebung ermöglichen sollten. Feine mit Bleistift eingetragene Linien bezeichnen die bevorzugten Sichtachsen, ganz der Bildwirkung einer Standort-Blickpunkt-Beziehung entsprechend. Beinah unmerkbar bewirkt die Staffelung der Gehölze an der Süd-Ost-Grenze den Übergang in die Landschaft und belegt so die bei Lenné auch in seinen späteren Planungen erkennbare Absicht der engen Verbindung von Innen- und Außenbezirk. Erschlossen wird das Ganze durch einen leicht geschwungenen Umfassungsweg, der seine Nähe zu dem Belt-Walk bekundet. Die Querverbindungen im Innenbezirk schei-

*◁ Potsdam-Sanssouci, Nordischer und Italienischer Garten. »Sanssouci, Nordischer und Sizilian. Garten«, sig. »Lenné im Dezember 1860«. Stiftung Schlösser und Gärten Potsdam-Sanssouci, Plansammlung Nr. 3724*

*◁ Potsdam-Sanssouci. Sizilianischer Garten*

Neuhardenberg. »Verschönerungs-Plan des Schloßgartens zu Neuhardenberg«, sig. »Lenné ficit 1821«. Stiftung Schlösser und Gärten Potsdam-Sanssouci, Plansammlung Nr. 3541

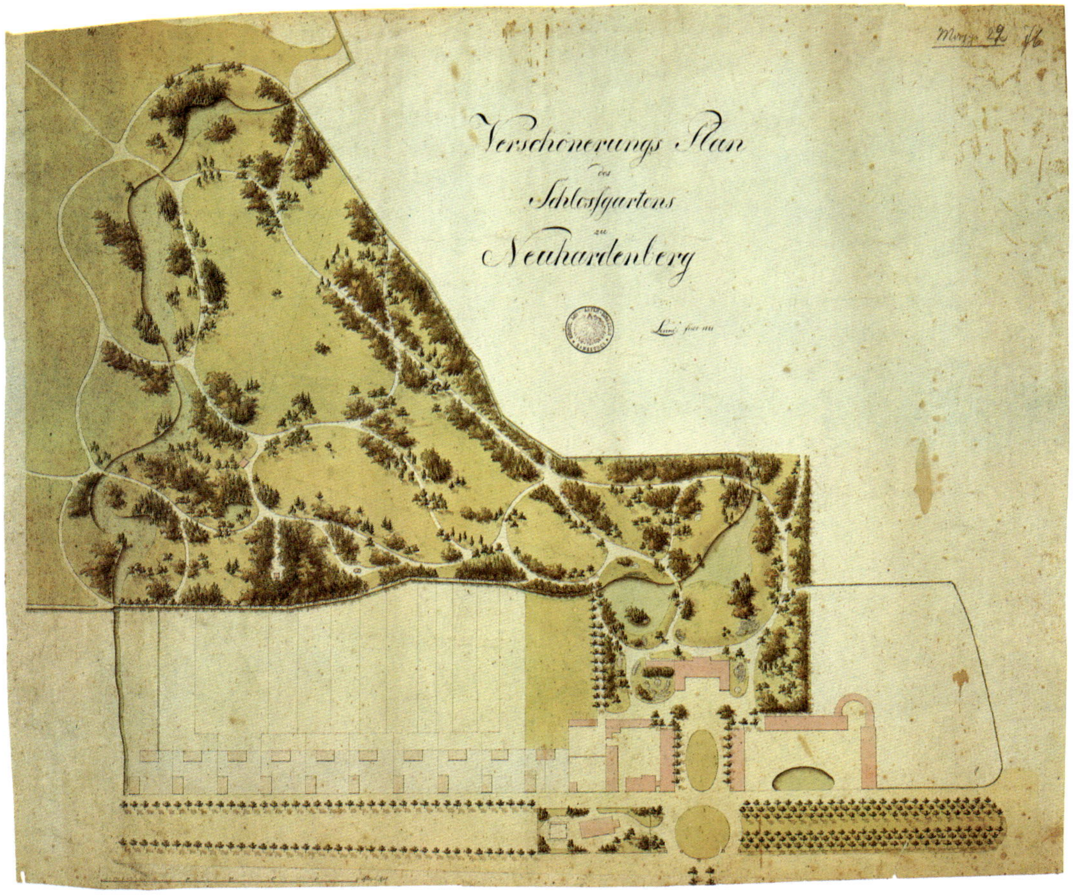

Neuhardenberg. Blick von der Schloßterrasse in den Park

*»Schloß zu Neu-Hardenberg«, sig. »Blechen del. C. Frommel sculps«, um 1830*

*Neuhardenberg. Blick über den Parkteich zum Schloß, seitlich des Denkmals für Friedrich II.*

nen in ihrer Linienführung einem Kurvenlineal entlehnt zu sein und schaffen durch die kulissenhaft gestellten Gehölzgruppen und Einzelgehölze auch im Innenraum markante Bildwirkungen.

Ähnliche Tendenzen bestanden auch für die Gartenanlagen des preußischen Generalmajors von Warburg in Hohenlandin. Für ihn hatte Lenné fast gleichzeitig mit seinen Arbeiten in Neuhardenberg einen Verschönerungsplan gefertigt. Auch hier folgen die Gehölzgruppen wiederum den Wegen und bilden in sich ruhende, dann aber durch Sichtachsen miteinander verbundene Raumfolgen, die insbesondere in der von der Schloßterrasse ausgehenden Hauptachse weit zur Landschaft geöffnet sind. Diese Gestaltungsprinzipien lassen sich immer wieder bei Lenné nachweisen, vor allem wenn er die Aufgabe unabhängig von den Dienstobliegenheiten in der königlichen Gartendirektion lösen konnte. Kennzeichnend bleiben die Bildwirkungen von besonders vorgegebenen Standpunkten innerhalb des Ganzen, verbunden mit den unverzichtbaren Ausblicken in die umgebende Landschaft, so daß diese ohne eine spürbare optische Trennung der Gesamtanlage zugehörig wurde.

Die Art und Weise der Raumbildung bis hin zur Darstellung der mit feinen Linien vorgegebenen Sichtachse wie auch die klare Linienführung bei den anzulegenden Wegen war den Thouinschen Gestaltungsgrundsätzen entnommen. Sie lassen sich ebenso bei der Gehölzverwendung durch die große Artenvielfalt – bei größeren Gruppierungen möglichst die gleiche Art und bei besonderen Bäumen möglichst die Einzelstellung – nachweisen. Doch war dies keine direkte Übernahme französischer Gartenvorstellungen, denn Lenné verwendete nur einzelne Partien und Teilbereiche und veränderte sie, wo erforderlich, entsprechend den örtlichen Bedingungen. Das bedingte schon sein Arbeitsstil, bei dem das ersehnte Raumgefüge auf dem zweidimensionalen Plan vorwegzunehmen war. Die Vorstellung über das Zukünftige wurde durch seine hohe Kultur der Planzeichnung erleichtert, indem er die jeweiligen Gehölzarten ihrem natürlichen Habitus entsprechend darstellte. Spätere Korrekturen bei der Ausführung dieser Verschönerungspläne gehörten zur normalen Gartenpraxis. Ungeachtet der Verwendung verschiedenartiger Gehölze, die Lenné nicht auf besondere Bereiche beschränkte, um dadurch differenzierte, durch unterschiedliche

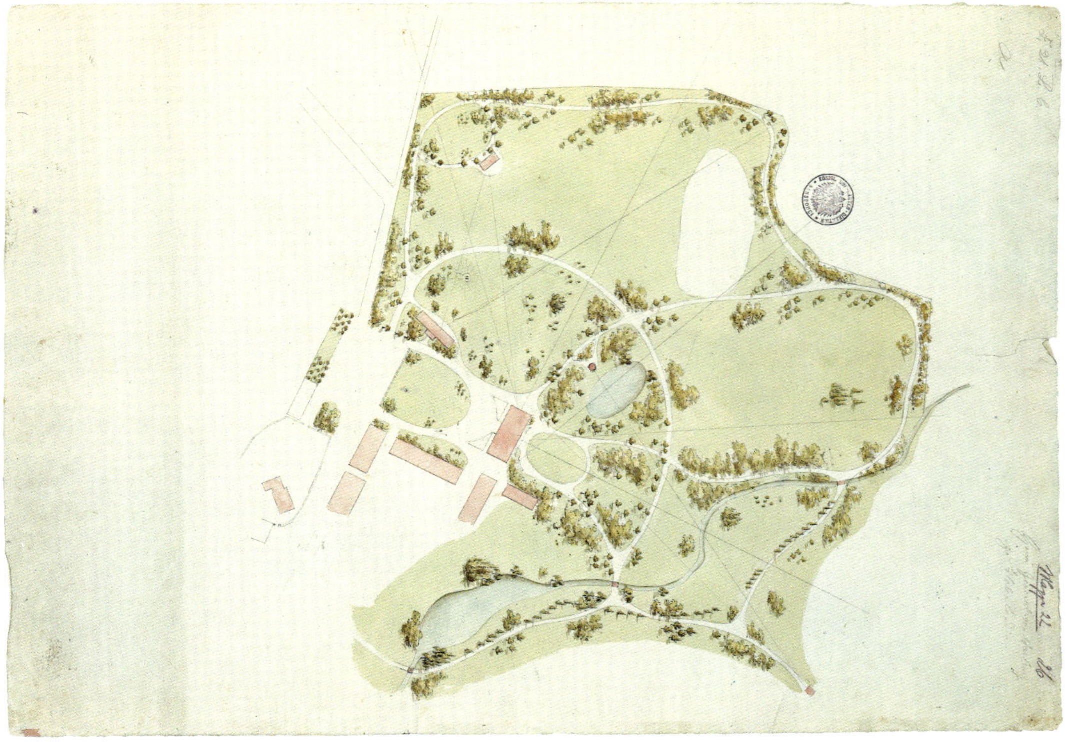

*Hohenlandin. »Herrn General von Warburg zu Hohenlandin«, um 1822. Stiftung Schlösser und Gärten Potsdam-Sanssouci, Plansammlung Nr. 3486*

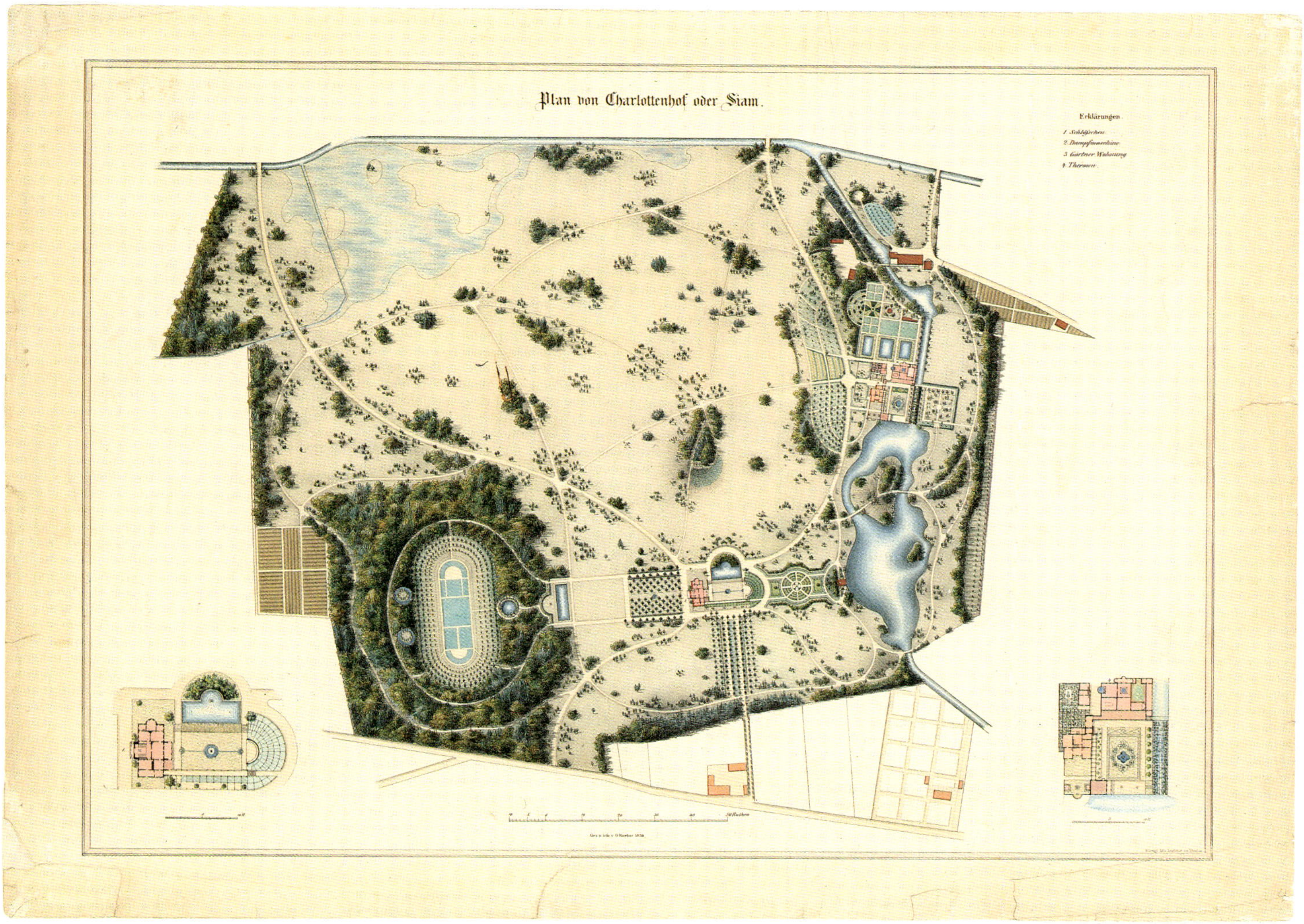


Ordnungsprinzipien geprägte Bereiche zu unterscheiden, wie sie Pückler forderte, bleibt für die Gesamtanlage das malerische, durch die natürlichen Elemente zu bildende Gartenideal bestehen.

Dieses Gartenideal war auch verbindlich bei dem ersten Entwurf für das 1825 von Friedrich Wilhelm III. gekaufte Gut Charlottenhof südlich der friderizianischen Gartenanlagen von Sanssouci. Wohl schon zu dieser Zeit und unter Mitwirkung von Hermann Sello verfolgte Lenné die Absicht, das Gelände durch einen halbkreisförmigen, großzügig geschwungenen Weg zu umfassen und unmittelbar mit dem nördlich gelegenen Rehgarten zu verbinden. Das erschließende Wegesystem mit den begleitenden Gehölzgruppen bewirkte die Ausbildung von auf den Innenbezirk ausgerichteten Raumfolgen. Deren Sichtachsen führten auf markante künstlerisch gesteigerte Naturbilder, ohne dabei die Dominanz des Schlosses zu mindern. Für den Umbau des barocken Gutshauses zu einer italianisierenden Villa, dem Schloß Charlottenhof, hatte Schinkel im Zusammenwirken mit dem Kronprinzen, der die Anlage 1825 zum Geschenk erhielt, das bauliche Konzept geliefert. Es beinhaltete auch die Erweiterung des Hauses durch gärtnerische Anlagen in einer Ost-West-Ausdehnung. Bezugspunkt für die weiträumige Anlage wurde nun die östlich dem Schloß beigestellte Terrasse, die eine Exedra zu dem sich anschließenden Blumengarten begrenzte. Westlich folgte der Dichterhain, und als Abschluß war ein Orangeriegebäude vorgesehen. Doch dieses Bauvorhaben, es war auch an ein antikes Landhaus gedacht, wurde nicht verwirklicht. In der weiteren Folge dieser italianisierenden Anlage stehen der Aufbau der Gebäudegruppe der Römischen Bäder nach den Entwürfen von Schinkel und Ludwig Persius von

*Potsdam, Charlottenhof. »Plan vom Charlottenhof oder Siam«, sig. »gez. u. lith. v. G. Koeber 1839 Königl. lith. Institut zu Berlin«, 1839. Stiftung Schlösser und Gärten, Potsdam-Sanssouci, Plansammlung Nr. 3486*

*Potsdam, Charlottenhof. Blick von der Terrasse am Schloß Charlottenhof zum Neuen Palais*

*Potsdam, Charlottenhof. Blumengarten*

1829, also nach Fertigstellung des Schlosses, bis 1836. Schon 1833 war westlich des Dichterhains, an der Grenze des Geländes, mit dem Bau der Meierei begonnen und dann 1836 das Hippodrom axial zum Schloß eingefügt worden.

Bei der künstlerischen Ausgestaltung dieser Planung hatte Kronprinz Friedrich Wilhelm direkt eingegriffen. Sein Einfluß wurde nach 1840 als König noch stärker und prägte unmittelbar die Arbeiten Lennés. Durch die Zusammenarbeit mit den Architekten Schinkel, Persius, Stüler und Hesse wurde so die Anlehnung an den Formenapparat der italienischen Renaissancevillen auch für gärtnerische Anlagen bindend. Befördernd wirkten zu dieser Zeit die erneute Beschäftigung mit der Antike, mit den Pliniusbriefen und den damit einhergehenden Rekonstruktionsversuchen seiner Villen, ebenso die Bildvorlagen der Villenanlagen von Rom, die Percier und Fontaine 1824 veröffentlichten.[24] Diese Anregungen stehen durchaus im Zusammenhang mit den Einfügungen weiterer italianisierender Gartenmotive in Charlottenhof, wie dem kleinen Weinberg vor dem Schloß und dem sogenannten italienischen Stück bei den Römischen Bädern. In der Gesamtheit des Dargestellten klingt ein harmonisches Miteinander an, jedoch in einem kontemplativen Gehalt durchaus mit Bezügen zur Vergangenheit durch den Blick von der Schloßterrasse zum Neuen Palais, aber ohne Anbindung an die tatsächlich wirksamen gesellschaftlichen Kräfte der Zeit. Es war eine Art Traumwelt, die Friedrich Wilhelm hier für sich errichten ließ, sein »Siam«, ein Modell für eine vollkommene Ordnung.[25] Diese konservativ-restaurative Haltung war keineswegs mit den Idealen, die zur Ausbildung des Landschaftsgartens geführt hatten, gleichzusetzen, wenngleich dieser gerade durch die Darstellung eines erhabenen Naturbildes auch derartige Sentimente ermöglichte.

Die Verwendung regelmäßig-geometrischer Prinzipien bei der Anlage von Gärten ist damit nur bedingt Lenné zuzuschreiben. Es ist deshalb ungewiß, ob der von seinem Mitarbeiter Koeber 1839 gezeichnete Plan für die Verschönerung der gärtnerischen Anlagen am Herrenhaus in Radensleben durch ihn entscheidend geprägt wurde. Vielmehr darf vermutet werden, daß der Besitzer, Alexander Ferdinand von Quast, als Architekt – 1843 wird er zum ersten preußischen Konservator berufen – direkten Einfluß auf die Ausgestaltung nahm. In der Folge von Herrenhaus, Terrasse, einem Rasenstück, einem breitgelagerten Wasserbecken und dem weitergeführten, von Gehölzgruppen gerahmten Tiefenzug offenbart sich hier ein Gestaltungskonzept, das noch oder schon wieder barocken Raumfolgen verpflichtet war.

Wenngleich der Einfluß dieser Einzelbeispiele, dazu zählen auch die auf Veranlassung Friedrich Wilhelms IV. zu errichtenden italianisierenden regelmäßig-geometrischen Gartenanlagen an der Orangerie in den Sanssouci-Gärten und das Paradiesgärtlein nördlich der Maulbeerallee, nicht ohne Auswirkungen auf Lennés Schaffen bleiben konnte, so steht Lenné jedoch in dieser Zeit ganz in der Tradition eines künstlerisch zu prägenden Naturbildes. Bei den ihm gestellten unterschiedlichen Bauaufgaben wird dieser Ansatz immer wieder deutlich.

Als Lenné 1831 für die Umgebungsgestaltung des Klosters Chorin geworben wurde, um »dem Ganzen durch Gärten und ähnliche freundliche Anlagen« ein annehmlicheres Ansehen zu geben, waren unter Anleitung von Karl Friedrich Schinkel schon die ersten Maßnahmen zur Sicherung der Klosterruine eingeleitet.[26] Schinkel hatte 1817 ihre Erhaltung in seiner Bewer-

24 Percier et Fontaine, Choix des plus célibres maisons de plaisance de Rome et ses envierous ..., Seconde Edition 1824.

25 Heinz Schönemann, Schloß Charlottenhof und die Römischen Bäder, ein utopisches Gesellschaftsmodell, in: Das Werk Schinkels und seine Bedeutung, Wiss. Kolloquium der Bauakademie der DDR anläßlich der Schinkel-Ehrung am 17. und 18. März 1981 in Berlin, Bauinformation der DDR, Berlin 1981, S. 122–127.

26 Detlef Karg, Die Landschaftsgestaltung Peter Joseph Lennés am Kloster Chorin, in: Denkmale in Berlin und in der Mark Brandenburg, Weimar 1987, S. 287–302.

*Radensleben. »v. Quast zu Fredersdorf« – Radensleben, sig. »19/9. 39 gez. Koeber«, 1839. Stiftung Schlösser und Gärten Potsdam-Sanssouci, Plansammlung Nr. 3477*

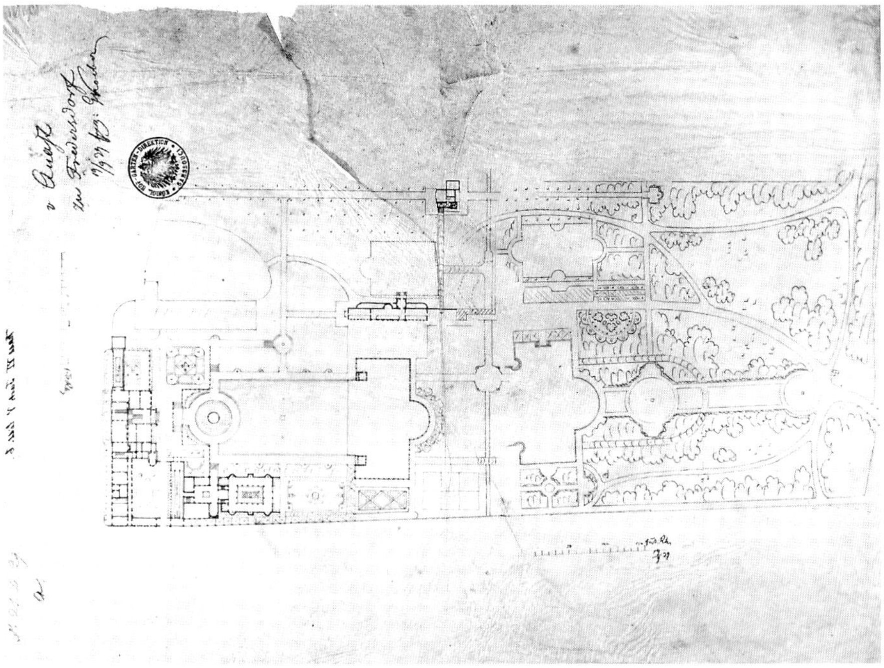

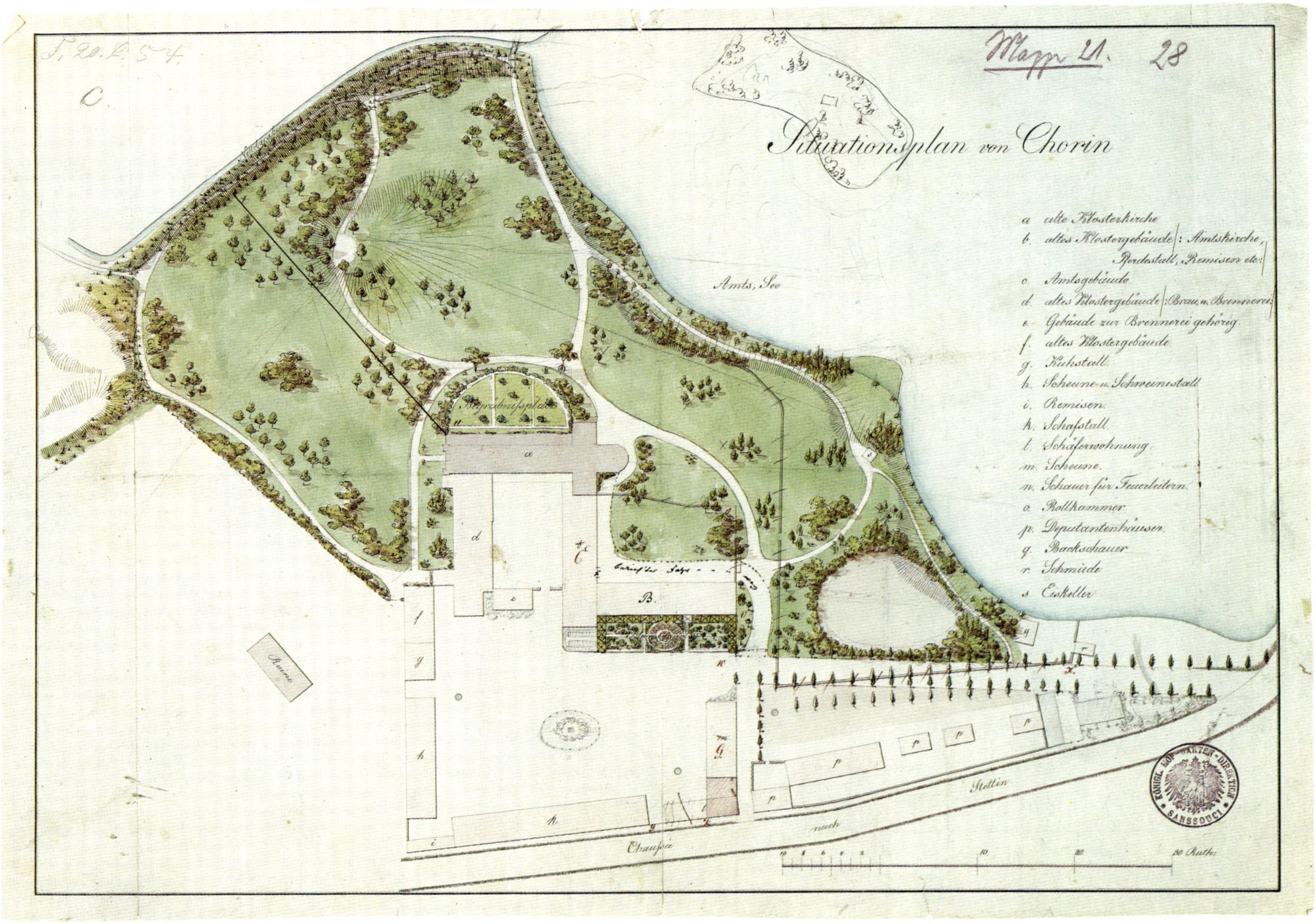


*Chorin. »Situationsplan von Chorin«, 1832. Stiftung Schlösser und Gärten Potsdam-Sanssouci, Plansammlung Nr. 3498*

tung der Geschichtlichkeit des Überkommenen im Hinblick auf die Mittelalterrezeption als ein nationales Ansinnen dargestellt. In diesem romantischen Gehalt steht auch die landschaftsgärtnerische Verschönerungsabsicht Lennés. Sie hatte Vorläufer in der Ruinenromantik und auch in der Gartentheorie Hirschfelds. Nach dieser sollten Gärten bei Klöstern melancholisch sein, da sie entsprechend dem Gehalt des Klosters zur Betrachtung der Natur und zum stillen Behagen an »den Wundern einladen, die den Geist zu dem Schöpfer emporheben«. Lennés Absichten zielten darauf, in der unmittelbaren Umgebung des Klosters in sich ruhende Naturbilder zu schaffen. Ihre Wirkung sollte durch die Ausblicke, durch die optische Einbeziehung des Amtssees und der weiteren Umgebung mit den Wiesen, Feldern und Wäldern reizvoll erhöht werden. Das Streben nach außen in der Verbindung mit dem Inneren wird auch hier wieder deutlich. Die geplante Gestaltung der Umgebung war nicht auf die Dominanz des Bauwerkes ausgelegt. Sie ließ das Kloster zur Staffage werden. Wiederum wird erkennbar, wie Lenné auch bei der Darstellung einer mit nationalen, religiösen und letztlich Geschichtlichkeit andeutenden Bauaufgabe gekonnt mit Hilfe der von ihm vertretenen landschaftlichen Kompositionsprinzipien unterschiedliche Bereiche zu einem harmonischen Miteinander in einem verschönten Landschaftsbild zueinanderfügte. Gleiches wird auch in Wolfshagen sichtbar, wo zeitgleich mit dem Ausbau der Dorfanlage und dem Aufbau einer Musterwirtschaft die ehemalige barocke Schloß- und Gartenanlage in die Verschönerung der unmittelbar um den See gelegenen Partien einbezogen wurde. Die zur Aufschmückung anstehenden Flächen leiten kaum spürbar in die angrenzende bewaldete Hügellandschaft über. Sichtachsen vom Schloß zum Bergfrid der ehemaligen Burganlage im Westen und zum östlich auf einem Hügel stehenden Denkmal für die Befreiungskriege lassen den See zum unverzichtbaren Bestandteil der Gesamtanlage werden. Die Dorfanlage mit ihren zum Teil neogotisch verzierten Häusern, die ehemalige mittelalterliche Burganlage wie auch das Denkmal für die Befreiungskriege sind zutiefst einer romantisch-nationalen Komponente verpflichtet. Lenné hatte mit den Mitteln der Gartenkunst übergreifend und nicht nur bezogen auf die Verschönerung eines adligen Landsitzes eine verschönte Landschaft in der Übereinstimmung von menschlicher Ansiedlung und Natur erreicht.

Ebenfalls dem Geschichtlichen verpflichtet, nun aber mit Bezug zur Örtlichkeit, war Lennés Auftrag, »eine schöne Anlage« für die Stadt Magdeburg auf den Ruinen des ehemaligen Klosters Bergen zu schaffen.[27] Lenné stand von Beginn an diesem Unternehmen mit großer Anteilnahme gegenüber, denn in seinem Brief vom 6. August 1824 an den Oberbürgermeister Francke bekundete er bereits, »der Anlage diejenige gemüthliche Bedeutung zu geben, welche der besonderen Bedeutung des Ortes entspricht und gleichzeitig durch Anmuth anziehend und einladend genug ist, um mit Genuß und Vergnügen dort zu weilen«. Ungewöhnlich war, daß eine kommunale Behörde einen derartigen Auftrag vergab, denn bislang waren die städtischen Anlagen zur Verbesserung des Gemeinwesens aus den ehemaligen königlichen Anlagen hervorgegangen. Das war im Englischen Garten in München nicht anders als in dem seit dem 18. Jahrhundert der Öffentlichkeit zugänglichen Tiergarten in Berlin. Nicht zu bezweifeln ist, daß sich Lenné damit bewußt den immer drängender werdenden gesellschaftlich herangereiften Aufgaben des städtischen Gewinns stellte. Gemeinsam mit Francke versuchte er, den von ihm eigenhändig gefertigten Plan gegen die Widerstände der preußischen Regierungsbeamten durchzusetzen. Diese Auseinandersetzung

27 Rolf Weinreich, Peter Joseph Lennés Volksgartenplanung Kloster Berge zu Magdeburg – ein frühes Beispiel bürgerlich-kommunaler Grünflächenpolitik, in: Peter Joseph Lenné, Gartenkunst im 19. Jahrhundert, Berlin, München 1992; Peter Joseph Lenné, Ueber die Anlage eines Volksgartens bei der Stadt Magdeburg, Berlin 1825.

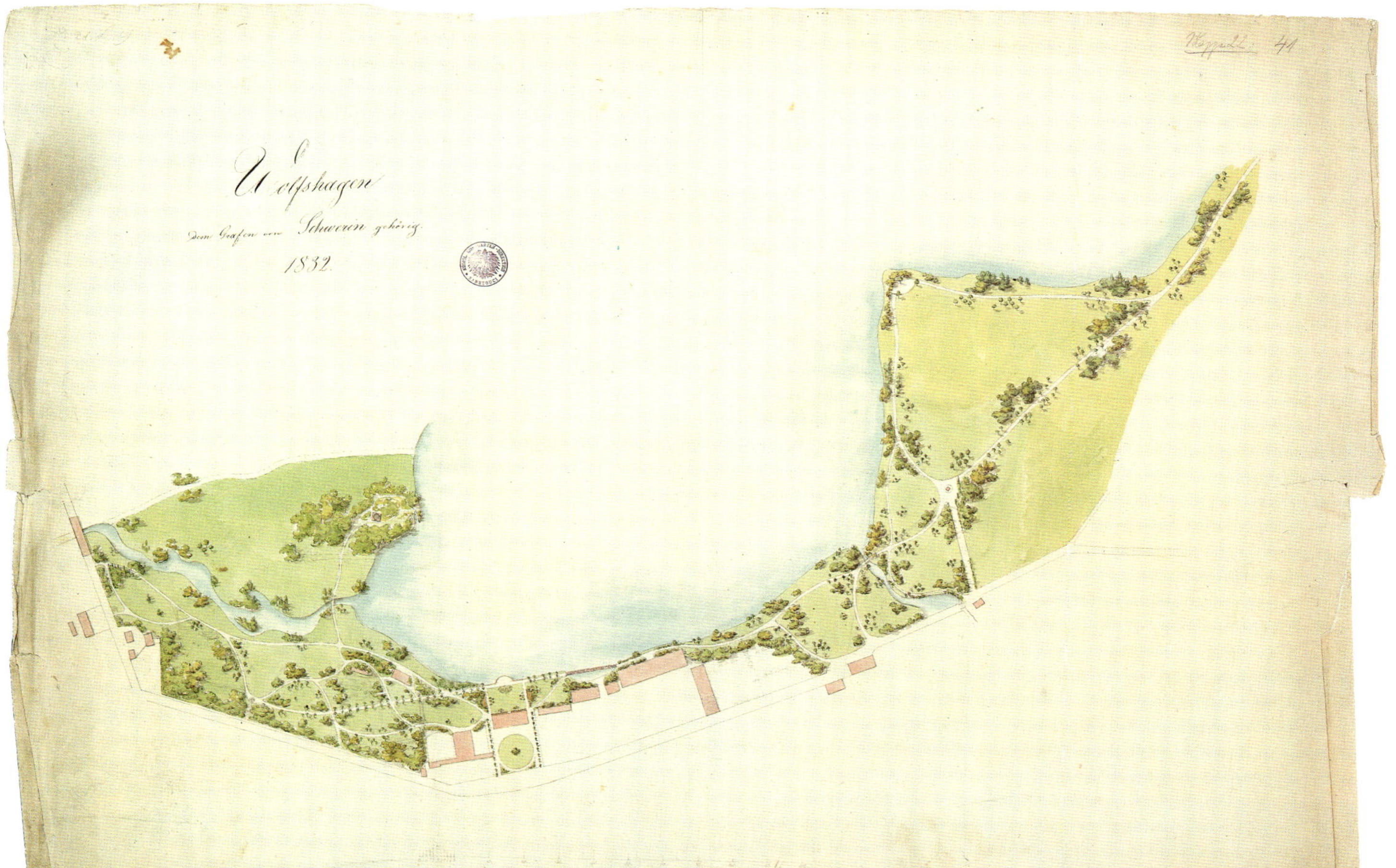

*Wolfshagen. »Wolfshagen dem Grafen von Schwerin gehörig 1832«. Stiftung Schlösser und Gärten Potsdam-Sanssouci, Plansammlung Nr. 3562*

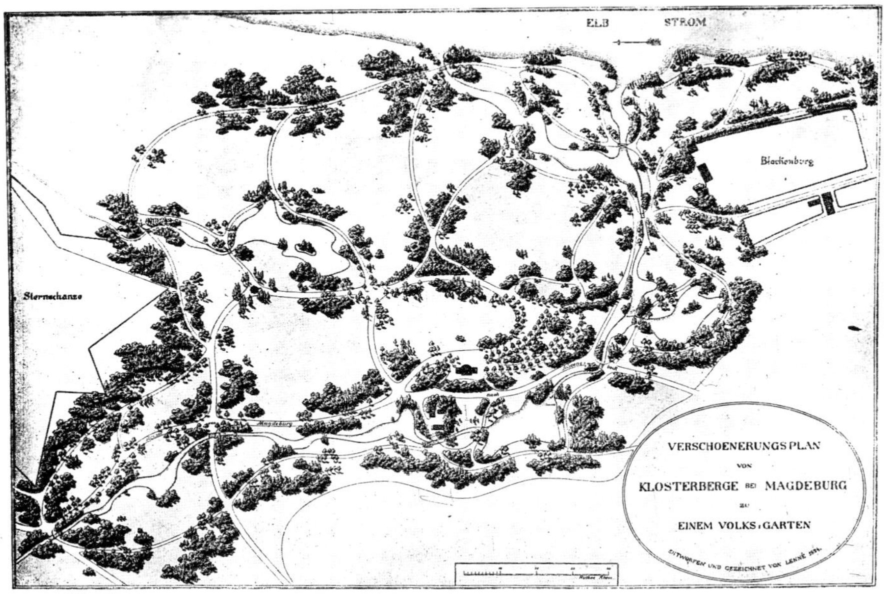


*Magdeburg, Klosterbergegarten. »Verschoenerungsplan von Klosterberge bei Magdeburg zu einem Volks-Garten«, sig. »Entworfen und gezeichnet von Lenné 1824«, aus: Peter Joseph Lenné, Über die Anlage eines Volksgartens bei der Stadt Magdeburg, Berlin 1825, Tafel IX*

bezeichnete den gesellschaftlichen Wandel, bei dem das Bürgertum seinen politisch und wirtschaftlich gewachsenen Stellenwert kundtat. In der Bestimmung, für die Identität der Bürgerschaft mit ihrer Stadt eine angemessene Gartenanlage zu schaffen, sah Lenné das erstrebenswerte Ziel: »Der Magdeburger soll in diesem Volksgarten nicht nur die allgemeine Freude einer geschmückten Natur genießen; er soll in demselben zugleich ein concentriertes Bild von den Vorzügen seiner eigenthümlichen Lage, und in dieser Individualität jene Freuden um so viel dankbarer empfangen und genießen.« Und er vergleicht das Vorhaben mit einer fast bukolischen Landschaft, wo der Landeigentümer alles vereint hat, auch die in der Ferne liegende Hauptstadt. Mit einem gleichen Selbstverständnis soll nun der Bürger auch dem Volksgarten begegnen. Ihren Wohlstand wollte Lenné in einer kontemplativen Betrachtung sichtbar machen, weshalb er Blickbeziehungen aus dem Garten zu den Türmen und Speichern der Stadt führte. Diese Ausblicke stellte er gleichberechtigt zu denen der Landschaft, zum Elbstrom mit seinen Uferpartien. Damit erhielt der Garten eine gewisse Selbständigkeit und war noch nicht integraler Bestandteil der Stadt. Auch die Nutzung schränkte Lenné ein. Sie war nur für die Bürger gedacht, die den von ihm formulierten Moralkodizes entsprachen. Hier scheint Lenné hinter den von Sckell für den Englischen Garten formulierten Nutzungsgedanken zu stehen, der diesen Volksgarten für alle Schichten geöffnet wissen wollte, um eine Annäherung der Stände zu erreichen. In der Grundrißlösung nimmt der Klosterberggarten Bezug zu den von Thouin vorgelegten Gestaltungsregeln. Sie stehen auch nicht im Gegensatz zu dem alleenbestandenen Platz am Gesellschaftshaus, der mehr aus der funktionellen Bestimmung, Versammlungsort zu sein, als durch die Verwendung geometrischer Ordnungsprinzipien zu erklären ist.

Lennés landschaftliches Gestaltungskonzept war auch bindend bei seinem Wettbewerbsentwurf für Wiens Stadterweiterung 1895.[28] Er beabsichtigte, den ehemaligen Festungsgürtel um die Innenstadt als eine durchgehend landschaftliche Anlage darzustellen, die sich damit bewußt als Ideal einer durch die Kunst erhöhten Natur zur angrenzenden Bebauung absetzte.

Für die Gesamtheit der Erscheinungen Lennéscher Verschönerungspläne bleibt zu resümieren, daß sie in der Tradition eines Kunstverständnisses für den Garten stehen, das von den Idealen des ausgehenden 18. und beginnenden 19. Jahrhunderts geprägt ist. In der Stilbildung seiner landschaftlich gestalteten Anlagen bleibt die Nähe zu den Arbeiten Thouins immer spürbar. Und fast ausschließlich wendete er diese auch für die vielfältigen Bauaufgaben an. Dennoch zeigen sich auch bei ihm Ansätze, die in die Entwicklung des »Gardenesque Style«, so wie ihn Loudon schon in den ersten Jahrzehnten des 19. Jahrhunderts propagierte, einmündeten. Dieser Weg zu dem Miteinander von landschaftlichen und regelmäßig-geometrischen Gestaltungen, so wie sie bestimmend für den Entwicklungsgang der Gartenkunst in der zweiten Hälfte des 19. Jahrhunderts werden sollten, wird in Lennés Entwürfen für die dem Pleasureground verpflichteten Bereiche in der Nähe der Gebäude spürbar. Ebenso erkennbar werden diese Ansätze in den regelmäßigen Beetanlagen für Blumen und Ziersträucher, die parterreartig aus den Grundrissen der Gebäude entwickelt wurden. Sie stehen durch die Verwendung regelmäßiger Ordnungsprinzipien im Kontrast zu den umgebenden landschaftlichen Partien. Charlottenhof, aber auch Neuhardenberg, Dahl-

28 Hermann Reining, Lennés Wettbewerbsentwurf für die Wiener Stadterweiterung 1857, in: Fachreferate zum Internationalen Kolloquium »Leben und Werk Peter Joseph Lennés – Ein Gartenkünstler des 19. Jahrhunderts« (wie Anm. 3).

witz, Französisch-Buchholtz auch Criewen und Wolfshagen stehen für diese Entwicklung. Sie führte zur klaren Trennung von Gartenanlage und Landschaft. Eindrucksvoll dafür steht die nördlich des Neuen Palais gelegene Villenanlage Lindstedt.

Die Ausweitung des intensiv landschaftlich gestalteten Pleasuregrounds, so wie er sich in Klein-Glienicke ankündigte und im Marlygarten dann vollendet zeigte, steht für die Ausbildung der Villenanlage in der zweiten Hälfte des 19. Jahrhunderts. In beiden Entwicklungslinien zeichnete sich die Verbindung für das Miteinander von landschaftlichen und regelmäßig-geometrischen Gestaltungsweisen ab.

Die Entwicklung des Landschaftsgartens war damit in eine neue Etappe getreten, die die Preisgabe eines für die Gesamtanlage verbindlichen, durch die Kunst erhöhten Naturbildes bewirkte und für den umgrenzten Garten sowohl formal wie funktional keine Beschränkung setzte. Das lange Festhalten am natürlichen Gartenideal in Brandenburg-Preußen war vor allem durch die politische, wirtschaftliche und kulturelle Entwicklung nach 1815 bestimmt. Erst als zur Mitte des 19. Jahrhunderts die Aufträge zur Verschönerung der höfischen Anlagen und Landsitze von den Bauaufgaben zur Gestaltung städtischer Gartenanlagen und Grünzüge überlagert wurden, veränderte sich auch grundlegend die Stilbildung im Landschaftsgarten. Bis dahin war sie getragen vom Gedanken der Harmonie eines mit den Mitteln der Kunst darzustellenden natürlich-idealisierten Lebensraumes für den Menschen.

Hermann von Pückler und Peter Joseph Lenné waren diesem Ideal verpflichtet. Beide haben die Gartenkunst in Brandenburg-Preußen maßgeblich bestimmt und damit die Kulturlandschaft durch ihr Wirken geprägt.

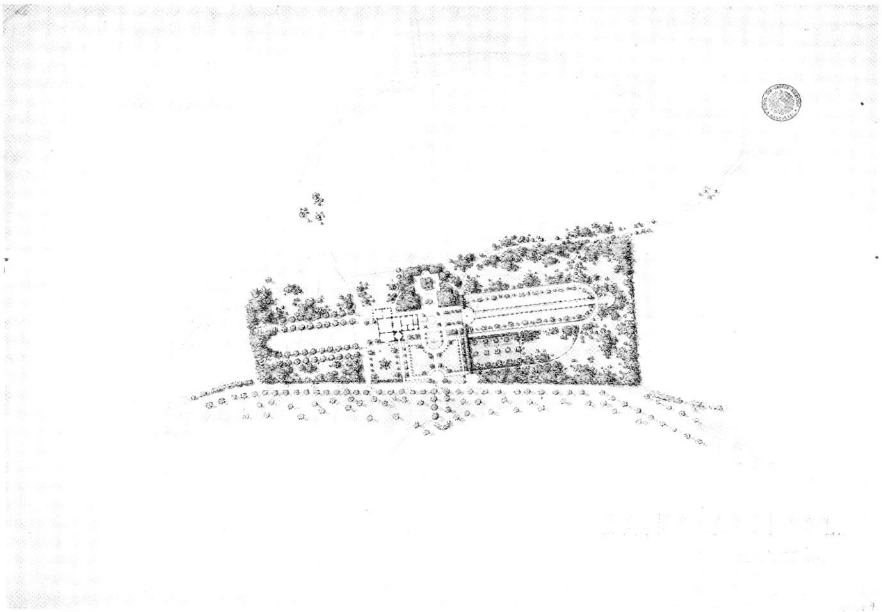

*Potsdam, Villa Lindstedt. »Lindstedt«, sig. »Lenné im November 1859«. Stiftung Schlösser und Gärten Potsdam-Sanssouci, Plansammlung Nr. 3753*

*Potsdam-Sanssouci. Marlygarten, um 1855, Zeichner Meyer. Stiftung Schlösser und Gärten Potsdam-Sanssouci, Plansammlung Nr. 3725*

*Max Wiese. Denkmal Karl Friedrich Schinkels in Neuruppin, 1883*

Hans-Joachim Giersberg

# VI Die Tätigkeit Karl Friedrich Schinkels in Brandenburg

## Leben und Werk

Nahezu ein halbes Jahrhundert hat die friderizianische Kunstauffassung die Entwicklung von Architektur und Innenraumdekoration beherrscht. Namentlich die Städte Berlin und Potsdam haben dadurch ihre baukünstlerische Ausprägung erfahren. Friedrich der Große hat Zeit seines Lebens an Vorstellungen festgehalten, die durch die gemeinsame Planung und das gemeinsame Wirken mit Georg Wenzeslaus von Knobelsdorff geprägt worden waren. Obwohl sich bereits in den siebziger Jahren des 18. Jahrhunderts klassizistische Züge durchzusetzen begannen, man denke nur an Wörlitz, hielt Friedrich der Große mit dem Bau des Neuen Palais im Park von Sanssouci an seinen einmal geprägten Vorstellungen fest. Jedoch in den Provinzen waren unbemerkt neue Wege beschritten worden. Die wichtigsten Vertreter, Karl Gotthard Langhans (1733–1808) in Breslau und David Gilly (1748–1808) in Stettin, kamen 1788 nach Berlin und lösten die ältere Architektengeneration ab. Zu nennen ist auch Friedrich Wilhelm von Erdmannsdorff, der Baumeister des Wörlitzer Schlosses, der schon Ende 1786 aus Dessau kam, aber nach Arbeiten im Schloß Sanssouci (die Umgestaltung des Arbeits- und Schlafzimmers Friedrichs des Großen) und im Berliner Schloß 1789 Preußen wieder verließ. In den letzten Jahren vor 1800 muß noch der junge Friedrich Gilly (1722–1800) hinzugerechnet werden. Sie alle prägten einen neuen, von der Einfachheit und Klarheit der Antike durchdrungenen Stil des Berliner frühen Klassizismus, der mit der Niederlage Preußens in der Schlacht bei Jena und Auerstädt 1806 endete.

In diese künstlerische Umbruchzeit hinein wurde Karl Friedrich Schinkel am 13. März 1781 in Neuruppin geboren. Ein weiterer in Neuruppin Geborener, nämlich Theodor Fontane, schrieb über ihn: »Unter allen bedeutenden Männern, die Neuruppin, Stadt wie Grafschaft, hervorgebracht, ist Karl Friedrich Schinkel der bedeutendste.«[1] Noch in der Regierungszeit Friedrichs des Großen geboren, fuhr am Ende seines Lebens bereits die Eisenbahn zwischen Berlin und Potsdam, dazwischen liegen die Große Französische Revolution, die Niederlage Preußens 1806, die Befreiungskriege und die nachfolgende Zeit der Restauration und der Heiligen Allianz, die jedoch eine Zeit großer künstlerischer Leistungen war. Schinkels Name ist dabei an vorderster Stelle zu nennen und steht gleichbedeutend neben den Vertretern der Philosophie, Dichtung, Geschichts- und Naturwissenschaften jener Zeit in Preußen, wie Kant, Hegel, Wilhelm und Alexander von Humboldt, Fichte, Schelling, Ranke, Kleist, Eichendorf, Achim und Bettina von Arnim.

Schinkels Vater war Architiakon und Inspektor der Kirchen und Schulen der Stadt, die Mutter stammte aus einer alten Neuruppiner Kaufmannsfamilie. Karl Friedrich war das zweite von fünf Kindern.

Am 26. August 1787 vernichtete eine Feuersbrunst den größten Teil der Stadt Neuruppin. Der Vater zog sich bei den Rettungsarbeiten eine Erhitzung zu, an deren Folgen er am 25. Oktober 1787 starb. Da das Wohnhaus der Familie Schinkel zerstört war, zog die Mutter nach dem Tod des Vaters mit den Kindern in das erhalten gebliebene und noch heute stehende Predigerwitwenhaus in der Fischbänkenstraße. Hier verlebte Schinkel seine Kindheit bis zum dreizehnten Lebensjahr. Der Knabe wird als bescheiden, zurückhaltend und gemütvoll, aber auch schnell aufbrausend geschildert. Er war kein hervorragender Schüler, seine besondere Vorliebe galt jedoch den Künsten. Es wird berichtet, daß er sehr musikalisch war und ausgezeichnet Klavier spielte. Auch das Theater machte ihm große Freude, seine älteste Schwester schrieb die Stücke, während er die Dekorationen und

1 Theodor Fontane, Wanderungen durch die Mark Brandenburg. Erster Teil: Die Grafschaft Ruppin, Berlin 1976, S. 110.

Figuren malte. Theaterdekorationen sollten dann später auch zu seinem Betätigungsfeld gehören und zu seinem Ruhm beitragen.[2] Nach dem Brand Neuruppins im Jahre 1787 begann sehr bald der Neuaufbau unter Leitung des Bauinspektors Bernhard Matthias Brasch (1741–1821).[3] Daraus ergibt sich die Frage, inwieweit dieses Werden einer neuen Stadt, das Schinkel täglich auf seinem Schulweg in das schon 1790 fertiggestellte Gymnasium beobachten konnte, seine spätere Hinwendung zur Architektur beeinflußt hat. Schriftliche Äußerungen von ihm darüber gibt es nicht. Doch werden Brand, Tod des Vaters und das kaum zu übersehende Bauen in der Stadt unauslöschliche Eindrücke bei dem jungen Mann hinterlassen haben, von dem wir wissen, daß er Zeit seines Lebens ein bewundernswertes Gedächtnis und phantastisches Erinnerungsvermögen besaß. Den Bauinspektor Brasch wird Schinkel mit großer Wahrscheinlichkeit persönlich gekannt haben, waren doch seine Schwester und der Schwager Paten bei Braschs Kindern. Zu den Kondukteuren, die beim Aufbau Neuruppins mithalfen, gehörte auch zeitweilig der schon genannte junge Friedrich Gilly, Schinkels späterer Lehrer. Ein Zusammentreffen beider im Haus von Brasch ist denkbar, aber nicht belegt. 1794 übersiedelte die Mutter nach Berlin in das Predigerwitwenhaus der Marienkirche, und Schinkel besuchte von nun an selten seine Vaterstadt.

Seit 1784 veranstaltete die Berliner Akademie der Künste jährlich Ausstellungen der neuesten Werke der bildenden und angewandten Kunst. Auf der Akademieausstellung des Jahres 1797 zeigte man auch einen Entwurf des jungen Gilly zu einem Denkmal für den preußischen König Friedrich II. in der Form eines dorischen Tempels auf hohem Unterbau. Wie viele seiner Zeitgenossen war auch Schinkel von der Monumentalität dieses Entwurfs beeindruckt, und er beschloß daraufhin, Baumeister zu werden. In der Geschichte der Architektur gibt es wohl nur wenige solcher Beispiele, daß ein Entwurf so anregend und ausstrahlend gewirkt hat und einen jungen Menschen dadurch seinen Beruf finden ließ.[4] Schinkel verließ Ostern 1798 das Gymnasium mit der Obersekundareife und trat nach der Rückkehr des jungen Friedrich Gilly von einer Studienreise nach England, Frankreich und Süddeutschland Ende dieses Jahres in dessen Atelier ein, um die Grundbegriffe der Architektur zu erlernen. Im Juli 1799 wurde die Bauakademie gegründet, und zu den ersten 95 Eleven zählte auch der achtzehnjährige Karl Friedrich Schinkel. Veranlaßt durch den frühen Tod Friedrich Gillys im Jahre 1800, schied er aus der Bauakademie aus und führte einige von dessen Aufträgen weiter. Fontane schrieb in seinen ›Wanderungen durch die Mark Brandenburg‹, daß Friedrich Gilly Schinkel zweierlei hinterlassen habe: »Den ausgesprochenen Wunsch, seine Arbeiten durch ihn (Schinkel) vollendet zu sehen, dann auch die Sehnsucht nach Italien.«[5] Den zweiten Wunsch erfüllte sich Schinkel im Jahre 1803, als er mit seinem Freund und Architektenkollegen, Johann Gottfried Steinmeyer (1780–1851), eine Reise nach Italien unternahm. Ein bescheidenes Vermögen und die ersparten Verdienste der ersten Tätigkeit erlaubten ihm, diese Reise aus eigenen Mitteln zu bestreiten, ohne wie andere Italienreisende auf ein adliges oder königliches Stipendium angewiesen zu sein. Diese erste große Italienreise, der zwei weitere folgen sollten, war für den angehenden Architekten von weitreichender Bedeutung. Sie brachte ihm die Begegnung mit den klassischen Stätten von Rom bis Sizilien, ließ ihn aber auch das mittelalterliche Italien in Mailand und anderen Städten entdecken. Aus allem wollte er nun, wieder heimgekehrt, »den Nutzen für die Folge meiner Arbeit« (Schinkel) ziehen. Da es für den Architekten Schinkel nach der Rückkehr aus Italien keine Möglichkeit der Betätigung gab, widmete er sich der Malerei. In diesem Fach war er Autodidakt, seine malerischen und zeichnerischen Fähigkeiten hatte er doch nicht zuletzt durch seine Reiseskizzen unter Beweis gestellt.

Die Tätigkeit als Maler beschränkt sich im wesentlichen auf die Zeit zwischen 1805 und 1815. Seine Bilder sind vornehmlich ideale Landschaften mit einem historischen Bauwerk im Mittelpunkt. Nicht umsonst wird von ihm berichtet, »er habe architektonisch gemalt und malerisch gebaut«.[6] Die Architektur auf den Bildern ist entweder mittelalterlich oder klassisch-antik, wobei das Gotische eindeutig das Übergewicht hat. Hierbei spielt »die vaterländische Begeisterung«, die auch Schinkel um 1813 erfaßt hatte, eine wesentliche Rolle.

2 Ebenda, S. 112.

3 Max Neumann, Das Neuruppiner Bürgerhaus und die Tätigkeit des Kgl. Bauinspektors Bernhard Matthias Brasch, Neuruppin 1935; ders., Schinkel und Neuruppin, in: Brandenburgische Jahrbücher, 7, Schinkel in der Mark, Potsdam und Berlin 1937, S. 13–17.

4 Ausstellungskatalog. Karl Friedrich Schinkel. Berlin 1980, S. 9–11. Ausstellungskatalog Friedrich Gilly 1772–1800. Berlin 1987, S. 21–40.

5 Fontane (wie Anm. 1) S. 114.

6 Ebenda, S. 115.

Trotz der starken Eindrücke, die er in Italien empfangen hatte, blieb Schinkel ein Künstler der Mark Brandenburg, wissend, daß hier wesentliche Wurzeln seines Schaffens lagen. »Was uns, die wir die Mark durchreisen und beschreiben, mit besonderer Genugtuung erfüllt, ist der Umstand, daß die herrlichen Gegenden des Südens, in denen er (Schinkel) solange geschwelgt, ihn nicht unempfänglich für die Reize der märkischen Heimat gemacht haben. Er verachtete unsere Landschaft keineswegs, wie so viele tun, die sich dadurch das Ansehen feineren Kunstverständnisses zu geben vermeinen. Neben Palermo und Taumina malte er ›die Oderufer bei Stettin‹, und selbst ›Stralau und die Spree‹ erschienen seinem Künstlerauge nicht zu gering.«[7]

Am 15. Mai 1810 trat Karl Friedrich Schinkel durch Vermittlung Wilhelm von Humboldts als Geheimer Oberbauassessor in die technische Oberbaudeputation ein. Diese 1804 gegründete oberste preußische Baubehörde hatte die Aufgabe, die Entwürfe und Kostenanschläge sämtlicher Bauvorhaben des Hofes und des Staates (über 500 Thaler) zu prüfen und zu begutachten. Schinkel erhielt als besonderes Fachgebiet den ästhetischen Teil übertragen, d. h. künstlerische Gutachten über die öffentlichen Prachtgebäude, zu denen alle Kirchenbauten gehörten, anzufertigen, sich um die Erhaltung der alten Baudenkmäler zu kümmern und die Hofbauangelegenheiten zu überwachen. Später gehörte auch die Abnahme der »Examina sämtlicher Baumeister in Beziehung auf die schöne Architektur« zu seinen Aufgaben.

Dreißig Jahre, bis zu seinem Tode im Jahre 1841, war Schinkel Beamter dieser Behörde, wurde 1815 zum Geheimen Oberbaurat ernannt und übernahm 1830 als Geheimer Oberbaudirektor die Leitung der Oberbaudeputation.[8]

Schinkels Schaffen als Architekt ist von zwei Aufgabenbereichen geprägt: Als Mitglied der Oberbaudeputation prüfte und begutachtete er Entwürfe und Anschläge von Architekten aus den Provinzen, also auch aus Brandenburg. Dadurch hatte er die Möglichkeit, mittelbar und auch unmittelbar auf das gesamte preußische Bauwesen einzuwirken und stilbildend zu wirken. Schinkel nahm diese Aufgabe, die die meiste Zeit seines Arbeitstages und auf Dienstreisen beanspruchte, sehr ernst. Um so erstaunlicher ist es, daß er noch ›nebenbei‹ vornehmlich im Auftrage des Staates und des preußischen Königshauses Entwürfe für eine Vielzahl von Bauten unterschiedlicher Funktionen, wie Wohnhäuser, Schlösser, Theater, Verwaltungsgebäude, Schulen, Kirchen, Museen, Militärbauten bis zu Brücken, anfertigte. Nicht zu vergessen sind seine Entwürfe zu Denk- und Grabmälern in Berlin, Großbeeren, Dennewitz, Neuruppin, Saalfeld und anderen Orten. Bei wichtigen Bauten wurde ihm außerdem noch die direkte Bauleitung oder aber die Oberaufsicht übertragen.

Seinen Weltruhm begründeten drei Bauten in Berlin: Die Neue Wache Unter den Linden (1816/17), das Schauspielhaus auf dem Gendarmenmarkt (1819–21) und das Museum am Lustgarten (1823–30).

Insgesamt lassen sich in Berlin etwa fünfzig Vorhaben, nicht eingerechnet die städtebaulichen Entwürfe Schinkels, nachweisen. An zweiter Stelle steht zweifellos Potsdam und dessen Umgebung, das er bereits 1798 von Nowawes aus malte.[9] Zu den wichtigsten Bauten gehören das Zivilkasino (1818–21), das Schloß Charlottenhof und die Römischen Bäder 1826–35, die Nikolaikirche 1830–49 und das Schloß Babelsberg 1833–35.

In den dreißiger Jahren des 19. Jahrhunderts war Schinkel eine europäische Berühmtheit geworden. In schneller Folge wurde er Mitglied der Kunstakademien von München, Paris, Rom, Kopenhagen, Wien und St. Petersburg. Es häuften sich aber auch die ausländischen Aufträge; so fertigte er 1834 Entwürfe für einen Palast auf der Akropolis und 1838 zu einem Schloß in Orianda auf der Krim an, die jedoch beide nicht ausgeführt wurden. Als Schinkel nach einjähriger schwerer Krankheit am 9. Oktober 1841 starb und drei Tage später auf dem Berliner Dorotheenstädtischen Friedhof zu Grabe getragen wurde, folgte dem Sarg eine unübersehbare Menschenmenge. Es waren vor allem die einzelnen handwerklichen Gewerke, die Künstler- und Architektenvereine, die Amtskollegen sowie viele Freunde, die dem großen Künstler die letzte Ehre erwiesen.

Sie alle wußten um seine überragende Bedeutung, die O. F. Gruppe in einer ersten, 1842 in der »Allgemeinen Bauzeitung« erschienenen Würdi-

7 Ebenda, S. 119.

8 Paul Ortwin Rave, Schinkel als Beamter, 1932, Neuabdruck in: Ausstellungskatalog Karl Friedrich Schinkel. Architektur, Malerei, Kunstgewerbe, Berlin 1981, S. 75–94.

9 Ausstellungskatalog 1981 (wie Anm. 8), Kat. Nr. 109, Abb. S. 24.

gung in die Worte faßte: »Schinkel ist ein Mensch, dessen Sendung an das Jahrhundert eine bedeutende war; seine Wirksamkeit ist mit seinem Tode nicht beschlossen, sein Einfluß kann nie erlöschen, solange wahrer und echter Kunstsinn nicht ausstirbt. Indem wir sein Wesen und seinen künstlerischen Lebenslauf uns klarmachen, begreifen wir einen wichtigen Teil der inneren Kunstgeschichte unseres Jahrhunderts.«[10] Und dieser Einfluß Schinkels, des wohl größten Baumeisters der Mark Brandenburg, ist auch in seiner Heimatprovinz spürbar.

### Schlösser und Herrenhäuser

Karl Friedrich Schinkel war in Brandenburg für das preußische Königshaus und für den märkischen Adel tätig. Bei den Schlössern und Landhäusern handelt es sich überwiegend um Umbauten, die aber so gravierend waren, daß sie als Neuschöpfungen gelten können.

Wie im gesamten Werk Schinkels werden dabei zwei Richtungen deutlich. Die sogenannte klassische zeigt sich bereits in seinen Erstlingswerken, dem Pomonatempel in Potsdam (1800) und dem Schloß Buckow (1802). Besonders ausgeprägt ist dieser Stil jedoch in den Schlössern Neuhardenberg und Charlottenhof in Potsdam-Sanssouci sowie in den am Rande Berlins gelegenen Schlössern Tegel und Glienicke. Die zweite Richtung ist die mittelalterliche und wird durch die Schlösser Friedersdorf, Petzow und Babelsberg vertreten. Nicht selten hatte der auftraggebende Adel aus Gründen der Tradition und Geschichte dem Baumeister Schinkel diesen Stil vorgeschlagen.

Unsere Betrachtung richtet sich zunächst auf die klassischen Bauten, zu denen – wenn auch kein Schloß – der Pomonatempel gerechnet werden muß. Allgemein gilt er als erstes selbständiges Bauwerk des damals erst neunzehnjährigen Schinkel.[11] Im Auftrage des Hofrates Karl Ludwig Ösfeld errichtete er 1800 einen kleinen Tempel auf dem Potsdamer Pfingstberg. Er bestand aus einem nahezu quadratischen Raum mit einem Kamin in der Rückwand, zwei seitlichen Fenstertüren und einer größeren Eingangstür. Nach Süden ist das Bauwerk durch einen ionischen Portikus gegliedert. An der Nordseite ermöglicht ein von außen zugänglicher Treppenturm den Aufstieg auf ein flaches Dach, das mit einem zeltartigen Aufbau versehen werden konnte und die Möglichkeit zur Betrachtung der Potsdamer Landschaft bot. Das Bauwerk zeigt noch die enge Beziehung Schinkels zu seinem Lehrmeister Friedrich Gilly, in dessen Haus er seit 1798 wohnte und von dem er vermutlich auch den Auftrag für den Potsdamer Bau übernommen hatte. In Gillys Bibliothek befand sich u. a. der zweite Band der 1787 erschienenen »The Antiquities of Athens« von J. Stuart und N. Revett mit der Abbildung der Nordfront des Erichtheions in Athen. In bezug auf den Portikus, die Erhöhung durch drei Stufen sowie die flache Putzrustika der zurückliegenden Wand ergeben sich starke Übereinstimmungen zwischen dem Pomonatempel und dem Athener Bauwerk. Auch später hat Schinkel Anregungen aus den Werken von Stuart und Revett für seine Entwürfe benutzt, zum Beispiel bei der Neuen Wache und dem Schauspielhaus in Berlin sowie dem Schloß Charlottenhof in Potsdam-Sanssouci. Die zweimal unterstrichene namentliche Bezeichnung und Datierung auf der erhaltenen Bauzeichnung zeigen, daß es sich bei Schinkel schon um einen selbstbewußten jungen Mann handelte, der wußte, was er wollte. Der Pomonatempel ist nach 1945 mehr und mehr verfallen und wird 1992/93 wieder aufgebaut.

10 Otto Friedrich Gruppe, Karl Friedrich Schinkel, in: Allgemeine Bauzeitung 7. Jg. 1842, S. 147.

11 Karl Friedrich Schinkel – Lebenswerk. Hans Kania, Potsdam. Staats- und Bürgerbauten, Berlin 1939, S. 90–92; Schinkel-Ausstellung, Berlin 1980 (wie Anm. 4) S. 19; Ausstellungskatalog Karl Friedrich Schinkel. Eine Ausstellung aus der DDR in der Hamburger Kunsthalle, Berlin 1982, S. 312.

*Karl Friedrich Schinkel. Entwurf zum Pomonatempel in Potsdam, 1800*

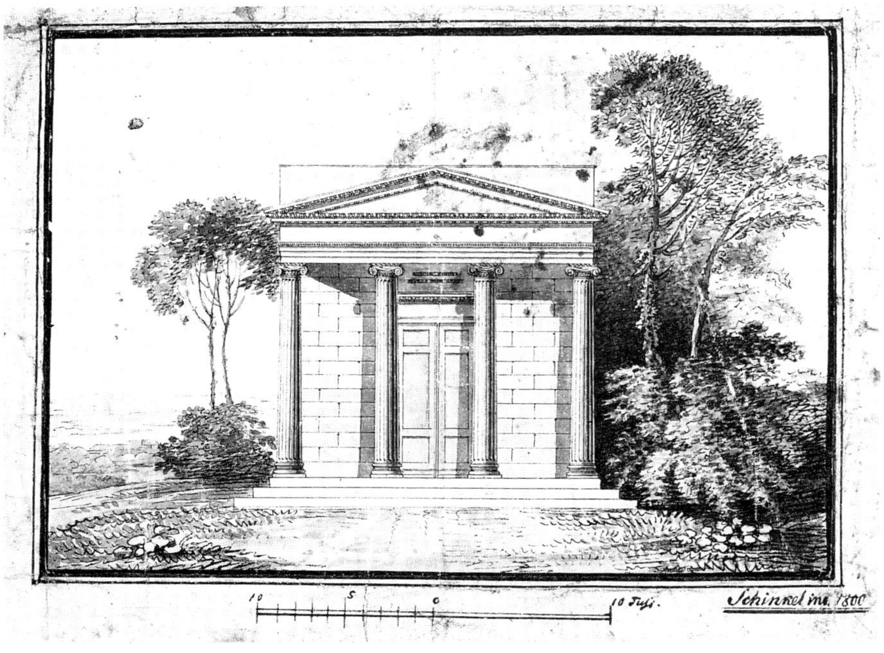

*Schloß Neuhardenberg, 1820–23*

Zu den Gebäuden, die in der Friedrich-Gilly-Schule zu sehen sind, gehört auch das leider 1945 zerstörte Schloß zu Buckow.[12] Der junge Schinkel hatte 1802 den Auftrag vom damaligen Besitzer des Schlosses, Ritterschaftsrat Christian Adolf Bogislav von Flemming, erhalten. Ursprünglich war Friedrich Gilly für diesen Auftrag vorgesehen, doch nach dessen frühem Tod im Jahre 1800 wurde Schinkel damit betraut. Das 1670 errichtete Gebäude war später mehrfach umgebaut worden; die letzte Veränderung erfuhr es unter Johann Georg von Flemming (1706–48). Baupläne Schinkels haben sich nicht erhalten, nur aus seinem Erläuterungsbericht können Motivation und Vorstellungen für den Umbau entnommen werden. Besonders deutlich wird die Schinkelsche Auffassung bei den Mittelrisaliten der Hof- und Gartenseite, während die jeweils angrenzenden vier Achsen durchaus noch die Architektursprache des späten 18. Jahrhunderts verdeutlichen. Eine eigenständige Leistung war vor allem der Grottensaal, der sich mit einem großen Rundfenster zum Garten öffnete und damit die typischen Bauformen der Zeit um 1800 widerspiegelte. »Ich glaube, daß Ganze wird durch diese Veränderung den Charakter des eleganten und großen Landschlosses bekommen«, schrieb Schinkel in einem Erläuterungsbericht. Die Ausführung entsprach dann auch diesen Vorstellungen.

Die Ereignisse zwischen 1806 und 1815 hatten die Bautätigkeit in Preußen und somit auch in Brandenburg nahezu zum Erliegen gebracht. Nach 1815 standen in Berlin erst einmal die neuen großen Bauaufgaben, wie Neue Wache Unter den Linden und Schauspielhaus auf dem Gendarmenmarkt, an. Um 1820 begann jedoch eine umfangreiche Tätigkeit im Schloßbau in

12 Karl Friedrich Schinkel – Lebenswerk. Hans Kania und Hans-Herbert Möller, Mark Brandenburg, Berlin 1960, S. 19–22; Hartmann Manfred Schärf, Die klassizistischen Landschloßumbauten Karl Friedrich Schinkels, Berlin 1986 (Die Bauwerke und Kunstdenkmäler von Berlin, Beiheft 11), S. 45–63.

Zur Tätigkeit K. F. Schinkels in Brandenburg vgl. auch: Schinkel in der Mark, Brandenburgische Jahrbücher 7, Potsdam und Berlin 1937, und Aufsätze von P. O. Rave, H. Kania u. a.

13 Kania/Möller (wie Anm. 12) S. 23–30; Schärf (wie Anm. 12) S. 64–84.

*Alexander Duncker. Eingangsseite des Schlosses Neuhardenberg, Farblithographie, um 1860*

*Karl Friedrich Schinkel. Umbauentwurf für die Gartenseite des Schlosses Neuhardenberg, 1822/23*

*Karl Friedrich Schinkel. Entwurf zu einem Grabmal für den Fürsten Hardenberg an der Kirche in Neuhardenberg, 1822/23* ▷

Berlin und Brandenburg. Schinkel erhielt zu dieser Zeit den Auftrag zum Umbau des Schlosses in Quilitz am westlichen Rand des Oderbruches. Schon 1801–03 war er mit dem Bau von Stallanlagen und 1814–17 mit der Errichtung der Dorfkirche betraut worden. Nun stand vor ihm die Aufgabe, das aus dem 18. Jahrhundert stammende eingeschossige Wohnhaus zu verändern.[13] Der Staatskanzler Karl August Freiherr von Hardenberg, am 3. Juni 1814 in den preußischen Fürstenstand erhoben, hatte aufgrund seiner Verdienste von Friedrich Wilhelm III. den Ort Quilitz, der nun Neuhardenberg hieß, zum Geschenk erhalten. Ein erster Umbauentwurf des Landbaumeisters Neubarth aus Wriezen basierte auf der Eingeschossigkeit des bestehenden Baues und wurde mit dem Vermerk »geschmacklos« abgelehnt. Schinkel griff auf die schon einmal im 18. Jahrhundert geplante, aber von Friedrich II. nicht genehmigte Zweigeschossigkeit der Dreiflügelanlage zurück und legte einen ersten Entwurf vor. Kennzeichnend sind die sachlich klaren Proportionen mit den eingeschnittenen und mit Verdachungen versehenen Fenstern sowie das Verdecken des relativ flachen Daches durch eine hohe Balustrade. Der Bau hatte somit das Aussehen eines Stadtpalais erhalten. Der Mittelrisalit der Hofseite sollte anfangs durch zwei Adler, die das Familienwappen halten, später durch einen Adler gekrönt werden. 1822 schlug er allerdings vor, auf der Hof- und Gartenseite acht große Vasen aufzustellen. Schinkel hatte vom Grundriß her im Erdgeschoß die Wohnräume des Fürsten und im Obergeschoß die für Gäste und Diener angeordnet. Der Fürst Hardenberg konnte die Fertigstellung seines Schlosses nicht mehr erleben, er starb am 26. November 1822 in Genua.

Es stellte sich sehr bald heraus, daß es Schwierigkeiten mit der Dachanbindung gab. So wurde 1852 die Balustrade entfernt, und der Mittelrisalit erhielt einen Dreiecksgiebel. Aus dem herrschaftlichen Palais war wieder ein märkischer Herrensitz geworden, aber natürlich geprägt durch das Können Karl Friedrich Schinkels. Nach zweckentfremdeter Nutzung und Verwahrlosung nach 1945 ist das Schloß in den achtziger Jahren wiederhergestellt worden.[14]

Nach 1820 mehrten sich auch die Aufträge, die Schinkel vom preußischen Königshaus erhielt.

Während in Berlin Stadtpalais entstanden, wurden in Potsdam vornehmlich an der Havel Sommerschlösser errichtet. Prinz Karl erwarb 1824 vom Sohn des Fürsten Hardenberg das Anwesen Glienicke.[15] Das Gutshaus hatte der Fürst 1814 gekauft und zwei Jahre später renovieren lassen. 1816 wurde der aus Bonn stammende Peter Joseph Lenné mit der Gartengestaltung betraut. Prinz Karl beauftragte nun Karl Friedrich Schinkel mit den Umbauplänen für das Schloß; die Bauausführung lag in den Händen von Ludwig Persius. Das Anwesen sollte bald

14 Denkmale in Berlin und in der Mark Brandenburg. Erarbeitet im Institut für Denkmalpflege Arbeitsstelle Berlin, Weimar 1987, S. 456 f.

15 Karl Friedrich Schinkel – Lebenswerk. Johannes Sievers, Bauten für den Prinzen Carl von Preußen, Berlin 1942, S. 19–166; Schärf (wie Anm. 12) S. 129–179; Ausstellungskatalog Schloß Glienicke. Bewohner, Künstler, Parklandschaft, Berlin 1987.

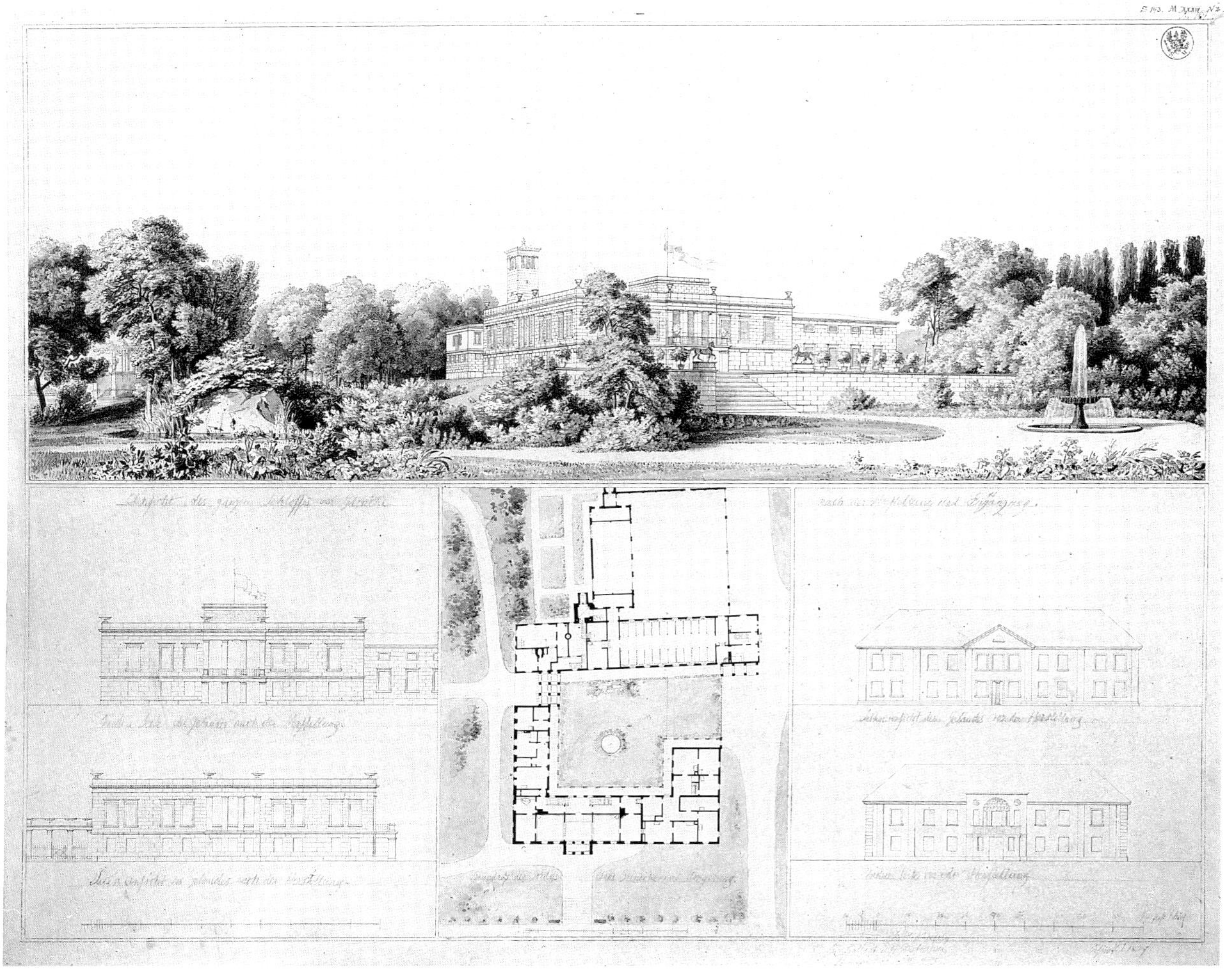

*Karl Friedrich Schinkel. Ansicht des Schlosses Glienicke bei Potsdam mit umgebender Landschaft, Grundriß, zwei Ansichten sowie zwei Ansichten des früheren Baues. Vorzeichnung zur »Sammlung Architektonischer Entwürfe«, Heft 18, 1837, Bl. 137*

*Karl Friedrich Schinkel. Glienicker Brücke bei Potsdam, 1831*

durch ein Kasino, den Jägerhof und Kleinarchitekturen von den Schinkel-Schülern Persius und von Arnim bereichert werden.

Zweifellos gingen entscheidende Anregungen für Glienicke vom Kronprinzen Friedrich Wilhelm (IV.) aus, der bereits 1823 erste Ideen für eine eigene Residenz auf einer Havelinsel südwestlich von Potsdam in direkter Achsenbeziehung zum Schloß Sanssouci skizziert hatte.[16] Dieses Schloß sollte den Namen ›Belriguardo‹ tragen, und Schinkel hatte dafür Entwürfe angefertigt. Die Ausführung wurde jedoch bald aufgegeben, da der projektierte Schloßbau die finanziellen Möglichkeiten bei weitem überstieg.

Um 1825 entwarf Schinkel auch auf Anregung des Kronprinzen und nach dessen Ideen »ein Lusthaus in der Nähe Potsdams«, das den Typ eines italienischen Kasinos mit flachen Dächern, Terrassen, Treppen und Pergolen variierte. Als Treffpunkt der »vier Teilnehmer«, nämlich des Kronprinzen Friedrich Wilhelm (IV.) sowie der Prinzen Karl, Wilhelm (später König und Kaiser Wilhelm I.) und Albrecht gedacht[17], erklärt sich die Ausbildung des Grundrisses mit einem großen gemeinschaftlichen Salon und vier kleineren Lesekabinetten. Das Schloß Glienicke war für den Prinzen Karl bereits im Bau, und auch zwei andere Prinzen – Friedrich Wilhelm und Wilhelm – planten zu dieser Zeit ihr Anwesen. Wenn auch schriftliche Quellen fehlen, so deuten doch Skizzen des Kronprinzen Friedrich Wilhelm (IV.) von einem englisch-gotischen Landhaus in einer bergigen Flußlandschaft mit der Bezeichnung ›Villa Alberti‹ auf die Absicht hin, auch für den jüngsten Prinzen Albrecht einen Sommersitz zu schaffen. Sein Bau unterblieb ebenso wie der des gemeinsamen »Lusthauses«.

Während dieser Planung erhielt Schinkel Anfang 1826 eine der reizvollsten Aufgaben, den Umbau des an den Park Sanssouci angrenzenden Schlosses Charlottenhof zu einer Sommer-

*Karl Friedrich Schinkel. Zwei Ansichten der Anlage des Schlosses Charlottenhof in Potsdam-Sanssouci; darunter das alte Gutshaus, 1829. Vorzeichnung zur »Sammlung Architektonischer Entwürfe«, Heft 18, 1831, Bl. 111*

*Ansicht des Schlosses Charlottenhof in Potsdam-Sanssouci, 1826-29*

*Blick vom Schloß Charlottenhof zu den Römischen Bädern in Potsdam-Sanssouci*

*Ansicht der Römischen Bäder in Potsdam-Sanssouci, 1829-35*

*Atrium im Römischen Bad in Potsdam-Sanssouci, 1835*

residenz für den Kronprinzen Friedrich Wilhelm (IV.) und die Errichtung der Römischen Bäder mit der Hofgärtnervilla als Mittelpunkt ab 1829.[18] Wie in Glienicke entstand aus einem Landhaus des 18. Jahrhunderts, in dem schon die Potsdamer Baumeister Jan Boumann, Johann Gottfried Büring und Carl von Gontard gewohnt hatten und dessen Name auf die Vorbesitzerin Charlotte von Gentzkow zurückgeht, eine Villa in bester klassizistischer Baugesinnung und mit bewunderswertem Ebenmaß. Mehr noch als bei der Architektur des Schlosses sollten für die gärtnerische Gestaltung der Umgebung von Charlottenhof Vorbilder wirksam werden, die der Kronprinz in Tafelwerken der französischen Architekten Percier und Fontaine über die Renaissance – besonders der Villa Albani – und die Rekonstruktion bzw. durch Plinius überlieferte Beschreibung der antiken Landhäuser kennengelernt hatte. Auch Kenntnisse und eigene Anschauungen der Architektur Italiens dürften eine Rolle gespielt haben. Aus dem hochaufsteigenden Dach des Landhauses wurde ein flaches Dach der Villa, das sich hinter der Attika versteckt. Zum erhöhten Hausgarten führt ein dorischer Portikus, und die Eingangsseite wird durch ein schlichtes Portal betont. Die bürgerlich anmutenden Innenräume des Schlosses Charlottenhof gehören zu den wenigen erhaltenen Raumschöpfungen Schinkels und sind nur mit denen des Schlosses Tegel, das er 1820–24 für Wilhelm von Humboldt erbaut hatte, vergleichbar. Aus dem Fenster ergeben sich überraschende Einblicke in die weite, von Lenné gestaltete Landschaft.

Die Orientierung auf Italien zeigt sich in anderer Form bei den Römischen Bädern. Wieder ist Ludwig Persius wie bei den Schlössern Glienicke und Charlottenhof für die Ausführung verantwortlich. Nach dem Tode Schinkels 1841 wurde er, der nur vier Jahre danach starb, der wichtigste Architekt Friedrich Wilhelms IV. Die Weiterentwicklung Schinkelscher Formen im Sinne eines romantischen Klassizismus zeigt sich besonders in seinen Fähigkeiten, Baukörper ›malerisch‹ zu gruppieren und sie mit der meist von Lenné gestalteten Landschaft in Beziehung zu setzen. Der »italienische Villenstil«, bei den Römischen Bädern zum ersten Mal deutlich, wurde eine beherrschende Architekturform der

16 Ludwig Dehio, Friedrich Wilhelm IV. Ein Baukünstler der Romantik, Berlin 1961, S. 23–34; Schinkel-Ausstellung, Berlin 1980 (wie Anm. 4) S. 200–202.

17 Karl Friedrich Schinkel – Lebenswerk. Johannes Sievers, Die Arbeiten für Prinz Wilhelm, späteren König von Preußen, Berlin 1955, S. 219–223; Schinkel-Ausstellung, Berlin 1980 (wie Anm. 4) S. 208.

18 Kurt Kuhlow, Das königliche Schloß Charlottenhof bei Potsdam, Berlin 1912; Schinkel-Ausstellung, Berlin 1980 (wie Anm. 4) S. 175–195; Hans Hoffmann und Renate Möller, Schloß Charlottenhof und die Römischen Bäder, Potsdam-Sanssouci 1985; Schärf (wie Anm. 12) S. 180–223.

*Wischneski nach Karl Friedrich Schinkel. Gesamtansicht und -grundriß des Gärtnerhauses der Römischen Bäder in Potsdam-Sanssouci. »Sammlung Architektonischer Entwürfe«, Heft 24, 1835, Bl. 145*

dreißiger und vierziger Jahre des 19. Jahrhunderts in Potsdam.[19]

Das Gelände um das Schloß Charlottenhof und die Römischen Bäder verwandelte Peter Joseph Lenné in einen Landschaftsgarten, der mit weiten Blickachsen Verbindung zu den Bauten des 18. Jahrhunderts, besonders zum Neuen Palais, aufnimmt. Es war eine neue kronprinzliche Anlage, nicht am Wasser gelegen, wie vielleicht mit ›Belriguardo‹ gedacht oder wie die seiner königlichen Brüder, aber ein Kleinod der Bau- und Gartenkunst, das sich an den friderizianischen Park anschloß, in dem Lenné bereits mit Veränderungsvorschlägen gewirkt hatte.

Im Anschluß an die Reise Schinkels nach England im Jahre 1826 machten sich verstärkt gotische Bauformen in seinem Schaffen bemerkbar. Erstmalig wurde dies beim Jägerhof des Schloßparkes von Glienicke deutlich, den Schinkel 1827 im englischen Cottage-Stil entwarf und der ein Jahr später gebaut wurde.[20] Zur gleichen Zeit erstand für den Gutsbesitzer Karl Friedrich August Kähne in Petzow in der Nähe von Potsdam ein Landschloß in Form eines mittelalterlichen Rittersitzes.[21] Wie die Bekanntschaft mit Kähne entstanden war, läßt sich bisher ebensowenig nachweisen wie Schinkels Entwurf zu dem Schloß selbst. Nur Familienüberlieferungen und ein Hinweis Fontanes sind die einzigen Belege. Auch Lenné, der den Park am Schwielowsee und um den Haussee anlegte, war in das freundschaftliche Verhältnis mit dem Gutsherrn eingebunden. Den langgestreckten elfachsigen Bau gliedern vier Türme mit Zinnenkranz, drei Achsen sind als Mittelrisalit hervorgehoben. Zur Seeseite ist das Gebäude durch zwei Achsen mit einem Treppengiebel auf der Höhe des Hauptbaues und zur Dorfseite durch einen niedrigen Anbau erweitert worden. Mit der Ummauerung wurde dem Ganzen der Charakter einer Ritterburg verliehen. Friedrich Wilhelm IV., der dem Gutsherrn sehr gewogen war, erhob ihn 1840 in den Adelsstand und verlieh seinem Anwesen 1845 die Eigenschaft eines Rittergutes. Neben der Tätigkeit am Schloß soll Schinkels Wirken auch bei kleineren Gebäuden im Park, so dem Erbbegräbnis und der Fischerhütte aus der Erbauungszeit des Schlosses, nachweisbar sein.

19 Tilo Eggeling, Ludwig Persius als Architekt der Potsdam-Landschaft, in: Ausstellungskatalog Schloß Glienicke (wie Anm. 15) S. 45–62.

20 Sievers (wie Anm. 15) S. 103–111; Schinkel-Ausstellung, Berlin 1980 (wie Anm. 4) S. 211.

21 Kania/Möller (wie Anm. 12) S. 64–69. In diesem Zusammenhang ist auch das 1827/28 von Schinkel für Friedrich August Ludwig von der Marwitz errichtete Schloß Friedersdorf zu nennen (Kania/Möller [wie Anm. 12] S. 52–61). Das Schloß brannte 1945 aus, die Ruine wurde 1947 gesprengt.

Mehr noch als Petzow zeigt Babelsberg, der dritte prinzliche Sommeraufenthalt in der Potsdamer Umgebung, den neugotischen Einfluß.[22] Prinz Wilhelm bekundete seit 1826 Interesse für das dem Anwesen seines Bruders Karl in Glienicke gegenüberliegende Gelände. Er wurde darin von Lenné bestärkt, der nicht nur die Verbindung zu dem »Bruderschloß«[23] sah, sondern auch die Möglichkeit einer weiteren Verschönerung der Landschaft um Potsdam. Ein erstes nach Ideenskizzen des Kronprinzen Friedrich Wilhelm (IV.) von Schinkel angefertigtes Projekt wurde vom König nicht akzeptiert. Aber Prinz Wilhelm gab nicht auf; 1829 schrieb er an seine Schwester Charlotte, die russische Zarin Alexandra Feodorowna: »Gestern war Tee auf dem Babelsberg, wo denn gehörige Luftschlösser für mich gebaut wurden. Ich werde doch noch einen Sturm auf die Majestät wagen, denn das Projekt kann wegen der herrlichen Lage gar schön werden.«[24]

Es dauerte aber noch fünf Jahre, bis mit dem Schloßbau und der Parkanlage begonnen werden konnte. Zwischenzeitlich hatte Persius nach einer Skizze der Bauherrin, Prinzessin Augusta von Sachsen-Weimar, ein Cottage nach englischem Vorbild entworfen. Aber wie bei allen anderen Schlössern der Prinzen an der Havel und deren Stadtpalais in Berlin erhielt Schinkel 1833 den Auftrag für einen Schloßbau in Babelsberg und legte schon im Oktober des gleichen Jahres den Entwurf vor. Prinzessin Augusta wird wohl wiederum für die Wahl des englisch-gotischen Stils den Ausschlag gegeben haben, wobei der Entwurf einer Schloßanlage von Repton 1816 bestimmend war. Trotz aller bedachten, romantisch wirkenden Unregelmäßigkeiten mit Türmen, Zinnen, Toren und Terrassen vermittelt der Gesamtaufbau doch einen Eindruck der Ruhe, nicht zuletzt durch die ideale Einfügung in die hügelige Landschaft. Im Frühjahr 1834 begann der Bau, der aus Geldmangel im Herbst 1835 nur bis zur Hälfte fertiggestellt wurde. Erst 1844 konnte das Schloß weitergebaut und 1849 vollendet werden. Verstärkte Repräsentationspflichten des Prinzen Wilhelm

22 Georg Poensgen, Schloß Babelsberg, Berlin 1929; Sievers (wie Anm. 17) S. 157–218; Schinkel-Ausstellung, Hamburg 1982 (wie Anm. 11) S. 250–252; Heinrich Hamann, Park Babelsberg, Potsdam-Sanssouci 1984.

23 Lenné machte 1828 gelegentlich eines Mittagsmahls beim Prinzen Karl in Glienicke den Prinzen Wilhelm, Bruder des Gastgebers, »auf den gegenüberliegenden Babelsberg« aufmerksam. Könnte dort etwas entstehen, »so würden auch an der Havel zwei Bruderschlösser so traulich nahe beieinander liegen, wie der Rhein sie aus sagenhafter Zeit an seinen Ufern hat«. Zitat bei Harri Günther, Peter Joseph Lenné. Gärten Parke Landschaften, Berlin 1985, S. 103 f.

24 Zitat bei Sievers (wie Anm. 17) S. 161.

*Schloß in Petzow, Landkreis Potsdam, 1828*

*Ansicht des Schlosses Babelsberg in Potsdam, 1834–49*

*Ferdinand Berger nach Karl Friedrich Schinkel. Schloß Babelsberg bei Potsdam mit umgebender Landschaft und Grundriß. »Sammlung Architektonischer Entwürfe«, Heft 26, 1838, Bl. 162*

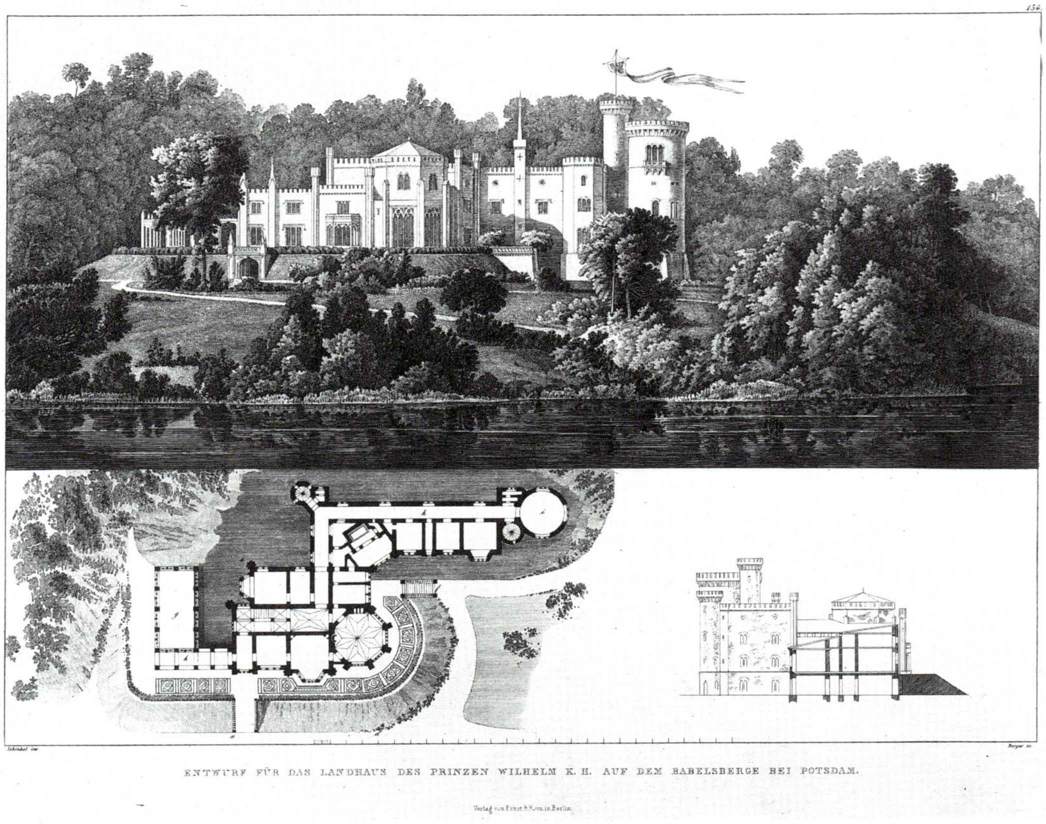

führten besonders durch das Einfügen des Tanzsaales jedoch zur Änderung des Schinkel-Entwurfes. Trotzdem zählt Babelsberg zu den wichtigsten neugotischen Bauten Schinkels und seiner Schule, dessen malerische Wirkung vor allem im Gegensatz zu dem klassischen Glienicke zum Ausdruck kommt. Nicht zuletzt wurde mit der 1813–34 nach eimen Entwurf Schinkels erbauten Glienicker Brücke (heutiger Neubau von 1907) neben der Verbindung zwischen Berlin und Potsdam auch ein Podest für diese Betrachtung geschaffen.

*Teesalon im Schloß Babelsberg in Potsdam, 1834/35*

## Kirchenbauten

Auch bei den Kirchenbauten Schinkels in der Mark Brandenburg lassen sich die zwei Typen, die er selbst als »mittelalterlich« und »klassisch« bezeichnet hat, nachweisen. Dabei ging er nicht von formalen Gesichtspunkten aus, sondern versuchte, »Kunstformen der Vergangenheit, welchem Stil sie auch immer angehören, lebendig und für die eigene Zeit zweckmäßig zu gestalten«, wie Rave festgestellt hat.[25]

Die Vielfalt der Aufgaben läßt sich unterscheiden in eigene Schöpfungen, in Wiederherstellungsarbeiten, die aber einer Neugestaltung sehr nahe kommen, und in eine dritte Rubrik, die Schinkels Tätigkeit als Baubeamter ausmachte und durch Gutachten und Korrekturen den Stil und die Bautätigkeit beeinflußte.

Zu den ersten Arbeiten Schinkels in Brandenburg gehörte der Entwurf für den Neubau der St.-Andreas-Stadtkirche in Teltow 1810–12.[26] Sie war 1810 abgebrannt, und Schinkel legte einen Entwurf für die Neugestaltung des Turmes vor, der eine Gliederung in drei sich gleichmäßig verjüngende Abschnitte vorsah. Den Abschluß bildete eine obeliskförmige Spitze mit einer Krone. Ein erster Entwurf war reicher und mit feinen Lisenen ausgestattet; man entschied sich jedoch für einen zweiten, der die Grundform des ersten aufnahm, aber nicht so aufwendig war. Es ist schon jetzt zu bemerken, daß Schinkel eine besondere Vorliebe für ausgeprägte Turmbauten hatte. Sie sind für ihn wesentliche Gestaltungsmomente am Kirchenschiff, können mit diesem direkt verbunden sein oder – wie noch nachzuweisen sein wird – separat stehen.

Auch die Kirche in Neuhardenberg war durch einen Brand vernichtet worden, und Schinkel erhielt 1814 den Auftrag zur Neugestaltung des Gotteshauses.[27] Vom Äußeren her behielt er die durch das 18. Jahrhundert geprägte Form bei, setzte aber vor den Giebel einen massiven Turm mit rundem Aufbau, fast einem Leuchtturm vergleichbar. Das Innere überrascht durch den hellen Raum, der trotz der Empore einen weiträumigen Eindruck macht. Vielleicht ist Neuhardenberg ein Beispiel für die Bezeichnung »klassisch«, wie sie sich Schinkel für die Innenraumkunst vorstellte. Nach dreijähriger Bauzeit konnte die Kirche 1817 in Anwesenheit des Staatskanzlers Hardenberg eingeweiht werden.

25 Kania/Möller (wie Anm. 12) S. 114.

26 Ebenda, S. 116–123.

27 Ebenda, S. 124–127.

Dessen Tod im Jahre 1822 brachte für Schinkel erneut einen Auftrag in Neuhardenberg. Er wurde aufgefordert, ein Grabmal für den Fürsten zu entwerfen.[28] Sein erster um 1825 gefertigter Entwurf sah eine beeindruckende Halle vor, unter der ein Sarkophag stand. Diese Idee erschien jedoch dem Sohn des Fürsten zu aufwendig, da mit ihm auch eine Neugestaltung der Kirche verbunden war. So stimmte er dem zweiten Entwurf zu, der am Giebel der Kirche eine Säulenhalle vorsah, die wohl mehr den baulichen Gegebenheiten entsprach als der zweifellos genialere erste Entwurf. Die Ausführung erfolgte 1823, jedoch ohne die vorgesehene Statue des Fürsten Hardenberg.

Im Jahre 1817 wurde der Gedanke eines Turmneubaues für die Kirche in Letschin, Kreis Seelow, wieder aufgenommen.[29] Das eigentliche Kirchengebäude war 1812 im gotischen Stil errichtet worden, die nachfolgenden Befreiungskriege hatten eine Ausführung des Turmes an der nördlichen Längswand verhindert. Schinkel legte wiederum zwei Entwürfe vor, die beide die gleiche Grundform variierten: Auf einem quadratischen Sockel erhebt sich ein achteckiger, von Fenstern durchbrochener Unterbau, der von einer pyramidalen Spitze abgeschlossen wird. Der zweite, etwas einfachere Entwurf wurde ausgeführt. Schinkel hatte darauf Wert gelegt, daß der Turm in Backstein errichtet wurde, und so konnte er 1821 nach Fertigstellung bemerken, »daß der bis zur Spitze äußerlich ganz in rohem Mauerstein ausgeführte Turm sehr schön ausgefallen ist«.[30] Nach Zerstörungen 1945 steht heute nur noch die Turmruine.

Die Kirche in Großbeeren bei Berlin war 1760 von den Russen zerstört worden. Die Bemühungen nach 1815 für einen Neubau hatten erst um 1818 Erfolg, als der König Friedrich Wilhelm III. die Gelder bewilligte.[31] Das Bauwerk hatte außerdem eine besondere Bedeutung, weil es zusammen mit dem gußeisernen Denkmal eine Erinnerungsstätte an die Schlacht bei Großbeeren von 1813 sein sollte. Schinkels erster Ent-

*Dorfkirche in Neuhardenberg, Landkreis Seelow, 1814-17*

*Karl Friedrich Schinkel. Erster Entwurf zum Kirchturm der Dorfkirche in Letschin, Landkreis Seelow, 1817*

wurf sah einen Zentralbau mit vier Türmen an den Ecken und in der Mitte einen großen achteckigen Turm vor. Dieses geplante Bauwerk erschien wohl zu aufwendig, so daß man sich aus Kostengründen für einen kreuzförmigen Baukörper mit einem Turm an der Nordseite, dem Denkmal der Befreiungskriege gegenüber, entschied. Wieder entstand ein typisch Schinkelscher Turm mit quadratischem Untergeschoß, achteckigem Obergeschoß und Pyramidenspitze. Im Oktober 1820, dem Jahrestag des Verlustes der Kirche im Siebenjährigen Krieg, konnte das neue Haus eingeweiht werden.

Zu den bemerkenswertesten Ideen Schinkels für den Neubau eines märkischen Turmes gehören seine Skizzen zur Aufrichtung des Turmes der Pfarrkirche in Rathenow.[32] Der Turm dieser Kirche war 1818 wegen Baufälligkeit teilweise abgetragen worden und stand als Ruine da. 1821 erhielt Schinkel den Auftrag der Stadt Rathenow zu einem Entwurf für einen Neubau. In fünf Stockwerke gegliedert, mit kannelierten Säulen an den Ecken, sollte ein Standbild des Erzengels

*Karl Friedrich Schinkel.*
*Erster Entwurf zum Neubau der Dorfkirche in Großbeeren, Landkreis Zossen, 1817*

◁ *Karl Friedrich Schinkel. Zweiter Entwurf zum Neubau der Kirche in Großbeeren*

*Kirche in Großbeeren, 1819–20*

28 Ebenda, S. 127–129.

29 Ebenda, S. 133–136.

30 Ebenda, S. 135.

31 Ebenda, S. 137–144.

32 Ebenda, S. 145–152.

*Karl Friedrich Schinkel. Skizzen zum Neubau des Kirchturmes in Rathenow, 1821*

Michael den Turm krönen und weit im Lande sichtbar sein. Vom eigentlichen Gebäude durch zwei Bogenstellungen getrennt, war das Bauwerk gleichzeitig Denkmal für die siegreiche Beendigung der Befreiungskriege 1815. Schinkels Skizzen für den Kirchturm in Rathenow erinnern sehr stark an seinen Entwurf von 1819 für eine Kirche auf dem Berliner Spittelmarkt, die ebenfalls als Denkmal für die Befreiungskriege gedacht war. Das ganze Rathenower Bauwerk sollte in gebrannten und glasierten Formsteinen ausgeführt werden. Die Kühnheit des Entwurfes traf bei den Stadtvätern auf Ablehnung, sie wünschten sich einen Turm mit gotischem Aussehen. Schinkel verteidigte sein Projekt und wies vor allem in seinem Memorandum auf die heimische Ziegelindustrie hin: »Für die weltberühmte Rathenower Mauersteinfabrikation würde es meiner Ansicht nach eine Herabwürdigung sein, wenn man sich nicht aller der Mittel zur Verschönerung eines von der Stadt zu errichtenden Monumentes bedienen wollte, welche dies herrliche Material darbietet und

*Karl Friedrich Schinkel. Ausgeführter Entwurf der Nikolaikirche in Potsdam als Zentralbau. Querschnitt durch den Kuppelbau, 1829. Vorzeichnung für »Sammlung Architektonischer Entwürfe«, Heft 22, 1834, Bl. 157*

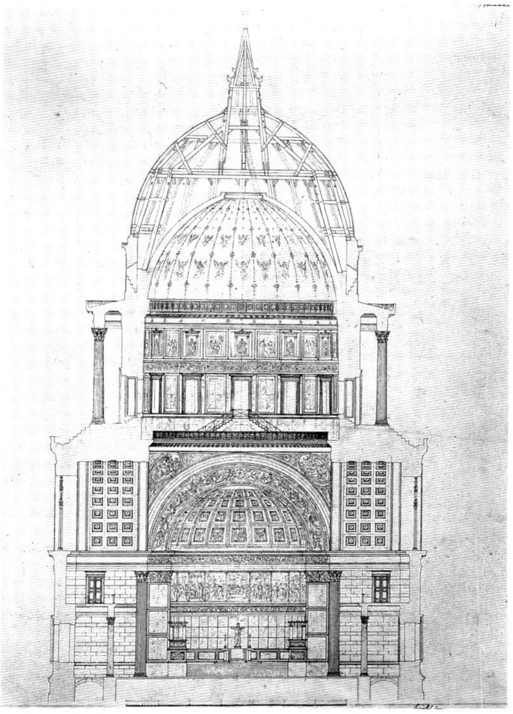

wodurch dessen Ruhm höher gesteigert wird. Gewiß wird derjenige, welcher die Ziegelei verwaltet, eine so ausgezeichnete Gelegenheit nicht vorübergehen lassen, seinen Kunstfleiß für Jahrhunderte der Zukunft an den Tag zu legen.«[33] Der Turm wurde jedoch 1825–28 nach einem Entwurf des Baumeisters Redtel in gotischen Formen ausgeführt und 1945 stark beschädigt.

Als wichtigster Kirchenbau Schinkels in Brandenburg gilt die Nikolaikirche in Potsdam.[34] Die von Philipp Gerlach 1721–24 errichtete Stadtpfarrkirche war 1795 abgebrannt. Der erste Entwurf aus dem Jahre 1796 für einen Neubau stammt von Friedrich Gilly. Dieser ganz von der französischen Revolutionsarchitektur beeinflußte Entwurf wurde nicht ausgeführt, fand aber später Eingang in den großen Sockelbau der Schinkelschen Kirche. Obwohl die Gemeinde immer wieder auf einen Neubau drängte, beauftragte Friedrich Wilhelm III. erst 1826 Karl Friedrich Schinkel mit Entwürfen. Schinkel trat von Anfang an im Einvernehmen mit dem Kronprinzen Friedrich Wilhelm (IV.) für einen Zentralbau mit einer die Stadtsilhouette beherrschenden Kuppel ein; Friedrich Wilhelm III. wollte eine Basilika mit einer Zweiturmfassade. Schließlich wurde ein würfelförmiger Körper mit zwei niedrigen Türmen an der Vorderseite für die Ausführung bestimmt. Schon während des Baues, der 1830 begann, konnte der König im Winter 1832/33 dazu bewogen werden, auf die Türme zu verzichten und statt dessen einem Giebeldreieck zuzustimmen. In dieser Form ist der Kirchenbau 1837 erst einmal abgeschlossen worden. Nach dem Tode des Königs im Jahre 1840 war es möglich, den ursprünglichen Plan zu verwirklichen und eine Kuppel aufzusetzen. Die Arbeiten begannen 1843 unter der Leitung von Ludwig Persius und wurden nach dessen Tod 1845 von

33 Ebenda, S. 150.

34 Kania (wie Anm. 11) S. 3–60; Schinkel-Ausstellung, Berlin 1980 (wie Anm. 4) S. 167–174.

*Nikolaikirche in Potsdam, 1830–49*

Friedrich August Stüler bis 1849 ausgeführt. Die Einweihung fand 1850 statt. Damit hatte das Bauwerk nach fünfundzwanzigjähriger Planungs- und Bauzeit seinen Abschluß gefunden. Von den Projekten Schinkels für Kuppelbauten, angefangen von der Berliner Petrikirche 1810 über den Kuppeldom als Denkmal für die Befreiungskriege 1814, den neuen Dombauplänen 1816, der Spittelmarktkirche 1819, der Werderschen Kirche im Antikenstil 1824 bis zu den Kirchen vor dem Oranienburger Tor 1828 ist die Potsdamer Nikolaikirche das einzige Werk, das – wenn auch erst nach Schinkels Tode und etwas modifiziert – ausgeführt worden ist. Ihr kommt deshalb nicht nur im Werk Schinkels, sondern auch in der Reihe der großen europäischen Kuppelbauten ein besonderer Platz zu.

Eine der größten von Schinkel errichteten Dorfkirchen ist die in Straupitz, Landkreis Lübben.[35] Karl Heinrich Ferdinand Freiherr von Houwald beauftragte Schinkel 1828 mit dem Bau einer Kirche für das Dorf und die umliegenden, zur Herrschaft Straupitz gehörenden Dörfer; die Kirche sollte 1700 Personen aufnehmen können. Der Schinkelsche Entwurf sah ein hohes Kirchenschiff mit drei rundbogigen Fenstern und im Innern zweigeschossige Emporen vor. Eine mit rundbogigen Arkaden versehene

*Innenraum der Dorfkirche in Straupitz*

*Straupitz, Landkreis Lübben. Dorfkirche, 1828–32*

*Kirche in Petzow, Landkreis Potsdam, 1841/42*

35 Kania/Möller (wie Anm. 12) S. 186–196.

*Ferdinand von Laer. Gesundbrunnen in Freienwalde mit dem Kursaalbau, 1815-20. Farbige Lithographie, um 1830*

zweitürmige Fassade gab dem Bau ein stattliches Aussehen. Die Ausführung zog sich bis zum Jahre 1832 hin, weil Geldknappheit ein kontinuierliches Bauen immer wieder verhinderte. Die Kirche in Straupitz, die nicht nur von der Einfachheit und Zweckmäßigkeit eines Gotteshauses geprägt ist, sondern gleichzeitig durch ihre Größe in der Landschaft wirkt, gehört zu Schinkels großen Leistungen.

Zu den letzten Schöpfungen Schinkels zählt die in Petzow 1841/42 errichtete Kirche.[36] Auch bei diesem Entwurf hatte der Kronprinz Friedrich Wilhelm (IV.) einen wesentlichen Anteil sowohl bei der Wahl des Standortes auf der Kuppe des Grellberges als auch in der Durchsetzung von Detailforderungen. Aus gelben Glindower Ziegeln errichtet, durch jeweils drei Bogenfenster an den Längsseiten und eine halbrunde Apsis gegliedert, steht vor der Ostseite – wie in Rathenow geplant und in Liebenwalde sowie in Müncheberg ausgeführt – ein separater Turm, der wiederum durch eine Pyramidenspitze abgeschlossen wird. Die Kirche ist ein markanter Punkt in der Landschaft, aber gleichzeitig auch ein idealer Ort, von dessen Turm man über die Havelseen bis Potsdam blicken kann.

Hier konnten nur einige prägnante Beispiele behandelt werden. Schinkels Einfluß ist auch bei vielen anderen Kirchenbauten Brandenburgs u. a. in Joachimsthal (1815–17), Schäpe, Landkreis Belzig (1825), Seelow (1830–32) und Annenwalde, Landkreis Templin (1833), nachweisbar.[37]

### Öffentliche Bauten und Denkmäler

Schinkels Talent zeigte sich nicht nur an den Schloß- und Kirchenbauten. Je mehr seine Fähigkeiten offensichtlich wurden und damit sein Bekanntheitsgrad zunahm, erhielt er die vielfältigsten Bauaufgaben. Ein entsprechendes Beispiel ist der Saalbau in Bad Freienwalde.[38] Dieser Ort besaß seit dem späten 17. Jahrhundert, als man dort heilkräftige Quellen entdeckt hatte, eine Badeeinrichtung. Im 18. Jahrhundert entstanden die für den Badebetrieb notwendigen Häuser, die allerdings im frühen 19. Jahrhundert einer generellen Wiederherstellung bedurften. So errichtete man 1817–18 nach Entwürfen Schinkels einen Saalbau, der zum Glanzstück der neuen Kuranlage wurde. Im Kriege unzer-

36 Ebenda, S. 211–215.

37 Joachimsthal: Ebenda, S. 130–132; Schäpe: Ebenda, S. 168–170; Seelow: Ebenda, S. 199–202; Annenwalde: Ebenda, S. 203–204.

38 Ebenda, S. 97–98.

*Karl Friedrich Schinkel. Ostportal des ›Redentunnels‹ in Rüdersdorf, Landkreis Fürstenwalde, 1827*

39 Kania/Möller (wie Anm. 12) S. 101–102; Hans-Günther Hallfahrt, Historische Produktionsstätten und Industriearchitektur in den Rüdersdorfer Kalksteinbrüchen, in: Denkmale (wie Anm. 14) S. 318–327.

40 Kania/Möller (wie Anm. 12) S. 85–87; Henry Korff, Gedenkstätten des Befreiungskrieges 1813. Die Denkmäler und ihre Restaurierung, in: Denkmale (wie Anm. 14) S. 312–317.

41 Kania/Möller (wie Anm. 12) S. 75–78.

stört, ist das Bauwerk im Laufe der Zeit verfallen und 1960 bis auf Reste abgerissen worden.

Schinkels vielseitige Begabung wurde auch an einem anderen Bautyp sichtbar: Für die Verbesserung des Betriebes der Kalksteinbrüche in Rüdersdorf bei Berlin hatte man 1805 den ›Heinitztunnel‹, benannt nach dem Staatsminister und Berghauptmann Friedrich Anton Freiherr von Heinitz (1725–1802), und den ›Redentunnel‹, benannt nach dem Nachfolger von Heinitz, Friedrich Wilhelm Graf von Reden (1752–1815), angelegt.[39] 1827 gab Schinkel dem Portal zum ›Redentunnel‹ eine neue Gestaltung, indem er die rundbogige Öffnung viermal abtreppte und die darüberliegende Fläche mit einer Inschrift und den Büsten Friedrich Wilhelms II., Friedrich Wilhelms III. und Friedrichs des Großen von Christian Daniel Rauch schmücken ließ. Dieser so monumental wirkende Eingang ist heute verschüttet.

Schon bei der Betrachtung der Kirche in Großbeeren wurde auf die dort während der Befreiungskriege 1813 stattgefundene Schlacht hingewiesen. Friedrich Wilhelm III. verfügte 1816, daß an all den Schlachtorten dieser Zeit Denkmäler aufgestellt werden sollten. Gefordert war eine einheitliche Form sowie die Ausführung in Eisenguß. Schinkels Entwurf, den er 1819 im »Magazin von Gußwaren« veröffentlichte, wurde genehmigt und in der Königlichen Eisengießerei ausgeführt. Zur Aufstellung kamen zwei Denkmäler in Großbeeren und Dennewitz.[40] Sie hatten die Form einer gotischen Fiale mit dem Abschluß des eisernen Kreuzes. Beide Denkmale sind heute noch vorhanden.

Das wichtigste Denkmal Karl Friedrich Schinkels in Brandenburg ist zweifellos das für Königin Luise in Gransee.[41] Der Sarg der am 19. Juli 1810 in Hohenzieritz (Mecklenburg-Strelitz) verstorbenen preußischen Königin wurde während

seiner Überführung nach Berlin in der Nacht vom 25. zum 26. Juli 1810 auf dem Platz in der Mitte der Stadt, dem heutigen Schinkelplatz, aufgebahrt. Aus diesem Anlaß ließen die Stadt Gransee sowie die Kreise Ruppin und Prignitz an dieser Stelle nach dem Entwurf von Schinkel ein Denkmal in der Berliner Eisengießerei herstellen, das am 19. Oktober 1811 eingeweiht wurde. Auf dem von einem eisernen Gitter umschlossenen Sockel aus granitenem Feldstein steht ein Sarg, überdeckt von einem spitzbogigen Baldachingehäuse. Schinkel gab nur die Situation wieder, wie sie in jener Nacht bestand; seine künstlerische Fähigkeit hat daraus eines der würdigsten Denkmale Preußens gestaltet.

*Gransee. Denkmal der Königin Luise, 1811*

*Denkmal für die Gefallenen der Schlacht 1813 bei Dennewitz, Landkreis Jüterbog, 1817*

## Schinkel als Denkmalpfleger

Zu Schinkels Aufgaben in der Oberbaudeputation gehörten auch die »Erhaltung und Pflege der vaterländischen Monumente und Altertümer«.[42] Unterstützt von einer romantischen Literatur, hatte diese Forderung schon die junge Architektengeneration, allen voran Friedrich Gilly, der Lehrer Schinkels, kurz vor 1800 erhoben. Gillys 1794 angefertigte Zeichnungen von der Marienburg waren enthusiastisch aufgenommen worden. Die patriotische Begeisterung des Befreiungskrieges von 1813–15 wurzelte nicht zuletzt in einem neuen Geschichtsbewußtsein und -verständnis, was wiederum die allgemeine Forderung nach der Erhaltung der »vaterländischen Denkmäler«, womit man im wesentlichen die mittelalterlichen Bauwerke meinte, nach sich zog. Untersuchungen von Einzelfällen führten 1815 zur Abfassung eines ausführlichen Berichtes über die »Grundsätze zur Erhaltung alter Denkmäler und Altertümer in unserem Lande«, der von der Oberbaudeputation dem preußischen König zugeleitet wurde. Schinkel forderte darin eine staatlich gelenkte Denkmalpflege, formulierte deren künftige Aufgaben und schlug eine genaue Erfassung des wertvollen Denkmalbestandes vor.

Die große Bedeutung der Denkmale klar erkennend, wollte Schinkel sie »auf eine geschickte Weise, soweit es bei diesem sehr schwierigen und für den Wert der Sache selbst gefährlichen Geschäft möglich ist, wieder in ihrem alten Glanze herstellen«. Wenn auch die originale Rekonstruktion oberstes Prinzip war, so schloß diese doch keineswegs zurückhaltend eingefügte Ergänzungen mit eigenen stilistischen Auffassungen aus. Schinkel ließ sich dabei in hohem Maße von zweckmäßigen Erwägungen leiten. Seine Gutachten über den schlechten Zustand des Wittenberger Schlosses und des ehemaligen Pontonhofes in Berlin waren bereits 1815 ausschlaggebend für den Erlaß einer Kabinettsorder, in der alle Behörden Preußens angewiesen wurden, bei wesentlichen Veränderungen an öffentlichen Gebäuden und Denkmälern die Oberbaudeputation zu konsultieren. Wichtige Entscheidungen behielt sich Friedrich Wilhelm III. selbst vor. 1821 erließ der Staatskanzler von Hardenberg auf Veranlassung Schinkels weitere spezielle Instruktionen an die Regierungsbezirke, in denen noch einmal auf die Pflicht staatlicher Aufsicht hingewiesen wurde. Schinkels ganzes Bemühen war darauf gerichtet, »das Wertvollste früher Zeitalter innerlich unverfälscht unter uns lebendig zu erhalten und das Maß der Anwendung für die Gegenwart zu finden«. Im Sinne seines Berichtes von 1815 gelang es Schinkel in relativ kurzer Zeit, durch wichtige Verordnungen Abrisse oder stilwidrige Veränderungen an Denkmalen zu verhindern

42 Hans-Joachim Kadatz, Karl Friedrich Schinkel und die Anfänge der Denkmalpflege in Preußen, in: Architektur der DDR, 2/1981, S. 113–117; Ludwig Deiters, Karl Friedrich Schinkel und die Denkmalpflege, in: Architektur der DDR, 10/1982, S. X–XI. Die Zitate im Text sind diesen beiden Aufsätzen entnommen.

*Karl Friedrich Schinkel. Gesamtansicht des ehem. Klosters Chorin von Südwesten, 1817*

und klare Verantwortlichkeiten für deren Erhaltung festzulegen. Durch die Schaffung einer straffen staatlichen Ordnung, die Entwicklung einer entsprechenden Methodik und vor allem durch eine eigene umfangreiche und beispielgebende Tätigkeit wurde Schinkel zum Vater der Denkmalpflege in Preußen.

Seit 1816 waren der Weiterbau des Kölner Domes unter der Mitwirkung Schinkels und ab 1819 die Wiederherstellung der Marienburg bei Danzig die größten und populärsten denkmalpflegerischen Vorhaben in Preußen. In Brandenburg ging es etwas bescheidener zu, doch Schinkels Interesse an der Wiederherstellung historischer Bauwerke, vornehmlich der des Mittelalters in seiner Heimatprovinz, ist noch heute vielerorts nachweisbar.

Seit 1817 bemühte sich Schinkel um das Kloster Chorin.[43] 29 erhaltene Zeichnungen zeigen sein Interesse an diesem Zisterzienser-Bauwerk, dessen Kirche seinerzeit als Schweinestall benutzt wurde. Zu Lebzeiten hatte Schinkel kei-

43 Kania/Möller (wie Anm. 12) S. 232–236; Ernst Badstübner, Denkmalpflege in Chorin, in: Denkmale (wie Anm. 14) S. 303–311.

*C. G. Ludwig. Innenansicht der Marienkirche in Frankfurt an der Oder. Lithographie, um 1850*

nen Erfolg mit Restaurierungs- und Erhaltungsmaßnahmen, da sich die Pächter hartnäckig widersetzten. Erst ab 1869 begannen die Bauarbeiten. Zur gleichen Zeit, als Schinkel sich um Chorin bemühte, fertigte Peter Joseph Lenné einen Plan zur Anlegung eines Gartens unmittelbar am Klostergebäude an, und es ist nicht ausgeschlossen, daß hier Gartenarchitekt und Baumeister zusammengewirkt haben.[44]

Neben Arbeiten u. a. an der Marienkirche in Belzig (1818)[45] und der Pfarrkirche in Pritzwalk (1822)[46] sowie dem Dom zu Havelberg (1825)[47] gehört die Rekonstruktion der Marien- oder Oberkirche in Frankfurt an der Oder 1828–30 zu Schinkels besonderen denkmalpflegerischen Leistungen.[48] Wenn auch die Bemühungen um den Wiederaufbau des eingestürzten zweiten Turmes erfolglos blieben, so ist doch seine Tätigkeit im Innern hervorzuheben. Durch die Beseitigung der Emporen war ein neuer Raumeindruck in der fünfschiffigen Kirche entstanden; der neue Orgelchor, die neue Kanzel sowie die neuen, mit bunter Verglasung versehenen Fenster und der abschließende Anstrich gaben dem Inneren einen lichtdurchfluteten Eindruck. Die Kämpfe 1945 haben von dem Bauwerk nur noch die Umfassungsmauern stehengelassen.[49]

Schinkels Mitwirkung am Wiederaufbau des Domes zu Brandenburg liegt zwischen den Jahren 1827 und 1836.[50] Er bemühte sich anfangs vor allem um die Sicherung des südlichen Flügels, zog sich aber später von den Arbeiten zurück. Entgegen der Meinung von Kania und Möller belegen neue Forschungsergebnisse, daß die neue achteckige Turmspitze doch nach Angaben Schinkels 1836 aufgesetzt wurde.[51] Die Ausführung lag in den Händen des Baurats Karl Wilhelm Redtel. 1836 wurde der restaurierte Dom wieder eingeweiht, an dessen Wiederherstellung bis zu der heute nicht mehr erhaltenen großen Freitreppe zum hohen Chor Schinkel einen großen Anteil hatte.

Neben den restauratorischen Arbeiten an der Kirche in Frankfurt an der Oder sind diejenigen Schinkels an der Klosterkirche seiner Heimatstadt Neuruppin die wohl bedeutendsten.[52] Zwischen 1830 und 1841 wurden die Emporen, die Kanzel und der Altar neu gestaltet, Verzierungen an den Kapitellen angebracht und dem Außenbau Fialen und Krabben hinzugefügt. Den Abschluß bildete ein Dachreiter aus Holz mit Blechverkleidung. Wiederum leitete hier der schon bekannte Baurat Redtel die Arbeiten. Ergänzt hatte Schinkel den Bau durch die Erneuerung der Rose über der Haupttür, durch das Anbringen schwarz glasierter Gesimse an der Südwest- und Nordwestseite sowie durch Mauerverstärkung zwischen den Strebepfeilern und durch Erneuerung des südwestlichen Giebeldreiecks. Die heute die Stadtsilhouette beherrschenden zwei Türme wurden der Klosterkirche erst 1904–07 von Ludwig Dihm hinzugefügt.

Schinkels Vorliebe für die antike Baukunst und die Formensprache der Gotik ist auch in seiner Bautätigkeit in Brandenburg hinlänglich dokumentiert worden.[53] Bisher noch wenig untersucht ist jedoch sein Verhältnis zu den Bauleistungen des 18. Jahrhunderts, aus denen er erwachsen war. In einem im März 1816 angefertigten Gutachten für die Wiederherstellung einer großen Treppe an den Communs des Neuen Palais in Sanssouci setzte er sich für die

44 Detlef Karg, Die Landschaftsgestaltung Peter Joseph Lennés am Kloster Chorin, in: Denkmale (wie Anm. 14) S. 287–302.

45 Kania/Möller (wie Anm. 12) S. 236/37.

46 Ebenda, S. 237/38.

47 Ebenda, S. 241/42.

48 Ebenda, S. 253–261.

49 Denkmale (wie Anm. 14) S. 423–446.

50 Kania/Möller (wie Anm. 12) S. 246–253.

51 Wolfgang Schößler, Die Mitwirkung Karl Friedrich Schinkels bei der Restaurierung des Brandenburger Doms in den Jahren 1827 bis 1836, in: Mitteilung der Gesellschaft für Denkmalpflege im Kulturbund der DDR Bezirksvorstand Potsdam, 3/1981, S. 8–17.

Rekonstruktion der ursprünglichen Form ein und begründete dies mit dem geschichtlichen Aspekt, daß die ganze Anlage »ein Monument Friedrichs des Großen nach einem schweren Krieg zum Erstaunen der Welt emporgewachsen, in seinem ganzen Umfange den nachfolgenden Zeitaltern überliefert werden müßte«.[54] Auch in den Folgejahren setzte sich Schinkel für die Erhaltung barocker Bauten in ihrer ursprünglichen Gestalt ein. Vor allem wandte er sich gegen beabsichtigte Veränderungen oder Reduzierungen wichtiger Details, so beim Berliner Zeughaus und bei den Figuren auf dem Berliner Stadtschloß, wobei er noch einmal auf sein Gutachten zu den Treppenanlagen der Communs hinwies.

Schinkel nahm sich auch das Recht, Gebäude zu verändern, wenn nach seiner Meinung die zeitgemäße Bestimmung nicht mehr vorhanden war, wie 1820/21 am 1747–50 von J. Boumann d. Ä. errichteten Berliner Dom oder an der Französischen Kirche in Potsdam, der er eine Kanzelwand einfügte. Die Ehrfurcht vor den Leistungen Knobelsdorffs zeigt seine Festlegung für die Reparatur an der Fassade der Berliner Oper Unter den Linden im Jahre 1822, die »ohne die mindeste Abänderung seiner ursprünglichen Form« zu erfolgen hatte.

Um so mehr überrascht Schinkels Beurteilung des Schlosses in Rheinsberg, dem er »durchaus keinen artistischen Wert beilegen« mochte, »zu dem sei der Stil überall unrein und die Verhältnisse verfehlt«.[55] Der erst 1786 errichtete nordöstliche Pavillon war durch eine ungenügende Fundamentierung vom Einsturz bedroht und wurde 1826 neu aufgeführt. Schinkel hatte nach einem Besuch in Rheinsberg im August desselben Jahres ein entsprechendes Gutachten angefertigt und Empfehlungen für die Bauweise gegeben.

Auch die 1801–04 nach Plänen von Philipp Bernhard Berson errichtete Stadtkirche seiner Heimatstadt Neuruppin bezeichnete er als in »vieler Beziehung mißlungen«, und es sei »jede nicht ganz dringliche Ausgabe zu vermeiden und nur das Allernotwendigste zur Erhaltung anzuordnen«.[56] Es ist nicht bekannt, was ihn zu diesen negativen Aussagen bewogen hat, sie bleiben aber Ausnahmen. Seine Auffassung von der Reinheit eines Bauwerkes, besonders eines mittelalterlichen, führte allerdings nicht selten zur Beseitigung barocker Ein- und Aufbauten und zu einer nachfolgenden Ergänzung in stilistischer Anpassung an die alten Formen. Grundsätzlich jedoch trat Schinkel der barocken Architektur in ihrer Gesamtheit mit Respekt und Feingefühl gegenüber.

Schinkels Wirken in Brandenburg – und man wird historisch gesehen Berlin einbeziehen müssen – reichte über seinen Tod hinaus. Eine ganze Schülergeneration, wie Persius, Stüler, Hesse, von Arnim u. a., fühlte sich seiner Tradition verpflichtet, auch wenn sie, bedingt durch neue Bauaufgaben und eine stärkere Hinwendung zum Historismus, in der zweiten Hälfte

*Dom zu Brandenburg/Havel mit der Turmspitze von 1836. Historische Aufnahme von 1928*

52 Kania/Möller (wie Anm. 12) S. 261–265.

53 Ernst Badstübner, Stilgeschichtliches Verständnis und zeitgenössische Architekturpraxis. Zur Mittelalterrezeption bei Karl Friedrich Schinkel, in: Schinkel-Studien, Leipzig 1984, S. 91–112.

54 Hans-Joachim Giersberg, Ein Gutachten Karl Friedrich Schinkels zu den Treppenanlagen an den Communs des Neuen Palais in Potsdam-Sanssouci aus dem Jahre 1816, in: Mitteilungen (wie Anm. 51) S. 3–7; dort auch Literaturangaben zu den

*Neuruppin. Klosterkirche mit den Kirchtürmen von 1907*

nachfolgend im Text aufgeführten Bauwerken.

55 Karl Friedrich Schinkel – Lebenswerk; Johannes Levers, Bauten für die Prinzen August, Friedrich und Albrecht von Preußen (II), Berlin 1954, S. 84–89, Zitat S. 87.

56 Kania/Möller (wie Anm. 12) S. 239 f.

des 19. Jahrhunderts den klassischen Stil des Meisters mehr und mehr verließ. Der von Schinkel immer wieder vorgeschlagene Einsatz des sichtbaren Ziegelmauerwerkes in Anlehnung an die mittelalterliche Bauweise begann sich bei Kirchen, Schulen, Postämtern, Kasernen und Verwaltungsgebäuden durchzusetzen und beweist noch heute seine These von der Haltbarkeit und Ästhetik des Materials.

Nicht wenige der Vorschläge Schinkels zur Denkmalpflege konnten schon zu seinen Lebzeiten verwirklicht werden. Die Forderung nach Einsetzung eines obersten Konservators der Kunstdenkmäler des preußischen Staates wurde jedoch erst 1843, zwei Jahre nach seinem Tode, mit der Berufung seines Schülers, dem in Radensleben bei Neuruppin wohnenden Alexander Ferdinand von Quast (1807-77), erfüllt.

Hartmut Dorgerloh

## VII »Auf märkischer Erde, aus märkischem Sand« – Die Baukunst in der Provinz Brandenburg in der Nachfolge Schinkels

Im Zuge der preußischen Reformen nach 1807 verlor die Mark Brandenburg ihre jahrhundertealte Eigenständigkeit. Durch Verordnung vom 30. April 1815 wurde aus der Mark Brandenburg, die im Ergebnis des Wiener Kongresses einen wesentlichen Gebietszuwachs zu verzeichnen hatte, die »Provinz Brandenburg« mit den beiden Regierungsbezirken Frankfurt an der Oder und Potsdam. Im preußischen Staat konnte die Provinz Brandenburg keine Sonderstellung behaupten, ebensowenig besaß die zum Regierungsbezirk Potsdam gehörende Hauptstadt Berlin innerhalb der Provinz besondere Rechte. Die sich ab 1840 in immer schnellerem Tempo vollziehende Entwicklung Berlins zur Industriestadt, zum dominierenden Zentrum der Wissenschaft und Forschung, zur kulturellen Metropole und schließlich 1871 zur Reichshauptstadt schwächte die Bedeutung der Provinz stark ab. So war es ein folgerichtiger und konsequenter Schritt, als 1881 Berlin aus der Provinz Brandenburg herausgelöst wurde und einen bis heute gültigen eigenen Status erhielt. Aber nicht nur im Verhältnis zu Berlin, sondern auch innerhalb des preußischen Staates insgesamt sank die Bedeutung der Provinz Brandenburg, die den das 19. Jahrhundert prägenden Industrialisierungsprozeß nicht mitvollziehen konnte, sieht man von der in geringerem Umfang industrialisierten Niederlausitz ab. Die Provinz Brandenburg wahrte eine durch Theodor Fontane in seinen ›Wanderungen durch die Mark Brandenburg‹ wiederentdeckte stille Schönheit.

Fontane, im märkischen Neuruppin geboren, erzählt Historie und Geschichten, er beschreibt die Landschaft und die Leute, »wie sich's etwa um's Jahr 1870 dem Auge präsentierte«.[1] Der damals schon lange in Berlin lebende Fontane erscheint fasziniert vom Gegensatz zum geschäftigen Leben und zum Tempo der Hauptstadt, der sich ihm in der Provinz auftat. Die anhaltende Sehnsucht der Großstädter nach ländlicher Ruhe und Überschaubarkeit fand dann später ihre Entsprechung in den Villenkolonien im märkischen Grunewald oder in der Kolonie ›Eden‹ bei Oranienburg, die im Zuge der Lebensreformbewegung um 1900 entstand.

Die Lektüre von Fontanes zumeist retrospektiv angelegten Berichten läßt ebenso wie der gegenwärtige Stand der architekturgeschichtlichen Forschung[2] den Schluß zu, daß es außerhalb von Berlin und Potsdam, wo mit und nach Karl Friedrich Schinkel europäische Architekturgeschichte geschrieben wurde, in der übrigen Provinz Brandenburg nach 1840 kaum eine bzw. keine bedeutende Bautätigkeit gegeben hat.

Daß dem nicht so ist, belegten schon erste Überblicksdarstellungen zum Denkmälerbestand.[3] Die weitgefächerte Erfassung von historisch und künstlerisch bedeutenden Bauten, die seit 1991 durch das Brandenburgische Landesamt für Denkmalpflege intensiv vorangetrieben wird, hat zu einer Fülle von neuen Informationen und Erkenntnissen gerade über die Bauten aus der zweiten Hälfte des 19. Jahrhunderts geführt, die sukzessive vertieft und publiziert werden sollen. Zum gegenwärtigen Zeitpunkt ist aber der Forschungsstand noch genauso unbefriedigend und lückenhaft wie der Erhaltungszustand der meisten Bauten.

Es soll hier im folgenden ein erster Überblick über die Architekturentwicklung und die Bautätigkeit in der Provinz Brandenburg außerhalb von Berlin und Potsdam in der Zeit nach der Thronbesteigung Friedrich Wilhelms IV. im Jahre 1840 und Schinkels Tod 1841 versucht werden. Dabei wird nur auf die wieder zum heutigen Land Brandenburg gehörenden Gebiete Bezug genommen. Es kann davon ausgegangen werden, daß sich die Architekturgeschichte in den östlich der Oder gelegenen Kreisen, die im 19. Jahrhundert zum Regierungsbezirk Frankfurt an der Oder zählten, analog vollzogen hat.

1 Theodor Fontane, Wanderungen durch die Mark Brandenburg, 3. Bd.: Havelland, Vorwort zur zweiten Auflage 1880. Neudruck München 1991, S. 3.

2 Schinkels Bautätigkeit in der Mark Brandenburg ist ausführlich dokumentiert in: Hans Kania/Hans-Herbert Möller, Karl Friedrich Schinkel – Lebenswerk, 5. Bd.: Mark Brandenburg, Berlin 1960. Eine zusammenfassende Darstellung der brandenburgischen Architekturgeschichte nach Schinkel steht noch aus, informativ und reich an Hinweisen auch in dieser Hinsicht: Eva Börsch-Supan, Berliner Baukunst nach Schinkel 1840–1870, München 1977.

3 Siehe: Die Bau- und Kunstdenkmale in der DDR, hrsg. vom Institut für Denkmalpflege: Bezirk Potsdam, Berlin 1979; Bezirk Frankfurt an der Oder, Berlin 1980; Bezirk Neubrandenburg, Berlin 1986; Die Lausitz, in Vorbereitung.

Schinkels immense Bautätigkeit in allen Regionen des preußischen Staates ist ebenso wie seine prägende Dominanz für das Schaffen seiner Schüler und Nachfolger hinlänglich dokumentiert. Analog zu Berlin und Potsdam bedarf auch das Wirken der sogenannten »Schinkel-Schüler« und deren baukünstlerisches Schaffen in der Provinz einer differenzierten Betrachtung.

Entscheidend für die mit der Baugeschichte in den übrigen preußischen Provinzen grundsätzlich vergleichbare Situation in Brandenburg ist vor allem das Wirken zweier preußischer Institutionen: die Bauakademie und die staatliche Bauverwaltung.

Die Berliner Bauakademie, von 1831 bis 1849 »Allgemeine Bauschule«, bildete die Baubeamten für ganz Preußen aus. Im Entwerfen, in der Ornamentik, in der Baugeschichte, in der Landbaukunst wie auch in den anderen Lehrfächern wurden hier Schinkels architektonischer Formenapparat, seine baukünstlerischen Leitbilder und Prinzipien noch Jahre und Jahrzehnte nach seinem Tod tradiert. Sie wurden von Architekten und Baukünstlern vermittelt, die selbst durch die Persönlichkeit Schinkels entscheidend geprägt worden waren und zum Teil, wie Friedrich August Stüler, seine direkte Nachfolge angetreten hatten. Die seit Mitte des Jahrhunderts verstärkt divergierenden Architekturströmungen vermochte dann die Bauakademie nicht mehr zu vereinen, so daß ihr Einfluß, auch wegen der gestiegenen Bedeutung von privaten Architekten und Architektengemeinschaften, nach 1870 stark zurückging.

Die Struktur der preußischen Verwaltung garantierte der staatlichen Bauverwaltung nicht nur ein festumrissenes Aufgabengebiet, sondern auch den in ihr tätigen leitenden Baubeamten die Möglichkeit, die Bauvorhaben in allen preußischen Provinzen nach ihren baukünstlerischen Vorstellungen vereinheitlichend zu beeinflussen. Das änderte sich zumindest teilweise erst im Zuge der Bismarckschen Reform der Provinzial- und Kreisordnungen in den 1870er Jahren, nach der die Provinzen einige Aufgabenbereiche wie die Kultur selbst verwalten konnten, worauf sich in Deutschland bis heute die Kulturhoheit der Bundesländer begründet.

Über den Bereich der öffentlichen Bauten wachte in Preußen die Oberbaudeputation bis zu ihrer Auflösung im Jahre 1850. Diese Aufgabe übernahm danach die Bauabteilung im Handelsministerium und die ihr zugeordnete Technische Bau-Deputation. Preußische Baubeamte waren aber auch für spezielle Bauaufgaben anderen Ministerien zugeteilt. So haben Wilhelm Drewitz und Ferdinand Fleischinger in der Regierungszeit Friedrich Wilhelms IV. als Bauräte im Kriegsministerium dafür Sorge getragen, daß (fast) alle preußischen Militärbauten nach einheitlichem Schema und im »normannischen Burgenstil« mit Türmen und Zinnenkränzen ausgeführt wurden. Vorbilder waren entsprechende Potsdamer Bauten von Ludwig Persius, wie das Heeresproviantmagazin (1841/42) in der Zeppelinstraße, dessen Fassadengestaltung auf Vorstellungen des Königs zurückging.

Auch im Hinblick auf andere Bauaufgaben in der Provinz waren zumeist die Bauten in den Residenzen Potsdam und Berlin Muster und Vorlage zugleich, zumal wenn sie im Ergebnis der vielen Pläne und Visionen von Friedrich Wilhelm IV. entstanden waren, der schon seit seiner Kronprinzenzeit nicht ohne Geschick und Gespür, vor allem aber mit Leidenschaft auf architektonischem Gebiet dilettierte.

Nach Schinkels Tod waren für den baufreudigen Monarchen zwei Architekten besonders wichtig und wurden von ihm mit der Umsetzung seiner Vorstellungen betraut: Ludwig Persius (1803–45) und Friedrich August Stüler (1800–65). In der Nachfolge Schinkels wurde beiden 1841 die Verantwortung für das gesamte Hof- und Staatsbauwesen in Preußen übertragen, eine Aufgabe die nach Persius' frühem Tod 1845 allein auf Stüler überging.

Stüler, »Architekt des Königs« seit 1842, preußischer Baubeamter par exellence und Mitdirektor der Bauakademie, der »weise im Maß mit dem Gegebenem«[4] blieb, war der das Baugeschehen in der Provinz Brandenburg bis in die 1860er Jahre hinein maßgeblich prägende und mitbestimmende Baumeister.

Besonders deutlich wird dies im Kirchenbau. Stüler, dessen Schüler Georg Erbkam von 1851 bis zu Stülers Tod 1865 das Ressort Kirchenbau in der Bauabteilung des Handelsministeriums leitete, errichtete in der Provinz Brandenburg über ein Dutzend Kirchenbauten.[5]

4 Paul Ortwin Rave, Die bildende Kunst, in: Hans Herzfeld (Hrsg.), Berlin und die Provinz Brandenburg im 19. und 20. Jahrhundert, Berlin 1968, S. 581.

5 Siehe dazu: Dietrich Müller-Stüler, Märkische Baukunst um die Mitte des 19. Jahrhunderts, Herrenhäuser und Kirchen von Friedrich August Stüler, in: Brandenburgische Jahrbücher Heft 7, 1937, S. 63–79.

6 Neben den mittelalterlichen Vorbildern, die Stüler durch seine Tätigkeit in der Rheinprovinz gut kannte, findet sich dieses Motiv auch bei Kirchturmentwürfen Schinkels, so zum Beispiel für die Kirche in Großbeeren (1820).

Stüler entwarf die Dorfkirche in Saarmund – wie häufig – unter Bezugnahme auf eine Skizze Friedrich Wilhelms IV. Auch hier dominierte wie bei der Potsdamer Friedenskirche (1844–54) und der Heilandskirche von Sacrow (1841–44) in der Baugestalt der dreischiffigen, flachgedeckten Basilika die Wiederaufnahme frühchristlicher, italienisch-byzantinischer Bauformen, die für den König mit dem Ideal urchristlicher Gemeinschaft verbunden waren.

Der 1846–48 ausgeführte Backsteinbau besticht durch die Klarheit seines Außenbaus, wobei, wie bei Schinkels Vorstadtkirchen, die Öffnungen in den Fassaden die Raumgliederung mit Seitenschiffsemporen außen sichtbar werden lassen. Entsprechend den aus Stichwerken bekannten Vorbildern wird der Innenraum durch weite profilierte Rundbogenarkaden gegliedert, deren Maß die Öffnung der Apsis zum Mittelschiff bestimmt. Anders als bei den Potsdamer Bauten ist der an der Nordwestecke beigestellte Turm nicht als flachgedeckter Campanile ausgebildet, sondern wird von einer hohen achtseitigen Spitze bekrönt. Dieses Motiv der Kirchturmbekrönung in Backstein, als hoher Kegel oder oktogonaler Spitzhelm ausgeführt, was dem Ganzen einen »mittelalterlichen« Umriß verleiht, hat Stüler fast ausnahmslos verwendet und ist zu einer Art Markenzeichen für seine Kirchenbauten bzw. – umbauten geworden.[6]

Wie in Saarmund wird auch bei Stülers Kirche in Caputh (1848–52) das Zusammenfließen von italienisierend-frühchristlichen und neoromanischen Bauformen deutlich (siehe Abb. S. 197). Neben dem freistehenden Nordturm, wieder von einem achtseitigen Spitzhelm bekrönt, ist der dreischiffigen Pfeilerbasilika, deren Fassade durch Bogenfriese und Lisenen gegliedert wird, auf der Westseite eine offene Arkadenhalle vorgelagert, ein Motiv, das ebenfalls bei zahlreichen Kirchenbauten von Stüler Anwendung fand. Im Inneren fällt der polygonale Abschluß der Apsis auf.[7]

Die zarte Ausmalung und die schlichte Ausstattung, die hölzernen Kassettendecken, die goldenen Sterne auf blauem Grund sind ebenfalls wiederkehrende Gestaltungs- und Dekorationsformen, wie sie schon aus Schinkels Bauten bekannt waren (siehe Abb. S. 196).

*Saarmund, Kirche*

Auch an kleineren Dorfkirchen, wie in Birkenwerder (1847–49), finden sich dieselben Bauformen: einschiffiger Backsteinbau mit Apsis und offener Arkadenvorhalle im Westen sowie Nordwestturm mit oktogonalem Spitzhelm.

Wie bestimmend die oft im Ergebnis eines längeren Planungsprozesses und ausführlicher Diskussionen mit dem König entstandenen Berlin-Potsdamer Bauten für das Bauen in der Provinz waren, belegt Stülers Entwurf für die Dorfkirche in Christdorf, bei der es sich unter Verzicht auf das Zwiebeltürmchen um die »ländliche Schwester« der Kirche in Nikolskoe (1834–37) handelt, an der Stüler beteiligt war.[8] Den zeitgleichen Auftrag für die Kirche in Christdorf,

7 Stüler hatte 1843 auf der zweiten Versammlung deutscher Architekten und Ingenieure in Bamberg einen umfangreichen Entwurfzyklus von Kirchengebäuden für kleinere und mittlere Gemeinden ausgestellt, in dem bereits das ganze Formenrepertoire vorhanden war, auf das Stüler dann jeweils zurückgriff und das er später nur geringfügig modifizierte.

8 Thomas Drachenberg, Die Kirche in Christdorf, in: Die Mark Brandenburg, Heft 4, 1991, S. 22–26.

*Caputh, Kirche*

◁ *Caputh, Kirche. Blick in den Innenraum*

1835–37, vermittelte wahrscheinlich der ältere Bruder von Stüler, Carl Ascan Stüler, der damals Bauinspektor in Pritzwalk war. Stüler modifizierte seinen Entwurf für Nikolskoe von 1834[9] nur geringfügig im Bereich des Westriegels, und sein Bruder führte ihn dann aus. Für den Patron der Kirche in Christdorf, K. S. von Karstädt, baute Stüler parallel dazu in den Jahren 1835–40 das Schloß um.

Wie in Christdorf sind bemerkenswerterweise relativ viele Innenräume der Kirchen Stülers von späteren gravierenden Umgestaltungen verschont geblieben, so daß oft noch heute die Innenräume von der Gesamtheit der Planung bis ins Detail hinein Zeugnis ablegen.

Stülers Kirchen in der Provinz Brandenburg sind in Anbindung an märkische Traditionen zumeist in Backstein errichtet, in einigen Fällen, so in Niederjesar (seit 1945 Ruine), Brodowin (1852) oder Oderberg (1853–55), griff er auch auf Feldsteinmaterial für die Wände zurück und führte nur die Formteile, in Oderberg auch den Obergaden, in Backstein aus.

Kirchen in Ziegelfachwerk, wie die schlichten, aber reizvollen Saalbauten in Zerpenschleuse (1844/45) (siehe Abb. S. 198) oder Dippmannsdorf (1860), blieben selten und auf Dörfer beschränkt.

Die Kirchenentwürfe orientieren sich eher auf eine malerische Einfügung in die umgebende Landschaft als auf eine harmonische Einbindung in das jeweilige Ortsbild. So dominiert der in gotisierenden Formen reich gestaltete und aufwendige Außenbau von Stülers Kirche in Werder (1857) nicht nur die Silhouette der Inselstadt, sondern auch die umliegende Havellandschaft (siehe Abb. S. 199). Fontane bescheinigt dem Bauwerk, daß es »in der Nähe viel-

9 Eva Börsch-Supan (wie Anm. 2) S. 30.

10 Theodor Fontane (wie Anm. 1) S. 417.

11 Gantner, Die neue Kirche zu Oderberg i. M., in: Zeitschrift für Bauwesen 6, 1876, S. 299–304, Bl. 31–34.

*Werder, Kirche. Blick in den Chor* ▷

leicht mannigfach zu beanstanden, als Landschaftsdekoration aber von seltener Schönheit ist«.[10] Stüler folgt hier explizit den Gestaltungsprinzipien Peter Joseph Lennés für die Umwandlung der angrenzenden ›Insel Potsdam‹ in einen großen gestalteten Landschaftsraum mit italienisierendem Ambiente, wozu auch die Errichtung von Kirchen an herausgehobenen landschaftlichen Punkten entlang der Havel und den Havelseen gehörte.

Auch wenn Stüler der Raumauffassung des kirchlichen Rundbogenstils verhaftet blieb, traten bei seinen Bauten nach 1850 verstärkt die sich zuerst in den Türmen abzeichnenden neogotischen Formen auf. Stüler griff dabei vor allem auf die an mittelalterlichen Bauten in der Mark Brandenburg häufig auftretenden Staffelgiebel zurück. Bei seiner Kirche in Oderberg tritt der eigentliche Saalbau hinter die Dominanz der breiten und über die Dachzone hinausragenden Staffelgiebel an der West- und Ostseite zurück.[11] Gleich drei Staffelgiebel zierten Stülers am Rand der Lebuser Hochfläche gelegene Kirche in Reitwein (1855–58, seit 1945 Ruine).

Wie den anderen älteren Schinkel-Schülern sind Stüler die in West- und Süddeutschland vertretenen dogmatischen neogotischen Auffassungen im Kirchenbau fremd geblieben. Seine ›neogotischen‹ Kirchen, wie die in Werder, blieben trotz eingestellter Spitzbogenarkaden und gotischer Wimperge dem basilikalen und romanisierenden Schema verbunden. Bis in die letzten Lebensjahre, so bei der 1864–66 errichteten Kirche in Oranienburg (Abb. S. 200), für die Friedrich Wilhelm IV. die venezianische Romanik als Vorbild angab, blieb er seinem dem Rundbogenstil der 1840er Jahre verhafteten Formenapparat treu.

*Zerpenschleuse, Kirche*

Jesus Christus gestern und heute
und derselbe auch in Ewigkeit.

*Oranienburg, Kirche*

*Neu-Zauche, Kirche*

Für die Verbreitung seiner Pläne und architektonischen Auffassung sorgten nicht zuletzt die von der Oberbaudeputation 1846–64 in mehreren Lieferungen »zum amtlichen Gebrauche« herausgegebenen »Entwürfe zu Kirchen, Pfarr- und Schulhäusern«, die ca. 20 Entwürfe von Stüler enthielten. So verwundert es nicht, daß noch bis zum Ende des Jahrhunderts bei Sakralbauten in der Provinz Brandenburg, gerade in kleineren Orten, Stülersche Formen und Motive Anwendung fanden.

Architekten wie der Frankfurter Regierungsoberbaurat und Schinkel-Schüler Emil Karl Alexander Flaminius, der gemeinsam mit Christian Gottlieb Cantian in Frankfurt an der Oder Schinkels Spätstil noch lange folgte, lehnten sich nach 1850 bei ihren Bauten an Stülers Grundideen an. So errichtete Flaminius die 1862 eingeweihte sogenannte Klosterkirche in Guben in der »üblichen Form eines pseudobasilikalen Emporensaals«.[12] In anderen Fällen, wie bei dem für eine Dorfkirche sehr stattlichen Bau in Neu-Zauche (1859–62), wird deutlich, daß sich Flaminius zwar in den Einzelformen – achtseitiger Spitzhelm, Staffelgiebel an der Ostwand und den Querhausarmen – des Stülerschen Repertoires bediente, in der Gesamtkomposition aber bei der Ausbildung der Volumina der einzelnen Bauglieder, ihrer Zuordnung zueinander, mit dem ausgeprägten kreuzförmigen Grundriß und der Betonung der Vertikalen stärker zu den Formen der strengen Neogotik tendierte.

Die Berliner Forschungen zur Gotik[13], die Diskussionen über ihren Ursprung und ihre Bedeutung bei der Suche nach dem neuen Baustil, haben die Baupraxis der älteren Schinkel-Schülergeneration wenig beeinflußt, was nicht zuletzt durch die politische und konfessionelle Dimension der Debatte bedingt war. In den 1860er Jahren begann aber die nachfolgende Architektengeneration auch in Berlin und der Provinz Brandenburg zunehmend in den Formen einer akademischen Neogotik zu bauen, ein Trend, der in den 1870er Jahren weiter voranschritt.

12 Ernst Badstübner, Stadtkirchen der Mark Brandenburg, Berlin 1982, S. 183.

13 Eva Börsch-Supan (wie Anm. 2) S. 166–174.

Bezeichnenderweise wurden seit diesem Jahrzehnt bedeutende Vertreter der dogmatischen Neogotik aus dem Rheinland mit dem Bau katholischer Kirchen in der Provinz Brandenburg betraut. So errichtete der Kölner Vincenz Statz, der mit dem Wortführer der rheinischen Neogotiker, Adolf Reichensperger, in enger Verbindung stand, in Eberswalde die katholische Pfarrkirche St. Peter und Paul (1876/77). Der kreuzförmige Bau mit seinem hohen Westturm unterscheidet sich allein in der Wahl des Baumaterials Backstein von den Statzschen Kirchenbauten im Rheinland. Ein anderer führender Kölner Architekt, Friedrich von Schmidt, entwarf die 1876 eingeweihte katholische Pfarrkirche in Forst, ebenfalls ein neogotischer Backsteinbau, wie er sich dann auch im evangelischen Kirchenbau der Provinz im letzten Jahrhundertviertel durchsetzte.

Errichtete Stüler seine Kirchenneubauten noch häufig an der Stelle dafür abgetragener Vorgängerbauten, so wurden in der zweiten Jahrhunderthälfte mittelalterliche Kirchen kaum mehr abgerissen, sondern durchgreifenden »Restaurierungen« unterworfen.

Im Zuge der Verstädterung in der zweiten Hälfte des 19. Jahrhunderts sank der Anteil der ländlichen Bevölkerung in der überdurchschnittlich agrarisch geprägten Provinz Brandenburg von 72 Prozent (1860) auf 59,9 Prozent (1900). Parallel dazu ging die Zahl der Kirchenneubauten auf dem Lande und in den Kleinstädten zurück.

Der Kirchenbau konzentrierte sich auf die neuen Vorstädte in den wenigen größeren Städten, deren Bevölkerungszahl stieg, wie in Eberswalde, wo 1892 eine zweite evangelische Pfarrkirche, St. Johannis, nach Entwürfen von Thiem und Milde errichtet wurde, oder wie in Frankfurt an der Oder, wo 1878 nach Plänen des Stadtbaurats Christ und des Baumeisters Kinzel die Gertraudenkirche für die Gubener Vorstadt gebaut wurde.

Neben den Kirchen waren die vielen Schlösser, Guts- und Herrenhäuser in der Provinz Brandenburg die zweite bedeutende Bauaufgabe, die die Architekturentwicklung nach 1840 mitbestimmte. Über die Qualität eines Amts- oder Gutshauses dieser Zeit ist lange geringschätzend geurteilt worden: »Man erkennt es sogleich an seinem abstechend städtischen Gepräge. Mit billigen Stuckverzierungen in mißverstandenem klassizistischen Stil und oft mit grellem Ölfarbenanstrich versehen, wirkt es wie ein irrtümlich verpflanzter Ausschnitt aus einer Berliner Straße jener Zeit.«[14] Es ist richtig, daß die Berliner bzw. Potsdamer Villen und Landhausbauten die prägenden Vorbilder für die Bautätigkeit der adligen Landbesitzer in der Provinz abgaben, so wie sich ihre Vorfahren an den königlichen Schloßbauten orientierten. Auffallend ist, das außerhalb von Berlin und Potsdam in der Provinz Brandenburg in dieser Phase keine Schloßanlage für die königliche Familie neu errichtet wurde.

Das Bild der Landsitze, wie es der Hofbuchhändler Wilhelms I., Alexander Duncker, in seinem großen Stichwerk[15] so umfassend darlegte, wurde vor allem durch die großbürgerliche städtische Wohnkultur mit ihrem auf angenehme Bequemlichkeit abzielenden Funktionalismus bestimmt. Der Trend ging in der Provinz Brandenburg zur gutsherrschaftlichen Villa. Dabei überwogen gegenüber den Neubauten die Um- und Erweiterungsbauten vorhandener Landschlösser, was den Gestaltungsspielraum der Architekten zum Teil erheblich einengte. Das Prinzip des »Bauens-von-innen-nach-außen«[16], das Gliedern des Baukörpers nach den Bedürfnissen und den Gewohnheiten der Bewohner, führte auch bei den Landsitzen zur Aufgabe symmetrischer Kompositionsformen zugunsten der asymmetrischen Zusammenfügung der Bauteile zu einem malerischen Ganzen, entsprechend dem auf Ludwig Persius zurückgehenden Berliner Villenstil.

Wenn sich schon die Landschlösser nicht in die Kulisse einer heroischen Landschaft, wie die des Rheintals, einfügen konnten, so waren sie doch wirkungsvoll in großzügig gestalteten Parks und Gartenanlagen eingebettet, die die herrschaftlichen Wohnbereiche von den landwirtschaftlich genutzten Flächen trennten.

Eine qualitative Sonderstellung nehmen dabei die auf Peter Joseph Lenné zurückgehenden Gartenanlagen wie auch die vom Fürsten von Pückler-Muskau in Branitz bei Cottbus kunstvoll gestaltete Parklandschaft ein. An der Verwirklichung der ehrgeizigen Pläne des Für-

14 Georg Poensgen, Schinkel, Friedrich Wilhelm IV. und Persius, in: Brandenburgische Jahrbücher Heft 7, 1937, S. 60.

15 Alexander Duncker, Die ländlichen Wohnsitze, Schlösser und Residenzen der Ritterschaftlichen Grundbesitzer in der Preußischen Monarchie, Berlin 1857–81 (16 Folgen).

16 Wolfgang Brönner, Die bürgerliche Villa in Deutschland 1830–1890, Düsseldorf 1987, S. 152.

*Gusow, Schloß*

sten, der ein Gesamtkunstwerk schaffen wollte, waren in den Jahren nach 1846 neben Gottfried Semper, der das Schloß umbaute, auch Stüler und Persius beteiligt.

Bei aller Bezugsnahme auf großbürgerliche Wohnkultur artikulierte die Architektur der brandenburgischen Herrensitze auch weiterhin den Machtanspruch der Besitzer gegenüber den Behausungen der Landbevölkerung. Die Rittergutsbesitzer blieben auch nach der 1848er Revolution, die ihnen erhebliche Rechte genommen und die Bauernbefreiung beendet hatte, die politisch mächtigste Gruppierung, die zum Beispiel 90 Prozent der Sitze im Provinziallandtag inne hatte. Ihre Machtstellung hatten sie nach den Einbrüchen der Revolutionszeit bald wieder so befestigt, daß die Polizeigewalt auf dem Land praktisch in ihren Händen verblieb.

Einige der brandenburgischen Landsitze aus der Zeit nach 1840 sind noch im 19. oder frühen 20. Jahrhundert erneut überformt worden. Zum überwiegenden Teil sind die Schlösser und Herrenhäuser aber, wenn sie den Krieg unbeschadet überstanden hatten, nach 1945 zuerst ihres Inventars verlustig gegangen und dann durch falsche Nutzungen oder Leerstand verwahrlost, entstellt oder zerstört worden, so daß ihre historische Würdigung im Gegensatz zu ihrem Zustand steht und vor Ort kaum nachvollziehbar ist.

Stilistisch ist das Erscheinungsbild bei den Herrenhäusern vielfältiger als bei den Kirchenbauten, weil hier zum einen die vereinheitlichende Aufsicht der staatlichen Bauverwaltung fortfiel und zum anderen die individuellen Vorstellungen der Bauherren stärkeren Einfluß auf die Baugestalt nahmen. Je nach Größe und Bedeutung der Bauaufgabe und des Bauherrn wurden entweder örtliche Baumeister oder die führenden Berliner Architekten engagiert, die fast alle auf diesem Gebiet in der Provinz tätig waren.

Die 1840er und 1850er Jahre wurden dabei durch zwei Hauptströmungen geprägt. Das waren zum einen Herrenhäuser im »englischen Burgenstil«[17] nach dem Vorbild von Schloß Babelsberg, das Schinkel 1833 für die königliche Familie entworfen hatte. Der in mehreren Bau-

17 Die in England als »castellated gothic« und in Deutschland auch als »normannisch« deklarierte Stilrichtung hielt Friedrich Wilhelm IV. ansonsten besonders für Kasernen, Stadttore und Fabriken geeignet.

*Treppenhaus im Gutshaus Booßen*

phasen ausgeführte und später durch Ludwig Persius und Johann Heinrich Strack erweiterte Schloßbau war »das prominenteste schulbildende Beispiel der Berliner Neogotik«.[18] Die Ausstrahlung dieses Baues belegen Herrensitze wie das von Stüler errichtete Gutshaus in Felchow (1846–48) mit dem typischen Wintergarten, der an keinem der Stülerschen Landsitzentwürfe fehlen durfte, oder das aus dem 17. Jahrhundert stammende Schloß in Gusow, das um 1850 mit zinnenbekrönten Risaliten, verzierten Schornsteinen, Türmen und Fassadendekor im Stil englischer Landhäuser umgestaltet wurde.

Zwei Türme mit Eckbekrönungen und Zinnen, das am häufigsten wiederkehrende Motiv bei Landsitzen in gotisierenden Formen, verwendete auch der Wriezener Baumeister Ferdinand Neubart bei seinem 1861 erbauten Gutshaus in Hohenlandin, um die in der Höhe gestaffelten Gebäudeteile abzuschließen.

Eduard Knoblauch hat als der erste und wichtigste Privatarchitekt unter den Schinkel-Schülern eine größere Anzahl von Landsitzen errichtet. Für den Königlich-preußischen Kammerherrn, Landrat und Mitglied des preußischen Herrenhauses Oscar von Arnim baute er 1846–50 in Kröchlendorf an der Stelle eines Vorgängerbaues ein großes zweigeschossiges Schloß mit 13 Achsen. Knoblauch entwarf hier ebenfalls eine Anlage im neogotischen Stil mit gotisierenden Mittelrisaliten an der Hof- und Gartenseite sowie vier runden zinnenbekrönten Ecktürmen. Die dazugehörenden Wirtschaftsgebäude wurden von ihm in den gleichen Formen errichtet. Vergleichbar war sein Umbau des 1945 zerstörten Schlosses Görlsdorf für den Grafen Redern von 1843.

18 Eva Börsch-Supan (wie Anm. 2) S. 154.

*Schloß Boitzenburg*

Ein anderes Beispiel für diese Richtung ist das Schloß in Nennhausen, das 1860 ein anderer führender Architekt der Schinkel-Schule, Ferdinand von Arnim, ebenfalls gotisierend umgestaltete.

Neben den neogotischen Formen bestimmte den Landschloßbau bis in die Mitte der 1850er Jahre die spätklassizistische Formensprache Schinkelscher Prägung. Beispiele sind das Gutshaus in Gräben, ein zweigeschossiger Putzbau in strenger spätklassizistischer Manier, oder das Gutshaus in Booßen, ebenfalls ein zweigeschossiger Putzbau, dessen elfachsige Fassade durch einen dreiachsigen Mittelrisalit akzentuiert wird. Das kürzlich restaurierte Treppenhaus zeigt, daß auch in der Provinz die – höchsten Ansprüchen genügenden – Innenraumdekorationen der monumentalen Bauten in Berlin und Potsdam nicht nur beispielgebend waren, sondern daß hier vergleichbare künstlerische Qualität erreicht wurde (siehe Abb. S. 203). Die von der Berliner Bauakademie geprägte Kontinuität auf dem Gebiet der Bauornamentik bis zum Ende des Jahrhunderts ist auch in der Provinz Brandenburg nachvollziehbar.

In der Architektur der Schlösser und Herrenhäuser mehrten sich in den ausgehenden 1850er Jahren die Rückgriffe auf Formen des Frühbarock und der Renaissance, wobei zuerst neben der italienischen die französische Renaissance dominierte.[19] Eine Entwicklung, die besonders bei den späten Potsdamer Bauten Friedrich Wilhelms IV. offenkundig wurde.

Der noch unsichere Gebrauch dieser Bauformen wird an Bauten wie dem Schloß Lanke deutlich, das Eduard Knoblauch 1856–59 für den Graf Redern errichtete. Knoblauch griff in der Gesamtkomposition des zweigeschossigen Putzbaus mit Mittelrisalit und durch Ecktürme begrenzten Seitenrisaliten auf Formen der französischen Renaissance zurück, zu denen in der Ausprägung der steilen Walmdächer auch frühbarocke Elemente hinzutraten.

Seit den 1860er Jahren wurde dann die Neorenaissance zum prägenden Baustil für die Landsitze in der Provinz Brandenburg. Wie in Güterfelde, wo ein schlichter Bau – 1805 nach einem Entwurf von David Gilly entstanden – 1868 zu einer pompösen und aufwendigen Schloßanlage mit reichbewegter Silhouette umgebaut wurde, waren es zumeist neue Besitzer, die ihrem Anwesen ein wirkungsvolles architektonisches Erscheinungsbild verleihen wollten. Hinzu kam, daß die neuen Eigentümer häufig bürgerlicher Herkunft waren und die fehlende adlige Ahnenreihe durch entsprechend aufwendige Schloßbauten zu kompensieren trachteten. An anderen Bauten versuchte man durch wiederholte Umbauten in kurzen Abständen auf der jeweiligen stilistischen Höhe der Zeit zu sein. Die barocken Flügel des im Kern aus dem 16. Jahrhundert stammenden Schlosses Boitzenburg baute Stüler 1838–42 für den Grafen von Arnim im neogotischen Stil um. 1881–84 erfolgte ein erneuter Umbau im Stil der Neorenaissance, wobei der gesamten Anlage durch

19 Ein überzeugendes Beispiel für die Verwendung von Formen der norddeutschen Renaissance ist die mit erheblichen Veränderungen einhergehende Wiederherstellung des aus dem 16. Jahrhundert stammenden Schlosses in Meyenburg durch Friedrich Adler von 1865.

Altdöbern, Schloß

aufwendige Turmanbauten und reiche Giebeldekorationen ein einheitliches Erscheinungsbild verliehen werden sollte.

Neben der Neorenaissance war der Neobarock im letzten Jahrhundertdrittel beim Bau bzw. Umbau der Landsitze vorherrschend.[20]

Spätere neobarocke Arbeiten, wie beispielsweise der Umbau des Barockschlosses in Altdöbern durch die Berliner Architekten Heinrich Kayser und Karl von Großheim 1880–91 für den Grafen von Witzleben, waren oft mit tiefen Eingriffen in die Vorgängerbauten verbunden.

Frühere Umbauten barocker Schlösser, wie der von Friedrich Hitzig am Gutshaus in Tornow (um 1860) oder der des Schlüter zugeschriebenen Schlosses in Prötzel 1859 durch Stüler, gingen behutsamer mit der originalen Substanz um, die durch neobarocke Zutaten optisch bereichert und damit aufgewertet werden sollte.

Gerade bei den Schloßumbauten waren die stilistischen Übergänge fließend. So beim Schloß Wiesenburg, wo der Semper-Schüler Oskar Mothes zwischen 1864–80 mit Geschick und Einfühlungsvermögen vorhandene Bauteile, die aus den verschiedensten Bauepochen stammten und zum Teil noch mittelalterlichen Ursprungs waren, durch Erweiterungen und durch das Aufstocken oder Anfügen neuer Partien unter Verwendung von Spolien zu einem neuen Ensemble zusammenfügte. Dem älteren Schloßbau blendete Mothes auf der Parkseite eine Schaufront in Formen der Spätrenaissance

20 Vorbildlich für die neobarocken Schlösser war Ferdinand von Arnims Umbau des Jagdschlosses Glienicke (1862), das als einer der ersten Berliner Bauten »ein vollkommen außerhalb der Schinkelschule stehendes Neobarock (aus manieristischen und Rokoko-Elementen gemischt)« zeigte; Eva Börsch-Supan (wie Anm. 2) S. 550.

*Wiesenburg, Schloß*

vor, von der aus eine ausladende Terrassenanlage in den Park überleitete.

Einerseits wiedersetzten sich die Rittergutsbesitzer bis zu den Bismarckschen Reformen der Provinzial- und Kreisordnungen erfolgreich neuen Entwicklungen, andererseits avancierten sie, auch wegen der starken Zunahme bürgerlicher Gutsbesitzer, zu rationell wirtschaftenden Unternehmern.

Der Chausseebau und vor allem die sich sternförmig von Berlin aus durch die Provinz ziehenden Eisenbahnlinien beflügelten nach 1850 die Industrialisierung der Provinz. Die überwiegende Zahl der kleinen und mittleren Bahnhöfe wurde dabei nach einem standardisierten Schema, das auch Variationen ermöglichte, errichtet. Für bedeutendere Eisenbahnbauten zog man hingegen die führenden Berliner Architekten heran, wie zum Beispiel August Orth, der das königliche Empfangsgebäude in Halbe an der 1867 vollendeten Berlin-Görlitzer Eisenbahn entwarf. Von dieser Bahnverbindung profitierte in besonderem Maße die Lausitz, wo sich neben dem seit 1860 stark fortschreitenden Braunkohle-Tagebau eine leistungsfähige Textilindustrie entwickelte. Der im Vergleich mit anderen preußischen Provinzen bescheidene Industrialisierungsprozeß hatte aber auch Auswirkungen auf die ländlichen Regionen, wo die neuentstehende Agrarchemie und die Technisierung der Agrarproduktion das Baugeschehen beeinflußten. Die Rittergutsbesitzer bauten nicht nur die sogenannten Schnitterkasernen für die zumeist polnischen Wanderarbeiter, sondern auch Brennereien, Ölmühlen, Zuckerfabriken, Großmühlen und Großspeicher, die zumeist von ortsansässigen Baumeistern ausgeführt wurden, wenn sie nicht im Zusammenhang mit Baumaßnahmen an den Landsitzen von den renommierten Architekten mitentworfen wurden. Wie an der Scheune in Helle, Orts-

21 Stefan Koppelmann, Exotische Architekturen im 18. und 19. Jahrhundert, Berlin 1987, S. 86.

teil Groß Langerwisch, von 1856 ablesbar, waren die landwirtschaftlichen Funktionsgebäude ähnlich aufwendig dekoriert wie die zeitgleich in den Städten errichteten Fabrikgebäude. Zier- und Blendgiebel, Konsolen, Rundbogenfriese und Ecktürmchen, wie sie bei den Sakralbauten oder Herrensitzen vorkamen, wurden auch hier verwendet und dokumentierten den Bedeutungsgehalt der Gebäude, die fast ausnahmslos, wie die Gutsmühle in Kleinmachnow (um 1850), als Rohziegelbauten errichtet wurden.

Ein Beleg dafür, daß auch Nebenströmungen in der Berlin-Potsdamer Architekturentwicklung nicht ohne Ausstrahlung in die Provinz blieben, ist die ›Türkische Villa‹ in Neuruppin (siehe Abb. S. 208). Sie wurde 1853–56 im Zuge einer Umgestaltung des ursprünglich für den Kronprinzen Friedrich (II.) von Knobelsdorff angelegten Tempelgartens am Stadtrand gebaut. Carl von Diebitsch, der mit seiner Vorliebe für ›orientalische‹ Formen innerhalb der Berliner Architektenszene eine Sonderrolle einnahm, entwarf den Bau für die Kaufmannsfamilie Gentz. Villa und Gärtnereigebäude umgab er mit einer Umfassungsmauer mit hohem Tor, wobei sich die formalen Anklänge an orientalische Bauten auf die Verwendung verschiedenfarbiger Ziegel und dekorativer Terrakottaelemente beschränken. Sie sind am ehesten am großen Tor mit seinen Flügeln und an dem kuppelverzierten Türmchen auf der Villa spürbar. Die Rohziegel-Bauweise verstärkt den Eindruck vom eher nüchternen »preußischen Orient«.[21]

Im Bereich des großbürgerlichen Wohnhausbaus in der Provinz Brandenburg gab es zwar keine ausgedehnten Villenvororte oder herrschaftliche Wohnquartiere, die sich mit denen in Berlin oder Potsdam messen ließen. Finanzkräftige Bauherren ließen sich aber auch in den größeren Provinzstädten wie Cottbus, Forst, Guben, Eberswalde oder Frankfurt an der Oder standesgemäße Wohnhäuser errichten, wobei die jeweils in Berlin und Potsdam geltenden stilistischen Standards ohne größere Zeitverzögerungen übernommen wurden. Im Villen- und Wohnhausbau der Provinz sind nur selten Berliner Architekten tätig gewesen, zumeist lag der Entwurf in den Händen ortsansässiger Baumeister und Privatarchitekten. Daneben gibt es Son-

*Scheune in Helle, Ortsteil Groß Langerwisch*

*Kleinmachnow, Gutsmühle*

*Neuruppin, Türkische Villa*

*Neuruppin, Eingangstor zur Türkischen Villa*

derfälle wie Bad Freienwalde, wo der Kur- und Badebetrieb den Villenbau forcierte und beeinflußte.

Zusammenfassend läßt sich feststellen, daß die Architekturentwicklung in der Provinz Brandenburg in Abhängigkeit von der in Berlin und Potsdam und analog zu ihr verläuft. Ein Umstand, der angesichts der Struktur der preußischen Bauverwaltung und der regen Bautätigkeit der Berliner Architektenschaft im Umland bzw. angesichts der Tatsache, daß die regional und lokal verantwortlichen Architekten durch ihre Schule gegangen waren, nicht verwundert. Bemerkenswert ist die Fülle an Bauten von hoher Qualität und eigenständigem Charakter. Die Architekten der Schinkel-Nachfolge widmeten sich auch den Bauaufgaben in der Provinz mit großer Intensität und entwarfen für sie eigenständige Lösungen. Die Bauten sind stilistisch zwar mit denen in Berlin und Potsdam vergleichbar und wurden von ihnen beeinflußt, sie sind aber unter Berücksichtigung der besonderen Konditionen der jeweiligen Orte entstanden. Die Architektursprache der Provinz ist nicht provinziell.

Die berlin-brandenburgische Baukunst der Schinkel-Nachfolge ist durch die intensive Beschäftigung mit der Baugeschichte der Provinz Brandenburg, vor allem der Backsteingotik, stilistisch beeinflußt worden. Dieser Prozeß vollzog sich in engem Zusammenhang mit der Entwicklung der Denkmalpflege, an deren Beginn Schinkel steht. Wie er waren seine Schüler und Nachfolger nicht allein Architekten, sondern auch Bauforscher und Denkmalpfleger. Schinkels Engagement für die »Erhaltung der öffentlicher Denkmäler und Überreste alter Kunst«, worüber er seit 1810 als einer der fünf Räte der Oberbaudeputation Gutachten erstellen sollte[22], übertrug sich auch auf die nächste Architektengeneration und beeinflußte den Kronprinzen Friedrich Wilhelm. Mit seinem Regierungsantritt ergab sich die Möglichkeit, zur Wahrnehmung dieser Aufgabe eine spezielle Stelle einzurichten. Das Amt des Konservators im preußischen Staat, das durch Allerhöchste Kabinettsordre vom 1. Juli 1843 geschaffen wurde, war allerdings personell und finanziell bescheiden ausgestattet. Es war Stüler, der sich in besonderem Maße für die Gründung dieses Amtes verwandte und auf dessen Vorschlag hin Ferdinand von Quast als erster mit der Aufgabe betraut wurde.[23] Stüler bemühte sich in den Folgejahren mehrfach darum, die Arbeitsmöglichkeiten des Konservators zu verbessern und seine Kompetenzen zu vergrößern. Er konnte sich aber damit, wie mit seinem Vorstoß im Jahre 1853, die Stellung Quasts vom Baurat zum Ministerialbaurat aufzuwerten, nicht durchsetzen. Zumindest hat Stüler durch seine Position dafür Sorge getragen, daß Quast die für ihn wichtigen Bauunterlagen auch zu sehen bekam. Quast wiederum nutzte seinen freundschaftlichen Kontakt zu Stüler zur Durchsetzung seiner Vorstellungen, da ihm innerhalb der Oberbaudeputation lediglich das Einspruchsrecht und ansonsten nur beratende und empfehlende Funktion zukamen. Quast, eigentlich als Architekt ausgebildet, arbeitete in seiner Funktion und wissenschaftlichen Arbeit aber vornehmlich als Kunsthistoriker, wobei sich seine für die Zeit außergewöhnliche Umsicht im Umgang mit den historischen Gebäuden und ihrem Inventar auf wissenschaftliche Architekturforschung, Denkmälerkenntnis und Quellenstudium gründete. Quast, der sich fast ausschließlich mit den »anerkann-

*Frankfurt an der Oder, restaurierte Bürgerhäuser am Anger*

22 Zit. nach: Felicitas Buch, Studien zur preußischen Denkmalpflege am Beispiel konservatorischer Arbeiten von Ferdinand von Quast, Worms 1990, S. 10.

23 Ursprünglich war dafür der Architekt Wilhelm Zanth vorgesehen. Ebenda, S. 10 ff.

ten« mittelalterlichen Denkmalen beschäftigte, hat sich wegen seiner Zuständigkeit für den gesamten preußischen Staat nur mit wenigen Bauten in der Provinz Brandenburg so intensiv beschäftigen können wie mit der Wallfahrts- und Wunderblutkirche in Wilsnack, über die er 1843 einen dreiundzwanzigseitigen Bauzustandsbericht verfaßte, die er mehrfach skizzierte und für die er gemeinsam mit Stüler 1845 Pläne zu ihrer Wiederherstellung entwarf.

Erst 1891 wurde unter Wilhelm II. durch die Neuorganisation der Denkmalpflege und die Einsetzung von Provinzialkonservatoren[24] dem Umstand Rechnung getragen, daß »das Erwachen eines lebhaften Interesses an der Erforschung und Erhaltung der Denkmäler der Nation in den letzten Dezennien zu einer ungeahnten Vermehrung der Geschäfte des Konservators geführt« hatte.[25]

Bei seinen Bemühungen um die Erhaltung der »vaterländischen Denkmäler« wurde Quast in der Provinz Brandenburg durch den 1837 gegründeten »Verein für die Geschichte der Mark Brandenburg« unterstützt, der ab 1841 auch die »Märkischen Forschungen« herausgab. Quast versuchte über den Verein seinen Forderungen Nachdruck zu verleihen, die häufig kein Gehör fanden. So blieb auch seine 1842 im Verein eingebrachte Eingabe an der König über die Restaurierung der Berliner Klosterkirche ergebnislos; ein Vorgang der das Spannungsfeld zwischen dem auf Erhaltung drängenden Konservator und den »verbessernden« gestalterischen Entwürfen der Architekten beleuchtet – ein bis heute andauernder Konflikt.

Quast vermochte die immer noch zahlreichen Abrisse mittelalterlischer Bauten zugunsten von Neubauten nur selten zu verhindern. Bezeichnend sind solche Fälle wie der Kirchenbau in Oderberg. Quast konnte den Feldsteinbau des 13. Jahrhunderts nur noch zeichnerisch festhalten, bevor er 1853 einem Neubau seines Freundes Stüler weichen mußte. Zwar wandte sich Stüler nicht gegen den Verlust des mittelalterlichen Originals, griff aber bei seinem Neubau in Form von Staffelgiebeln mit vertikaler Blendengliederung auf ein Motiv der märkischen Architekturgeschichte zurück.[26] Wahrscheinlich rührte dieses wiederkehrende Motiv von der Klosteranlage in Chorin her, die Stüler

*Pritzwalk, Stadtkirche*

*Kyritz, Kirche* ▷

wie die meisten der Schinkel-Schüler schon früh zeichnete. So findet sich unter Stülers Choriner Zeichnungen von 1831 auch eine vom »Giebel des Capitelhauses«[27], der das Vorbild gewesen sein dürfte. Wie schon Schinkel, zum Beispiel 1818/19 bei seinem Turmhelm für die Kirche in Letschin, griff auch Stüler immer wieder auf die in seinen Zeichnungen festgehaltenen Motive und Formen märkischer Backsteingotik zurück und variierte sie frei.

Ab Mitte des Jahrhunderts führten die praktischen Erfahrungen auf dem Gebiet der Denkmalpflege, vor allem aber die ersten Inventare und wissenschaftlichen Publikationen zu mehr formaler Sicherheit in der historistischen Stilentwicklung, die zunehmend stilpluralistisch wurde. Parallel dazu wurde eine immer stilreinere und korrektere Nachahmung der jeweiligen Vorbilder gefordert.

Für die Baukunst in Berlin und der Provinz Brandenburg war in dieser Hinsicht Friedrich Adler, ein Vertreter der jüngeren Architektengeneration nach Schinkel, seit den 1860er Jahren

24 1892 wurde Landesbaurat Bluth als erster brandenburgischer Provinzialkonservator berufen und die Provinzialdenkmalkommission gegründet.

25 Allerhöchste Kabinettsordre Wilhelms II. vom 19. November 1891, zit. nach: H. Lezius, Das Recht der Denkmalpflege in Preußen. Begriff, Geschichte und Organisation der Denkmalpflege, Berlin 1908, S. 25.

26 Tea Wolff, Mittelalterliche Backsteingiebel der Mark Brandenburg, Diss. Rostock 1933.

27 Bleistift, Planarchiv an der Technischen Universität Berlin, Nr. 17217.

28 Friedrich Adler, Mittelalterliche Backstein-Bauwerke des preußischen Staates, 2. Bde., Berlin 1862 (Lieferungen seit 1859), 1898. Bereits 1836 hatte Alexander Minutoli den ersten Band seiner »Denkmäler mittelalterlicher Kunst in brandenburgischen Marken« vorgelegt, eine Publikation, die aber vom wissenschaftlichen Standpunkt her keinem Vergleich mit Adlers Werk standhält.

29 Grundlegend dazu: Stephan Waetzoldt (Hrsg.), Das Rathaus im Kaiserreich. Kunstpolitische Aspekte einer Bauaufgabe des 19. Jahrhunderts, Berlin 1982.

von besonderer Bedeutung. Er machte sich vor allem um die Erforschung der märkischen Baugeschichte verdient. 1859 erschien die erste Lieferung seines grundlegenden wissenschaftlichen Sammelwerks »Mittelalterliche Backstein-Bauwerke des preußischen Staates«[28], das von zahlreichen Architekten in der zweiten Jahrhunderthälfte als Vorlagewerk benutzt wurde. Adler wurde nach dem Tod von Quast 1877 Vortragender Rat für Kirchenbau im Ministerium für öffentliche Angelegenheiten und Leiter der kirchlichen Wiederherstellungsarbeiten. Als solcher zeichnete er für die tiefgreifende Restaurierung der Frankfurter Nikolaikirche 1881–93 verantwortlich, wo er Langhaus- und Chorwände durch einen Rundbogenfries nach spätromanischen Vorbildern ergänzte und dem Bau eine

*Frankfurt an der Oder, Gebäude der Hauptpost*

Doppelturmfront im Westen anfügte, für die es in der Mark Brandenburg keine Vorbilder gab.

Die vielen neuen Turmbauten dieser Zeit sind ein auffälliges Phänomen. Die Stadtkirchen – wie in Eberswalde, wo Herrmann Blankenstein 1874–76 nach Stülerschen Vorstellungen den mittelalterlichen Zustand der Backsteinbasilika wiederherstellte, ebenso in Mittenwalde, Schwedt oder Freienwalde – wurden im Sinne neuerwachten Bürgerstolzes nach 1870 mit aufwendigen Türmen versehen, wie sie im Mittelalter nur wenigen Bauten als Privileg zugestanden worden waren. In diese Reihe gehört auch Adlers hoher neogotischer Turmaufbau über dem mittelalterlichen Westwerk der Stadtkirche in Pritzwalk von 1880/82 (siehe Abb. S. 210). Er entspricht dem strengen Historismus Adlers, er weist den Architekten aber auch als ergänzungsfreudigen Baumeister aus, dessen Entwurf sich hier nicht in das Vorhandene einfügt, sondern selbstherrlich hinzutritt.

Das wird besonders deutlich im Vergleich mit so bescheidenen Kirchturm-Neubauten wie dem von Julius Manger 1845/46 für die Bernauer Stadtkirche oder wie der eigenwilligen Doppelturmfront, die nach 1848 vor der Westseite der gotischen Hallenkirche in Kyritz errichtet wurde. Hier fühlt man sich entfernt an die repräsentativen Schaufassaden der märkischen Zisterzienser-Klosterkirchen erinnert.

Die bei Adler und in seinem Umfeld im Sinne eines doktrinären Historismus verwandten Formen der märkischen Backsteingotik finden sich ebenfalls an zahlreichen öffentlichen Bauten, die im Zuge der regen Bautätigkeit in den ersten Jahren des Deutschen Kaiserreichs in den Städten der Provinz Brandenburg entstanden. Wie an der Frankfurter Hauptpost (1898–1902) mit ihren reichen Staffelgiebeln über den Risaliten der Hauptfassade wurden die in Backstein ausgeführten Bauten zum Teil stereotyp und katalogartig mit Motiven aus der märkischen Gotik verziert. Prädestiniert waren dafür die zahlreichen neuerstandenen Rathäuser[29], wobei Nauen (1880–90) oder Kyritz (1879) zu den eher schlichteren Beispielen zählen. Bei anderen, wie dem 1898–99 von Otto Kerwien errichteten Rathaus in Babelsberg, künden schon die beherrschenden Türme von einem monumentaleren Anspruch.

Einen abschließenden Höhepunkt und Sonderfall in dieser Entwicklung stellt das Gebäude des Märkischen Museums dar, das am Köllnischen Park in Berlin 1899–1908 nach Plänen von Ludwig Hoffmann errichtet wurde. Es sollte die endgültige Heimstatt für das Provinzialmuseum werden, das 1874 im Zuge der Wiederentdeckung der Mark Brandenburg gegründet worden war.

Wie Gabriel Seidl 1896 bei seinem Entwurf für das Bayerische Nationalmuseum in Mün-

30 Das Original befand sich zur selben Zeit in einem sehr schlechten baulichen Zustand. Bericht über die Verhandlung der Provinzial-Kommission für die Denkmalpflege in der Provinz Brandenburg und die Tätigkeit des Provinzial-Konservators im Jahre 1899, Berlin 1899, S. 17.

Nauen, Rathaus

chen vorgeführt hatte, sollten auch hier die ausgestellten Kunstwerke der Region im Sinne einer romantischen Milieutheorie in ihrem entsprechenden architektonischen Kontext präsentiert werden. Hoffmann fügte daher Kopien wichtiger Bauten aus verschiedenen historischen Epochen der Mark Brandenburg zu einem malerischen Ganzen zusammen und gruppierte sie um zwei Innenhöfe. Für die Romanik steht der die Anlage dominierende Nachbau des mächtigen Bergfrids der Wittstocker Bischofsburg[30], die Gotik repräsentiert eine Kapelle der Brandenburger Katharinenkirche mit ihren prächtigen Schaugiebeln. Die Baugeschichte des Mittelalters in der Mark Brandenburg ist nunmehr in Architekturkopien präsent; die historistische Interpretation ist hinter die museale Präsentation zurückgetreten.

Das, was »auf märkischer Erde, aus märkischem Sand«[31] – so das Wettbewerbsmotto 1899 für den Bau der katholischen Kirche in Steglitz bei Berlin – nach 1840 entstanden ist, verdient und verlangt vertiefende Forschung und würdigende Erhaltung.

31 Deutsche Bauzeitung, 68, 1899, zit. nach: Valentin Wolfgang Hammerschmidt, Anspruch und Ausdruck in der Architektur des späten Historismus in Deutschland (1860–1914), Frankfurt am Main, Bern, New York 1985, S. 258.

*Berlin, Märkisches Museum*

*Wildau, Industriekolonie*

Karl-Heinz Hüter

# VIII Reform und Moderne in Brandenburg

## Metropole und Landschaft

Die Bauten des Landes Brandenburg aus den ersten Jahrzehnten unseres Jahrhunderts, deren schöpferischer Anteil hier mit den Begriffen ›Reform und Moderne‹ umschrieben ist, standen unverkennbar in Wechselwirkung mit den architektonischen Prozessen in der Metropole. Das kann kaum verwundern, vergleicht man die Gewichte. Nach der Erhebung Berlins zur Reichshauptstadt, als mit dem Zustrom reicher Kapitalien ein euphorischer Gründer- und Bauboom einsetzte, suchte man dem gewonnenen Sonderstatus der Stadt 1881 durch ihre Herauslösung aus dem Verband der Provinz gerecht zu werden. Doch ihre Grenzen waren vorläufig so eng gezogen, daß schon zwei Jahrzehnte später die wesentlichsten Wachstumsgebiete der riesigen Agglomeration auf dem Territorium der Provinz Brandenburg lagen, und zwar nicht nur ausgedehnte Villen- und Landhaussiedlungen im Westen und Südwesten – Tätigkeitsfeld von Landhausreformern wie Hermann Muthesius oder Heinrich Straumer –, sondern ebenso die Fabrikareale der Berliner Industriegiganten AEG, Siemens, Borsig oder Schwartzkopff, die ihre Anlagen aus der beengten Innenstadt nach draußen auf billigeres Bauland verlagerten. Selbst die ersten reformierten Mietshausanlagen des Beamten-Wohnungs-Vereins von Paul Mebes in Steglitz und Niederschönhausen oder die Gartenstädte Staaken, Zehlendorf und Falkenberg entstanden in der Provinz.

Mit dem Gesetz zur Bildung der Einheitsgemeinde Groß-Berlin von 1920 veränderten sich die Relationen gravierend. Die Provinz verlor sieben Städte, 59 Gemeinden und einige Gutsbezirke mit knapp zwei Millionen Bewohnern. Fast alle dichter besiedelten Gebiete kamen zur Hauptstadt. Wirtschaftlich büßte Brandenburg zwei Drittel seiner Steuerkraft ein. Sogar nach der Einwohnerzahl übertraf die Riesenstadt nun ihre Provinz, deren Teil sie gewesen war. 1933 zählte Berlin 4,3 Millionen, das Land jedoch nur noch 2,7 Millionen Einwohner. Die Sogwirkung des Zentrums dünnte zusätzlich die abgelegeneren Landstriche der Mark aus, die ohnehin zu den am schwächsten besiedelten Regionen des Reiches gehörten. Vom Glanz der wachsenden Metropole überstrahlt, geriet die altehrwürdige Mark in den Schatten der Geschichte.

Dies hatte Folgen selbst für die geschichtliche und baugeschichtliche Forschung. Das ebenso faszinierende wie bedrohliche Phänomen ›Berlin‹ zog alles Interesse auf sich. Die verbleibende Provinz dagegen fand immer weniger Aufmerksamkeit. Als die Historische Kommission zu Berlin Ende der sechziger Jahre mit einer umfangreichen Studie über ›Berlin und die Provinz Brandenburg im 19. und 20 Jahrhundert‹ Anstrengungen unternahm, diesem Mangel abzuhelfen, gelang dies nach Meinung des Herausgebers Hans Herzfeld nur begrenzt.[1] Im Abschnitt über die Architektur kommen Bauten des 20. Jahrhunderts außerhalb Berlins nicht vor.

Die Gewichtsverlagerung löste einen städtebaulichen und architektonischen Strukturwandel aus. In dem Maße, wie Berlin aus der Landschaft heraus in deutsche, europäische und globale Beziehungen hineinwuchs, verblaßten die landestypischen Züge. Der Stil der Berliner Architektur wurde national-teutonisch, imperial-neoklassizistisch oder im sogenannten Neuberliner Baustil kulturell-akkumulatorisch. Von 1908 an kleideten sich Bauten des Staates, der Großbanken und der Großindustrie vorzugsweise in ein neoklassizistisches Gewand. Karl Scheffler, der sensible Diagnostiker der Wilhelminischen Ära, erkannte den Grund für die Abkehr von national und regional geprägten Sonderkulturen im Gefolge einer »erweiterten Kultur«, die von der Industrie und vom Kapitalis-

1 Berlin und die Provinz Brandenburg im 19. und 20. Jahrhundert, hrsg. von Hans Herzfeld unter Mitwirkung von Gerd Heinrich, Berlin 1968. Veröffentlichungen der Historischen Kommission zu Berlin beim Friedrich-Meinecke-Institut der Freien Universität Berlin, Bd. 25.

mus, vom Weltverkehr und der Weltwirtschaft als international wirkenden Mächten determiniert wurde. Um dieser Lage geistig, sittlich und ästhetisch Herr zu werden, müßte das »Amerikanische der modernen Lebensgesinnung in einer neuen Weise aristokratisch und klassisch« gemacht werden.[2] Genau dies leistete Peter Behrens an Bauten für die AEG in strengster Tektonik, mit reduziertem Formenapparat, blockhaften Massen und exakt gereihten Pfeilerkolonnen.

Merklich ziviler und kulturell motiviert, veränderten kommunale Bauten ihr Gesicht. Hermann Blankenstein, Stadtbaurat Berlins von 1872 bis 1896 und Märker von Geburt, hatte im bewußten Festhalten an Traditionen seiner angestammten Heimat und im Kontrast zum Pomp der Gründerbauten von Geschäfts- und Handelsunternehmen seine öffentlichen Bauten in einem sparsamen, gewissermaßen ahistorischen märkischen Backsteinstil gehalten. Sein Nachfolger im Amte, Ludwig Hoffmann, trat mit dem erklärten Ziel an, diese »etwas langweilige Bauepoche«[3] zu beenden und die öffentlichen Gebäude zur Inszenierung eines würdigen Weltstadtbildes zu nutzen. »Weltstädtisch« aber bedeutete nach seinem Verständnis weltläufig sein, also Form- und Stilelemente in »bunt bewegter und reizvoller Mannigfaltigkeit«[4] aus unterschiedlichen Gegenden und Geschichtsepochen Deutschlands und Europas in Berliner Bauten zu versammeln.

Die Reformbewegungen am Anfang des Jahrhunderts richteten sich nur vordergründig gegen die »Stilarchitektur«[5] in Gips und Glitzer. In einem tieferen und wesentlicheren Sinne entsprangen sie der Sehnsucht nach der verlorenen, unter »Asphaltwüsten« begrabenen Provinz. Die kaum gesteuerte, von Terraingesellschaften betriebene Verstädterung eines riesigen Territoriums im Herzen der Mark hatte ihre Kehrseite in dem, was Werner Hegemann mit dem Schlagwort »steinernes Berlin«[6] benannte, nämlich in der »größten Mietskasernenstadt der Welt« mit ihren schweren hygienischen, sozialen und psychischen Folgen, mit Lichtmangel und verpesteter Luft.

Kompensation suchend, flüchteten die Bewohner in einem beständig anschwellenden Strom allsonntäglich ins Grüne. Weit ins Land hinausgebaute Stadtbahntrassen reichten bis in die märkischen Wald- und Seengebiete. Und wer konnte, baute dort seine Hütte. Allein von 1925 bis 1929 entstanden im Regierungsbezirk Potsdam, der die Hauptstadt ringförmig einfaßte, 60 000 Wochenend-Siedlerstellen. Durch Ausstellungen zu diesem Thema versuchten Architekten ein wenig Einfluß auf deren Erscheinungsbild zu gewinnen, so 1928 mit der Freiluftausstellung ›Wohnen im Grünen‹, die von den ehemaligen Bauhausmeistern Walter Gropius und László Moholy-Nagy aufgebaut worden war, oder 1932 mit höherem Anspruch und vielen Muster-Wochenendhäuschen die von Otto Bartning, Walter Gropius, Hans Scharoun und anderen getragene Ausstellung ›Sonne, Luft und Haus für alle‹.

Soziologen, Sozialökonomen und Städteplaner formulierten immer wieder alternative Modelle zur hemmungslos wuchernden Großstadt. Sie wollten, daß der Mensch wieder zur Naturhaftigkeit seiner Existenz zurückfindet und der Erde sowie dem natürlichen Kreislauf des Jahres nahe bleibt. Wohn- und Lebensreformbewegungen propagierten die Gartensiedlung, das Landhaus und landschaftsgebundenes Bauen. Das uniforme Häusermeer sollte dadurch korrigiert werden, daß ihm die übersichtliche Einheit des Dorfes als gartenstädtische Siedlung ein- oder angelagert wurde. Die ausgeführten Projekte erhielten oft torartige Eingangsbauten, die die Eigenständigkeit solcher Anlagen betonten. Entgegen den liquidatorisch-ausbeuterischen Methoden der Terraingesellschaften, Landschaft und Natur ohne Rücksicht auf die Aura der Örtlichkeit in geometrischen Stücken als Ware zu handeln, sollte die Einmaligkeit eines Ortes erhalten oder wenigstens im Gebauten durch organisch sich anschmiegende Siedlungsformen aufbewahrt bleiben. Auch das Haus sollte aus der Fixierung auf die Fassade befreit werden und wieder sachlich und natürlich mit dem Garten verwachsen. Unter den Landhäusern von Muthesius und Straumer gibt es solche, die – mit Satteldach und oft mit verbrettertem Giebel – auf das schlichte märkische Backsteinhaus zurückgehen. Paul Mebes griff bei der Reform des Berliner Mietshauses auf die durch »Bescheidenheit, Sachlichkeit und Schönheit«[7] gekennzeichnete bürger-

2 Karl Scheffler, Henry van de Velde. Vier Essays, Leipzig 1913, S. 83 f.

3 Max Rapsilber, Die neuen Hochbauten der Stadt Berlin, in: Berliner Architekturwelt 2, 1900, S. 433.

4 Ebenda.

5 Hermann Muthesius, Stilarchitektur und Baukunst, Mühlheim an der Ruhr 1901, erweiterte 2. Aufl. 1903. In dieser Programmschrift forderte Muthesius anstelle der mit »historischen Flicken« dekorierten »Stilarchitektur« eine »realistische, rein nach dem Bedürfnis zugeschnittene« sachliche »Baukunst«.

6 Werner Hegemann, Das steinerne Berlin, Berlin 1930.

7 Paul Mebes, Um 1800. Architektur und Handwerk im letzten Jahrhundert ihrer traditionellen Entwicklung, Berlin 1908, 3. Aufl. 1920, S. XV.

liche Baukunst der Mark aus der vorindustriellen Epoche »um 1800« zurück. Die aus Königsberg stammenden Architekten-Brüder Bruno und Max Taut schlossen sich in Berlin dem sogenannten »Choriner Kreis« an, zu dem auch der theoretische und kritische Begleiter der Moderne Adolf Behne, der Maler Max Beckmann und der Bildhauer Rudolf Belling gehörten. Die märkische Landschaft wurde für beide zum heimatlichen Bezugspunkt. Max fand seinen eigenen Stil in der Auseinandersetzung mit ihr. Auch Bruno empfand seine schlichten klaren Siedlungsbauten für die Berliner ›Gehag‹ als Ausdruck dieses Heimatgefühls. Bei aller Modernität der architektonischen Form war ihm die Einbettung in die Landschaft das wichtigste. Für sein eigenes Wohnhaus wählte er eine typisch märkische Wiesensenke im Süden Berlins in Dahlewitz.

Auf dem Territorium der Provinz Brandenburg lassen sich zwei Bereiche unterschiedlichen Charakters feststellen: erstens die erneut zu geschlossenen Siedlungsflächen zusammenwachsende Verstädterungszone in Randlage zu Berlin und zweitens die größeren Städte des Landes, in denen ebenfalls, wenn auch in begrenzterem Umfang, industrielles Wachstum stattfand. Die Verstädterungszone erreichte in den zwanziger Jahren wieder ein Territorium vom Anderthalbfachen der Fläche Berlins mit etwa einer halben Million Einwohnern. Auch ihr waren Industriestandorte eingelagert: Hennigsdorf mit dem AEG-Stahlwerk, Velten mit keramischer, Oranienburg mit chemischer Industrie, Erkner mit der Agfa-Fabrik, Königs Wusterhausen-Wildau mit dem Schwermaschinenwerk Schwartzkopff, wichtig auch Babelsberg (Nowawes) mit der Ufa-Filmfabrik und Nauen mit der Funkstation, die samt Beamtensiedlung von Muthesius gebaut wurde. Etwa die Hälfte der Wohnungsbautätigkeit in der Provinz fiel pro Jahr auf diese Randzone, ohne jedoch die Wohnungsnot im Lande nennenswert zu mindern, denn die Ansiedler kamen vorwiegend aus Berlin. Um die Entwicklung besser beeinflussen zu können, war 1928 ein »Landesplanungsverband Brandenburg Mitte«[8] gegründet worden, der im gesamten Regierungsbezirk Potsdam Fragen der Parzellierung, des Verkehrs, der Freihaltung von Uferzonen für die Öffentlichkeit, der Anlage von Wochenendsiedlungen usw. bearbeiten sollte. Typische Einfamilienhaus-Wohngebiete entstanden im Raum Potsdam und Falkensee, südlich von Grünau und auf den ehemaligen Besitzungen derer von Hake in Kleinmachnow. Ihre Architekten brachten die Bauherrn aus Berlin mit. Darunter befanden sich viele inzwischen berühmte Namen: Mies van der Rohe, Gropius, Taut, Scharoun und die Brüder Luckhardt.

Kleinmachnow, das sich beharrlich gegen Eingemeindung gesperrt hatte, ist eine Fundgrube für Architekturinteressierte. Außer dem Haus Bahner, Gropius' letztem Bau vor seinem Weggang aus Deutschland, finden sich Häuser von Egon Eiermann, Werner von Walthausen oder dem späteren Miterbauer der Stalinallee, Hermann Henselmann, der damals noch Le Corbusier-Anhänger war.

In den übrigen, wesentlich weniger von Berlin beeinflußten Gebieten Brandenburgs dominierten die Städte mit starker Industrie: Frankfurt an der Oder mit Landmaschinenbau erhielt 1922 einen kräftigen wirtschaftlichen Anstoß durch die Verlegung der Reichsbahndirektion Ost in die Stadt. Luckenwalde, eine reine Fabrikstadt, in der von den 26 000 Einwohnern fast 9000 in den 75 Tuch-, Woll-, Hut- und Metallwarenfabriken beschäftigt waren, kann wegen eines Fabrikbaus von Erich Mendelsohn, wegen seiner Siedlungen und einer großen modernen Schule mit angeschlossenem Theater einen beachtlichen Platz in der neueren Baugeschichte des Landes beanspruchen. Brandenburg war mit den stark expandierenden Brennabor-Werken (Fahrräder, Kinderwagen, Kraftfahrzeuge) nach Berlin das zweitstärkste Zentrum des Maschinenbaus. Die Stadt versuchte ihre Siedlungsgebiete planmäßig im Sinne eines »Planeten- oder Trabantensystems«[9] um die Stadt herum zu gruppieren. An ihrer westlichen Peripherie baute Paul Schmitthenner während des Ersten Weltkrieges für die Arbeiter einer Pulverfabrik die ›Gartenstadt Plaue‹. Rathenow mit traditionsreicher optischer und feinmechanischer Industrie vertraute dem radikal-modernen Architekten Otto Haesler aus Celle die Planung seiner größten Siedlung an. In Wittenberge, der Stadt mit imposanten Fabrikbauten der Singer-Nähmaschinenwerke, gibt es neben einer Werk-

8 Der Regierungsbezirk Potsdam, hrsg. und bearb. von C. Rudolph, Potsdam. Berlin-Halensee 1931, S. 50 ff. (Deutschlands Städtebau).

9 Brandenburg (Havel), hrsg. vom Magistrat der Stadt Brandenburg (Havel), bearb. von Stadtbaurat M. Wolf, 2. Aufl. Berlin-Halensee 1926, S. 53 (Deutschlands Städtebau).

*Cottbus, Stadttheater*

siedlung und einigen städtischen Wohnanlagen eine kleine Siedlung nach Entwürfen des jungen Walter Gropius. Im Braunkohlengebiet der Niederlausitz um Cottbus und Senftenberg entstanden Werksiedlungen der Zechen. Um Senftenberg ließ die Ilse-Bergbau-AG drei Siedlungen anlegen, darunter 1907/08 die für Zeche Marga mit Marktplatz, Kirche, Schule, Post, Gasthaus, Junggesellenheim und Badeanstalt.

Aus dieser grob skizzierten Bauszene sollen im folgenden die architektonisch bemerkenswertesten Bauten, nach drei Baugattungen und Entstehungszeit gruppiert, vorgestellt werden: 1. die Bauten für Kultur, Forschung und Bildung, 2. die Einfamilienhäuser, 3. die Wohnanlagen und Siedlungen.

### Bauten für Kultur, Forschung und Bildung

Cottbus, Stadt in der Niederlausitz und Standort der aus Berlin verdrängten Textilindustrie, befand sich in den prosperierenden Jahren vor dem Ersten Weltkrieg in so günstigen wirtschaftlichen Verhältnissen, daß sie fast gleichzeitig mehrere Schulen – eine davon mit Wandelhalle im Hof nach Plänen des renommierten Dresdner Büros Schilling und Gräbner – und 1908 einen stattlichen Theaterneubau finanzieren konnte. Mit dem Entwurf des Theaters beauftragte sie den damals berühmten Berliner Architekten Bernhard Sehring, Schöpfer des beliebten ›Theaters des Westens‹ in der Kantstraße und – als Konkurrenzbau zum Kaufhaus Wertheim – des Kaufhauses Tietz in der Leipziger Straße. Da der als Standort für das Theater vorgesehene Platz zu groß und deshalb städtebaulich durch dessen Kubatur schwer zu beherrschen gewesen wäre, teilte Sehring ihn durch seitliche Anbauten am Bühnenhaus. Der größere Teil des Platzes wurde dadurch dem Blick entzogen, und der Theaterkörper kam in ein ausgewogenes Verhältnis zum Platz und seinen Grünanlagen. Sehring war ein Mann extremer Spannungen, immer zwischen Kühnheit und Konvention agierend. Dem Berliner Theater hatte er der klassischen Fassade ein Bühnenhaus in rotem Backstein und Fachwerk zugesellt, und beim Kaufhaus hatte er die Fassade wagemutig vier Geschosse hoch in Glasflächen aufgelöst, jedoch dazu kontrastreich die Eingangsachsen mit großplastischen allegorischen

Figuren überdekoriert. Auch der Cottbuser Bau wirkte im provinziellen Umfeld – wenn auch auf bemerkenswert disziplinierte Weise – ungewöhnlich. Auf die Weite des Platzes reagierte Sehring mit drei annähernd gleichen, nach außen gewölbten Fassaden. Ihre Ausbeulungen verweisen auf dahinter liegende Raumkerne, zum Beispiel an der Stirnseite auf die Eingangshalle und ein kreisrundes Foyer. In der sezessionistisch-jugendstilhaften Konsistenz ihrer glatten Oberfläche erscheinen sie wie selbständige Flächenkörper, zwischen die an den Ecken gelenkartig zylindrische Bauteile eingeschoben sind. Gliedernde Wandpfeiler und Ornamente klassizistischer Herkunft sitzen in eigens ausgeschnittenen Feldern oder vermitteln zu den Aufbauten. Der Zuschauerraum mit 900 Plätzen im Parkett und auf zwei Rängen erhielt eine kräftige Proszeniumszone. Die Überdachung ihrer balkonartigen Logen dient zugleich als Postament für Panthergespanne, wie sie auch außen die Bühnentürme bekrönen. Und dennoch – der sonderbare Stilpluralismus von jugendstiliger Belebung und ägyptisierend neoklassizistischer Erstarrung ist stimmig. Vorbildlich rekonstruiert, zeigt das Theater heute wieder den ursprünglichen Bestand.

Von 1920 bis 1924 baute Erich Mendelsohn auf dem Telegrafenberg in Potsdam den Einsteinturm. In dem traditionellen Architekturverständnis der Stadt wirkte der Bau – er war Mendelsohns Erstling – wie ein Paukenschlag. An ihm gibt es weder die obligatorischen Säulen noch irgendeinen rechten Winkel, statt dessen ein plastisch frei geformtes, breit aus der Erde aufwachsendes und an Kommandotürme von Schiffen erinnerndes Gebilde. Die Gesamtform ist dynamisch-expressiv, als sei sie das Ergebnis einer imaginären Erosion. Der Eingang und die Fensterschlitze könnten von der Meeresbrandung ausgewaschen sein. Im Krieg an der Front hatte der junge Architekt auf kleinen Blättern seine Visionen von dynamisch-organismenhaften Bauwerken der Technik, wie Zentralflughäfen, Silos, Fabriken, Hochöfen, skizziert – immer in Schrägsicht als plastische Volumen gesehen. Diese Zeichnungen waren es, die ihm den Auftrag einbrachten. Mendelsohn kannte Einsteins Assistenten Erwin Finlay-Freundlich und dieser die Skizzen. Gefordert war ein Gebäude zur Aufnahme eines Coelostaten, mit dem Voraussagen in Albert Einsteins Relativitätstheorie über Abweichungen im Rotbereich des Sonnenlichts nachgeprüft werden sollten. Die Versuchsanordnung sah vor, aufgefangene Lichtsignale zur Untersuchung durch einen Turmschacht über Spiegel und Linsen in ein unterirdisches wärmekonstantes Laboratorium zu lenken. Die Ergebnisse des Experiments fielen ungenau aus, das Bauwerk jedoch blieb Zeugnis eines mutigen Aufbruchs. Mendelsohn zog alle Teile zu einer plastischen Gesamtform zusammen. Ursprünglich sollte sie in Beton gegossen werden. Doch Zementmangel in der Nachkriegszeit zwang dazu, den oberen Teil in Backstein aufzumauern und dann mit Beton zu überziehen. Erst die so gewonnene homogene Oberfläche konnte zur Szene des dramatischen

*Potsdam, Einsteinturm*

*Potsdam, Einsteinturm. Arbeitsraum*

Spiels von konkaven und konvexen Formen, von Licht und Schatten werden. In einem Arbeitsraum wird noch immer Mendelsohns expressionistisches Mobiliar benutzt.

Fast gleichzeitig baute Mendelsohn unweit von Potsdam in Luckenwalde eine moderne Fabrik für die Hutfirmen Friedrich Steinberg und die Brüder Moritz und Salomon Herrmann. Da sie die gleichen Artikel herstellten, hatten sich beide Unternehmen zu einem Neubau auf einem gemeinsamen Industriegelände entschlossen. Der Bau ist ähnlich expressiv wie der Einsteinturm entworfen, doch diesmal mit vorrangigem Blick auf das Konstruktive. Der Produktionsablauf, nämlich doppelseitiger Produktionsgang für Haar- und Wollhüte und infolgedessen eine zentrale Lage der Naßbetriebe, der Färberei und der Kraftstation, legten den Grundplan fest. Der Hochtrakt der Färberei hinter dem Eingang wurde zur Dominante. Sein eigenwilliger Betonkörper ist noch immer Individualform und plastisch, jedoch in seinen Flächen im Vergleich zum Einsteinturm besser für Schalung geeignet. An den Hallen wird das labile Gleichgewicht der Dreigelenkbögen außen als rhythmische Folge von V-förmigen Flächenelementen sichtbar. Das Expressive ergibt sich aus der Wechselwirkung des Emotionalen mit physischen Größen.

Auch Max Taut hat seine ersten selbständigen Aufträge in der Provinz erhalten. 1911 baute er eine Knabenschule mit angeschlossenem Kinderheim in Finsterwalde, und zwei Jahre später eine weitere in Nauen. Der Eingang der Schule in Finsterwalde ist plastisch durchgebildet und von einem geschwungenen Dach überdeckt. Das war noch Gestik der Süddeutschen Bauschule um Theodor Fischer und Hermann Billing, die sich aus Max Tauts fünfjähriger Tätigkeit in Billings Büro erklärt. Zwei Jahre später jedoch beließ er den Zugang zur Nauener Schule in einer einfachen Eisenbeton-Rahmenkonstruktion. Der karge konstruktive Stil, der sein Œuvre prägte, war hier bereits in seiner Urform angelegt. Man hat dies als Eingehen Tauts auf die märkische Landschaft, zu der er »schnell ein Verhältnis gefunden hatte«[10], interpretiert. Viele Jahre später, als er bereits durch seine Gewerkschaftshäuser und zwei große Schulanlagen in Berlin zu den Klassikern der modernen Architektur gehörte, baute er eine weitere Schule in Senftenberg (1930/31). Den ersten Entwurf

10 Günther Kühne, Max Taut, Versuch, einen Bau-Meister darzustellen, in: Max Taut, Zeichnungen, Bauten. Ausstellung der Akademie der Künste (Katalog), Berlin 1984, S. 8.

dafür hatte 1925 Bruno Taut gezeichnet – die Brüder unterhielten gemeinsam ein Büro –, die weitere Bearbeitung lag in seinen Händen. Er stellte den Bau mit einem langen dreigeschossigen und einem kürzeren viergeschossigen Flügel winklig um den Hof. Der eurythmisch aufgebaute Turm in der Ecke balanciert die unterschiedlichen Höhen der Flügel aus. Dies und sparsame rhythmische Verschiebungen in den Fensterreihen sind die einzigen gestalterischen Eingriffe in dieser auf das Wesentliche zielenden sachlichen Architektur. Wie fast alle seine Bauten überzog Max Taut auch diesen mit einer durablen Außenhaut. Hier verwendete er okergelbe Fliesen. Adolf Behne bezeichnete Tauts ästhetische Konzeption als »Schönheit der Sache selbst«. Sie sei zugleich eine neue sittliche Einstellung, denn sachlich sei eine Arbeit, die eine Notwendigkeit, eine Wirklichkeit gestaltet. Sachlichkeit sei die »mit Exaktheiten arbeitende Phantasie«.[11] Die Turnhalle, die am höheren Flügel anschloß, ist in den achtziger Jahren unsensibel als Stadttheater aufgestockt und ausgebaut worden. Ebenso bedauerlich ist der Verlust einer Pergola, die ursprünglich von der Straße zum Klassentrakt hinführte. Sie war ein wichtiges Element der räumlichen Komposition.

Ein in Haltung und Stil verwandtes Schulgebäude ließ 1929/30 die Stadt Luckenwalde als »weltliche Schule« für diejenigen Kinder bauen, die nicht religiös gebunden waren. Träger der Initiative waren die Gewerkschaft, die Freidenker und die Sozialdemokratische Partei. Schon die Konzeption sah vor, die zugehörige Aula zugleich als Stadttheater zu nutzen, was bei dem Eigengewicht eines solchen Bauvolumens gestalterisch nicht leicht zu lösen war. Bruno Taut, der am Wettbewerb teilgenommen hatte, betonte die Einheit der Gesamtanlage, indem er die Theaterfassade schräg stellte und dem Schulkomplex zukehrte – zweifellos die sauberste Lösung. Doch läßt sich denken, daß die Stadtväter bei einem solchen Prestigebau für die kleine Stadt eine repräsentative Geste wünschten. Der Stadtbaurat Werner Graf, der schließlich baute, kam dem durch Symmetrie entgegen. Im Ergebnis stehen nun dort, eng aneinandergerückt und in gleicher Architektur, zwei Gebäude.

In Frankfurt an der Oder ließ der Preußische Staat 1930 für eine zu gründende ›Pädagogische Akademie‹ ein hochmodernes Schulgebäude und 1928/29 durch Otto Bartning ein ›Musikheim‹ errichten. Das Musikheim, ein vielgliedriger Backsteinbau, ist 1968 zum heutigen Kleist-Theater umgebaut worden. Die Pläne für das Akademiegebäude stammten aus der Preußischen Hochbauverwaltung. Unter Leitung Martin Kießlings hat diese – ein bei Staatsbehörden seltener Fall – eine moderne funktionale Architekturkonzeption vertreten. Den Entwurf bearbeitete Kießlings Mitarbeiter Adolf Petersen. Das funktional differenzierte ursprüngliche

11 Adolf Behne, Einige Bemerkungen zum Thema: Moderne Baukunst, in: Max Taut. Ausstellung der Akademie der Künste (Katalog), Berlin 1964, S. 13 f.

*Luckenwalde, Hutfabrik. Färberei*

*Finsterwalde, Eingang zur ehem. Knabenschule*

*Luckenwalde, Friedrich-Ebert-Schule*

Raumprogramm kommt in der asymmetrisch balancierten Gesamtanlage ebenso zum Ausdruck wie in den seriell gereihten Seminartrakten mit doppelseitiger Belichtung oder in den unterschiedlichen Fensterformen. Die angestrebte verläßliche, »ehrliche« Spiegelung des Innern im Außenbau, seine Durchschaubarkeit, die als moralische Kategorie in allen funktionalistischen Theoremen gefordert war, wurde gegen Ende der zwanziger Jahre geradezu zum humanistischen Ideal erhoben. Exemplarisch dafür steht der folgende letzte Bau dieser Gruppe.

Nördlich von Berlin, bei Bernau, baute 1928–30 der damalige Direktor des Bauhauses Dessau, der Schweizer Architekt Hannes Meyer, gemeinsam mit Hanns Wittwer und der Architekturabteilung des Bauhauses die ›Bundesschule des Allgemeinen Deutschen Gewerkschaftsbundes‹. Die Schule wird heute zu den bedeutendsten Werken der Moderne gezählt. Sie ist als lockere Anlage behutsam in das Waldgelände eingefügt, funktionell organisiert und nach sozialen Gruppen gegliedert. Hannes Meyer war als Sieger aus dem Wettbewerb hervorgegangen, den der ADGB ausgeschrieben hatte. Als Standort hatte man im Bernauer Forst eine leicht hügelige Lichtung mit einem See in der Senke ausgewählt. Dort sollten jeweils für vier Wochen Arbeiter und Arbeiterinnen Weiterbildung und zugleich Erholung finden. Aufgrund des Programms, das vorsah, die Schule als ein Musterbeispiel moderner Baukultur zu gestalten, waren nur progressive Architekten der Zeit, wie Max Taut, Erich Mendelsohn, Max Berg und Hannes Meyer, zum Wettbewerb eingeladen worden. Hannes Meyer gliederte den Wohntrakt nach Gemeinschaften. Jeweils drei Flure mit fünf Zweibettzimmern an einem Flur schichtete er als soziale Einheit von dreißig Personen übereinander zu einem Haus. Vier Häuser, die sich durch Stufung und Rücksprünge voneinander abheben, bilden den Wohntrakt. Er folgt in seiner Anlage der Neigung des Geländes. Ein gedeckter Gang auf der Innenseite verbindet die Wohnhäuser untereinander sowie mit dem teilweise aufgestelzten Quertrakt des Seminarflügels unten und dem differenzierten Komplex mit Speisesaal, Aula, Verwaltung und den Räumen für Spiel und Erholung oben. Entlang dem südwestlichen Senkenrand gruppierte Meyer in einem lockeren flachen Band die Lehrerhäuser.

In seinen Gelenken locker spielend und jeder Bewegung des Bodens folgend, war Meyer – nach Adolf Behne – ohne die »Diktatur der Form« ein Bau gelungen, der in aller Knappheit und Strenge liebenswürdig und natürlich in der märkischen Landschaft steht. Daß es sich hier um eine der großen Leistungen der modernen

*Bernau, Gewerkschaftsschule. Lehrerhäuser*

*Bernau, Gewerkschaftsschule. Internatsgebäude*

12 Fritz Neumeyer, Vom Material über die Idee in die Ordnung. Mies van der Rohe und die Frage nach dem Wesen der Baukunst, in: Der vorbildliche Architekt. Mies van der Rohes Architekturunterricht 1930–1958 am Bauhaus und in Chicago, Ausstellung im Bauhaus-Archiv, Museum für Gestaltung (Katalog), Berlin 1986, S. 21 ff.

Architektur handelt, werden heutige Besucher nicht recht nachvollziehen können, solange Verwahrlosungen am Bau nicht korrigiert und öde Zubauten nicht abgeschirmt oder beseitigt sind.

## Einfamilienhäuser

Mies van der Rohe war gerade zwanzig Jahre alt, als er 1907 seinen ersten Auftrag zum Bau eines Hauses erhielt. Der Bauherr Alois Riehl, der dem jungen Mann die Planung seines Wohnhauses anvertraute, publizierte häufig über philosophische Themen in Maximilian Hardens Zeitschrift ›Die Zukunft‹. Mies hatte ihm geschrieben und ihn bald persönlich kennengelernt.[12] Das Haus, noch mit hohem Satteldach, zeigt in der Gliederung Einflüsse des Berliner Klassizismus. Die heute durch Bäume verdeckte Giebelseite am Steilhang war die bemerkenswerteste. Ursprünglich lag hier ein zum Haus gehöriger Garten, den man vom ausgebauten Kellergeschoß aus durch eine Tür in der hohen Stützmauer erreichte. Das Erdgeschoß war hier zu einer hausbreiten Laube geöffnet, mit vier Stützpfeilern, die ädikulaartig mit betontem Gebälk das Giebeldreieck, eigentlich aber das als Körper erscheinende Dachgeschoß tragen. Unweit davon, am Ufer des Griebnitzsees, stehen das Haus Urbig (1915–17) mit strenger neoklassizistischer Pfeilergliederung und Haus Mosler (1924–26), ein Nachzügler der frühen Periode, denn mittlerweile verfolgte Mies seit seinen revolutionierenden Landhausentwürfen ganz andere Ziele.

In Caputh, südwestlich von Potsdam, ließ sich 1928/29 der Schöpfer der Relativitätstheorie, Albert Einstein, ein kleines schlichtes Holzhaus bauen. Sein Architekt, Konrad Wachsmann, der breiteren Leserkreisen durch den 1985 nach Gesprächsprotokollen von Michael Grüning verfaßten ›Wachsmann Report‹ bekannt sein dürfte, war damals junger Chefingenieur in der Holzfirma Christoph & Unmack in Niesky. Die Firma produzierte Holzfertighäuser und exportierte sie in alle Welt. Das Haus Einstein besteht ebenfalls aus vorgefertigten Holzelementen, die jedoch hier nach gesondertem Entwurf zusammengefügt worden sind. Es ist zweigeschossig und hat einen eingeschossigen Anbau, dessen Dach als Terrasse dient. Wachsmann ist auch späterhin ein stark konstruktiv orientierter Architekt geblieben. 1942 entwickelte er in Ame-

*Potsdam-Neubabelsberg, Haus Riehl*

*Caputh, Einstein-Sommerhaus*

*Geltow, Villa Frank*

rika gemeinsam mit Walter Gropius das sogenannte ›Packaged House System‹.

Im Nachbarort Geltow liegt auf einer Anhöhe, am Franzensberg 1–3, breit gelagert und terrassiert ein stattliches Backsteinhaus aus den Jahren zwischen 1926 und 1929. Bauherr war der jüdische Bankier Theodor Frank oder wohl eher dessen Frau, denn nach dem, was im Ort erzählt wurde, hatte sie großen Anteil an der Planung. Der Bau ist als Werk des jüdischen Architekten

*Dahlewitz, Haus Bruno Taut*

*Dahlewitz, Haus Bruno Taut. Ehem. Arbeitszimmer*

Ernst Ludwig Freud publiziert worden. Dennoch bleiben einige Rätsel, weil er im Stil und in seiner architektonischen Kraft von dessen übrigen Arbeiten absticht und weil außerdem von Nachbarn berichtet wurde, Frau Frank habe, als der Bau bereits im Gange war, im Urlaub an der holländischen Küste einen Architekten kennengelernt, der ihr einen neuen Plan zeichnete. War Freud dieser Architekt, oder hat er den Bau nur nach den neuen Wünschen und nach mitgebrachten Plänen in veränderter Form weitergeführt?

Seinem eigenen Wohnhaus in Dahlewitz gab Bruno Taut die ungewöhnliche Form eines Viertelzylinder-Segments. Da er 1927 darüber eine ausführliche Dokumentation[13] publiziert hat, ist es uns in allen Einzelheiten, sogar in der ursprünglichen Farbgebung bekannt. Die Eingangsseite zur Straße ist abgerundet und schwarz gestrichen, der keilförmige weiß gehal-

13 Bruno Taut, Ein Wohnhaus, Stuttgart 1927, Nachdruck in italienischer Sprache: Bruno Taut, Una casa di abitazione, Mailand 1986.

tene Teil zeigt zur Wiese. Nach Norden schließt ein Flachbau mit Wirtschaftsräumen und der Garage an. Der Hauptraum ist achsialsymmetrisch, doch nicht rektangulär angelegt. Die anderen haben irreguläre Grundrisse. Für jemanden, der wie Taut von der expressionistischen Revolte geprägt war, hatte die bewußte Abkehr vom Rechteck den tieferen Sinn von Öffnung und Freiheit gegen das »alte banale Schachtelsystem«.[14] Durch die Methode, jede Wand in einer anderen Farbe zu streichen, löste Taut die Räume noch weiter auf. Das Schwarz und Weiß außen könnten auf die Sonne bezogen sein. Schwarz an der Ostseite sorgt am Morgen für rasche Erwärmung. Taut hat sein Haus nur wenige Jahre bewohnt. 1931 verließ er Deutschland. Sein Exilland fand er nach Stationen in Moskau und Japan in der Türkei des Ata Türk. Sein zweites Wohnhaus baute er 1938, wenige Monate vor seinem Tode, am Bosporus.

Hans Scharoun gelang es noch unter dem Kunstdiktat des Dritten Reiches, in abgelegenen Nischen und mit leichter baulicher Mimikry räumlich lebendige Hausorganismen in einem organisch-funktionalen Stil zu realisieren. Zu Beginn der Naziherrschaft war er kaum vierzig Jahre – und doch bereits berühmt wegen seines Appartementhauses in Breslau und der Siedlung Siemensstadt in Berlin. Auf öffentliche Aufträge konnte er nun nicht mehr hoffen. Doch beauftragten ihn Freunde mit dem Bau ihrer Wohnhäuser. Zwei davon stehen beiderseits der Staudengärtnerei Karl Försters in Bornim, weitere in Falkensee, Borgsdorf und am Zechlinsee. Scharouns frühere Bauten beeindruckten durch den freien Umgang mit Formen des neuen Bauens. Davon durfte er, sollten die Pläne die baupolizeilichen Hürden passieren, nichts mehr erkennen lassen. So hat er Lösungen gefunden, bei denen sich die gewonnene organisch-funk-

*Dahlewitz, Haus Bruno Taut*

14 Adolf Behne, Die Wiederkehr der Kunst, Leipzig 1919, S. 56.

*Bornim bei Potsdam,*
*Haus Mattern.*
*Wandbild von*
*Oskar Schlemmer*

*Bornim bei Potsdam,*
*Haus Mattern*

tionale Verknüpfung der Raumelemente erst im Innenraum und zum Garten hin entfaltet. Das kleine, 1934 für den Landschaftsgestalter Hermann Mattern geschaffene Haus in Bornim, Florastraße, ist zwar im wesentlichen rektangulär geordnet, dennoch verbinden sich der Arbeits-, der Wohn- und Eßbereich zu einer gegliederten Raumeinheit. Für das Erlebnis der Raumöffnung sorgt die eine Außenwand des Wohnraums, die kurvig verläuft und über die breite Glasfront zum Garten durchstößt, wo sie sich in einer Werksteinkante schräg zur Grünanlage abstuft. 1937 ließ Mattern von Oskar Schlemmer an der Rückwand des Eßplatzes ein malerisch-plastisches Wandbild mit drei menschlichen Figuren anbringen.

Das Wohnhaus in Bötzow nahe Velten gehört eigentlich nicht mehr hierher, denn es scheint durch falsche Nutzung, Umbauten und Verwahrlosung endgültig verloren zu sein. Doch als Appell gegen weitere drohende Verluste mag es hier stehen. Die Brüder Luckhardt bauten es für den Edelpelzzüchter Kurt Fritsche. Wie nur noch Mendelsohn vertraten diese Architekten einen höchst urbanen, auf technische Präzision gerichteten Stil. Sie wählten ein Stahlskelett, das sie mit Bimsbeton ausfachten und mit gelbweißen Kacheln verkleideten. Zu einem kleinen See hin öffneten sie die Außenwand auf vier Fünftel der Fläche in Glas. Terrassen erweitern die dort befindlichen Wohn- und Schlafräume.

## Wohnanlagen und Siedlungen

An den Industriestandorten der Firma Schwartzkopff in Wildau bei Königs Wusterhausen und der AEG in Hennigsdorf sind bemerkenswerte Werksiedlungen geschaffen worden. Die Industriekolonie Wildau erscheint mitsamt den Industrieanlagen und Verkehrssträngen als ein vorweggenommenes Modell späterer Bandstadtkonzepte. Von 1900 an wurde auf der westlichen Seite der Eisenbahntrasse das Werk, auf der östlichen bis ans Ufer der Dahme das Wohngebiet mit mehrgeschossigen Mietshäusern in lockerer Gruppierung aufgebaut. An der Hauptstraße, die nordsüdlich durch das Wohngebiet verläuft, befanden sich die Läden, eine Konsumanstalt, Apotheke, Post, Kasino und eine Schule. Die Architektur der Häuser zeigt, obwohl historische Details Verwendung fanden, im ganzen mit Fachwerk und Erkern einen eher landhausmäßigen Stil.

In Hennigsdorf baute Peter Behrens Arbeiterwohnungen für die AEG, teils in einem Mietshausblock (1910/11), teils in einer Reihenhausanlage in der Paul-Jordan-Straße (1918/19). Die Einfamilienhäuser dort sind als Doppel- und Vierergruppen kubisch-geometrisch und zahnschnittartig gegeneinander versetzt. Behrens wirkte seit 1907 nach den Ideen des Deutschen Werkbundes als »künstlerischer Beirat« der AEG. Es entsprach seiner Auffassung von einer einheitlichen Industriekultur, daß er gartenstädtische oder andere offene Siedlungsformen ablehnte. Er sah darin eine Art von »anarchischer Selbständigkeit«.[15] Der Mensch sei als Gesellschaftswesen auf den anderen angewiesen, und dies müsse auch ästhetisch zum Ausdruck kommen. Die Häuser in einem nicht vordergründig in Erscheinung tretenden Neoklassizismus sind geprägt von der hohen architektonischen Formdisziplin, die sich Behrens an Fabrikbauten der AEG erarbeitet hatte.

Mitarbeiter von Peter Behrens war – wie Mies van der Rohe und Le Corbusier – eine Zeitlang auch der junge Walter Gropius. Zwei Jahre nach seinem Ausscheiden aus dem Behrens-Büro, nämlich 1913, baute Gropius gemeinsam mit Adolf Meyer im nordwestlichen Zipfel der Provinz Brandenburg, in Wittenberge an der Elbe, eine kleine Siedlung für die provinzielle Landbaugesellschaft ›Eigene Scholle‹, die ihren Hauptsitz in Frankfurt an der Oder hatte. Die Anlage umfaßt 44 meist zu Doppelgruppen verbundene Einfamilienhäuser. Sie waren für Arbeiter der nahegelegenen Singer-Nähmaschinenwerke und der Eisenbahnwerkstätten bestimmt. Neben der Schuhleistenfabrik in Alfeld sind dies die einzigen Häuser dieses berühmten Architekten aus seiner Vor-Bauhaus-Zeit auf deutschem Gebiet. Gropius entwickelte dafür drei Typen. An der von Wittenberge kommenden Straße rücken zwei Häuser des größeren Typs zu einer Torsituation zusammen. Von dort führte der von Baumreihen gesäumte »Lindenweg« zum räumlichen Zentrum, dem langgestreckten »Kastanienplatz«. Gropius beschäftigte sich seit seiner Tätigkeit bei Behrens mit

15 Peter Behrens, Gartenstadtbewegung, in: Gartenstadt 2, 1908, S. 27.

*Hennigsdorf, Werksiedlung*

*Wittenberge, Siedlung ›Eigene Scholle‹*

Fragen der »Industrialisierung des Hausbaues auf künstlerisch einheitlicher Grundlage«.[16] Danach sollten einzelne Elemente der Häuser genormt und damit fabrikmäßig herstellbar werden, jedoch so, daß sie wie Steine eines »Anker-Steinbaukastens« viele Möglichkeiten des Zusammenfügens offen ließen. Als erste Stufe wollte Gropius das System am konkreten Fall stillschweigend »in der Industrialisierung der Zeichnung« erproben.[17] Da für ihn das Projekt Gartenstadt Emst bei Hagen, bei dem er das System 1911 einzusetzen gedachte, gescheitert war, wird er die hier zwei Jahre später gebotene Gelegenheit dafür genutzt haben. Die Architektur dieser bescheidenen Häuser ist großzügig komponiert. Ihr zurückhaltend neoklassizistischer Stil war noch von Behrens beeinflußt. Leider sind viele für die Wirkung wichtigen Bauteile nicht mehr vorhanden.

Westlich von Brandenburg liegt auf einem in die Niederung der Havel vorstoßenden Sandrücken eine idyllische Siedlung, die ›Gartenstadt Plaue‹. Auf den ersten Blick wirkt sie wie eine Anlage aus dem 18. Jahrhundert. Reihen ein-

16 Walter Gropius, Programm zur Gründung einer allgemeinen Hausbaugesellschaft auf künstlerisch einheitlicher Grundlage m.b.H., verfaßt im März 1910; nachgedruckt in: Hartmut Probst und Christian Schädlich, Walter Gropius, Bd. 3, Berlin 1987, S. 18 ff.

17 Brief von Walter Gropius an Karl Ernst Osthaus vom 31. Oktober 1911, zit. in: Karl Ernst Osthaus. Leben und Werk, Recklinghausen 1971, S. 463.

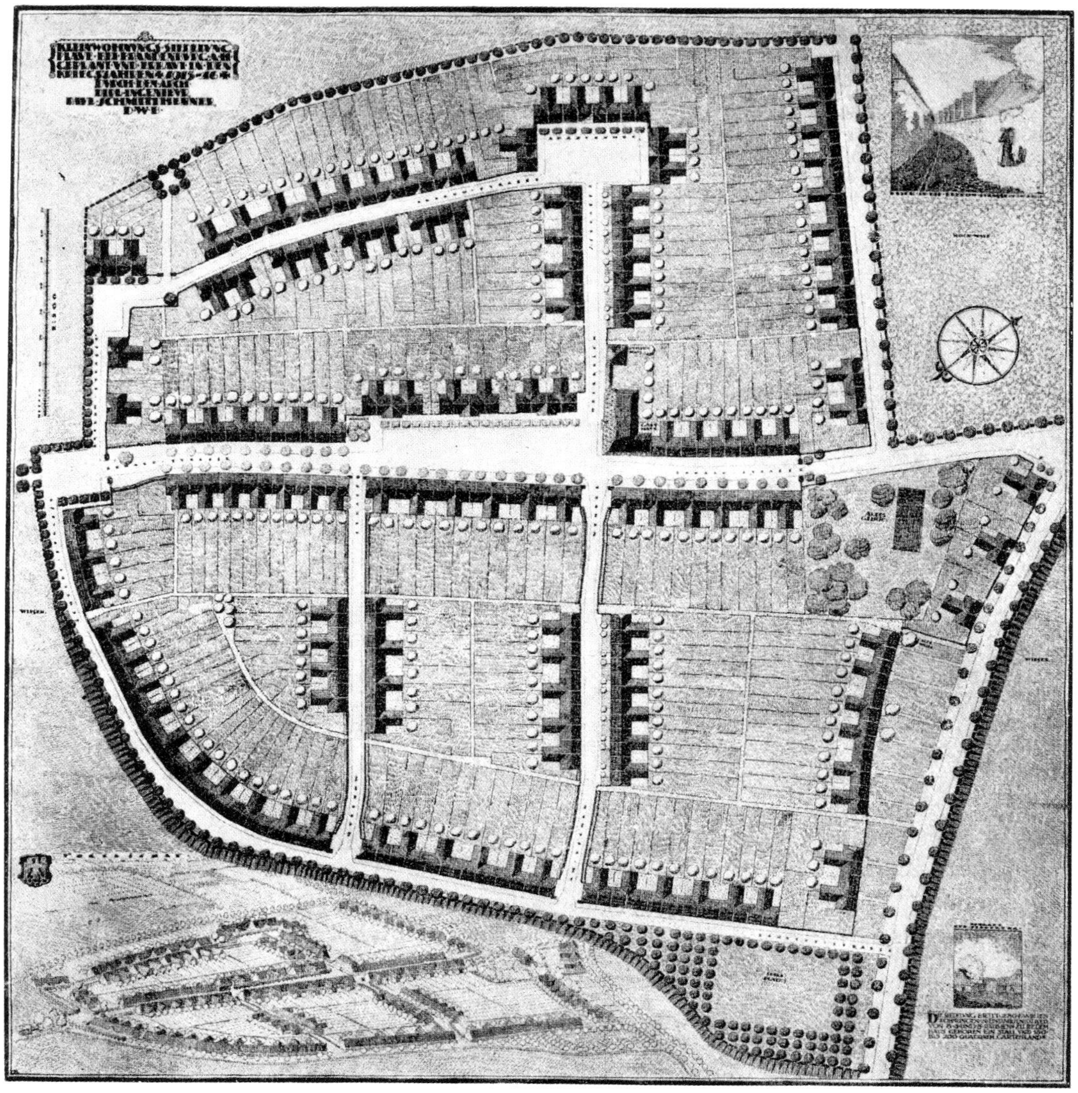

*Brandenburg-Plaue, Plan der Gartenstadt Plaue*

geschossiger Häuser mit Fledermausgaupen in Krüppelwalmdächern lugen mit niedrigen Fassaden und farbigen Türen unter den Kronen alter Alleebäume hervor. Gelegentlich vervollkommnen Volutenschnecken an den Giebeln die Illusion. In Wirklichkeit entstand die ›Gartenstadt‹ während des Ersten Weltkrieges, 1916/17, und zwar zur Ansiedlung von Arbeitern für eine Munitionsfabrik. Entworfen hat sie Paul Schmitthenner. Zur gleichen Zeit und ebenfalls für Munitionsarbeiter errichtete er die größere ›Gartenstadt Staaken‹ bei Spandau. Mit den Gartenstädten, die jedoch meist nur zu vorstädtischen Gartensiedlungen gediehen, sollte eine positive Alternative zur Mietskasernenstadt gefunden werden. Für sie fochten konservative Reformer ebenso wie sozialdemokratische, damit sich das Volk wieder »zum geistigen, moralischen und körperlichen Gedeihen«[18] mit der Natur in Verbindung bringen kann und in der Einheitlichkeit der Gesamtwirkung den sinnfälligen Ausdruck seines genossenschaftlichen Gemeinsinnes findet. Die dünn besiedelte Mark in der Nachbarschaft eines der dichtesten Ballungsräume der Welt lockte zur Verwirklichung solcher Reformideen. Man denkt an die vegetarische Obstbaukolonie Eden, an den Leipziger Propagandisten der Gartenstadt, der 1908 sein ›Heimatland‹ in Luhme bei Rheinsberg gründete. Noch ein Stück nördlicher am Neuruppiner See entstand in den zwanziger Jahren unter Beistand des Deutschen Werkbundes die Handwerkersiedlung Gildenhall nach ersten städtebaulichen Ideen von Otto Bartning und

18 Karl Liebknecht, Rede vor dem Reichstag vom 11. Dezember 1912, in: ders., Gesammelte Reden und Schriften, Bd. 5, Berlin 1963, S. 482.

19 Paul Schmitthenner, Das sanfte Gesetz in der Kunst, 1941, Neudruck Stuttgart 1954.

20 Stadtbaurat Althoff, Das neue Frankfurt an der Oder, in: Deutsche Bauzeitung 60, 1926, S. 65 ff.

mit Häusern von Adolf Meyer, der bis 1925 als Meister am Bauhaus Weimar wirkte. Schmitthenner gehörte nicht zu den leidenschaftlichen Reformern. Sein Ansatz meinte primär die konservative Reform. In Anlehnung an Adalbert Stifter plädierte er für die stille Größe des Schlichten und Unscheinbaren. Mit Eifer widmete er sich – in der Zwischenkriegszeit Haupt der neokonservativen ›Stuttgarter Schule‹ – der Wiederbelebung brüchig gewordener Handwerkertraditionen und älterer bäuerlicher oder bürgerlicher Bauformen des 18. Jahrhunderts, denen er, wie in Plaue, in Maß und Harmonie zu folgen suchte. Bei seiner Fixierung auf Landschaft, Heimat, Erde sah er schließlich in Konfrontation zur Moderne das Heil allein in der »seelischen Komponente des deutschen Volkstums«[19], was ihn zum Protagonisten der kleinbürgerlichen Richtung in der Architektur des Dritten Reiches werden ließ.

Die Gartenstadtidee blieb überall, so auch im Brandenburgischen, noch einige Jahre nach dem Ersten Weltkrieg bestimmend für die Siedlungsanlagen der Städte und Genossenschaften oder – wie in Frankfurt an der Oder – der Reichsbahn.

Die Verlegung der Reichsbahndirektion Ost 1922 aus den wieder polnisch gewordenen Ostgebieten in die Stadt zwang dazu, etwa tausend Beamte anzusiedeln und binnen kurzem, nämlich 1922/23, für sie über 600 Wohnungen und repräsentative Häuser für Spitzenbeamte aus dem Boden zu stampfen. (Zusätzlich entstanden bis 1925 für einige Tausend neu Zugezogene 1400 weitere Wohnungen.[20]) Die Planung der Siedlung für die Reichsbahn übernahm deren Architekt Johann Martin Kießling, der städtebaulich mit Stadtbaurat Althoff zusammenarbeitete. Der Gewaltakt gelang, weil ein bereits 1916 von Hans Bernoulli ausgearbeiteter Bebauungsplan für die Stadt vorlag und große Flächen, nämlich zwei Drittel des Bodens, sich in städtischem Besitz befanden. Bauträger war die von Reichsbahn und Stadt gemeinsam gegründete Siedlungsgesellschaft ›Ostmark‹. Die Gartensiedlung ›Paulinenhof‹ entstand auf dem bewegten Gelände einer alten Gutslage in einer einheitlichen, mäßig konservativen farbigen Architektur, die als Anknüpfung an friderizianisches Rokoko gemeint war. Beachtlich war die Raumbildung mit einer in Enge und Weite atmenden Wegeführung entlang einer städtebaulichen Hauptachse und mit unterschiedlich geformten Plätzen. Zum räumlichen Zentrum wurde der große, 130 Meter breite, halbrunde Hauptplatz

*Frankfurt an der Oder, Siedlung ›Paulinenhof‹*

*Luckenwalde, Anger-Siedlung*

mit Grünanlagen und Spielplätzen. Das dort vorgefundene Geländeprofil war Kießling Anlaß, es durch diese Form der Bebauung architektonisch zu erhöhen. Bruno Taut hat das ›Britzer Hufeisen‹ auf ähnlicher Grundlage, eine Geländemulde mit Teich, gebaut. Kießling fügte ein Tormotiv und ein Torhaus als Schleusen in die Raumfolge ein. Alle Häuser der Siedlung haben Gärten.

Der Wohnungsbau in der durchweg SPD-regierten Fabrikstadt Luckenwalde wurde von einer ›Gemeinnützigen Kleinwohnungsbau‹ GmbH getragen, die Wohnungsbaugenossenschaften mit der Stadt als Hauptaktionär gegründet hatte. Die Pläne für diese Siedlungen entwickelte das Stadtbauamt unter dem Stadtbaudirektor Josef Bischof. Die erste Siedlung entstand an der Jänickendorfer Straße. Sie trug, antiurban wie die meisten der Zeit, Züge eines alten märkischen Dorfes. Ein auf dem Gelände vorhandenes und mit Bäumen umstandenes Moorloch beließ Bischof bewußt als Mittelpunkt eines angerartigen Platzes. Man betritt diesen Platz durch einen Torbogen. Baumbestand und Teich sind heute verschwunden. Meliorationsarbeiten in der Nähe haben den Teich versiegen lassen. Die meist eingeschossigen Einzel- und Doppelhäuser sind mit Bohlendächern eingedeckt, die einen fast vollständigen Ausbau der Böden zu Wohnzwecken erlauben. In einem der Dachstübchen wohnte 1921 ein Jahr lang Richard Neutra. Er war damals Mitarbeiter im Stadtbauamt. Der Luckenwalder Waldfriedhof ist von ihm entworfen worden. Danach arbeitete er einige Zeit mit Mendelsohn in Berlin zusammen und verließ Deutschland schon Ende 1923 in Richtung Amerika. Im Alter kehrte er – inzwischen weltbekannt – noch einmal ganz privat zum Ort seines frühen Wirkens zurück, um Mendelsohns Fabrik, diese Siedlung und seinen Friedhof zu besuchen.

Eine zweite Siedlung an der Gottower Straße mit winzigen Wohnungen ist wegen der Inflation Fragment geblieben. Der Entwurf stammte von Mendelsohn, was jedoch aufgrund der inzwischen vorgenommenen Veränderungen am Baubestand nicht mehr zu erkennen ist.

Die dritte Siedlung der Nachkriegsperiode mit 225 Wohnungen ist von 1921 an mehrere Jahre geplant und gebaut worden. Sie liegt am Rande des Industriegebiets in der Treuenbrietzener Straße und umfaßt Mietwohnungen und Einfamilienhäuser. Inmitten einer langen Zeile teils trauf-, teils giebelständiger Reihenhäuser

*Luckenwalde, Volksheim-Siedlung*

befindet sich ein U-förmig einspringender Mietshausblock mit Durchgang zum rückwärtigen Teil der Siedlung. Zur Anlage gehört eine Gruppe voll verschalter Holzfachwerkhäuser aus der Zeit, als Holz der billigste Baustoff war.

Die Stabilisierung der Währung 1923 beendete die Periode gartenstädtischer Siedlungen. Durch günstigere wirtschaftliche Bedingungen befördert, vor allem aber durch die unverminderte Wohnungsnot erzwungen, ging man wieder zum mehrgeschossigen Mietshausbau über. Rationalisierung der Planung und des Bauprozesses traten in den Vordergrund. Die sogenannte ›Volksheim-Siedlung‹ in Luckenwalde, ebenfalls in der Jänickendorfer Straße, verkörpert mit 450 Wohnungen diese Stufe in exemplarischer Weise durch die Art ihrer Anlage und Architektur, mehr aber noch durch die Umstände ihrer Entstehung. Bauherr war die ›Gewerkschaftshaus und Volksheim GmbH Luckenwalde‹. Sie hatte jedoch die Bauvorbereitung, Baubetreuung und Bauleitung an eine sogenannte ›Märkische Wohnungsbau‹ GmbH übertragen, die stellvertretend als Bauherr tätig wurde. Die eigentliche Bauausführung lag in den Händen der ›Sozialen Bauhütte‹. Diese Organisationsform erklärt sich durch einen Blick auf die Entwicklung des Wohnungsbaus während der Weimarer Republik. Nach zögerndem Anlauf vor dem Ersten Weltkrieg wurde diese Periode zur Gründerzeit für genossenschaftliche und gewerkschaftliche Wohnungsbauunternehmen. Schon 1919 hatte der Deutsche Handelsgehilfenverband die ›Gagfah‹ gegründet, die im ganzen Reichsgebiet baute. Es folgten die ›Heimat‹ als Gründung der Gewerkschaft der Angestellten und 1924 die ›DEWOG‹ als das Unternehmen der freien Gewerkschaften mit Arbeiterbank und Sozialfürsorge. Prinzip der DEWOG war die Dezentralisation ihrer Aktivitäten auf Tochtergesellschaften. Eine solche war die Berliner ›Gehag‹, für die Bruno Taut die inzwischen weltberühmten Großsiedlungen entwarf, eine andere die ›Märkische Wohnungsbau‹ GmbH für die Provinz Brandenburg.[21] Siedlungen und Wohnanlagen dieser Gesellschaft entstanden in etwa 20 Städten der Mark, jeweils gebaut für dortige Genossenschaften, die sich nach Verlust ihrer Vermögen durch die Inflation in schwieriger Lage befanden, so für die ›Freie Scholle‹ in Trebbin, für die ›Gewoba‹ in Strausberg, Teltow, Freienwalde, Erkner, Nauen und Wittenberge. Selbst Bauherr war sie bei großen Wohnanlagen in Brandenburg und Neuruppin. Ihre Bauten sind überall leicht an der gemäßigten Modernität, vor allem aber an der gestalterischen Disziplin und der zuweilen routiniert wirkenden Rationalität zu erkennen. Die Architektur war Teil der unternehmerischen Strategie. Als vorteilhaft für alle erwiesen sich die gebündelten Erfahrungen in der Rationalisierung des Grundrisses und der Planung.

Die Luckenwalder Siedlung (1928–31) besteht aus mehreren dreigeschossigen Häuserreihen, die jeweils mit zweigeschossigen Querflügeln U-förmige Grünräume bilden. Angebaute Lauben in Backstein rhythmisieren hell verputzte Fassaden. An der Straße bilden Trep-

21 Über die Gründung und die Tätigkeit der ›Märkischen Wohnungsbau‹ GmbH siehe: Der Regierungsbezirk Potsdam (wie Anm. 8) S. 91 ff.; Zur DEWOG-Bewegung siehe: Klaus Novy/Michael Prinz, Illustrierte Geschichte der Gemeinwirtschaft. Berlin/Bonn 1985, S. 118–126.

penhauserker mit den Brüstungen von Balkonen jene doppelkreuzförmigen Dominanzfiguren, die vom Karl-Marx-Hof in Wien über Erwin Gutkinds Sonnenhof in Berlin bis zu den Bauten Bruno Tauts gleichsam zum Signet für die Wohnungsbauten der Arbeiterschaft geworden sind.

Als letztes Beispiel soll eine Anlage von damals radikaler Modernität genannt sein, die Friedrich-Ebert-Siedlung in Rathenow. Sie war für Arbeiter der am Ort traditionellen optischen und feinmechanischen Industrie bestimmt. Der Rathenower Bauverein, eine gemeinnützige Gesellschaft unter Beteiligung kommunaler und industrieller Körperschaften, beauftragte Otto Haesler aus Celle mit dem Entwurf. Wegen seiner ebenso preiswerten wie gesunden und zeitgemäßen Wohnungen in Celle und Kassel hatte er einen guten Namen als Wohnungsbauer. Die Rathenower Siedlung sollte im Endzustand 600 Wohnungen umfassen. Man wollte sie je nach finanziellem Vermögen in acht jährlichen Etappen ausführen. Doch nur ein Teil ist bis 1933 fertiggestellt geworden. Haesler wählte die Form des dreigeschossigen Zeilenbaus mit querstehenden flachen Zeilen für Folgeeinrichtungen. Der Baumbestand blieb in den Zwischenräumen erhalten. Alle Schlafzimmer liegen auf der Ost-, alle Wohnzimmer auf der Westseite. Jede Wohnung besitzt ein Bad und zumeist auch eine Loggia. Ein Heizwerk mit markant gestalteten Schornsteinen versorgt alle Wohnungen mit Wärme und Warmwasser. Voll verglaste Treppenhauserker und außerdem über Eck verglaste Erker an den Schlafzimmern machen die Räume hell. Saubere Knappheit der Formen, Leichtigkeit und technische Präzision sind Merkmale, wie sie gerade um 1930 in einer spezifisch großstädtischen Architekturrichtung gewünscht waren. Ein Vertreter der Wohnungsfürsorgegesellschaft schrieb dazu 1930, in nichts mehr wolle die Provinz hinter dem Komfort der Großstadt zurückstehen. Wohnungsfürsorge auch in diesen Dingen verwerte die Erkenntnisse der Wohnungsreformer. Es mache fast keinen Unterschied mehr aus, ob die Wohnung in Berlin, in der Provinz oder auf dem Lande begehrt werde. Jede Wohnung müsse eine »Großstadtwohnung«[22] sein. Unter den Bedingungen fortgeschrittener Technologien und hygienischer Standards verlor sich die spezifische Örtlichkeit. Von der technischen Form abgeleitete ästhetische Normen beanspruchten allgemeine Gültigkeit.

*Rathenow, Friedrich-Ebert-Siedlung*

Vermutlich wird es nie einen Tourismus zu Bauten der Reformbewegungen und der Moderne in Brandenburg geben, wie jetzt schon zu den Schlössern und Herrenhäusern. Für die Städte und das Land jedoch sind sie wichtige Zeugnisse ihrer Geschichte; vor allem bestimmen sie das Stadtbild mit, ob im jetzt oft traurigen Zustand der Verwahrlosung oder eines Tages rekonstruiert. Einige Städte sind dabei, die Rekonstruktion vorzubereiten. Doch ist dabei die gleiche Sorgfalt notwendig wie bei älteren historischen Bauten. Ein kranzgesimsartiges Band an Bauten in Rathenow, das bei Sanierungsarbeiten angebracht worden ist, bleibt deren Stil ebenso fremd wie sprossenlose Vollglasfenster an kleinen Siedlungshäusern. Gerade hier treten schwer überwindbare mentale Hemmnisse auf: Die Einheitlichkeit dieser Siedlungen wurde ursprünglich getragen von der Solidargemeinschaft der Siedler. Heute ist sie verloren und im gesellschaftlichen Klima kaum wieder zu erreichen. Jeder will sein Haus nach seiner Art herausputzen. Doch es bleibt wahr, daß Würde und Schönheit des einzelnen wirklich erst zu gewinnen sind durch die einheitliche Schönheit des Ganzen.

22 Hofrichter, Einiges über Kleinwohnungsbau in den Nachkriegsjahren, in: Rathenow, bearb. von Oberbaurat Sprotte, 2. Aufl. Berlin-Halensee 1930, S. 29 (Deutschlands Städtebau)

Thomas Topfstedt

# IX Städtebau und Stadtplanung in Brandenburg seit 1945

Wie in Mecklenburg-Vorpommern wurden auch in Brandenburg viele Städte und Gemeinden erst im Frühjahr 1945 vom Krieg heimgesucht. Am schwersten betroffen waren vor allem jene Klein- und Mittelstädte, die im Bereich der Oder-Neiße-Offensive lagen bzw. beim Vorrücken der Roten Armee auf die Reichshauptstadt Berlin in die letzten verzweifelten Verteidigungskämpfe verwickelt wurden. Das Ausmaß der Zerstörungen kann durch die folgenden Zahlen nur angedeutet werden. Seelow, Guben, Forst/Lausitz und Lebus wurden so gut wie vollständig vernichtet. Wriezen war zu 92 Prozent, die Alt- und Neustadt von Rathenow zu ca. 90 Prozent zerstört. In Trümmern lagen die Stadtkerne von Prenzlau, Eberswalde und Schwedt an der Oder, Müncheberg, Lychen und Templin. Ein Viertel der Bebauung von Brandenburg an der Havel wurde durch zwei angloamerikanische Luftangriffe im März und im April zerstört. Ein schwerer britischer Luftangriff am 14. April 1945 und nachfolgende Bodenkämpfe vernichteten 47 Prozent der historischen Bausubstanz von Potsdam. Die Altstadt von Frankfurt an der Oder wurde bis auf wenige Bauten völlig verwüstet, als die zur Festung erklärte Stadt am 23. April 1945 von der Roten Armee eingenommen wurde und danach ein Flächenbrand mehrere Tage in dem menschenleeren, dicht überbauten Stadtkern ungehindert wütete.[1]

Mit heute kaum mehr vorstellbarer Energie begannen vielerorts gleich nach Kriegsende die Aufräumungsarbeiten. Es war eine elementare Überlebensfrage, die Versorgungs- und Verkehrssysteme, so gut es ging, wieder betriebsfähig zu machen und einen möglichst großen Teil des leicht und mittelschwer beschädigten Wohnraums instand zu setzen. Neue Baustoffe wurden vorderhand kaum produziert; das Material für die Gebäudereparaturen mußte im Rahmen der Enttrümmerungseinsätze unter großen Mühen aus den Ruinen geborgen werden. Auf diese Weise wurden im Frühjahr 1946 mehr als ein Drittel der Wohnbauten von Frankfurt an der Oder wiederhergestellt.[2]

Der Wiederaufbau in den kleinen Städten wurde in der Regel mit örtlichen Materialreserven auf den alten Parzellen unter Wahrung des historischen Stadtgrundrisses durchgeführt. Ein frühes Beispiel ist Beeskow, wo man bereits bis zum Juni 1946 einen ersten Aufbau- und Gestaltungsplan erarbeitet hatte. 1947 wurde der erste Wohnhaus-Neubau errichtet. Mit bemerkenswerter Kontinuität wurde der Beeskower Wiederaufbau durch traditionelle Lückenschließungen bis in die siebziger Jahre fortgeführt.[3]

Die bedeutenderen Wiederaufbauplanungen wurden von der Brandenburger Landesregierung gefördert. Es ist typisch für die Nachkriegszeit, daß es in der Sowjetischen Besatzungszone noch kein einheitliches, ideologisch und baukünstlerisch normiertes Leitbild gab, nach dem sich die Stadtplaner zu richten hatten. Demzufolge konnte ein breites Spektrum von Lösungen entwickelt werden.[4]

Für Eberswalde und Müncheberg wurde der Wiederaufbau der Stadtkerne in engem Anschluß an das überkommene Straßenraster geplant. Dabei sollte die ›Chance‹ der Kriegszerstörung zur Verbesserung der Verkehrssysteme genutzt werden. Es ging den Eberswalder Planern auch um eine nachhaltige Vergrößerung des Marktplatzes. Übergeordnetes Prinzip aber war ungeachtet aller Erneuerungsabsichten die Wiedergewinnung eines geschlossenen, am historischen Stadtmaßstab orientierten Ortsbildes.

Auch die Prenzlauer Planung zielte, da möglichst viele der alten Hausfundamente wiederbenutzt werden sollten, auf nahezu vollständige Übernahme des historischen Straßengerüstes und der traditionellen Blockrandbebauung ab. Die Bebauungshöhe der Wohnhäuser war einheitlich auf zwei Geschosse begrenzt. Mit

1 Angaben nach Götz Eckardt (Hrsg.), Schicksale deutscher Baudenkmale im Zweiten Weltkrieg, Bd. 1, Berlin 1978 und Uta Hohn, Die Zerstörung deutscher Städte im Zweiten Weltkrieg (Duisburger Geographische Arbeiten Bd. 8), Dortmund 1992.

2 Der Bauhelfer 1946, Heft 3, S. 26.

3 Fritz Hermann, Lückenschließungen im Zuge der Altstadtrekonstruktion in Beeskow, in: Architektur der DDR 1980, Heft 7, S. 430 ff.

4 K. Erbs, Brandenburgische Mittel- und Kleinstädte, ein Querschnitt durch die Aufbauplanung, in: Der Bauhelfer 1949, Heft 8, S. 201 ff.: Prenzlau (von Tettau/Potsdam und Herbert Barg), Rathenow (Otto Haesler/Rathenow und Karl Völker/Halle), Eberswalde (Hans Freese/Berlin), Frankfurt an der Oder (Willi Kreuer/Berlin und Richard Luer), Müncheberg (Karl-Friedrich Demmer/Berlin).

Rücksicht auf die Marienkirche sollte der großräumige Marktplatz mit dem freistehenden Rathaus in den alten Relationen wiedererstehen, einschließlich der dem Ostgiebel vorgelagerten Häuserzeile. Auf diese Weise wäre es möglich gewesen, das Stadtkunstwerk Prenzlau im Rahmen des Wiederaufbaus zu rekonstruieren.

Zur Vorbereitung des Wiederaufbaus von Frankfurt an der Oder wurde 1947 ein Wettbewerb ausgeschrieben. Den ersten Preis erhielten die Berliner Architekten Willi Kreuer und Richard Luer mit einem den städtebaulichen Ideen des Neuen Bauens verpflichteten Konzept.[5] Sie planten das neue Frankfurt an der Oder in Entsprechung der bewegten Topographie als eine durchgrünte Stadtlandschaft. Die Wohngebiete wurden nach dem Prinzip der Nachbarschaftseinheiten strukturiert. Die Altstadt sollte bei Respektierung ihres historischen Raumgefüges mit einer modernen Architektur bebaut werden, wie die Entwürfe für die in Kammstellung angeordneten Geschäfts- und Wohnhäuser an der Richtstraße zeigen. Auch sollten neue Messehäuser im Stadtzentrum errichtet werden. Bewußt als Kontrast ausgespielt wurde die architektonische Gestaltung des Platzes der Republik als dem zeitgemäßen Repräsentationsplatz und des der Frankfurter Stadttradition verpflichteten Rathausplatzes.

Im Gegensatz zu den vorgenannten Planungen wurde der von Otto Haesler und Karl Völker erarbeitete Rathenower Aufbauplan[6] zumindest teilweise realisiert. Haesler hatte bereits 1928/29 die Siedlung am Friedrich-Ebert-Ring in Rathenow errichtet[7] und übernahm im Frühjahr 1946 den Auftrag, den Wiederaufbau der Stadt zu planen und zu leiten. Im August 1946 lag der Bebauungsplan in seinen Grundzügen vor; im Mai 1947 wurde er in einer Ausstellung zur Diskussion gestellt.[8] Unter Berücksichtigung der äußerst schwierigen wirtschaftlichen Bedingungen der Nachkriegszeit gelang es den Architekten, ihre während der späten zwanziger Jahre entwickelten Planungs- und Gestaltungsgrundsätze konsequent in das Rathenower Wiederaufbauprojekt einzubringen.

Der inselartige, von zwei Wasserläufen eingefaßte Altstadtkern erhielt durch die Verbreite-

*Rathenow, Bebauungsplan der Altstadt (1946/47)*

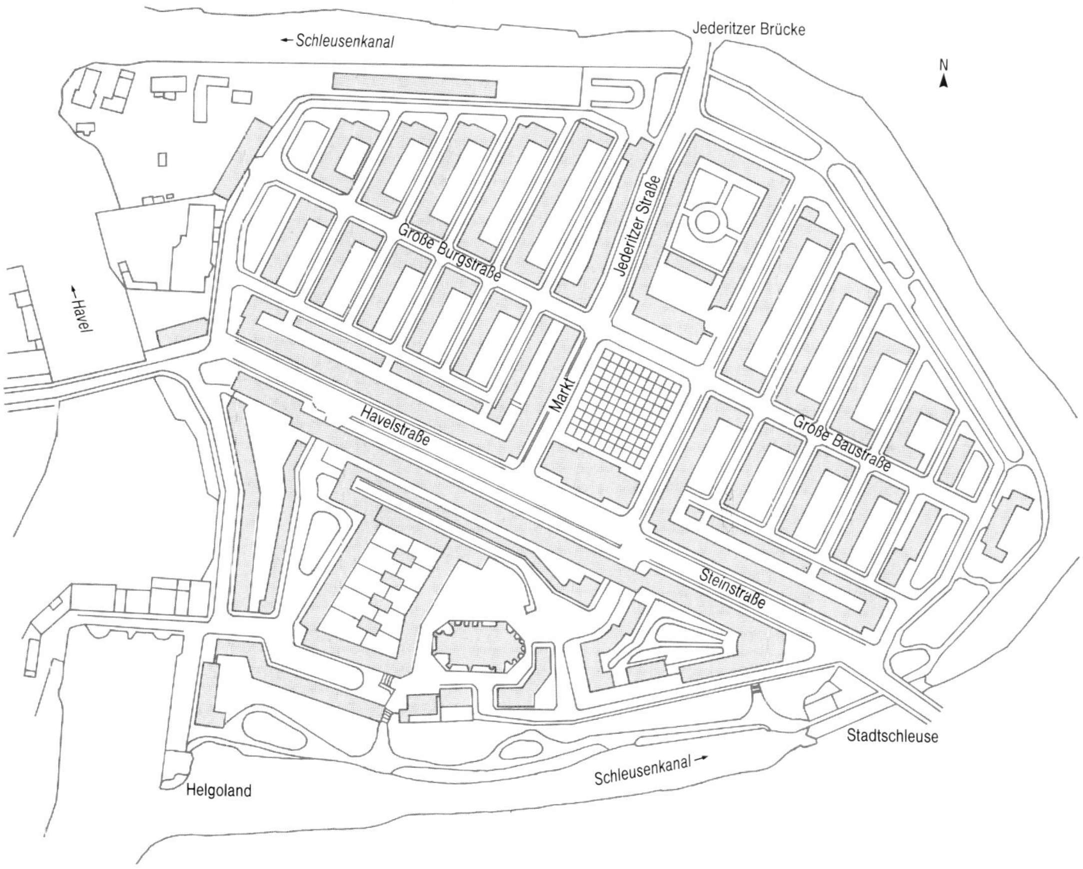


5 Ein Architekt baut eine Stadt. Die Neugestaltung von Frankfurt an der Oder, in: Neue Bauwelt 1948, Heft 51, S. 813 ff.

6 Otto Haesler, Aufbau der Rathenower Altstadt, in: Planen und Bauen 1951, Heft 17, S. 389 ff.; Heft 19, S. 443 ff.; Lennart Hellberg und Holger Barth, Otto Haesler und der Städtebau der fünfziger Jahre in der DDR – Ein Architekt zwischen sozialem Realismus und realem Sozialismus?, in: Besser, schneller und billiger bauen. Reader zu einer Ringvorlesung im Wintersemester 1991/92 am Fachbereich Architektur der Technischen Universität Hannover (Hrsg. Holger Barth), 1992.

7 Otto Haesler, Mein Lebenswerk als Architekt, Berlin 1957, S. 18 ff.

8 Aufbau der Stadt Rathenow (Hrsg. Rat der Stadt Rathenow), Rathenow 1947.

*Rathenow, Wohnbauten am Platz der Jugend*

rung der in Leninallee umbenannten Havel- und Steinstraße eine magistrale Ost-West-Achse. Angrenzend an diese wurde in der Mitte des Planungsgebietes der weiträumige Platz der Jugend angelegt. Das Bebauungskonzept knüpfte zwar an das mittelalterliche Straßengitter der Altstadt an, bedingte jedoch den Abriß der letzten Reste der alten Wohnbausubstanz, um die neue Raumstruktur aus dreigeschossigen, zu strengen Reihen und Zeilen formierten Häuserblöcken verwirklichen zu können. Nördlich der Hauptstraße sollten nach diesem Schema vier Quartiere angelegt werden. Die Bauten im Südteil der Altstadt wurden dagegen auf hügeligem Terrain nur zweigeschossig konzipiert. Sie sollten im Umfeld der Stadtkirche und des Kirchplatzes ein Ensemble von größerer räumlicher Geschlossenheit bilden. Außerdem war beabsichtigt, die Uferzone am Schleusenkanal zu einer die Altstadt umlaufenden Promenade umzugestalten.

Der Rathenower Aufbauplan war zunächst auf 1500 Neubauwohnungen ausgelegt. Realisiert wurden 1950/51 lediglich 147: ein Wohnblock an der Berliner Straße sowie im Altstadtbereich die Ost- und die Westbebauung des Platzes der Jugend (einschließlich der viergeschossigen Kopfbauten zur Leninallee) und eine Wohnzeile an der Großen Baustraße. Obwohl diese Gebäude mit einem Kostenaufwand von weniger als 10 000 DM pro Wohnung die damals wirtschaftlichsten Wohnbauten in der DDR waren, wurde das Aufbauprojekt gestoppt, weil es vor allem baugestalterisch nicht den Forderungen nach einer »fortschrittlichen«, am nationalen Architekturerbe orientierten Baukunst entsprach.

Die für die DDR-Baugeschichte entscheidende Umstellung auf eine planwirtschaftlich ausgerichtete Baupolitik nach sowjetischem Vorbild erfolgte in Verbindung mit einem neuen Städtebau-Leitbild, das am 27. Juli 1950 in Gestalt der »Sechzehn Grundsätze des Städtebaus«[9] von der Volkskammer verabschiedet wurde. Das »Aufbaugesetz« als die administrative Voraussetzung für den fortan zentral gelenkten Wiederaufbau wurde am 6. September 1950 beschlossen.[10] Obwohl die Länderhoheit im Bereich der Stadtplanung pro forma noch bestand, oblag die verbindliche Bestätigung aller wichtigen Aufbauvorhaben dem Ministerium für Aufbau und seinen nachgeordneten Einrichtungen, letztlich aber dem Zentralkomitee der SED, das vor allem in Fragen der städtebaulich-architektonischen Gestaltung den stets entscheidenden Einfluß auf das Baugeschehen in den »Aufbaustädten« nahm.

Im März 1951 wurde eine Liste mit insgesamt 53 Aufbaustädten und Aufbaugebieten bekanntgegeben, von denen 13 Objekte auf das Land Brandenburg fielen.[11] Nicht nach der dort festgeschriebenen Reihenfolge, sicher aber vom vitalen Planungsinteresse her gesehen, hatte der Wiederaufbau von Potsdam als der Landeshauptstadt Priorität. Auf einer vielbeachteten Ausstellung ›Potsdam plant seinen Aufbau‹ waren im April/Mai 1951 vier Stadtbebauungs-

9 Lothar Bolz, Die Sechzehn Grundsätze des Städtebaues (Erläuterungen und Wortlaut), in: Ders., Von Deutschem Bauen. Reden und Aufsätze, Berlin 1951, S. 32 ff., S. 87 ff.

10 Lothar Bolz, Unser Aufbaugesetz, in: Ebenda, S. 53 ff.; Gesetz über den Aufbau der Städte in der Deutschen Demokratischen Republik und der Hauptstadt Deutschlands Berlin (Aufbaugesetz), in: Ebenda, S. 91 ff.

11 Gruppe II: Brandenburg an der Havel, Frankfurt an der Oder, Fürstenberg, Fürstenwalde, Potsdam, Rathenow. Gruppe III: Eberswalde, Finsterwalde, Hennigsdorf. Gruppe IV: Forst, Guben, Prenzlau, Spremberg. Lothar Bolz, Städtebau und Architektur im Fünfjahrplan, in: Ebenda, S. 72.

projekte vorgestellt worden, aus denen das ›Projekt IV b‹ entwickelt und im Juli 1951 durch die Potsdamer Stadtverordnetenversammlung bestätigt wurde. Einer der Hauptpunkte der Planungsdebatten war die Anordnung des obligatorischen Demonstrationsplatzes als entscheidendes Element der zukünftigen Zentrumsstruktur. Ein weiterer war das Verhältnis zu den zwar schwer beschädigten, jedoch wiederaufbaufähigen Baudenkmalen. Heinz Rehm, damals Bür-

*Potsdam, Stadtbebauungsprojekt IV b (bestätigt im Juli 1951)*

1 Demonstrationsplatz, Tribüne im Süden – 2 Stadtverordnetenhaus (Erhaltung des ehem. Plögerschen Gasthofes) – 3 Neues Rathaus – 4 Kino, FDJ, Parteien – 5 Kongreßhalle – 6 Hotel – 7 VVN, DFD – 8 Konzerthaus mit Musikschule (Erhaltung des alten Rathauses und Knobelsdorffhauses) – 9 Gästehaus der Stadt – 10 Landesbibliothek, Museum und Verband bildender Künstler – 11 Landesprojektierungsbüro – 12 Alter Markt mit Nikolaikirche – 13 Ausstellungshallen – 14 Ernst-Thälmann-Stadion – 15 Freundschaftsinsel – 16 Neues Hafenbecken – 17 Hauptbahnhof – 18 Bahnhofsgelände – 19 Schlachthof – 20 Dampfmühle – 21 Neues Schulgebäude – 22 Plantage – 23 Verwaltungsgebäude FDGB – 24 Verwaltungsgebäude HO – 25 Heutiges Stadthaus (später für Wirtschaftsorgane) – 26 Wohnungen – 27 Platz der Einheit – 28 Für Landessender vorgesehen – 29 Wohnungen – 30 Landeshandwerkskammer – 31 Wohnungen – 32 Tagesparkplatz – 33 Bassinplatz mit katholischer Kirche – 34 Wohnungen – 35 Parkplatz – 36 Wohnungen und Trafostation – 37 Wohnungen – 38 Hauptpost – 39 Wohnungen – 40 Schauspielhaus – 41 VEB-Örtl. Industrie – 42 Straßenbahndepot – 43 Städt. Krankenhaus – 44 Feuerwehr – 45 Gasanstalt – 46 Landesregierung – 47 Finanzamt – 48 St.-Josefs-Krankenhaus – 49 Verwaltungsgebäude VdgB – 50/51/52 Im Zuge der Enttrümmerung aufgeschüttetes Gelände in der Havel

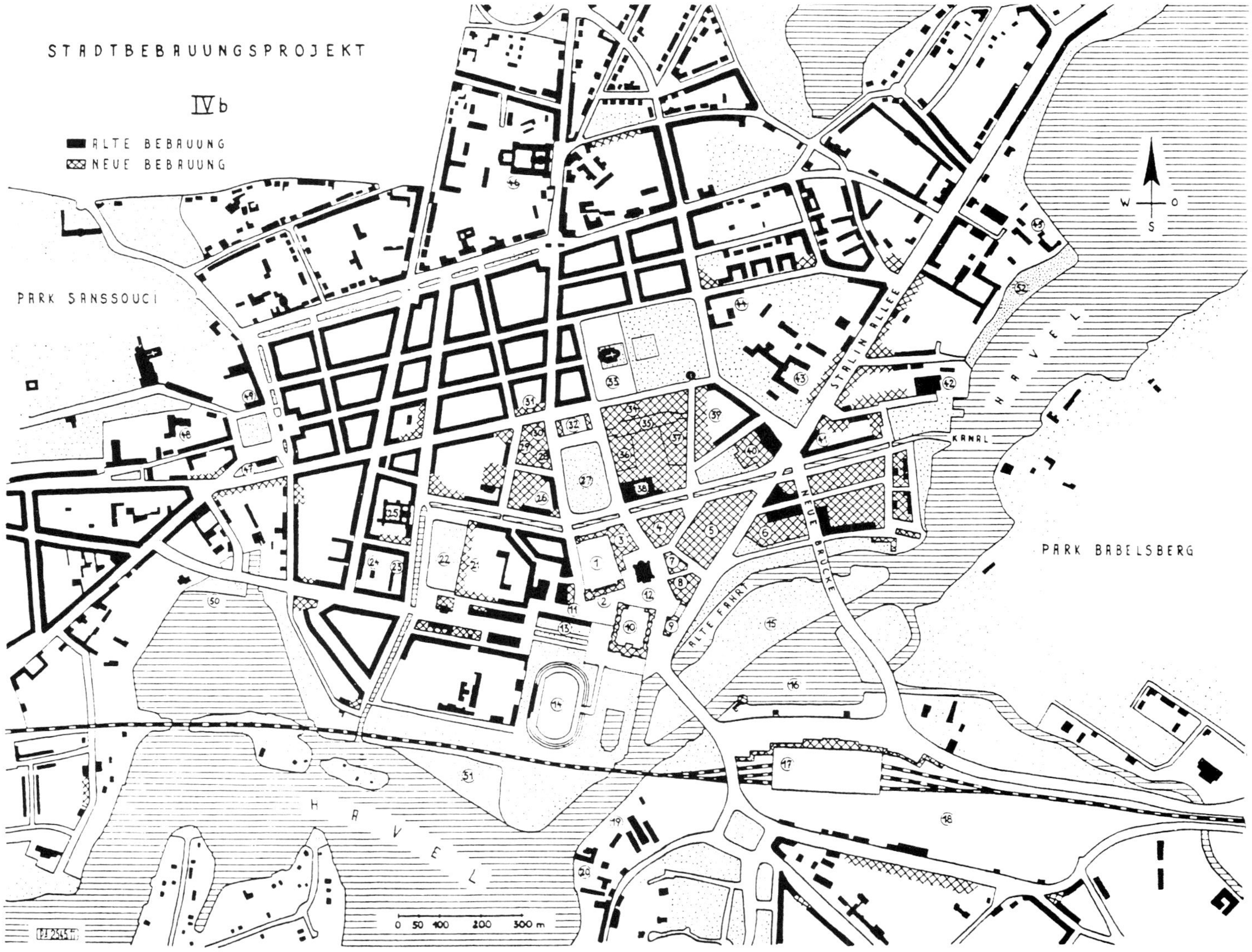

germeister von Potsdam, umriß mit Hinweis auf die »Sechzehn Grundsätze des Städtebaus« die diesbezügliche Leitvorstellung: »Die Frage war hier nicht, den früheren Strukturcharakter der Stadt wiederherzustellen und ihn lediglich den gegenwärtigen Situationen entsprechend zu korrigieren. Die Aufgabe war vielmehr darin zu sehen, eine zum großen Teil aus militärischen und dynastischen Traditionen entwickelte Stadt in eine solche, die den Charakter einer Landeshauptstadt trägt, umzuformen. [...] Potsdam zählt zu denjenigen Städten, die ein reiches kulturhistorisches Erbe aus der Architekturgeschichte der Vergangenheit besitzen. [...] Es ist die Forderung zu erheben, soweit dies wirtschaftlich und künstlerisch vertretbar ist, solche Baudenkmäler zu restaurieren und ihnen einen unserer politischen Ordnung entsprechenden Verwendungszweck zu geben.«[12]

Obwohl sich bereits Stimmen regten, das ruinöse Stadtschloß niederzureißen, war es in diesem Plan noch zum Wiederaufbau mit einer zukünftigen Nutzung als Landesbibliothek, Museum und Sitz des Verbandes der Bildenden Künstler vorgesehen. Auch die Garnisonkirche wurde – ohne weiteren Kommentar – als wiederherzustellendes Baudenkmal ausgewiesen. Der neue Zentrale Platz für Feste und Aufmärsche sollte westlich des Alten Marktes angelegt werden. Weitere gravierende Eingriffe in die überkommene Stadtstruktur waren nicht vorgesehen, sondern die schrittweise Schließung der vom Krieg gerissenen Lücken zur Wiedergewinnung des historischen Raumgefüges.

In Frankfurt an der Oder ließ sich der Wiederaufbau trotz der intensiven Aufbauplanungen der Nachkriegszeit nur zäh an. Die Kernstadt war so stark verwüstet, daß 1945 vorübergehend die Aufgabe des Stadtzentrums zugunsten einer völligen Neuanlage in Altberesinchen erwogen wurde. Infrastrukturelle Überlegungen und die Frankfurt an der Oder plötzlich zugewachsene Funktion als Grenzstadt gaben jedoch bald den Ausschlag für den Entscheid zum Wiederaufbau am historischen Ort. Nachdem 1950 die Innenstadt zum Aufbaugebiet erklärt worden war, wurde am 1. Mai 1951 der Grundstein zu den ersten Wohnungsneubauten mit den nach Hermann Henselmanns Entwurf erbauten Häusern an der Bahnhofstraße gelegt. Der denkmalgerechte Wiederaufbau des Rathauses begann im gleichen Jahr.

Auch als 1952 das Land Brandenburg aufgelöst und sein Territorium in die Bezirke Potsdam, Frankfurt an der Oder und Cottbus aufgeteilt wurde, bewirkte diese Neustrukturierung für die drei Bezirksstädte noch keinen unmittelbaren Aufschwung des Bauschaffens. Dafür wurde im Bezirk Frankfurt an der Oder mit dem Bau der Wohnstadt für das 1950 gegründete Eisenhüttenkombinat Ost das größte Städtebauvorhaben des ersten Fünfjahresplans realisiert.

Stalinstadt (seit 1961 Eisenhüttenstadt) wurde mit hohem Anspruch geplant und erbaut. Im Gegensatz zu den herkömmlichen Industriesiedlungen sollte hier eine mit allen erforderlichen Kultur- und Versorgungseinrichtungen ausgerüstete Stadt entstehen. Wie die Berliner Stalinallee galt Stalinstadt damals als die bauliche Inkarnation der »Sechzehn Grundsätze des Städtebaus« schlechthin.[13] Die Planungsarbeiten begannen im Spätherbst 1950. Am 19. Februar 1951 wurde der Grundstein zum ersten Wohnkomplex gelegt; im August 1951 erfolgte die Bestätigung der Ideenskizze von Kurt W. Leucht als Grundlage des weiteren Aufbaus. Ursprünglich für eine Endausbaustufe von 30 000 Einwohnern konzipiert, sollte die idealstadtartig in sich geschlossene Anlage aus insgesamt vier Wohnkomplexen bestehen. Vom Zentralen Platz im Stadtmittelpunkt führt die ca. 500 Meter lange Magistrale der Leninallee direkt auf das im Norden der Stadt gelegene Eisenhüttenkombinat zu.

Um den baulich-räumlichen und ideellen Zusammenhang zwischen der sozialistischen Produktionsstätte und der sozialistischen Wohnstadt als das tragende Prinzip der Stadtkomposition so nachhaltig wie möglich herauszustellen, sollte der Haupteingang des Werks wie eine monumentale schloßartige Dreiflügelanlage gestaltet werden und mit dem axial auf diesen ausgerichteten Rathausturm am Zentralen Platz korrespondieren. Der unverkennbare Rückgriff auf das Vorbild barocker Stadtanlagen äußert sich weiterhin in dem ursprünglich fächerförmig disponierten, dann aber zu einer trapezoiden Grundform abgewandelten Straßennetz. Rathaus und Werkeingang wurden in der damals geplanten Form nicht errichtet, so

12 Heinz Rehm, Der Wieder- und Neuaufbau der Landeshauptstadt Potsdam, in: Planen und Bauen 1952, Heft 2, S. 25 ff.

13 Kurt W. Leucht, Die sozialistische Stadt des Eisenhüttenkombinates Ost, in: Deutsche Architektur 1960, Heft 9, S. 188 ff.; Ders., Die erste neue Stadt in der DDR. Planungsgrundlagen und -ergebnisse von Stalinstadt, Berlin 1957; Franz Klement/Detlef Bankert, 25 Jahre Eisenhüttenstadt, in: Architektur der DDR, 1975, Heft 11, S. 681 ff.; Eisenhüttenstadt. Architektur – Denkmale – Bildende Kunst (Hrsg. Rat der Stadt Eisenhüttenstadt), o. O., o. J. (1988); Thomas Topfstedt, Eisenhüttenstadt – Die Magistrale zum Kombinat, in: Neue Städte aus Ruinen (Hrsg. Klaus von Beyme, Werner Durth, Niels Gutschow, Winfried Nerdinger und Thomas Topfstedt), München 1992, S. 138 ff.

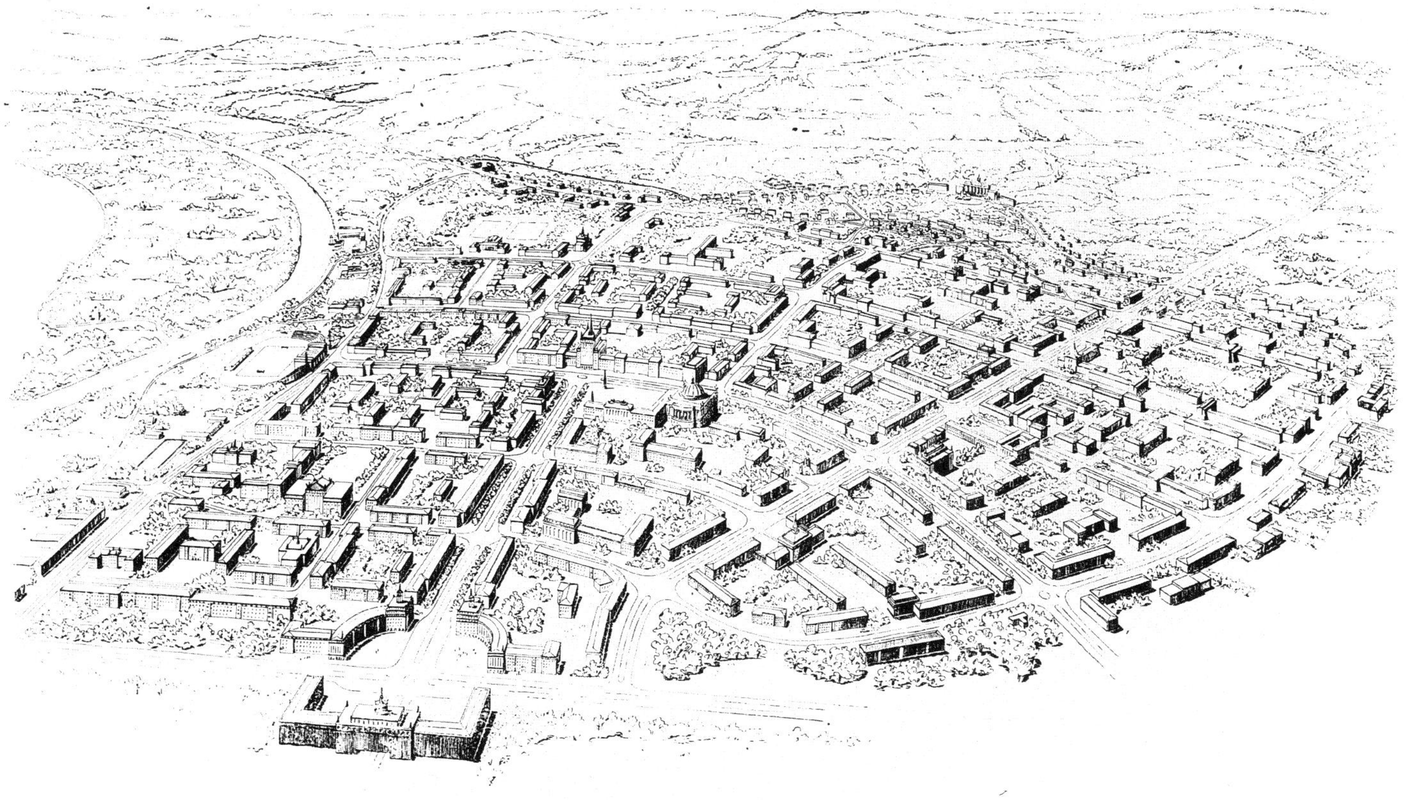

PERSPEKTIVE DER WOHNSTADT BEIM EISENHÜTTENKOMBINAT OST (FÜRSTENBERG)

*Eisenhüttenstadt, Schaubild der Gesamtanlage. Planungsstand 1952*

daß der Blick durch die Magistrale direkt auf die Hochöfen der Werksanlagen trifft. Auch wurde die in sich zentrierte Stadtstruktur wegen des ständig wachsenden Arbeitskräftebedarfs bald aufgegeben und die Öffnung der Stadt nach Osten in Richtung Fürstenberg an der Oder geplant. Die bandistadtartige Entwicklung von Eisenhüttenstadt wurde 1961 mit der Eingemeindung von Schönfließ und Fürstenberg eingeleitet. Seit den sechziger Jahren folgten weitere Wohnkomplexe in industrieller Bauweise.

Die ›Kernstadt‹ Eisenhüttenstadt-Mitte hat ihr ursprüngliches Gepräge mit geräumigen Wohnhöfen, begrünten Fußgängerzonen und einer wohldurchdachten Funktionsstruktur bis heute bewahrt. Im Sinne der »Sechzehn Grundsätze des Städtebaus« wurde der Wohnkomplex II (Hauptbauzeit 1953/54) besonders aufwendig gestaltet. Unverkennbar ist, daß in der architektonischen Durchbildung der Wohnblöcke und der Straßenräume weniger das gern beschworene Vorbild des sowjetischen Städtebaus zum Tragen kam, sondern eher die heimatstiligen Gestaltungsnormen des konservativen deutschen Siedlungsbaus zwischen den beiden Weltkriegen. Eisenhüttenstadt-Mitte ist jedenfalls die einzige der neuen DDR-Wohnstädte, die wirklich urbane Qualitäten aufweist.

Städtebaulich nicht so ambitioniert, aber ebenfalls mit dem Anspruch sozialistischer Neugründungen entstanden im Bezirk Potsdam die »Automobilarbeiterstadt« Ludwigsfelde[14] und die 1962 zur Stadt erklärte Wohnstadt des Stahl- und Walzwerks Hennigsdorf. Zeitgleich mit dem Bau von Neu-Hoyerswerda, der ersten durchweg mittels industrieller Bauverfahren errichteten Stadtanlage in der DDR[15], wurde die ebenfalls im Bezirk Cottbus liegende Kleinstadt Lübbenau ab 1957/58 durch ein neues Wohngebiet erweitert.[16] Die hier angewendete extrem

14 Wilhelm Stolze, Die Wohnbauten am Heinrich-Heine-Platz in Ludwigsfelde, in: Deutsche Architektur 1955, Heft 9, S. 396 ff.

15 Thomas Topfstedt, Städtebau in der DDR 1955–1971, Leipzig 1988, S. 31 ff.

16 Gerhard Guder, Städtebauliche Planung der Wohnstadt Lübbenau, in: Deutsche Architektur 1959, Heft 2, S. 70 ff.

Eisenhüttenstadt, Leninallee in Richtung Eisenhüttenkombinat

Eisenhüttenstadt, Wohnkomplex II. Eckbebauung Erich-Weiner-Allee/Friedrich-Engels-Straße

offene Reihen- und Zeilenbebauung ist ein charakteristisches frühes Beispiel für den Einsatz der Großplattenbauweise auf neu erschlossenem Terrain.

Nach Eisenhüttenstadt ist Schwedt an der Oder die wichtigste neue Wohnstadt auf dem Territorium des Landes Brandenburg. Allerdings ist sie keine Neugründung, sondern entstand durch Ausbau und weitgehende Überformung der im Krieg schwer zerstörten ehemaligen Residenz der Markgrafschaft Schwedt. Im Oktober 1958 wurde die Stadt zum Standort eines großen petrolchemischen Kombinates bestimmt; ein Jahr später lag der erste, auf maximal 20 000 Einwohner ausgelegte Bebauungsplan vor. Danach sollten im Bereich der ehemaligen Schloßfreiheit zunächst zwei in Großblock-Bauweise zu errichtende Wohnkomplexe entstehen und die ehemalige Lindenallee – die 86 Meter breite Kompositionsachse der barocken Stadterweiterung – zur Magistrale (Leninallee) umgestaltet werden. Im Juli 1960 wurde mit dem Bau des ersten Wohnkomplexes begonnen. Die Ruine des zunächst zum Wiederaufbau vorgesehenen Schlosses wurde ohne Not im Oktober 1962 beseitigt. An ihrer Stelle entstand das 1978 vollendete Kreiskulturhaus.

Es war abzusehen, daß mit der aufgelockerten, gesichtslosen Siedlungsstruktur des WK I der Anspruch, eine Stadt zu bauen, nicht zu erfüllen war. Der Berliner Architekt Selman Selmanagic entwickelte 1960 ein neues Stadtkonzept mit einem funktionell differenzierten, der Magistrale angelagerten zentralen Bereich und einer kompakteren, zu einem Viertelkreis formierten Wohnbebauung (WK II, Julian-Marchlewski-Ring), das nach nochmaliger Überarbeitung durch die Deutsche Bauakademie 1963 als Bebauungsplan bestätigt wurde.[17] Zugleich wurden Überlegungen angestellt, wie die sich stürmisch entwickelnde Stadt – ihre Einwohnerzahl stieg von 6 200 im Jahre 1957 bis zur Mitte der achtziger Jahre auf ca. 54 000 – erweitert werden könnte. Die Konzeption der Stadterweiterung durch den Bau eines neuen Großwohngebietes auf der oberen Talsandterrasse (WK VI und WK VII) lag im Februar 1964 vor.[18]

Der Zwang zum fortwährend extensiven Wohnungsbau beanspruchte die Baukapazitäten bis zum Ende der siebziger Jahre so sehr, daß der Ausbau der Infrastrukturen im Stadtkern auf der Strecke blieb bzw. auf die notwendigsten Einrichtungen beschränkt wurde. Die Leninallee wurde deshalb ab 1966 nur mit zehngeschossigen Wohnscheiben bebaut. Am Zentralen Platz entstanden das für die Bevölkerungsversorgung unabdingbare centrum-Warenhaus, ein flacher Kompaktbau mit Gaststätten und verschiedenen Dienstleistungseinrichtungen sowie das elfgeschossige Arbeiterwohnheim.[19] Die 1968/69 entwickelten Pläne eines ehrgeizigen Rathaus-Neubaus und weiterer Hochhausdominanten[20] blieben dagegen unausgeführt. Letzten Endes wurde Schwedt eine triste ›Schlafstadt‹, ein zeittypisches Produkt des forcierten Stadtaufbaus mit dem schmalspurigen Instrumentarium industrieller Bausysteme.

Unter dem Vorzeichen des industriellen Wohnungsbaues stand nach Mitte der fünfziger Jahre auch der weitere Aufbau der kriegszerstörten Stadtzentren. Ein entsprechender Bebauungsplan für die Frankfurter Innenstadt wurde 1956 vom Institut für Stadt- und Dorfplanung Halle entwickelt, der geradezu demonstrativ die Eignung der Großblockweise für das Bauen im historischen Kern der Stadt unter Beweis stellen

*Schwedt an der Oder, Wohnkomplex I. Leninallee in Richtung Kulturhaus (im Vordergrund links die ehem. Französisch-Reformierte Kirche)*

17 Jutta Anders, Schwedt – ein Beitrag zum sozialistischen Städtebau, in: Deutsche Architektur 1961, Heft 1, S. 10 ff.; Peter Doehler, Neuer Plan für Wohnkomplex II in Schwedt, in: Deutsche Architektur 1963, Heft 5, S. 274 ff.

18 Peter Doehler, Hanspeter Kirsch u. a., Die Stadterweiterung von Schwedt an der Oder, in: Deutsche Architektur 1964, Heft 8, S. 461 ff.

19 Eckehard Tattermusch, Städtebaulich-architektonische Gestaltung des Platzes der Befreiung in Schwedt, in: Architektur der DDR 1976, Heft 4, S. 216 f.

20 Jochen Beige, Eckehard Tattermusch, Christoph Dielitzsch, Die Gestaltung des Zentrums der Stadt Schwedt, in: deutsche architektur 1969, Heft 9, S. 542 ff.

sollte.[21] Der Grundstein zu diesem Wohngebiet, das mit seiner schematisch offenen Reihen- und Zeilenbebauung ebensogut in Lübbenau oder in Hoyerswerda stehen könnte, wurde am 4. August 1956 gelegt. Das Streben nach weiträumigen Stadtplätzen führte dazu, daß der Rathausplatz mit dem einst durch eine Häuserzeile separierten Raum um die Marienkirche zusammengelegt und beide Räume mit dem südwestlich der Magistrale neu angelegten Zentralen Platz (Platz der Republik) zu einem amorphen Gebilde ineinanderflossen. Die siebengeschossige, 108 Meter lange Wohnscheibe an der Nordseite des Zentralen Platzes wurde 1964 bis 1966 errichtet. Als neue Stadtdominante fungiert das 1976 vollendete, 89 Meter hohe Bettenhaus des Jugendtourist-Hotels (heute ›Oderturm‹).

In den späten sechziger Jahren wurde die Oderpromenade als Fußgängerzone und Teil des innerstädtischen Grünsystems im Bereich des ehemaligen Hafengeländes angelegt und die Franziskanerkirche in eine Konzerthalle umgestaltet. Trotz dieser landschaftsgestalterischen und denkmalpflegerischen Maßnahmen – zu denen u.a. auch die sehr verdienstvolle Rekonstruktion des Lenné-Parks zählt – war das Resultat des Wiederaufbaus insgesamt unbefriedigend. Mit seiner viel zu lockeren Raumstruktur und der ziemlich lieblosen Auffüllung des historischen Straßenrasters durch uniforme Wohnbauten wirkte das Frankfurter Stadtzen-

21 Wolfgang Weigel, Zum Wettbewerb für die Bebauung der Magistrale in Frankfurt an der Oder, in: Deutsche Architektur 1956, Heft 10, S. 471 f.; Ehrhard Peters, Neuplanung und Wiederaufbau des Stadtzentrums von Frankfurt (Oder), in: Deutsche Architektur 1959, Heft 6, S. 299 ff.; Willi Nitzschke, Die Gestaltung des Stadtzentrums von Frankfurt (Oder) und das industrielle Bauen, in: Deutsche Architektur 1960, Heft 8, S. 434 ff.

*Frankfurt an der Oder, Blick vom Hochhaus ›Oderturm‹ auf das Stadtzentrum nach Norden. Im Vordergrund der Platz der Republik und die Marienkirche, anschließend der Rathausplatz*

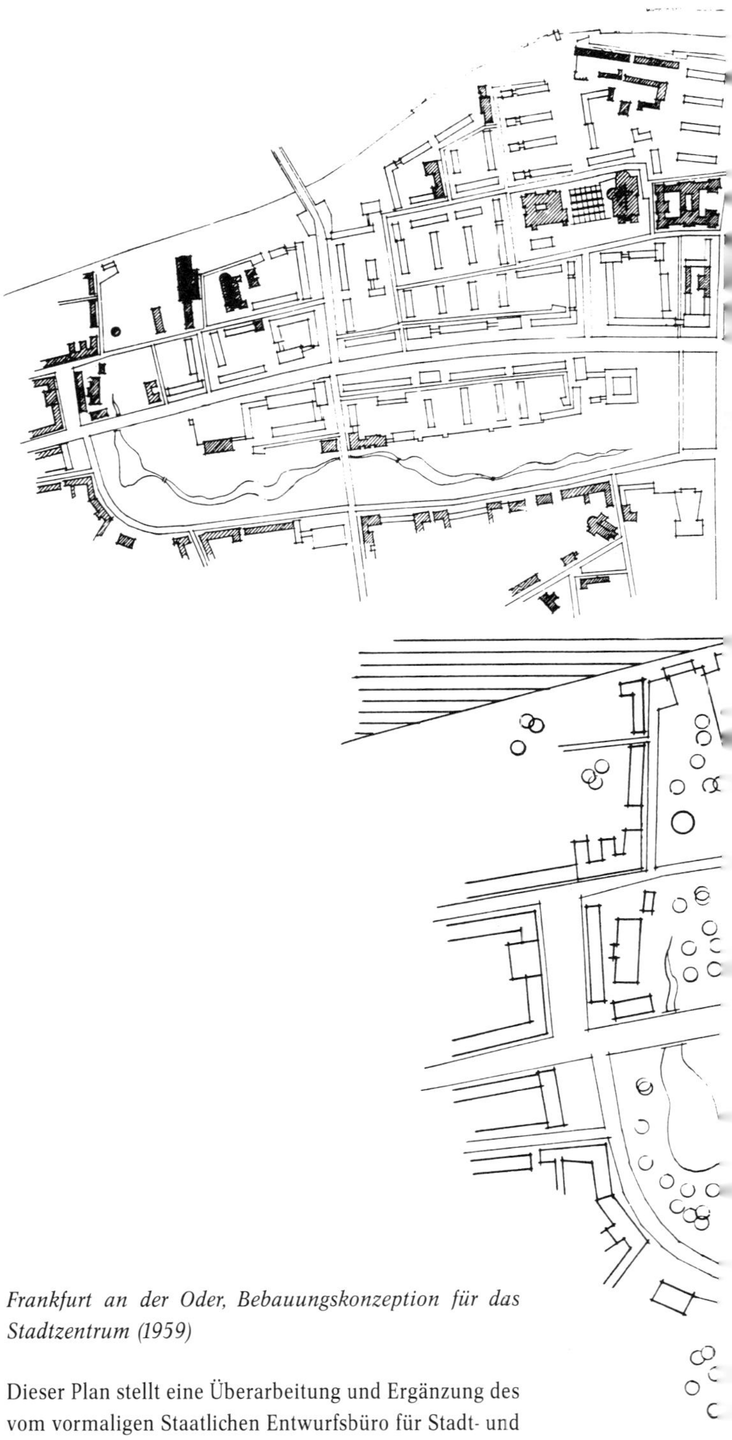

*Frankfurt an der Oder, Bebauungskonzeption für das Stadtzentrum (1959)*

Dieser Plan stellt eine Überarbeitung und Ergänzung des vom vormaligen Staatlichen Entwurfsbüro für Stadt- und Dorfplanung Halle 1956 aufgestellten Bebauungsplanes dar.

a Zentraler Platz – b Rathausplatz – c Platz der Einheit – d Stiftsplatz – 3 Karl-Marx-Straße – f Rosa-Luxemburg-Straße – g Wilhelm-Pieck-Straße – h Bahnhofstraße

1 Haus der Partei- und Massenorganisationen – 2 Rat des Bezirkes – 3 Rat der Stadt – 4 Bildungszentrum – 5 Haus des FDGB – 6 Kleist-Theater – 7 Haus der Lehrer (ehem. Universität) – 8 Klubhaus der Jugend – 9 Schule – 10 Komplexversorgung – 11 Komplexzentrum – 12 Kino und Tanzgaststätte – 13 Warenhaus – 14 Hotel und gastronomisches Zentrum – 15 Kultur- und Sportpark ›Ziegenwerder‹ – 16 Kleistpark

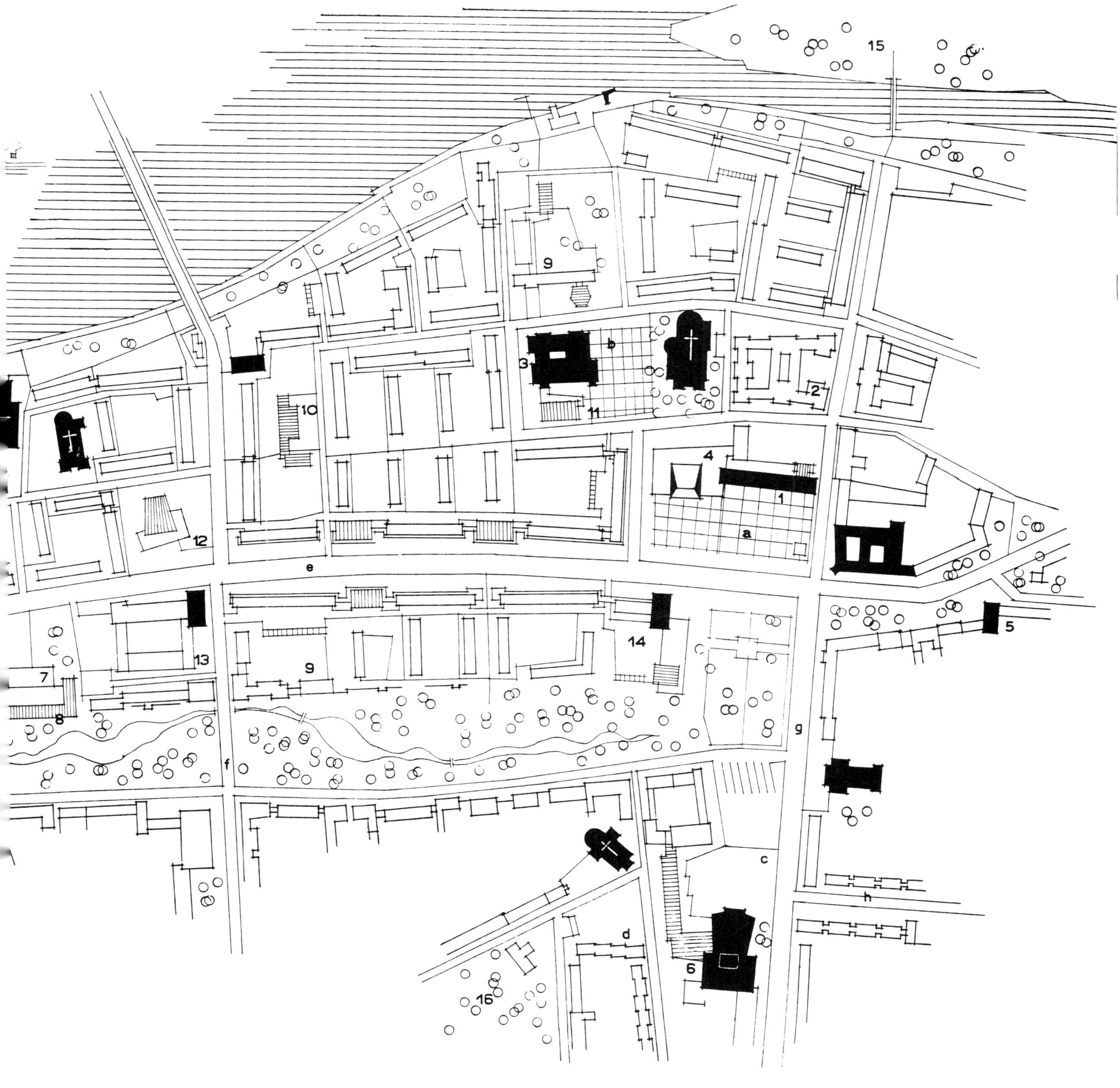

15
9
b
3
2
10
11
4
1
a
12
e
5
14
13
9
7
8
g
f
c
h
d
6
16

*Frankfurt an der Oder, Blick vom polnischen Ufer (Słubice) nach Westen auf die Oderpromenade, im Hintergrund das Wohngebiet ›Halbe Stadt‹*

trum öde. Es erhielt erst in den siebziger Jahren mit der Anlage des die Innenstadt im Westen und Nordwesten umfassenden Wohngebietes ›Halbe Stadt‹[22] eine charakteristische städtebauliche Abrundung.

Erheblich größere Bedeutung wurde dem Wiederaufbau des Potsdamer Stadtzentrums beigemessen, wobei die Stadtplanung immer stärker in den Sog einer ideologischen Debatte geriet, die in den sechziger Jahren zu einer irreparablen Beschädigung des Stadtdenkmals Potsdam führte. Auch ist gerade die Potsdamer Aufbauplanung durch drastische Brüche gekennzeichnet, die zeigen, wie unsicher man im Umgang mit dem sogenannten »historischen Erbe« war, das gleichzeitig bewahrt und »überwunden« werden sollte. Zunächst begann der Stadtaufbau mit der Wiederherstellung einiger barocker Wohnbauten wie z. B. den Häusern in der Wilhelm-Staab-Straße (1955/57). Dann aber mußte, ähnlich wie in Frankfurt an der Oder, die Forderung nach Anwendung des industriellen Wohnungsbaus im Stadtkern erfüllt werden. Aufgrund dieser Auflage wurden die gestalterisch dürftigen Großblockbauten in der Joliot-Curie-Straße (1959/60) und das an den Alten Markt unmittelbar angrenzende Wohngebiet ›Zentrum-Süd‹ (1961) errichtet.

1960 wurde der »Ideenwettbewerb zur sozialistischen Umgestaltung des Zentrums der Bezirkshauptstadt Potsdam« mit der völlig unrealen Zielstellung veranstaltet, den Wiederaufbau des Potsdamer Stadtzentrums bis zum Jahr 1965 zu vollenden und ein neues, zum Havelufer orientiertes Zentrales Ensemble zu bauen. Unter Einbeziehung der Nikolaikirche und des Alten Rathauses sollte der Alte Markt zum sozialistischen Festplatz aufgeweitet und baulich neu gefaßt werden. Dazu mußte, wie in der Wettbewerbsausschreibung festgelegt, die Ruine des

22 Manfred Vogler, Wohngebiet ›Halbe Stadt‹ in Frankfurt (Oder), in: Architektur der DDR 1978, Heft 5, S. 265 ff.

Stadtschlosses beseitigt werden: »Das neue Zentrum entsteht an dem durch die historisch gewachsene Struktur gegebenen Kernpunkt des Stadtkörpers. Hier decken sich die Standortforderungen des sozialistischen Zentrums mit dem Standort des historischen Zentrums.«[23]

Die Schloßruine wurde 1960/61 abgetragen. Weitere vandalische Akte dieses Jahrzehnts waren die völlig sinnlose Verfüllung des Stadtkanals und die Sprengung des Turms der Garnisonkirche (1968). An die Stelle der beseitigten historischen Monumente traten belanglose Bauten, wie das 1969 vollendete Interhotel Potsdam, dessen 54 Meter hohes Bettenhaus seither als neue ›Dominante‹ des Stadtzentrums figuriert. Im Bereich des Alten Marktes sollte das Karl-Liebknecht-Forum mit einem Theaterneubau und einem großen Mehrzwecksaal entstehen.[24] Da das Forum in den späteren Planungen verlagert wurde, der Alte Markt aber nicht seine historische Begrenzung wieder erhielt, stehen heute die sorgsam restaurierte Nikolaikirche, das Alte Rathaus und das Knobelsdorffhaus hilflos verloren in einem architektonisch und städtebaulich völlig veränderten Umfeld.

Ein 1966 veranstalteter Wettbewerb[25] legte die Grundlinien zum weiteren Aufbau des Stadtzentrums in den siebziger Jahren fest, insbesondere im Hinblick auf das Gebiet der zweiten barocken Stadterweiterung mit dem Holländischen Viertel. Hier sollte das historische Straßengerüst mit dem überkommenen Baubestand weitgehend erhalten werden. 1976 wurde das gesamte Areal unter Denkmalschutz gestellt. Im Rahmen dieses Konzeptes erfolgte 1976 bis 1978 die Rekonstruktion der Klement-Gottwald-Straße (Brandenburger Straße) und ihre Umwandlung in eine attraktive Fußgängerzone.[26]

Die ehemalige Breite Straße – einst die bedeutendste Achse der barocken Residenzstadt Potsdam – wurde in Wilhelm-Külz-Straße umbenannt und als die neue Stadtmagistrale ausgebaut.[27] Das Projekt, das die Restaurierung der noch erhaltenen Baudenkmale einschloß, wurde einschließlich den Wohnbauten an der Neustädter Havelbucht bis zum Jahr 1981 ausgeführt. Danach verlagerte sich der Schwerpunkt des innerstädtischen Bauens wieder in den Bereich der zweiten barocken Stadterweiterung.

Cottbus erlebte als die dritte Bezirksstadt auf dem Gebiet des Landes Brandenburg eine nachhaltige Aufwertung, die sich ab Mitte der sechziger Jahre in verstärkten städtebaulichen Aktivitäten manifestierte. In diesem Zusammenhang

23 Ideenwettbewerb zur sozialistischen Umgestaltung des Zentrums der Bezirkshauptstadt Potsdam, in: Deutsche Architektur 1960, Heft 10, S. 534. Zum damaligen Stand der Postdamer Stadtplanung siehe auch Hans-Jürgen Kluge, Planung des Zentrums von Potsdam, in: Ebenda, S. 542 ff.; Maria Hepner, Zum Aufbau des Stadtzentrums von Potsdam, in: Deutsche Architektur 1961, Heft 3, S. 151 ff. und Hans Schmidt, Die Planung des Stadtzentrums von Potsdam, in: Ebenda, S. 153 ff.

24 Ernst Pfrogner, Gestaltung des Karl-Liebknecht-Forums beginnt, in: deutsche architektur 1969, Heft 9, S. 530 f.; Werner Berg, Potsdam, in: Städte und Stadtzentren in der DDR, Berlin 1969, S. 206 ff.

25 Wettbewerb Innenstadt Potsdam, in: Deutsche Architektur 1966, Heft 10, S. 601 ff.

26 Christian Wendland, Rekonstruktion der Klement-Gottwald-Straße in Potsdam, in: Architektur der DDR 1980, Heft 2, S. 92 ff.; Klaus Andrä, Renate Klinker, Rainer Lehmann, Fußgängerbereiche in Stadtzentren, Berlin 1981, S. 106 ff.

27 Wohnkomplex ›Wilhelm-Külz-Straße‹ in Potsdam, in: Architektur der DDR 1978, Heft 7, S. 393 ff.; Dietrich Schreiner, Aufbau der Wilhelm-Külz-Straße in Potsdam, in: Architektur der DDR 1981, Heft 3, S.158 ff.; Martin Fritsch, Bauen in der Stadt Potsdam, in: Architektur der DDR 1986, Heft 9, S. 519 ff.

*Potsdam, Alter Markt mit Nikolaikirche und Altem Rathaus. Im Hintergrund das Wohngebiet Zentrum-Süd*

28 Gerhard Guder, Die Gestaltung des Stadtzentrums der Bezirksstadt Cottbus, in: deutsche architektur 1969, Heft 9, S. 534 ff.

29 Hans-Jürgen Kluge, Siegfried Kamke u. a., Planungsvorschlag zur Umgestaltung des Stadtzentrums von Brandenburg/Havel, in: Deutsche Architektur 1960, Heft 12, S. 668.

entstand 1966 bis 1975 mit der Anlage der Stadtpromenade[28] ein bemerkenswertes städtebauliches Ensemble. Es unterschied sich von den meisten zeitgleichen Stadtzentrumsplanungen durch den konzeptionell weitsichtigen Ansatz, die für die Bezirksmetropole wichtigen gesamtstädtischen Versorgungs- und Kulturbauten nicht in der historischen Stadtmitte, sondern in einem großzügigen Freiraum westlich der Altstadt zu errichten, der mit dem Stadtkern strukturell eng verflochten ist. Damit bestand die Möglichkeit, die Cottbuser Altstadt ohne grobe Eingriffe in das alte Raumgefüge zu sanieren. Leider scheiterte diese Langzeitkonzeption an den rigiden Ersatzbaustrategien der achtziger Jahre. Die Cottbuser Stadtpromenade war, rückblickend betrachtet, auch der Versuch, einen menschlicheren Maßstab in die Zentrumskonzepte einzuführen und auf anmaßende architektonische ›Siegergesten‹ in Gestalt neuer Turmhausdominanten zu verzichten.

Brandenburg an der Havel nahm als Industriestandort, insbesondere durch das ab 1950 erbaute Stahl- und Walzwerk, eine herausragende volkswirtschaftliche Stellung unter den Städten des Bezirks Potsdam ein. Trotzdem stagnierte der Wiederaufbau des Stadtzentrums. Ein erster umfassender Planungsvorschlag wurde 1960 vom Entwurfsbüro für Gebiets-, Stadt- und Dorfplanung Potsdam veröffentlicht, demzufolge die im Grundriß noch völlig erhaltenen mittelalterlichen Raumstrukturen der Altstadt und der Neustadt drastisch aufgeweitet und beide Stadtkerne »zu einem neuen System zusammengeschmolzen«[29] werden sollten.

Im utopischen Vorgriff plante man das sich aus seinen historischen Bindungen lösende Zentrum einer Industriestadt mit einer Wachstumsperspektive von 100 000 Einwohnern. Unterhalb des Marienberges wurde ein Kulturforum mit Stadthalle und Theater konzipiert. Ihm sollte auf der gegenüberliegenden neustädtischen Havelseite ein weiterer geräumiger Platzraum – das ›Bildungsforum‹ – mit dem als neuer Stadtdominante auszubildenden Haus der Kultur und Wissenschaft entsprechen. Die zur Magistrale wesentlich verbreiterte Hauptstraße behielt ihre herkömmliche Funktion als Bindeglied beider Stadtteile. Der Neustädtische Markt wurde nach Nordosten zur Havel hin geöffnet. Ein Wiederaufbau des Neustädter Rathauses war nicht beabsichtigt; an seiner Stelle sollte

*Cottbus, Stadtpromenade mit Wohnscheibe an der Roßstraße und der Milch-Mocca-Bar ›Kosmos‹*

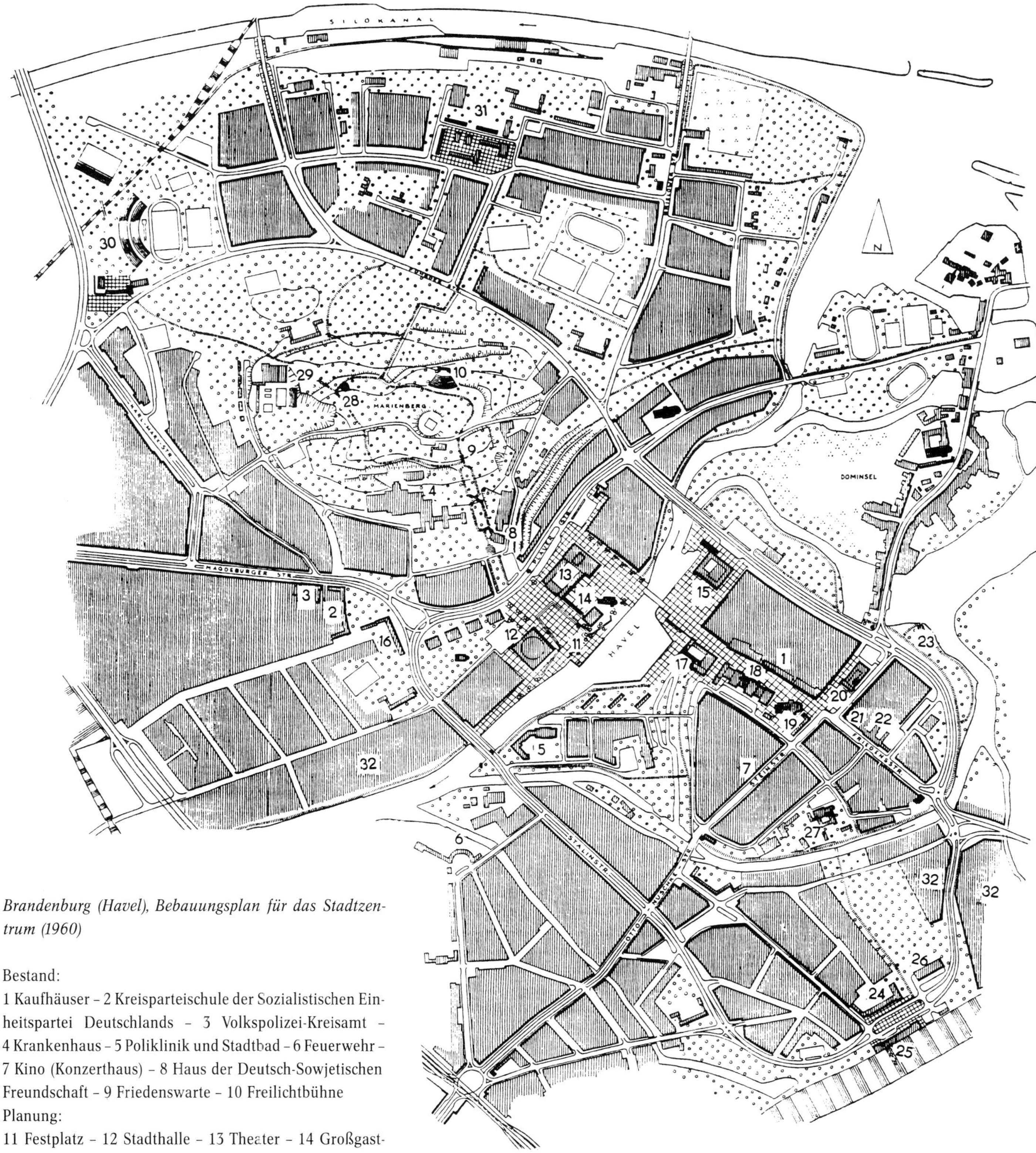


*Brandenburg (Havel), Bebauungsplan für das Stadtzentrum (1960)*

Bestand:
1 Kaufhäuser – 2 Kreisparteischule der Sozialistischen Einheitspartei Deutschlands – 3 Volkspolizei-Kreisamt – 4 Krankenhaus – 5 Poliklinik und Stadtbad – 6 Feuerwehr – 7 Kino (Konzerthaus) – 8 Haus der Deutsch-Sowjetischen Freundschaft – 9 Friedenswarte – 10 Freilichtbühne
Planung:
11 Festplatz – 12 Stadthalle – 13 Theater – 14 Großgaststätte – 15 Haus der Kultur und Wissenschaften – 16 Haus der Partei – 17 Hotel, Kino, Gaststätte – 18 Einkaufszentrum – 19 Reisebüro und Volksbuchhandlung – 20 Stadt- und Kreisverwaltung – 21 Freier Deutscher Gewerkschaftsbund und Sparkasse – 22 Hauptpostamt – 23 Gaststätte – 24 Hotel – 25 Hauptbahnhof – 26 Busbahnhof – 27 Heimatmuseum – 28 Fernsehturm – 29 Schwimmstadion – 30 Sportstadion – 31 Wohngebiet Brandenburg-Nord – 32 Einrichtungen der kommunalen Wirtschaft, zum Teil vorhanden

ein moderner Verwaltungsbau entstehen. Die Ruinen des Kurfürstenhauses und des Neustädtischen Rathauses wurden beräumt; der durchgreifende Umbau des Stadtzentrums aber unterblieb zum Glück. Lediglich der 1961 bis 1963 errichtete, höchst unsensibel an den Chor der Katharinenkirche herangeschobene sechsgeschossige Wohnhaus-Neubau (Katharinenkirchplatz 12/13) wurde nach dem Planungskonzept des Jahres 1960 realisiert und läßt den Kahlschlag ahnen, der im Brandenburger Stadtzentrum veranstaltet werden sollte. So blieben die Kriegsbrachen weitere drei Jahrzehnte bestehen. Man löste die dringlichsten Wohnungsprobleme auf die DDR-übliche Weise durch den Bau neuer Wohnkomplexe an der Stadtperipherie.

In Prenzlau war der Wiederaufbau des Stadtzentrums 1955/56 nach gleichen traditionellen stadtgestalterischen Grundsätzen wie im benachbarten Neubrandenburg begonnen worden. Er kam jedoch wegen der damals vollzogenen Neuorientierung des DDR-Bauwesens auf Typenprojektierung und industriellen Wohnungsbau über bescheidene Anfänge nicht hinaus. Statt die geschlossene Blockbebauung weiterzuführen, wurden nun getypte Wohnblöcke scheinbar ohne raumgestalterische Ambitionen locker über das Altstadtgebiet gestreut. Der 1960 erstellte Bebauungsplan[30] und auch die Ergebnisse des 1967 veranstalteten Wettbewerbs zur Neugestaltung der Prenzlauer Innenstadt[31] zeigen deutlich, wie weit man sich inzwischen von dem stadtdenkmalpflegerisch intendierten Ansatz der Nachkriegsplanung entfernt hatte. Ein die Stadtmitte beherrschender Zentraler Platz von größeren Dimensionen als der historische Markt sollte unter Verzicht auf den in der Platzmitte freistehenden Rathausbau (Ruine 1960 abgebrochen) angelegt werden.

In den Wettbewerbsbestimmungen von 1967 wurde betont, daß die Marienkirche nicht zum Mittelpunkt der städtebaulichen Planung zu machen sei, sondern nur als prunkvolles Versatzstück im neuen Platzensemble zu fungieren habe: »Die Kirche soll mit ihren Baumassen den Rahmen für einen neuen politischen, geistigen und kulturellen Mittelpunkt der Stadt abgeben. Es sollte eine solche Lösung gefunden werden, daß dem Stadtzentrum in diesem Sinne unter Einbindung der Baudenkmäler ein sozialistisches Gepräge gegeben wird.«[32] In allen Entwürfen war bezeichnenderweise an der östlichen Platzseite ein Hochhaus als »Gegengewicht« zur Marienkirche vorgesehen. Die damals beabsichtigte städtebauliche Neutralisierung des Sakralbaues geschah dann freilich nicht durch eine solche Dominantensetzung, sondern viel einfacher und gründlicher durch die erdrückende Masse mediokrer Wohnbauten.

Völlig regeneriert werden mittels industrieller Bautechnologien sollten damals auch die Altstadtkerne von Lychen und Templin[33], um den Wiederaufbau in den innerstädtischen Arealen endlich abzuschließen und zugleich den Problemen der dringend notwendigen Unterhaltung der verbliebenen Altbausubstanz auszuweichen. Fehlende Mittel verhinderten die vollständige Ausführung dieser Konzeptionen. Für Templin ergab sich dadurch die Chance, das Marktensemble zu einem späteren Zeitpunkt in einer dem Stadtbild angemesseneren Form zu vollenden.

In den siebziger Jahren wurden DDR-weit die ehrgeizigen Vollendungsprojekte der Stadtzentren zugunsten des Baus neuer Wohngebiete in einer bislang nicht gekannten Größenordnung zurückgestellt. Dazu war 1969 mit der WBS 70 (Wohnungsbauserie 70) ein neues, von Bezirk zu Bezirk leicht modifiziertes Großplatten-Bausystem für Wohnbauten und Gemeinschaftseinrichtungen entwickelt worden. Es erlaubte in

*Potsdam, Wohngebiet Waldstadt II*

30 Ferdinand Rupp, Günter Gisder, Der Aufbau der Innenstadt von Prenzlau, in: Deutsche Architektur 1960, Heft 9, S. 479 ff.

31 Innenstadt Prenzlau, in: deutsche architektur 1968, Heft 1, S. 29 ff.

32 Ebenda, S. 29.

33 Ferdinand Rupp, Carl-Heinz Martens, Neuaufbau des Stadtzentrums von Lychen, in: Deutsche Architektur 1959, Heft 8, S. 433; Ferdinand Rupp, Günter Gisder, Templin erhält ein neues Gesicht, in: Deutsche Architektur 1959, Heft 11, Seite 607 ff.

den nach wie vor eng gezogenen Grenzen der industriellen Bautechnologie eine größere Variabilität der Bebauung, insbesondere die Rückkehr zu geschlosseneren Raumstrukturen. In Schwedt an der Oder wurde ab 1969 bis 1978 mit dem Bau der Wohnkomplexe VI und VII[34] die bereits 1963/64 beschlossene Stadterweiterung realisiert, die insgesamt mehr als 8 000 neue Wohnungen bereitstellte. In Cottbus[35], wo 1982 schon über 60 Prozent der Bürger in Neubauwohnungen lebten, wurde 1975 bis 1984 das Wohngebiet Sachsendorf/Madlow mit 12 500 Wohneinheiten erbaut. Auch Frankfurt an der Oder expandierte beträchtlich durch den Bau der Wohngebiete ›Halbe Stadt‹, Hansaviertel, Frankfurt-Nord und Neuberesinchen.[36] In Potsdam wurden die Wohngebiete Potsdam-West, Waldstadt I und II, Am Stern und Zentrum-Ost (Babelsberg) errichtet[37], wobei es bei der Anlage von Waldstadt II gelang, mehr als ein Viertel des gewachsenen Baumbestandes zu erhalten, d. h. die Häuserblöcke umweltverträglich in das Waldgebiet einzuordnen.

Zeitlich parallel zum Bau der Großwohngebiete wurden die ersten Projekte zur Rekonstruktion historischer Stadtkerne mit Einsatz industrieller Bauverfahren vorbereitet. Eine der

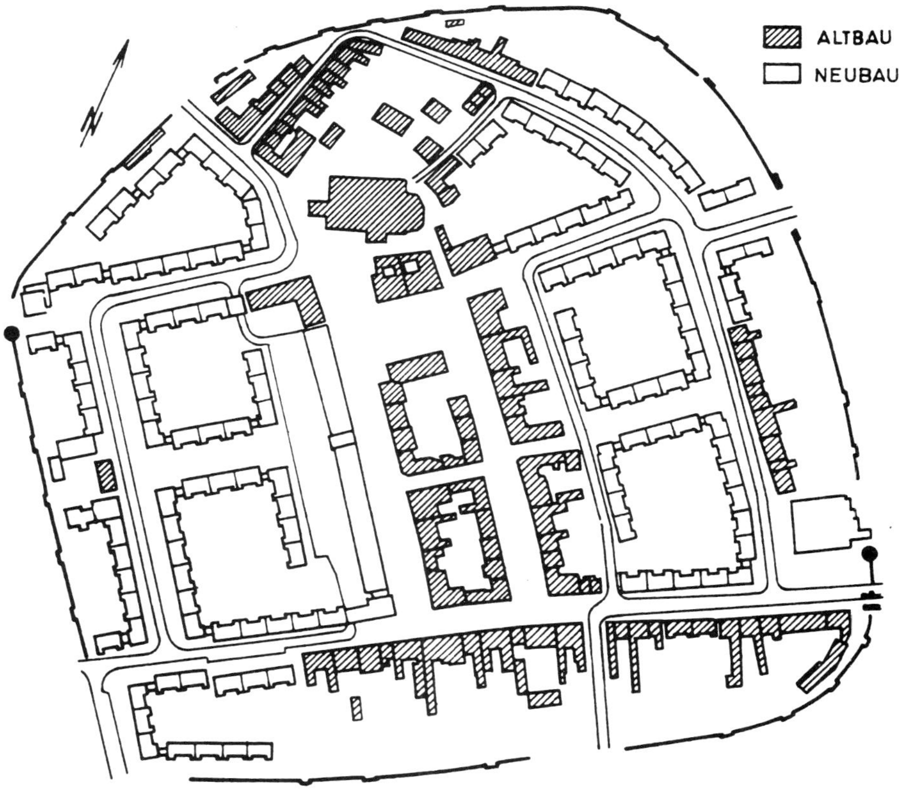


*Bernau, Lageplan des Stadtkerns nach der Umgestaltung in den siebziger und achtziger Jahren*

*Bernau, Grünstraße und Pulverturm*

34 Christoph Dielitzsch, Eckehard Tattermusch, Erweiterung von Schwedt durch die Stadtteile ›Talsand‹ und ›Am Waldrand‹, in: Architektur der DDR 1980, Heft 7, S. 408 ff.

35 Werner Fichte, Cottbus – Wohnungsbau und Stadtentwicklung, in: Architektur der DDR 1982, Heft 11, S. 662 ff.

36 Manfred Vogler, Die Gestaltung der Wohnungsbaustandorte in Frankfurt (Oder), in: Architektur der DDR 1980, Heft 7, S. 401 ff.

37 Wohnkomplex Waldstadt II in Potsdam, in: Architektur der DDR 1983, Heft 2, S. 73 ff.

*Prenzlau, Neubaugebiet ›Langer Markt‹ und Marienkirche*

frühen »Beispielplanungen« mit geradezu tragischem Resultat wurde für Bernau entwickelt.[38] Die Stadt, die innerhalb des noch kompletten mittelalterlichen Mauerrings ihre bauliche Struktur in selten reiner Form bewahrt und den Zweiten Weltkrieg ohne Schäden überstanden hatte, war ein Objekt der zentralen Denkmalliste der DDR (Begrenzte Bereiche und Ensembles). Da sich die Wohnbausubstanz überwiegend in schlechtem Zustand befand, wurde mit Ausnahme einiger als Einzeldenkmale unter Schutz stehender Bauten der Flächenabriß ganzer Baublöcke durchgeführt und damit das Stadtdenkmal Bernau faktisch vernichtet. 1976 begannen die Tiefbauarbeiten; 1979 wurde der Grundstein für den ersten Bauabschnitt gelegt. Was offiziell als stadtdenkmalpflegerische Leistung gefeiert wurde, war in Wirklichkeit ein Triumph bornierter Bautechnokratie über alle Bemühungen um eine behutsame Stadterneuerung. Die »Rekonstruktion« der Calauer Altstadt[39] wurde nach Bernauer Muster durchgeführt und mit dem gleichen Verlust an historischer Identität bezahlt.

Daß beim Einsatz von Großplattenbauten im innerstädtischen Bereich bessere Resultate erzielt werden konnten, zeigen Prenzlau und vor allem Frankfurt an der Oder. In Prenzlau kam der sich über drei Jahrzehnte hinziehende Wiederaufbau des Stadtzentrums mit den 1983 bis 1989 errichteten Baukomplexen ›Straße der Republik‹ und ›Langer Markt‹[40] zum Abschluß. Anzuerkennen ist trotz vieler gestalterischer Schwächen das Bemühen, der diffusen Innenstadtstruktur wenigstens im Bereich des ehemaligen Marktplatzes eine räumlich homogene Bebauung entgegenzusetzen. Im Zentrum von Frankfurt an der Oder wurde 1985 bis 1988 die lockere Reihen- und Zeilenbebauung der fünfziger Jahre durch Einbau neuer Wohnhäuser ver-

38 Detlef Koch, Petra Rätzel, Rekonstruktion Altstadt Bernau, in: deutsche architektur 1968, Heft 7, S. 400 ff.; Detlef Grunske, Lutz Mühlmann, Zur Umgestaltung des Stadtkerns von Bernau, in: Architektur der DDR 1978, Heft 3, S. 140 ff.; Peter Jentsch, Die bildkünstlerische Gestaltung von Bernau, Bernau/Berlin 1981; Manfred und Mechthild Hübler, Zur Gestaltung des Stadtkerns von Bernau, Planung und Realisierung, in: Architektur der DDR 1985, Heft 3, S. 164 ff.

39 Wolfgang Joswig, Planen, Bauen und Wohnen in Calau, in: Architektur der DDR 1985, Heft 5, S. 237 ff.

dichtet und damit sowohl funktionell wie stadtgestalterisch aufgewertet.[41] Das interessante Rekonstruktionsvorhaben führte vor allem im Bereich der Großen Scharrnstraße zu einem überzeugenden Ergebnis.

Insgesamt gesehen aber mußten die innerstädtischen Baustrategien der achtziger Jahre scheitern, weil mit dem viel zu starren Instrument des industriellen Ersatzneubaus den Anforderungen an eine behutsame Erneuerung der Altstadtkerne nicht entsprochen werden konnte. Rigorose Lösungen à la Bernau oder Calau blieben zwar die unrühmliche Ausnahme, doch fehlte es allerorts an Material und Handwerkern, um dem bedrohliche Dimensionen annehmenden Stadtverfall erfolgreich entgegenzuwirken. Flächenabrisse in denkmalgeschützten Altstadtarealen wurden deshalb gegen Ende der achtziger Jahre immer häufiger praktiziert. Das wahre Ausmaß der Schäden trat jedoch erst mit der im Herbst 1989 eingeleiteten politischen Wende ins Bewußtsein der Öffentlichkeit. Bürgerinitiativen bildeten sich spontan in vielen Orten. Sie setzten befristete Abrißstopps durch und nahmen zumindest vorübergehend direkten Einfluß auf die kommunale Stadtplanung, wie beispielsweise die im November 1989 in Potsdam gegründete Arbeitsgemeinschaft zum Bauen im Bereich der zweiten barokken Stadterweiterung. 1990 wurden auf staatlicher Ebene wichtige Festlegungen getroffen, um den Prozeß der städtebaulichen Erneuerung in den neuen Bundesländern zielstrebig zu fördern.[42] Die Bauminister der Bundesrepublik Deutschland und der damals noch bestehenden DDR vereinbarten gemäß der zu schaffenden neuen Länderstruktur ein fünf ausgewählte Städte umfassendes Modellstadtprogramm sowie das Sofortprogramm 1990 für Maßnahmen der Stadt- und Dorferneuerung in der DDR. Die Wahl der brandenburgischen Modellstadt fiel auf Brandenburg an der Havel. In das Sofortprogramm wurden 21 Städte des Bezirks Potsdam, 29 des Bezirks Frankfurt an der Oder und 41 des Bezirks Cottbus aufgenommen.[43] Inzwischen haben zahlreiche engagierte Architekten und Stadtplaner aus den neuen und den alten Bundesländern Arbeitsgemeinschaften zur Teilnahme an Städtebausymposien und Wettbewerben gebildet oder gemeinsame Büros gegründet.[44]

Wie schnell und erfolgreich diese Maßnahmen greifen werden, hängt davon ab, ob es gelingt, die Prozesse in ihrer Ganzheit konzeptionell und praktisch zu bewältigen. So wird in den historischen Altstadtkernen die Bestandserhaltung vor dem Ersatzneubau rangieren müssen. Differenzierte Strategien der behutsamen Stadterneuerung sind auch für die Altbauwohngebiete außerhalb der Stadtzentren zu entwikkeln, um unwiederbringliche urbane Werte vor dem weiteren Verfall zu retten. Schließlich wird es enormer Anstrengungen bedürfen, die industriell erstellten Großwohngebiete baulich zu sanieren und funktionell zu verbessern. Es handelt sich bei solchen Siedlungen ja nicht nur um eine ungeliebte Hinterlassenschaft des DDR-Städtebaus, sondern um die noch für längere Zeit so und nicht anders beschaffene Lebensumwelt vieler Menschen, die nicht durch weitere Verwahrlosung und soziale Entmischung vollends verslumen darf. Aus kulturellen wie aus wirtschaftlichen Gründen ist daher die Weiternutzung eines großen Teils der während der letzten vier Jahrzehnte entstandenen Bauwerke sowie ihre sinnvolle Integrierung in zukünftige Stadtentwicklungsvorhaben unumgänglich.

40 Klaus Thiele, Straße der Republik in Prenzlau, in: Architektur der DDR 1986, Heft 3, S. 144 ff.; Klaus Thiele, Prenzlau – Wohnungsneubau im Stadtkern einer Kreisstadt mit 23 750 Einwohnern, in: Architektur der DDR 1989, Heft 8, S. 17 ff.

41 Manfred Vogler, Wohnungsbau im Stadtzentrum von Frankfurt an der Oder, in: Architektur der DDR 1989, Heft 1, S. 9 ff.; Wolfgang Kil, Bunte Zutaten in Frankfurt an der Oder. Die Große Scharrnstraße – eine permanente Kunstschau?, in: public design 1991/92, S. 68 ff.

42 Peter Bote, Michael Krautzberger, Städtebauliche Erneuerung in den neuen Bundesländern, in: Architektur 1991, Heft 7, S. 3 ff., S. 48.

43 Stadt- und Dorferneuerung in der DDR. Dokumentation eines Expertenseminars am 28./29. März 1990 in Brandenburg (Hrsg. Der Bundesminister für Raumordnung, Bauwesen und Städtebau), o. O. 1990, S. 18.

44 Jürgen Franke, Harald Kühne, Städtebauliche Erneuerung und Entwicklung in Cottbus, in: public design 1991/92, S. 62 ff.; Andreas Thierbach, Sigrid Albeshausen, Entwicklung und Erneuerung in Frankfurt an der Oder, in: Ebenda, S. 68 ff.

Günther Köpping/Ernst Wipprecht

# X Märkische Städte und Denkmalschutz

»Der Überblick über die historischen Stadtzentren in den neuen Bundesländern ergibt einerseits bauliche Schäden durch versäumte Unterhaltungsmaßnahmen und damit eine akute Gefahr für den Weiterbestand der Kulturdenkmäler und Ensembles andererseits eine in den alten Bundesländern kaum noch anzutreffende Unberührtheit der historischen Stadtkerne, Straßen, Plätze und Einzelbauwerke.«[1]

Diese auf das gesamte Gebiet der ehemaligen DDR bezogene Einschätzung trifft auch für die Städte des Landes Brandenburg zu. Viele von ihnen konnten weitgehend ihre äußere Erscheinung bewahren, bei nicht wenigen ist sogar der für die märkischen Städte des Mittelalters so charakteristische Gegensatz zwischen der weiten ebenen Landschaft und den festungsartig umwehrten Städten bis heute erlebbar geblieben.

Oft bewahrten sich in ihnen die historischen Eigenheiten der Gesamtkomposition sowie vielfältig gestaltete Bauensembles und kostbare Einzelbauten.

## Märkische Städte des Mittelalters

Die meisten brandenburgischen Städte erhielten ihre Gestalt in einem Guß nach den Erfordernissen und Formvorstellungen der Gründungszeit. Die dabei gegebene Größenordnung und Flächenaufteilung genügten aufgrund der Entwicklung in dieser Region bis in das späte 19. Jahrhundert; nur Berlin als brandenburgisch-preußischer Schmelztiegel hatte längst seinen mittelalterlichen Umfang gesprengt und stieg nach der 1920 vollzogenen Eingemeindung von acht Städten, 59 Landgemeinden und 27 Guts-

*Jüterbog, Stadtansicht von der südlichen Feldseite*

1 Programm zur Weiterführung städtebaulichen Denkmalschutzes nach 1994 in den neuen Ländern der Bundesrepublik Deutschland. Bericht von Prof. Dr. Gottfried Kiesow, Vorsitzender der Expertengruppe Städtebaulicher Denkmalschutz beim Bauminister für Raumordnung, Bauwesen und Städtebau, Berlin, 9. Dezember 1991.

*Die Stadt Neuruppin, 1836. Gemälde von Wilhelm Barth. Stiftung Schlösser und Gärten Potsdam-Sanssouci, GK I 6711*

bezirken zur Weltmetropole auf. Bei den meisten brandenburgischen Städten blieben aber die Veränderungen in den Stadtgrundrissen bis zur Gegenwart verhältnismäßig unbedeutend. Vor allem darin begründet sich die ungewöhnlich hohe kulturhistorische Bedeutung der brandenburgischen Städte.

Die Mehrzahl der über 90 Städte im Land Brandenburg entstand im 12. und 13. Jahrhundert. Ihre historische Stadtgestalt konnten in der Prignitz die Städte Perleberg, Kyritz, Wittstock und Wusterhausen, im Land Ruppin Gransee, Neuruppin und Rheinsberg, in der Uckermark Angermünde und Templin, in Barnim Altlandsberg, Bad Freienwalde und Oderberg, im Land Beeskow-Storkow Beeskow, in der Lausitz die Städte Dahme, Herzberg, Luckau und Mühlberg, im Havelland Brandenburg und Potsdam und in der Zauche Jüterbog und Treuenbrietzen am besten bewahren. Neben diesen Städten mit einem weitgehend erhaltenen Stadtkern müssen aber auch die lausitzsche Stadt Cottbus, die alte Fern-Handelsstadt Frankfurt an der Oder und die uckermärkische Stadt Prenzlau, schon wegen ihrer besonderen Bedeutung in der Entwicklung des märkischen Städtebaus und der dort noch übrig gebliebenen wertvollen historischen Gebäudeensembles, genannt werden.

Der Zweite Weltkrieg hatte auch die Mark Brandenburg mit großen Verwüstungen überzogen. Das mitten in dieser Kulturlandschaft gelegene Berlin gehörte zu den am stärksten zerstörten Städten Deutschlands. Neben den Verlusten durch die vielen Fliegerangriffe waren es vor allem die Zerstörungen durch die lang anhaltenden Kampfhandlungen bei der »Schlacht um

*Frankfurt an der Oder, Belagerung der Stadt durch die Schweden 1631. Radierung von Caspar Merian, Stadtarchiv Frankfurt an der Oder*

Berlin«, durch die der Bestand an kulturhistorisch wertvollen Bauten und architektonischen Ensembles insbesondere in den mittleren und östlichen Teilen der Mark stark dezimiert wurde. Besonders schwer betroffen waren die bis dahin noch geschlossen erhaltenen Altstädte Beeskow, Brandenburg, Cottbus, Eberswalde, Frankfurt an der Oder, Fürstenwalde, Gartz an der Oder, Prenzlau, Rathenow, Schwedt an der Oder, Templin, Wriezen u. a., wo die Innenbereiche nahezu vollständig oder aber in ihren stadtbildprägenden Teilen in Schutt und Asche versanken. Aus dem Trümmermeer der einst blühenden Handels-, Messe- und Universitätsstadt Frankfurt an der Oder ragten nur noch wenige, meist selbst schwer beschädigte Bauten auf. In Potsdam waren die Kernbereiche der barocken Residenzstadt zerstört. Der spätere Abriß der Ruinen von Stadtschloß, Garnisonskirche und von anderen wichtigen Bauten gehört zu den am schmerzlichsten empfundenen städtebaulichen Untaten des DDR-Staates. Unersetzliche Bürgerhäuser waren zu Tausenden am Ende des Krieges bzw. kurz danach durch Verwahrlosung und Abbruch endgültig vernichtet.

Die überwiegend flache, von niedrigen Hügeln oder Hochflächen durchzogene Landschaft zwischen Elbe und Oder, die im wesentlichen das heutige Land Brandenburg ausmacht, war vor dem Beginn der deutschen Ostkolonisation von westslawischen Stämmen bewohnt. Auf dieses Gebiet dehnten sich im 12. und 13. Jahrhundert deutsche Herrschaft und deutsches Recht aus. Allein in dieser Zeit dürften mehr als hundert Städte gegründet worden sein.[2] Das geschah zunächst durch die Anlage von Burgen und festen Häusern, in deren Schutz sich Händler und erste Siedler niederließen, und wurde vollendet durch den Ausbau eines dichten Siedlungsnetzes von Dörfern sowie Marktorten mit eigenem Stadtrecht und einer selbstverwalteten städtischen Gemeinde. Während die Burgen nach Aufgabe oft schnell verfielen, blieben die Städte in ihrer meist im Mittelalter herausgebildeten Stadtstruktur mit Straßen und Plätzen innerhalb eines Verteidigungsringes erhalten

2 Gert Heinrich, Handbuch der historischen Stätten Deutschlands, Bd. 10, Berlin und Brandenburg, Stuttgart 1973.

*Frankfurt an der Oder, Altstadt mit Marienkirche und Rathaus. Historische Luftaufnahme von 1938*

*Frankfurt an der Oder, Blick in die zerstörte Altstadt mit Marienkirche und Rathaus, 1945*

*Treuenbrietzen, Luftbild der Altstadt*

*Wiesenburg, Luftbild mit Schloß und Park*

und bilden noch heute das Rückgrat der Siedlungs- und Wirtschaftsstruktur des Landes Brandenburg. Der Markt ermöglichte schon im Mittelalter den Warenumschlag bei erhöhter Produktion und bildete damit die wirtschaftliche Basis für die Entstehung der auf uns überkommenen Stadtdenkmale. Der Marktplatz als Ort des Handels wurde zum zentralen Stadtraum, auf den sich die Stadtstruktur ausrichtete.

Nachdem Kaiser Lothar von Supplinburg den Askanier Albrecht den Bären 1134 mit der Nordmark (Altmark) belehnt hatte, begann nach dem gescheiterten ersten Kolonisationsversuch des 10. Jahrhunderts ein zweiter Vorstoß nach Osten, der schließlich zur dauerhaften deutschen Besiedlung des Gebietes östlich der Elbe bis über die Oder führte. Vom zweiten Drittel des 12. bis etwa zum Ende des Jahrhunderts kamen die deutschen Siedler in ein wirtschaftlich unerschlossenes Land, in dem zur Herrschaftsabsicherung zunächst Burgen angelegt und der Ausbau eines Straßen- und Wegenetzes betrieben werden mußten. Nach Errichtung militärischer und kirchlicher Stützpunkte begann die wirtschaftliche Erschließung durch bäuerliche Siedler, denen Handwerker und Kaufleute folgten. Im Schutz der Burgen entwickelten sich nun offene Siedlungen mit bäuerlichem oder bürgerlichem Charakter. Außer den bürgerlichen Suburbien mit Markt wurden auch selbständige dörfliche Siedlungen mit Markt gegründet.

Erst in der zweiten Siedlungsphase von 1200 bis 1300, in der das Land dichter besiedelt und die Grenze weiter nach Osten vorgeschoben wurde, entstanden die meisten Städte. Bei günstigen Voraussetzungen entwickelten sie sich aus älteren, im Schutze von Burgen gelegenen Suburbien oder aus dörflichen Marktorten. In dieser Zeit wurden Städte auch »auss frischer Wurzel«[3] gegründet, die sogenannten Gründungsstädte. Während das bürgerliche Suburbium der ersten Siedlungsepoche eine offene Siedlung war, wurde bei den späteren Städten die Befestigung Voraussetzung für eine gedeihliche Entwicklung. Nur der Landesherr konnte durch Verleihung des Stadtrechts eine Stadtwerdung oder Stadtgründung veranlassen. Als erste planmäßige Stadtgründung in der Mark gilt die Gründung der Neustadt Brandenburg auf dem südlichen Havelufer, das zum Eigengut des Markgrafen gehörte. Seit ca. 1160 soll sich auf der anderen Havelseite mit Parduin als Kern die Altstadt entwickelt haben. Um 1170 bestanden vermutlich die Altstadt und die Neustadt Brandenburg bereits de jure nebeneinander, auch wenn sie als Städte erst später nachweisbar sind. Die Stadtanlage der Neustadt aus dem 12. Jahrhundert verband die regelmäßige Planung geschickt mit den örtlichen Gegebenheiten. Der Grundriß der Neustadt wird als Vorläufer des nach einem abstrakten Schema entwickelten Gitterrasterplanes für die Stadtgründungen des 13. Jahrhunderts angesehen, wie er beispielsweise für die Neugründung der Stadt Frankfurt an der Oder nachweisbar ist.

Die siedlungsmäßige Erschließung durch die neuen Landesherren hatte »modern territorialplanerischen Charakter«.[4] Entlang der Heer- und Handelswege entstanden mit einem mittleren Abstand von 15 bis 30 Kilometern in militärisch und wirtschaftlich günstiger Lage die Städte. Der Markgraf, die Bischöfe oder kleinere weltliche bzw. geistliche Adlige beauftragten sogenannte Lokatoren mit der Gründung der Städte. Diese Gründungsunternehmer erwarben vom Landesherren Bau-, Acker- und Weideland sowie Holzungen, veranlaßten die Aufstellung des Bebauungsplanes und warben Siedler an.

3 Ed. Jobst Siedler, Märkischer Städtebau im Mittelalter, Berlin 1914.

4 Ernst Badstübner, Stadtkirchen der Mark Brandenburg, Berlin 1982.

*»Plan intra et extra Moemia der beyden Chur und Hauptstädte Brandenburg.« Aufgenommen und gezeichnet durch G. Hedemann, 1722-24. Stadt-Museum Brandenburg*

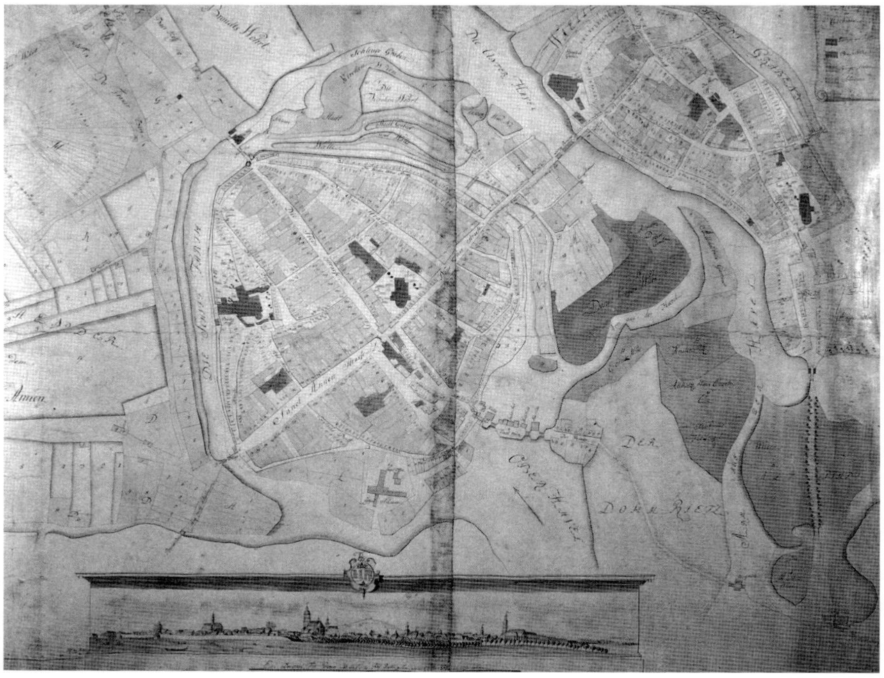

*Frankfurt an der Oder, Marktplatz mit Rathaus und Marienkirche. Farbige Lithographie, um 1830. Stadtarchiv Frankfurt an der Oder*

*Frankfurt an der Oder, Gesamtansicht vom östlichen Oderufer. Holzschnitt von Hans Rudolf Manuel gen. Deutsch, 1548, aus: Sebastian Münster, Cosmographey*

Über den Gründungsakt der Stadt Frankfurt an der Oder im Jahre 1253 sind wir durch zwei erhaltene Urkunden informiert. Danach sollte der Lokator Gottfried von Herzberg, von Markgraf Johann I. beauftragt, im Anschluß an eine bereits mit Markt- und Niederlagerecht ausgestattete Kaufmannssiedlung eine Erweiterung vornehmen. Sie erfolgte nach Süden und schloß die Schwestersiedlung auf dem östlichen Ufer ein. In den Urkunden sind die Rechte des Gründungsunternehmens und die Abgaben der Stadt an den Markgrafen fixiert. Außerdem haben sie die Zoll-, Fischerei- und Jagdrechte sowie die Erlaubnis zum Brückenbau u. a. zum Inhalt.[5] Dank ihrer Lage wurde die Stadt an der Oder schnell bedeutendster Handels- und Umschlagplatz im brandenburgischen Raum, da sich hier wichtige Handelsstraßen kreuzten.

Der Aufbau der Städte begann nach Absteckung des Grundplanes zuerst in unmittelbarer Nähe des Marktes und wurde vom Landes- bzw. Grundherrn beaufsichtigt und gefördert. Während die Errichtung der Wohnhäuser den Hausbesitzern oder deren Handwerkern überlassen blieb, war der Aufbau der öffentlichen Gebäude Sache der Bürger in ihrer Gesamtheit. Als eine der wichtigsten Aufgaben galt die Errichtung von Befestigungsanlagen, deren Kosten gemeinsam von Grundherr und Bürgerschaft getragen werden mußten. In aller Regel erhielten die Städte sogleich Wälle, Gräben und starke hölzerne Palisaden. Die Stadtmauern aus Feld- und Backsteinen mit ihren Türmen und Toren, die gerade auch bei den märkischen Städten teilweise baukünstlerisch prächtig ausgestaltet worden sind (Neubrandenburg, Königsberg in

*Frankfurt an der Oder von der westlichen Seite. Gezeichnet von Florian Großpietsch, um 1830. Stiftung Schlösser und Gärten Potsdam-Sanssouci, Plansammlung*

5 Ernst Walter Huth, Die Entstehung der Stadt Frankfurt (O) und ihr Kulturbild vom 13. bis zum frühen 17. Jahrhundert aufgrund archäologischer Funde, Berlin 1975.

Ansicht von Freien

vom Weinberge

Seiner Kaiserlichen Hoheit Nicolaus Paulowitsc

der Neumark, Templin u. a.), entstanden erst nach und nach. Manche Städte besaßen überhaupt keine Stadtbefestigung, andere nur Stadttore wie das »offene«, d. h. unbefestigte Freienwalde zwischen Barnimabfall und altem Oderarm.

Die Bebauung der Stadt war gestaffelt. Am Markt standen die großen Gemeinschaftsbauten wie Hauptpfarrkirche, Rathaus, Kaufhaus, Fleischbänke, Schulgebäude u. a. Hier besaß auch die handeltreibende Bevölkerung ihre Grundstücke, während die Ackerbürger mit ihren Wirtschaftshöfen und Scheunen vorwiegend in der Nähe der Stadttore wohnten.

Mit Ausnahme von Pfarr-, Kloster- und Hospitalkirchen sowie der Rat- und Kaufhäuser bestand die städtische Bebauung anfangs wohl durchweg aus eingeschossigen Holz- oder Fachwerkgebäuden mit Stroh- und Schindeldächern. Noch Mitte des 17. Jahrhunderts waren Berlin und Cölln »bloß mit alten zum Theil hölzernen Häusern bebaut, deren Giebelseite nach der Straße stand«, wie Friedrich Nicolai 130 Jahre später schreibt. Erst allmählich wurden Wohnbauten einiger reicher Bürger »von Stein gebaut«.

Nach dem wirtschaftlichen und politischen Erstarken stieg auch das Bedürfnis, die städtische Macht und Größe durch eine imposante Silhouette und durch mächtige Gebäudegruppen, die monumental den langgestreckten Befestigungsgürtel überragten, repräsentativ in Erscheinung treten zu lassen. Der Marktplatz mit seinen auf städtebauliche Wirkung angelegten Gesellschaftsbauten und den aufwendigeren Bürgerhäusern sollte Höhepunkt des Stadterlebnisses sein. Neben dem Hauptmarkt bestanden in den größeren Städten noch Nebenmärkte.

Im Verlaufe des Mittelalters wurden dann in den bedeutenderen Städten insbesondere die zentral gelegenen Grundstücke durch Ausführung von zwei- bis dreigeschossigen Gebäuden stärker genutzt. Diese Entwicklung hatte beispielsweise in Angermünde zur Folge, daß um 1400 über den aus Granitquaderwerk errichteten Westquerturm der dortigen Pfarrkirche, einer der schönsten in der Mark, zwei Backstein-Geschosse aufgesetzt wurden. Bewunderung verdient auch, wenn nach einer entsprechenden

*Ansicht von Freienwalde vom Weinberge. Gezeichnet von Florian Großpietsch, um 1830. Stiftung Schlösser und Gärten Potsdam-Sanssouci, Plansammlung*

Untersuchung festgestellt werden kann, daß die der Stadt Angermünde verbliebenen Dominanten – Burg sowie Befestigungstürme und -tore fehlen heute leider – so plaziert sind, daß in den überwiegenden Teilen der Platz- und Straßenräume zumindest ein Monumentalbau hineinwirkt, was neben anderen Aspekten zeigt, wie geschickt die Geländetopographie genutzt worden ist und wie raffiniert teilweise die Anlage der Gebäude und Straßenzüge erfolgte.

Neben der städtebaulichen Anlage und der Architekturgestaltung der Bauten wird das Aussehen der Städte vor allem auch durch die Architekturfarbigkeit geprägt. Außerordentlich vage sind die Vorstellungen über das farbige Erscheinungsbild der märkischen Städte von den Anfängen bis hinein in das 17. Jahrhundert. Allgemein verbreitet ist die Auffassung, daß »Farbe in der Architektur ursprünglich primär Farbe des verwendeten Baustoffes war, also Materialfarbe«.[6] Die frühen Monumentalbauten besaßen ein vom Feldsteinmaterial bestimmtes ›archaisches‹ oder ›altertümliches‹ Aussehen. Nach den sich ständig erweiternden Kenntnissen über die historische Farbigkeit muß jedoch selbst für die frühen Feldsteinbauten der Mark angenommen werden, daß die sorgfältig aus Felsteinquadern errichteten Außenfronten im Fugenbereich einen Ausgleichsputz getragen haben, der durch doppelte Ritzfugen oder in anderer Weise belebt war und der abschließend einen Farbanstrich erhielt. Farbige Absetzungen oder Ornamentbänder bereicherten wohl das »ursprüngliche Erscheinungsbild« der Monumentalbauten.

Bereits für das 13. Jahrhundert lassen sich in der Mark bei Backsteinbauten Rotfärbungen mit aufgemaltem weißen Fugennetz nachweisen. Am gotischen Rathaus in Frankfurt an der Oder gab es für die Frühzeit ebenfalls Rotfassungen. Noch im Mittelalter erhielt dann der gesamte Baukörper eine einheitliche Graufassung, über die ein weißes Fugennetz gelegt war, wodurch der Backsteinbau in einen »Werksteinbau« verwandelt wurde. Zu dieser Abfärbung gehörten noch schwarze Fensterfaschen und -leibungen sowie schwarzgefärbte Rosetten- und Krabbensteine. Die geputzten Blendenflächen der großartigen Wimperggiebel trugen sicher zusätzlich ornamentale, vielleicht auch figürliche Bemalungen, wie sie noch am östlichen Außengiebel der Frankfurter Nikolaikirche erhalten sind. Inzwischen liegen Befunde vor, woraus zu schließen ist, daß auch der Außenbau der gewaltigen Marienkirche und die Fassaden der beiden einzigen, noch übrig gebliebenen Backstein-Giebelhäuser aus dem Mittelalter in Frankfurt an der Oder farbig gefaßt waren.

Nach heutigem Wissen darf wohl angenommen werden, daß die mittelalterlichen Städte auch in Brandenburg ein stärker durch Farbe geprägtes Stadtbild aufwiesen. Mit ihren Farbfassungen und Außenmalereien setzten die großen Gemeinschaftsbauten in den damals noch überschaubaren Silhouetten der Städte lebhafte Akzente. In den Straßen- und Platzräumen wurden sie in ihrer Einheit von Form und farbiger Erscheinung sogar »zum Bild«, die Kirchen zur »Himmelsstadt«. Farbanstriche und Malereien an Giebeln, Attikawänden, Portalen und anderen Stellen mittelalterlicher Pfarr-, Kloster- und Hospitalkirchen, an Prunktoren oder Rathäusern waren nicht nur zierende Zutat, sondern hatten oft eine tiefe allegorische oder religiöse Bedeutung.

## Märkische Residenzstädte

Mit dem Absinken der wirtschaftlichen Bedeutung der brandenburgischen Städte, nach Verlust des Fernhandels durch das Vordringen englischer und holländischer Kaufleute im nördlichen Europa, begann in der Mark Brandenburg die Entwicklung zur Stärkung der Zentralgewalt, die schließlich in den Absolutismus des 17. und 18. Jahrhunderts mündete. Mit der Bestimmung der mittelalterlichen Doppelstadt Berlin-Cölln um 1470 zur kurfürstlichen Residenzstadt nahm im Hinblick auf den märkischen Städtebau diese Periode ihren Anfang. Berlin wurde nun unter den märkischen Städten schnell die bedeutendste. Zunächst konnte die neue Hauptstadt der Mark mit ihren künstlerischen Leistungen keine hervorragende Stellung beanspruchen. Doch mit dem Aufschwung des brandenburgisch-preußischen Staates am Ende des 17. Jahrhunderts und mit der raschen Konsolidierung des neuen Königtums in Preußen (1701) wuchs die Stadt ihrem ersten Höhepunkt entgegen. Durch eine von Planmäßigkeit gekenn-

6 Bruno Flierl, Funktion der Farbe in der Stadt, in: Architektur und Bildende Kunst, Heft 3, 1979.

zeichnete Aufbauarbeit wurde der errungene repräsentative Anspruch in der Residenz architektonisch und künstlerisch erlebbar gemacht. Kunst und Kultur Berlins erreichten unter ausländischem Einfluß am Ende des 17. Jahrhunderts und zu Beginn des 18. Jahrhunderts erstmals europäischen Rang. Ein zweiter, vor allem mit dem Wirken von Karl Friedrich Schinkel und Peter Joseph Lenné verbundener Höhepunkt folgte nach den Befreiungskriegen. Im Verlaufe des 19. und im ersten Drittel des 20. Jahrhunderts wird Berlin schließlich zu einem großartigen Zeugnis der Großstadtkultur, das dank so bedeutender Architekten wie Martin Wagner, Bruno und Max Taut, Erich Mendelsohn, Hans Scharoun, Ludwig Mies van der Rohe, Bruno Paul, Peter Behrens, Hans Poelzig, Heinrich Tessenow und anderer sogar Weltrang beanspruchen darf. Für die Mark war Berlin mit seiner Bestimmung zur hauptstädtischen Residenzstadt am Ende des Mittelalters der orientierende Mittelpunkt. In bezug und teilweise auch in Konkurrenz zur Hauptstadt entstanden aber auch in der weiten Mark Brandenburg noch beachtliche städtebauliche Leistungen.

Die aufkommenden neuen gesellschaftlichen Verhältnisse wirkten sich natürlich auch auf die Gestaltung der Städte aus. Entweder wurden sie überformt, oder neben die vorhandene bürgerliche Siedlung des Mittelalters, die nur noch im Aufbau und in Einzelbauten eine Ergänzung erfahren konnte, setzte sich die fürstliche und später königliche Residenzstadt als ein neuer Siedlungstypus. Hier wurden fast alle Planungen und Bauvorhaben aus dem Willen des absoluten Landesherrn vorgenommen oder doch zumindest durch ihn beeinflußt.

Die mittelalterliche brandenburgische Stadt, die zumeist in günstiger strategischer Lage und an wichtigen Handelsstraßen aus der Landschaft erwachsen war und deren Formen sich die Bebauung anpaßte, besaß innerhalb der einengenden Stadtmauern nur wenige Freiplätze und Grünflächen, während die Stadt außen von einem breiten Kranz gepflegter Bürgergärten, Wiesen und Äcker umgeben war. Mit der Schaffung einer monumentalen Stadtbaukunst durch den Absolutismus im 17. und 18. Jahrhundert entstanden im Zusammenhang mit fürstlichen Schlössern dann auch weitläufige Parkanlagen, die wichtige Glieder des nach einheitlichem Willen geformten Stadtkörpers wurden. Wesentliches Gestaltungsmotiv war dabei die als freie Allee oder als Architekturstraße ausgebildete Achse, die von dem im Zentrum der Stadtanlage gelegenen Schloß ausging. In Berlin sprengte der Große Kurfürst mit der Anlage der 60 Meter breiten und fast 1000 Meter langen Prachtstraße der ›Linden‹ als erster den Rahmen der mittelalterlichen Stadt.

Der insbesondere von Kurfürst Joachim II. (1535–1571) und seinen Nachfolgern Johann

*Berlin und Cölln an der Spree. Ausschnitt aus dem Plan von Johann Bernhard Schultz. Kupferstich, 1678. Märkisches Museum, Berlin*

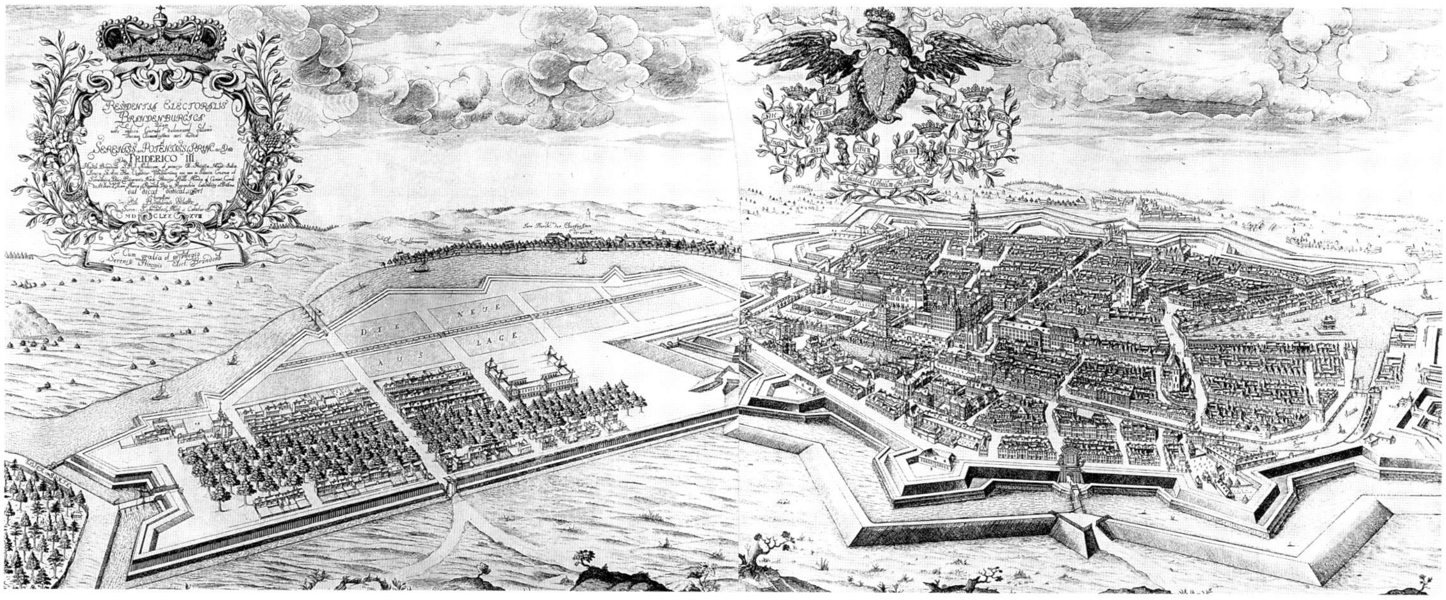

Georg (1571–1598) sowie Joachim Friedrich (1598–1608) bewirkte Aufschwung erlahmte während des Dreißigjährigen Krieges vollends. Erst mit Friedrich Wilhelm, dem großen Kurfürsten (1640–1688), begann nach dem Ende des Krieges, unter dem insbesondere die Mark Brandenburg zu leiden hatte, langsam der wirtschaftliche und damit auch der kulturelle Wiederaufbau des Landes, der durch die engen Beziehungen des Kurfürsten zu Holland und Flandern geprägt war. Die bau- und gartenkünstlerische Tätigkeit konzentrierte sich auf die Residenzen des Kurfürsten in Berlin und Potsdam, aber auch auf die Schloßneubauten in Charlottenburg, Köpenick und Oranienburg. Vor allem unter Kurfürst Friedrich III., dem späteren König Friedrich I., erreichte die Stadtbaukunst in der Residenz-Hauptstadt einen glanzvollen Höhepunkt. Dank der vielseitigen und genialen Begabung Andreas Schlüters sowie anderer bedeutender Baumeister und Künstler konnte Berlin in dieser Zeit zum erstenmal in seiner Geschichte mit Gipfelleistungen aufwarten.

Neben dem prachtvollen Ausbau Berlins mit dem großartigen Schloßbau von Schlüter und mit den Neustädten Friedrichswerder, Dorotheenstadt und Friedrichstadt entstanden in der fluß- und seenreichen Umgebung Berlins zahlreiche Nebenresidenzen. Mit Caputh, Potsdam, Fahrland, Charlottenburg, Schönhausen, Oranienburg, Friedrichsthal, Altlandsberg, Köpenick und Königs Wusterhausen entwickelte sich eine Schloß-Garten-Landschaft, die dann später insbesondere von Friedrich Wilhelm IV. weiter ausgebaut werden sollte. Auch Friedrich II. (1740–1786), der Preußen zur unbestritten führenden Macht werden ließ, gab der residenz- und hauptstädtisch bestimmten Stadtbaukunst des Landes weitere Impulse. Mit seinem Wirken prägte er die Städte Küstrin, Neuruppin, Rheinsberg, Berlin (Forum Fridericianum) und insbesondere seine Lieblingsresidenz Potsdam. In der Anlage des residenzstädtischen Gesamtkunstwerks Potsdam ist der hohe künstlerische Anspruch des bedeutendsten brandenburgisch-preußischen Monarchen wohl mit äußerster

*Oranienburg, Stadtansicht aus der Vogelperspektive mit Schloß und radialem Straßensystem. Radierung nach einer Zeichnung von Daniel Petzold, 1711. Kreismuseum Oranienburg*

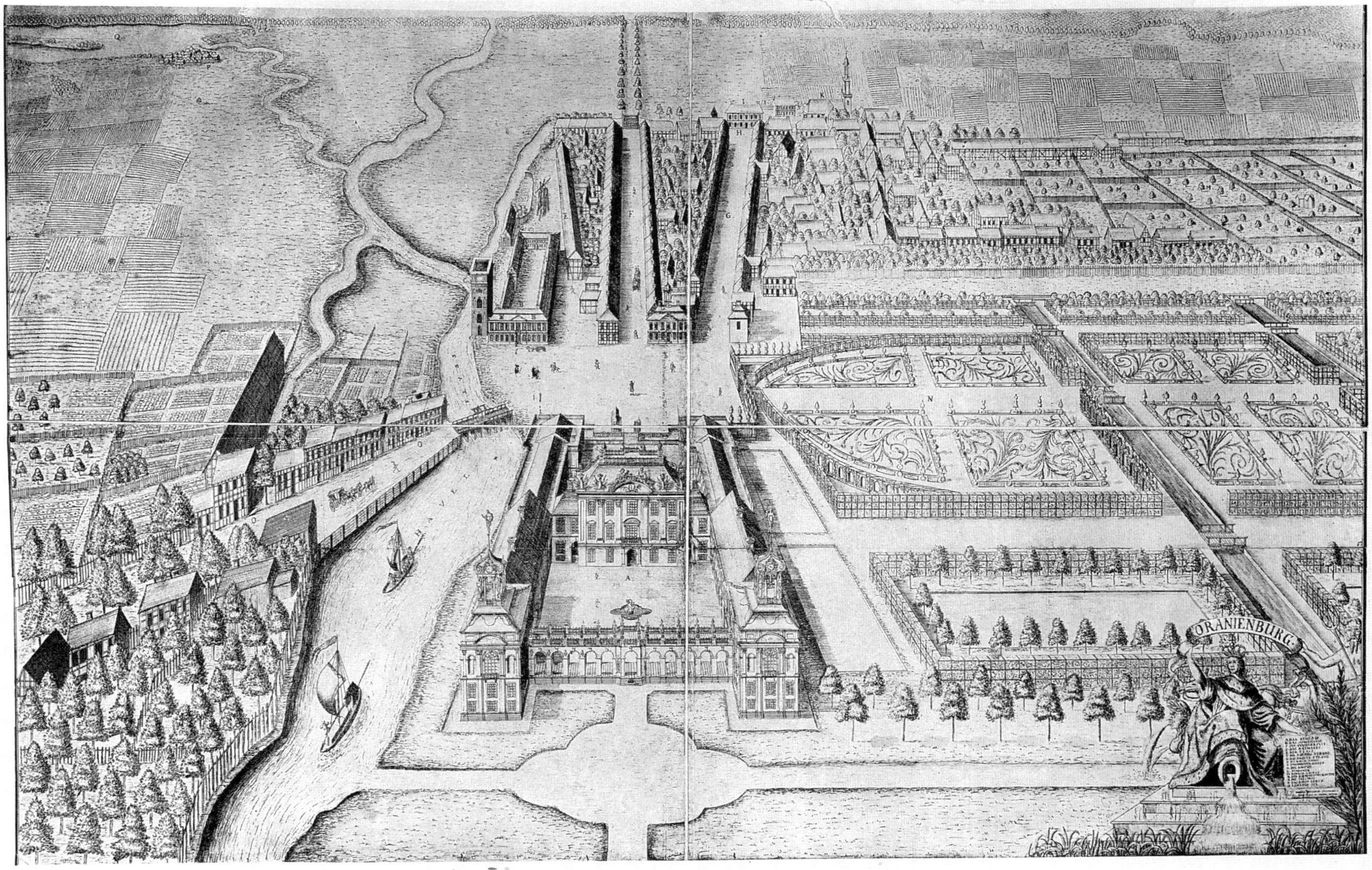

Konsequenz umgesetzt worden. Unter schonungsloser Anspannung der beteiligten Künstler, Kunsthandwerker und Bürger schuf Friedrich der Große eine der bemerkenswertesten Residenzen Europas.

In seiner Regierungszeit wurden das Stadtschloß erweitert, das weltberühmte Weinbergschloß Sanssouci mit Terrassenanlage und das Neue Palais errichtet sowie der repräsentativ angelegte Wohnhausbau vorangetrieben. Die Neustadt mit dem Holländischen Viertel und den Wohnkarrees der zweiten Stadterweiterung wurde vollendet. Schließlich kam es zur einheitlichen Neugestaltung der Schloßumgebung und des Alten Marktes durch Anlage repräsentativer Gebäude und Bürgerhäuser. Allein zwischen 1722 und 1742 wurde das Stadtgebiet Potsdams von 43 Hektar auf 142 Hektar vergrößert; die Zahl der Häuser stieg von rund 220 auf 1150.

Beim Ausbau der Prinzen-Residenz Rheinsberg in der reizvollen Wasser- und Waldlandschaft am Grienerick-See konnte sich der künftige König Friedrich II. nach 1733 als Kronprinz auf seine späteren Aufgaben vorbereiten. Schon hier herrschte die kunstfreundlichste Atmosphäre; der bedeutendste Baumeister der friderizianischen Architektur, der dem Kronprinz freundschaftlich verbundene Georg Wenzeslaus von Knobelsdorff, hatte sowohl beim Schloß als auch bei der Wiederaufbau-Planung für die Stadt nach dem Brand von 1740 die Oberleitung.

*Potsdam, Blick auf Schloß und Stadt. Radierung von A. L. Krüger nach J. F. Meyer. Stiftung Schlösser und Gärten Potsdam-Sanssouci, Plansammlung*

Gasthof Restaurant

Lager von Majolika Crystal

Eine weitere bedeutende märkische Residenz, die Stadt Schwedt an der Oder, die nach ihrer Deklaration als Festungsbereich seit dem 7. Februar 1945 unter schwerem Artilleriebeschuß stand, ging nach Bombenangriffen am 20. April fast völlig in Flammen auf und wurde zu rund 85 Prozent vernichtet. Mit dem Ausbau hatten die Markgrafen von Brandenburg-Schwedt im nordöstlichen Teil der Mark Brandenburg am Ufer der Oder 1670 begonnen. Neben der Altstadt, die nach einer Feuersbrunst 1681 nach Plänen von Michael Matthias Smidts in Gestalt eines regelmäßigen Rechtecks mit gitterförmig angelegtem Straßennetz wiedererrichtet wurde, entstand ein neues Schloßviertel mit einer axial auf die Residenz ausgerichteten Schloßfreiheit. Besonders eindrucksvoll ist die weit hinausführende breite Schloßallee mit dem in die geschlossene uckermärkische Waldlandschaft eingefügten Tiergarten mit ausgedehntem Garten-, Forst- und Jagdsternsystem.

Die repräsentativ angelegten kurfürstlichen bzw. königlichen und markgräflichen Residenzstadt-Planungen wurden im 17. und 18. Jahrhundert durch Planungen territorialer Feudalherren ergänzt – wobei diese natürlich aufgrund der geringen wirtschaftlichen Möglichkeiten sehr viel bescheidener ausfielen.

Zu den barocken Anlagen dieser Art gehören u. a. der nach einem Stadtbrand in der zweiten Hälfte des 17. Jahrhunderts erfolgte Neuaufbau der lausitzschen Stadt Sonnewalde bei gleichzeitiger Erweiterung nach drei Seiten mit wirkungsvoller Ausbildung der zum Schloßkomplex führenden Straße als neue Hauptstraße und die völlig neu angelegte Stadt Doberlug. Herzog Christian I. von Sachsen-Merseburg begann hier 1661 mit dem Umbau des Renaissance-Schlosses und der Anlage einer zugehörigen Handwerker- und Beamtensiedlung, die 1664 zur Stadt erhoben wurde. Zentraler Bereich des planmäßig angelegten Ortes ist die sich vom Schloßtor nach Nordosten erstreckende 60 Meter breite und 500 Meter lange Hauptstraße, deren Querachse auf das hervorgehoben gestaltete Gebäude des Gasthofes ›Zum Rautenstock‹ bezogen ist. Obwohl noch ohne konsequente Verbindung von Stadt und Schloß handelt es sich dennoch bereits um eine voll ausgeprägte Stadtanlage der Barockzeit. Als Besonderheit barocker Stadtgestaltungen sollen mit Spandau und Peitz bei Cottbus zwei Städte erwähnt werden, die ganz oder teilweise für Zwecke der Landesverteidigung zu Festungen ausgebaut wurden.[7]

## Neugründungen, Wiederaufbau und Stadterweiterungen des 17. und 18. Jahrhunderts

Eine Reihe von Städten schließlich verdankt ihre Entstehung dem im 17. und 18. Jahrhundert verstärkt betriebenen Landesausbau durch Wiederbevölkerung und schrittweise Industrialisierung. Durch stärkere Ausnutzung der waldreichen Gegend zwischen Grimnitzsee und Werbellinsee für die Glasindustrie entstand dort mit der Gründung einer Glashütte zu Beginn des 17. Jahrhunderts neben einer ehemaligen Askanierburg beispielsweise die unbefestigte Stadt Joachimsthal, die noch durch das von Kurfürst Joachim Friedrich nach dem Muster der sächsischen Fürstenschulen angelegte Joachimsthalsche Gymnasium einen Bedeutungszuwachs erhielt. »Zwecks Steigerung eigener Einnahmen durch Hebung der Wirtschaft« wurde die unbedeutende mittelalterliche Siedlung Neustadt an der Dosse 1664 vom Landgrafen von Hessen-Homburg zu einer Stadt erweitert, was durch die Anlage einer Eisenhütte, einer Papiermühle, einer Spiegelglasfabrik, eines Gestütes und der Leinwandweberei sowie des Leinwandhandels ermöglicht wurde. Für ins Land geholte Ruhlaer und Schmalkaldener Messer- und Scherenschmiede entstand westlich der Altstadt von Eberswalde die außerordentlich reizvolle Siedlung Kien-Werder, deren Bebauung in der heutigen Schicklerstraße teilweise noch erhalten ist. Überhaupt verdienen die vielen Stadterweiterungen des 18. Jahrhunderts im Zusammenhang mit der städtebaulichen Entwicklung im Land Brandenburg eine würdigende Erwähnung. Besonders hervorzuheben ist dabei die angerförmige Stadterweiterung von Frankfurt an der Oder im Bereich der Gubener Vorstadt. Zwischen dem 1396 gegründeten und 1797 durch Brand völlig zerstörten Kartäuserkloster und dem östlichen Mauerring der Altstadt wurde im 18. Jahrhundert das Gelände südlich der zum

*Potsdam, Holländisches Viertel (historische Aufnahme)*

*Potsdam, Schwertfegerstraße nach Osten (sogenannte ›acht Ecken‹). Historische Aufnahme von 1912*

7 Hans Müther, Baukunst in Brandenburg bis zum beginnenden 19. Jahrhundert, Dresden 1955.

*»Plan du Jardin et de la Ville de Rheinsberg«. Kolorierte Zeichnung von Steinert, um 1800. Stiftung Schlösser und Gärten Potsdam-Sanssouci, Plansammlung*

*Schwedt an der Oder, Stadtansicht aus der Vogelperspektive mit Schloß, Schloßfreiheit, Allee und Tiergarten. Radierung nach D. H. Richter, 1741. Stiftung Schlösser und Gärten Potsdam-Sanssouci, Plansammlung*

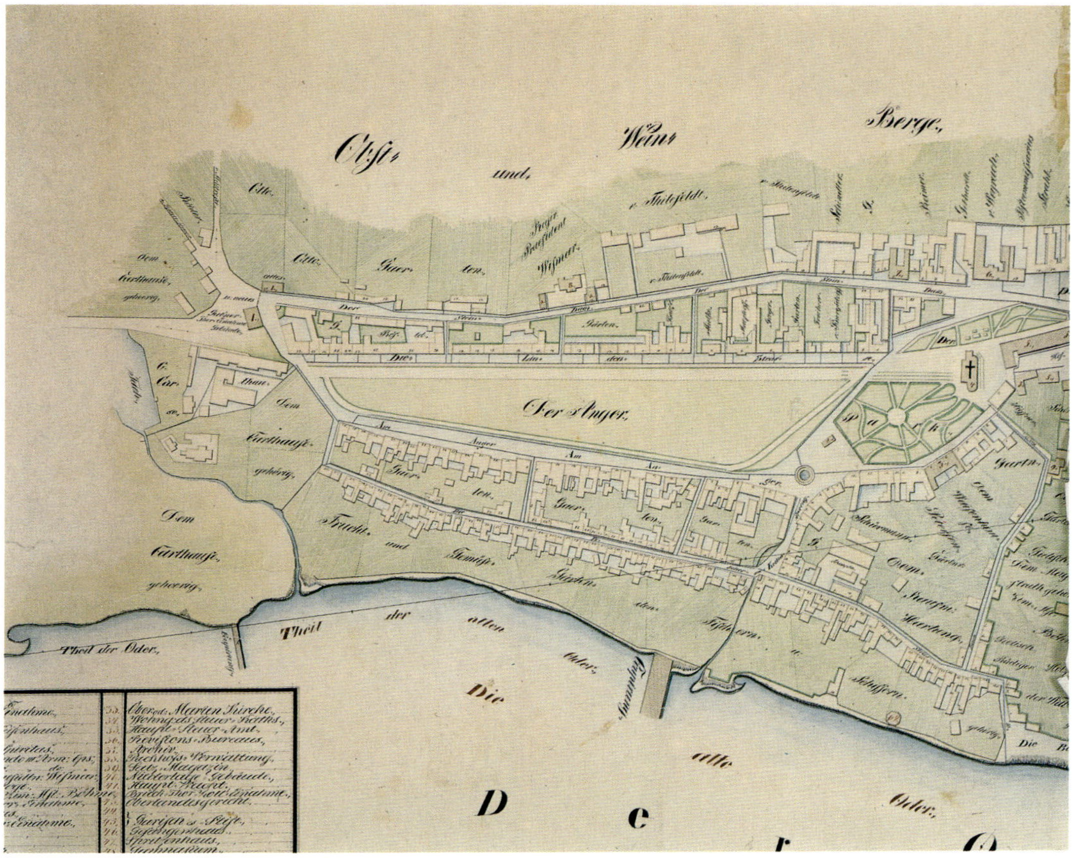


*»Situations-Plan von dem auf dem linken Oderufer gelegenen Theile der Stadt Frankfurt« (Ausschnitt Gubener Vorstadt). Gezeichnet von A. Kramm um 1840. Stadtarchiv Frankfurt an der Oder*

Oderufer abfallenden alten Fischersiedlung durch eine aufgelockerte Wohnhausbebauung mit Gärten und einer doppelten Lindenallee erschlossen. Im Gegensatz zur Enge der mauerumwehrten Altstadt konnte hier neuen Wohnbedürfnissen entsprochen werden. Trotz späterer Verdichtung blieb der städtebauliche Raum in Angerform in seiner Großzügigkeit bis heute erhalten.

Obwohl die dörflichen Siedlungen in diesem Beitrag nicht Gegenstand der Betrachtung sind, sollen anhand der Entwässerung des Oderbruches im 18. Jahrhundert und der darauffolgenden Besiedlung wenigstens beispielhaft die großen Anstrengungen zum weiteren wirtschaftlichen Ausbau des Landes aufgezeigt werden. In der einst dicht von Auenwald bedeckten Landschaft mit Seen, Sümpfen und vielen Oderarmen, dem Spreewald vergleichbar und voller Fischreichtum, konnten durch die bis 1753 erfolgte Verlegung und Kanalisierung der Oder 225 000 Morgen Land gewonnen werden. Friedrich II. ließ das trockengelegte Oderbruch vor allem durch Kolonisten aus Hessen-Darmstadt, Mecklenburg, Österreich, Polen, Sachsen, Schweden, Württemberg und aus der französisch sprechenden Westschweiz besetzen. Die planmäßige Anlage neuer Dörfer begann 1753 mit Neulietzegöricke in Form eines langgestreckten Straßendorfes. Mit seiner Struktur und den überwiegend quergegliederten Fachwerkhäusern vom Ende des 18. Jahrhunderts gehört dieses Dorf zu den wertvollsten ländlichen Denkmalensembles im Land Brandenburg.

Eine faszinierende Rationalität liegt einer Reihe von Planungen des 18. Jahrhunderts für den Wiederaufbau abgebrannter märkischer Städte oder für Stadterweiterungen zugrunde; das gilt beispielsweise für die Wiederaufbau-Planung von Rheinsberg, Schwedt an der Oder und von Templin. So wurde die Stadt Templin, die 1735 zum vierten Male seit ihrer Gründung um 1250 total niedergebrannt war, innerhalb des noch vollständig erhalten gebliebenen Mauerringes aus dem Mittelalter nach neuem regelmäßigen Plan in Gitterform wiederaufgebaut. Drei völlig gerade angelegte Längs- und sechs Querstraßen in annähernd gleicher Breite sowie die ausgesparten Plätze für Rathaus und Kirche

*»Plan der Stadt Neu Ruppin und der umliegenden Gegend unmittelbar nach dem Brande von 1787.« Gezeichnet von B. M. Brasch, gestochen von Carl Jäck, 1787. Stiftung Schlösser und Gärten Potsdam-Sanssouci, Plansammlung ▷*

*»Plan der Stadt Neu Ruppin nach welchem seine Königliche Majestaet von Preußen dieselbe nach dem Brande von 1787 gegenwärtig erweitern und gantz masßiv erbauen lassen.« Gezeichnet von B. M. Brasch, gestochen von Carl Jäck, 1789. Stiftung Schlösser und Gärten Potsdam-Sanssouci, Plansammlung ▷*

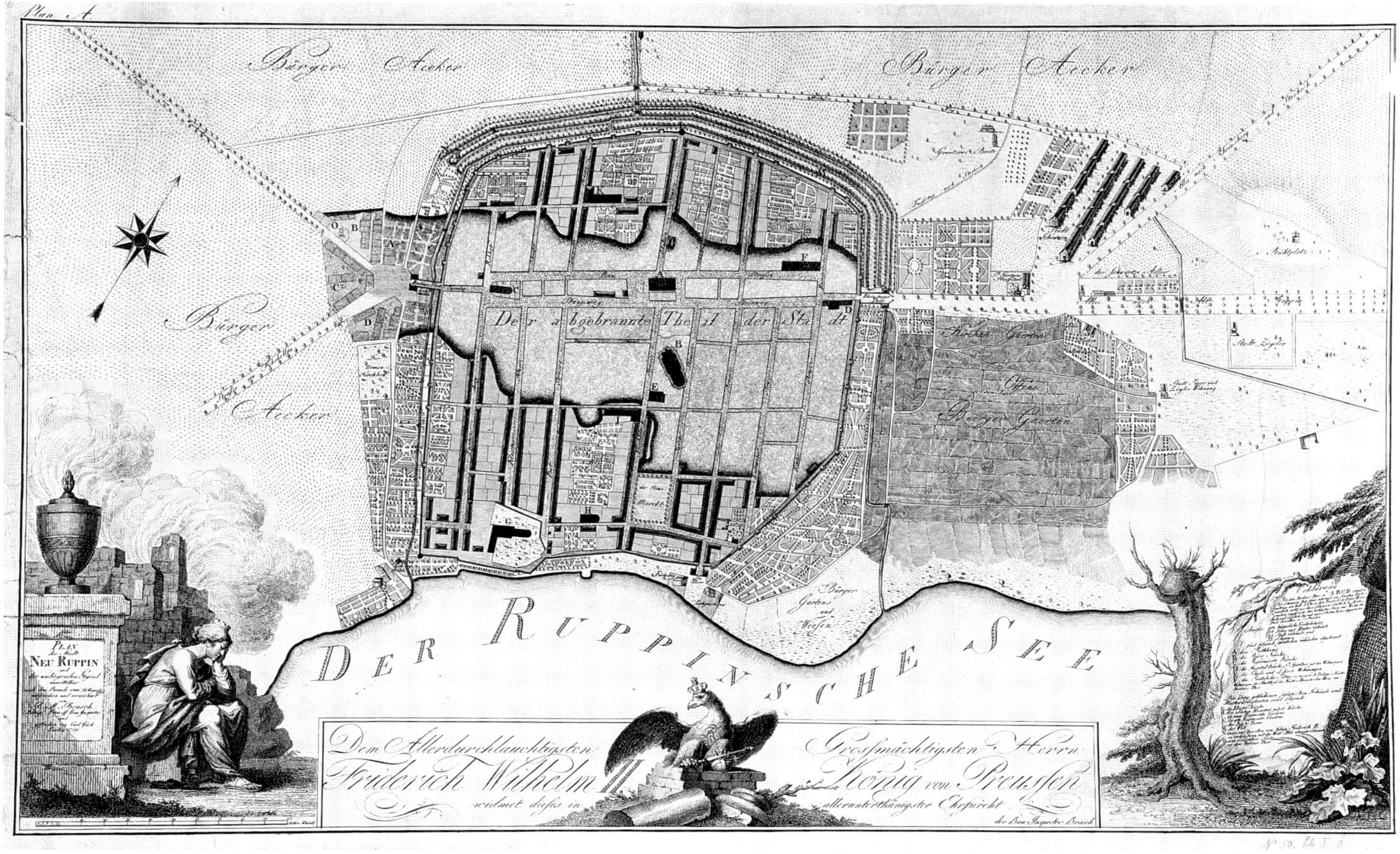
Plan A.
Bürger Aecker
Bürger Aecker
Bürger Aecker
Der abgebrannte Theil der Stadt
Bürger Gärten
Bürger Gärten und Wiesen
Der Ruppinsche See
Neu Ruppin
Dem Allerdurchlauchtigsten Grossmächtigsten Herrn
Friderich Wilhelm II.
König von Preussen
widmet dieses in allerunterthänigster Ehrfurcht

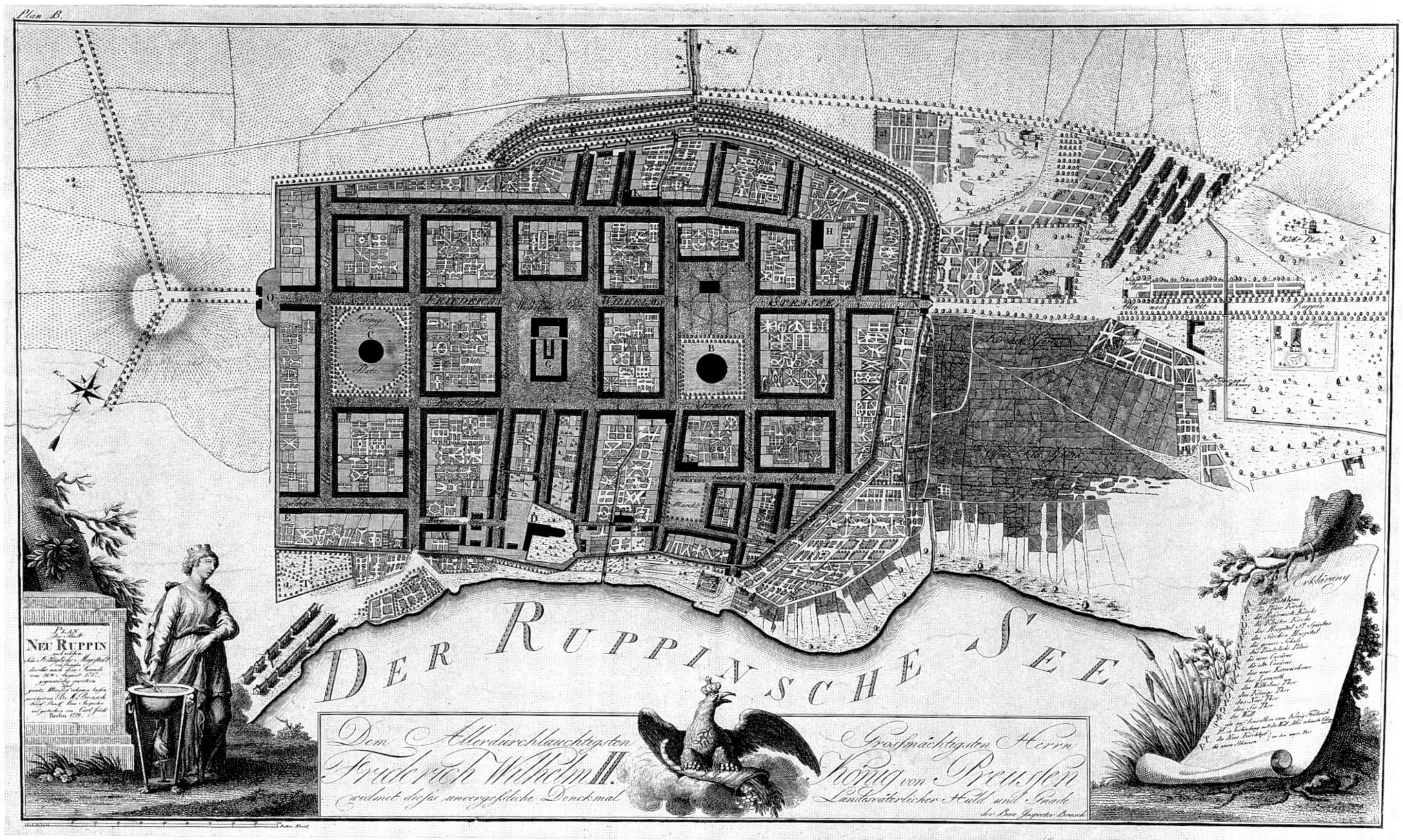
Plan B.
Der Ruppinsche See
Neu Ruppin
Erklärung
Dem Allerdurchlauchtigsten Grossmächtigsten Herrn
Friderich Wilhelm II.
König von Preussen
widmet dieses unvergeßliche Denckmal Landesväterlicher Huld und Gnade

*Templin, Luftbild der Altstadt mit Marktplatz und Pfarrkirche, 1938*

bestimmten fortan den Charakter dieser in seenreicher Landschaft liegenden Stadt. Die mittelalterlich geprägte und differenzierte Straßen- und Wohnblockgestaltung war nun einer gewissen schematischen Uniformität gewichen, die allerdings durch die im Luftbild nicht zu erkennende leicht bewegte Topographie des Stadtgebietes erheblich gemildert wird.

Als konsequentestes Beispiel gilt aber der von König Friedrich Wilhelm II. (1786–97) geförderte Wiederaufbau des Stadtkerns von Neuruppin. Die Stadt wurde nach dem verheerenden Flächenbrand von 1787 nach Plänen von Bernhard Matthias Brasch unter Aufsicht des Oberbaudepartements in Berlin 1788–96 bei gleichzeitiger Verschiebung der Mauer nach Süden wiederaufgebaut. Dabei erhielt der Stadtgrundriß in regelmäßiger Gitterform mit ungewöhnlich breiter Hauptstraße eine neue Disposition. Längs der Hauptachse liegen drei weite Plätze, auf dem östlichen steht die Pfarrkirche, ein eigenwillig gestalteter Kirchenbau mit querorientiertem Emporensaal, dem ursprünglich das nicht mehr erhaltene Rathaus gegenüberstand.

Die durchgängige zweigeschossige Randbebauung in Form des spätbarocken Klassizismus wirkt insbesondere an den großen Plätzen heute etwas nüchtern, was einerseits auf spätere Vereinfachungen oder Veränderungen zurückzuführen ist, andererseits aber den Bedürfnissen von exerzierenden Regimentern nebst Militärbevölkerung dieser wichtigen preußischen Garnisonsstadt geschuldet ist. Neuruppin gilt neben Potsdam als bedeutendstes Beispiel einheitlicher Bebauung des ausgehenden 18. Jahrhunderts in der Mark und muß zu den großen Leistungen des frühklassizistischen Städtebaus in Deutschland gezählt werden.

## Städtebauliche Entwicklung nach 1800

Auf einen fast völligen Stillstand des Bauens in napoleonischer Zeit folgte nach den Befreiungskriegen ein künstlerischer Aufschwung, der vor allem mit dem Namen Karl Friedrich Schinkel und Peter Joseph Lenné verknüpft ist. Besonders in Berlin konzentriert sich nun das Baugeschehen. In der schnell wachsenden Großstadt entstehen neben den Mietshausquartieren mit ihren mehrfach hintereinander gestaffelten Hinterhöfen unzählige Villenbauten im Westen der Stadt. Villenviertel sind in der klassischen Beamtenstadt Potsdam ebenso wie in den kleineren Verwaltungszentren in der Mark anzutreffen. In den Potsdamer Vororten kann die Entwicklung der Villen und Vorstadthäuser in eindrücklicher Kontinuität durch das gesamte 19. Jahrhundert verfolgt werden. Vor allem durch große Siedlungsgebiete, die mit berühmten Architektennamen wie Bruno und Max Taut oder Peter Behrens verbunden sind, wird das Stadtbild Berlins, und meist davon abgeleitet auch das der anderen größeren märkischen Städte wie Potsdam, Brandenburg, Frankfurt an der Oder, Cottbus, Fürstenwalde, Luckenwalde, Rathenow u. a. bis in die dreißiger Jahre unseres Jahrhunderts weiterentwickelt.

Mit Eisenhüttenstadt, dem früheren »Stalinstadt«, beherbergt das Land Brandenburg eine der wenigen neu angelegten Städte aus der DDR-Zeit. Als städtebaulicher Bereich stehen die 60 Meter breite und 700 Meter lange Magistrale und die ihr zugeordneten vier Wohnkomplexe der fünfziger Jahre aufgrund ihrer besonderen geschichtlichen, städtebaulichen und architektonischen Bedeutung seit längerem unter Denkmalschutz.

### Aufgaben und Probleme des städtebaulichen Denkmalschutzes

Für viele Städte und Gemeinden im Land Brandenburg wird die Sanierung ihrer Altstadtbereiche und historischen Stadtkerne in den nächsten Jahren zur beherrschenden kommunalpolitischen Aufgabe. Ausgehend von den unübersehbaren Verlusten an wertvoller Bausubstanz durch jahrzehntelange Vernachlässigung und Abbruch, läßt sich die Notwendigkeit der Erhaltung der historischen Kernbereiche unserer Städte durch den unersetzlichen geschichtlichen und ästhetischen Wert von Baudenkmalen und Stadträumen begründen. Unsere Städte und Gemeinden haben ihre charakteristische Unverwechselbarkeit durch ihre Einbettung in die märkische Landschaft und durch die Bewahrung von Stadträumen und Bautraditionen im Laufe von Jahrhunderten gewonnen. Dabei hat sich ihre Gestalt durch wechselnde Einflüsse ihrer Geschichte, durch Überformungen der überlieferten Bausubstanz und durch zeitgenössische Neubauten verändert. Dennoch bleiben es Orte, in denen sich die Entwicklungsstufen des städtischen Lebens an den Denkmalen und Stadträumen nachweisen lassen. »Der Denkmalbegriff umfaßt sowohl das einzelne Denkmal als auch das städtische oder ländliche Ensemble (Denkmalbereich), das von einer ihm eigentümlichen Kultur, einer bezeichnenden Entwicklung oder einem historischen Ereignis Zeugnis ablegt. Er bezieht sich nicht nur auf große künstlerische Schöpfungen, sondern auch auf bescheidene Werke, die mit der Zeit eine kulturelle Bedeutung bekommen haben.«[8] Mit dieser Definition des Denkmalbegriffs in der »Charta von Venedig« von 1964 wird ausdrücklich auch das Stadtdenkmal einbezogen, für dessen Erhaltung und Sanierung die gleichen Grundsätze gelten wie für das Einzeldenkmal. Allerdings unterliegt das Stadtdenkmal noch stärker als das Einzeldenkmal der Notwendigkeit der Benutzung und damit der zeitbedingten Veränderung. Nicht alle Elemente eines Stadtbildes lassen sich unverändert bewahren. Die Stadt erhält und erneuert sich wie ein lebendiger Organismus. Verschlissene Bauteile werden ausgetauscht, und neue Gebäude kommen hinzu. Auch in der Geschichte unserer Städte hat es immer wieder Veränderungen und Eingriffe gegeben, und doch besteht ein geschichtliches Kontinuum, das die Identität einer Stadt kennzeichnet. Für die Erhaltung und vorsichtige Stadtreparatur ist es daher notwendig, die Summe der das Stadtdenkmal bestimmenden Faktoren zu analysieren und die unverzichtbaren Elemente zu benennen. Hierbei steht die geschichtliche Komponente obenan.

Die Frühzeit der Stadt erschließt sich aus den erhaltenen Bauwerken und Denkmalen, schriftlichen Überlieferungen und archäologischen Untersuchungen. Für die geschichtliche Wertung des Stadtdenkmals müssen, neben archivalischen Quellen vor allem frühe Stadtpläne herangezogen werden. In den ersten Stadtkatastern, in Brandenburg-Preußen auf Befehl des Königs Friedrich Wilhelm I. zur Berechnung der Grundstückssteuern angelegt, wurden nicht nur

8 Internationale Charta über die Konservierung und Restaurierung von Denkmälern und Ensembles (Denkmalbereiche), Charta von Venedig, 1964; deutsche Fassung Chorin, 14. April 1989.

*Wittstock, Altstadt von Süden mit Burg und Pfarrkirche. Historische Luftaufnahme von 1938*

sche Bedeutung einer Stadtgestalt bestimmen. Der spanische Philosoph Ortega y Gasset umschreibt die Bedeutung der Stadt für unsere Kultur in seinem erstmals 1930 erschienenen Werk »Der Aufstand der Massen« und hebt dabei das öffentliche Zusammenwirken der Bürger hervor. Er schreibt: »Denn will man ›urbs‹ und ›polis‹ definieren, so geschieht es am besten nach dem Muster jener Scherzdefinition für die Kanone: Man nehme ein Loch und umwickele es fest mit Draht, dann hat man eine Kanone. Auch die Stadt beginnt als Hohlraum, als Marktplatz, forum, agora; alles Weitere ist Vorwand, um dieses Hohl zu sichern, seinen Umriß abzustecken. Die polis ist ursprünglich nicht eine Haufe bewohnbarer Häuser, sondern ein Ort des bürgerlichen Zusammentreffens, ein abgegrenzter Raum zu öffentlichen Zwecken. Die Stadt ist nicht wie Hütte oder Haus als Schutz gegen Witterungsunbilden und zum Kinderzeugen gebaut, welches persönliche und Familienangelegenheiten sind, sondern um die gemeinsame Sache zu besprechen.«[12]

Die Abgrenzung des Stadtraumes zur umgebenden Landschaft ist heute oft durch ausufernde Bebauung verwischt. Zum Verständnis der Stadträume müssen wir uns das frühere Verhältnis von offener Landschaft und ummauerter Stadt vor Augen halten. Landstraßen sind in der Vergangenheit die Verbindungsadern eines städtischen Siedlungsnetzes gewesen, dessen Stationen jeweils ca. 15 bis 30 Kilometer auseinanderlagen. Nach dem Eintritt in den umschlossenen Raum der Stadt werden die Straßen zu langgestreckten Platzräumen, die – vom Stadttor ausgehend – über torähnliche Raumverengungen der sich reihenden Bürgerhäuser zu weiteren Plätzen und Räumen überleiten. Gebäude von Bedeutung in der gesellschaftlichen Hierarchie der Stadt geben durch ihre Größe und Gestalt Signale als Zielpunkte und zur Richtungsbestimmung einer Wegstrecke. Weitere Verweilräume, wie Märkte, Kirchhöfe und gedeckte Hallen für den Handel und den Gottesdienst, schließen sich an. Ihre Bedeutung für das soziale Gefüge wird durch ihre Abmessungen und den künstlerischen Schmuck dokumentiert. Heute ist diese Bedeutung der Stadträume als Ort der Begegnung und des Austausches für den bürgerlichen Stadtstaat verlorengegangen. Sie werden

*Jüterbog, Altstadt von Norden mit Klosterkirche, Rathaus und Nikolaikirche. Historische Luftaufnahme von 1938*

12 Ortega y Gasset, Der Aufstand der Massen, deutsche Taschenbuch-Ausgabe Hamburg 1958, S. 111.

*Neuruppin, Ernst-Thälmann-Platz*

lich Vertretbarem zu finden. Alle Beteiligten sind gefordert, kreative Lösungen zur Nutzung der historischen Bausubstanz zu erarbeiten.

Einzelhändler, die ihr Geschäft in einem Baudenkmal oder einem stadtbildprägenden Gebäude betreiben, können bei einiger Mühe durchaus die beabsichtigte Nutzung den Gegebenheiten ohne Schadensfolgen anpassen und auf die Wiederholung früherer Fehler, die in Ost und West gemacht wurden, verzichten.

Qualitäten historisch gewachsener Städte sowie Chancen und Risiken der erhaltenden Stadterneuerung lassen sich exemplarisch an den Beispielen Neuruppin, Potsdam, Brandenburg und Angermünde darstellen.

Die Fontane-Stadt Neuruppin, die im Mittelalter zu den größten Städten der Mark gehörte, verfügt noch heute über eine großzügige Stadtanlage, die nach dem großen Brand von 1787 entstand. Das planmäßig angelegte Stadtsystem produzierte dabei eine völlig neue Bau- und Raumstruktur. So wird das Bild auch jetzt noch durch die überwiegend zweigeschossigen, barocken Bürgerhäuser und die drei an der Hauptstraße gelegenen großen Plätze geprägt. Neuruppin zählt zu den Stadtdenkmalen von nationalem Rang und muß als Gesamtensemble betrachtet und geschützt werden. So würde eine Verwischung des historischen Stadtgrundrisses ebenso zum Verlust der städtischen Identität führen wie die Bereitstellung der drei historischen Plätze als innerstädtische Reserveflächen für zentrumstypische städtische Nutzungen.

Die historische Maßstäblichkeit der friderizianischen, bescheidenen Zweigeschoß-Bebauung am Ernst-Thälmann-Platz zur Disposition zu stellen würde, selbst wenn der Platz als solcher erhalten bliebe, mehr als nur die Vernichtung von Baudenkmalen bedeuten, sie würde auch zur Zerstörung der ausgewogenen Proportionen führen.

Städtische Straßen, auch in alten Städten, müssen nicht nur den Fußgänger, den ruhenden und den fließenden Verkehr, sondern auch Wasser- und Abwasserleitungen, Strom- und sonstige Kabel aufnehmen und sollten darüber hinaus auch noch sicher beleuchtet sein. Auch hier gilt es, den Kompromiß zwischen historischer Werktreue einerseits und zeitgemäßer Nutzbarkeit andererseits zu finden und durch städtische Verkehrsplanung Durchgangs- und Schleichverkehre, Abriß oder grundlegende Veränderung zu verhindern (siehe Abb. S. 291).

Vor allem größere Altstadtkerne wie der von Brandenburg, umschlossen von Havel und Schleusenkanal, befinden sich stets in der Gefahr, nicht nur im Durchgangs- und Parkverkehr, sondern auch durch den ›normalen‹ innerstädtischen Verkehr zu ersticken. Konzepte zur Bestandssicherung der historischen Bausubstanz und des Stadtgrundrisses müssen ebenso wie Nutzungsüberlegungen für die Altstadtbereiche diese Problematik berücksichtigen und integriert angehen.

Stadterneuerungspolitik muß aber auch insbesondere auf den Erhalt der spezifischen Quali-

*Potsdam, Mittelstraße. Historische Bausubstanz des Holländischen Viertels*

täten und historischen Eigenheiten der Städte abzielen: Beispielsweise ist die Stadt Brandenburg nicht nur durch ihren mittelalterlichen Stadtkern geprägt, sondern auch durch die Stadterweiterungen aus dem Eisenbahnzeitalter und der Industrialisierung. So wurden Gleisanlagen und ein geschlossener Straßenring um die Stadt geschaffen, durch die neue Industrie- und Gewerbegebiete erschlossen werden konnten. Zwischen den Wohn- und Mischgebieten liegen bedeutende Produktionsstandorte, die spezifische Verkehrsanlagen erfordern. Die baulichen Zeugen der Gründerjahre Brandenburgs weisen eine karge Strenge auf. Um so überraschender die unverfälscht erhaltene reiche Jugendstilfassade, mit der ein Spielzeugfabrikant sein Gebäude schmückte (siehe Abb. S. 292).

*Brandenburg, Jugendstilfassade*

*Angermünde, Pulverturm mit Wallanlage*

Historische Wall- und Grabenzonen erleichtern nicht nur die Wiedererkennung und Wiedererlebbarkeit der mittelalterlichen Stadtbegrenzung, sie sind auch reizvolles, attraktives innerstädtisches Grün. Nach dem Schleifen der Befestigungsanlagen wurden sie häufig zu von großen Alleen eingefaßten Fußwegeverbindungen umgestaltet (siehe Abb. S. 293).

Gewässer sind in jeder Stadt ein belebendes Element. Deshalb wollen zum Beispiel auch die Potsdamer mehrheitlich ihren alten Stadtkanal wieder aufgraben. Eine Wiederöffnung des Kanals würde nicht einfach historisierend Stadtveränderung oder Stadtzerstörung rückgängig machen, sondern auch einen wichtigen Beitrag zur Verbesserung des Kleinklimas der Stadt leisten (siehe Abb. S. 294).

Identitätsprägend für viele Städte Brandenburgs ist ihre Erscheinung ›von weitem‹. So haben viele Kriegs- und Nachkriegseinwirkungen Potsdam zwar erheblich verändert, das Typische der Stadtsilhouette konnte sich aber dennoch erhalten: Kleinteilige Bebauung, Überbrückung der Havel, Nikolaikirche.

Besonders prägnant zeigen sich die Fragen und Wiedersprüche der Stadterneuerung und Stadtentwicklung im Bereich des Alten Marktes in Potsdam.

Die historische Aufnahme des Stadtzentrums von 1919 zeigt die städtebauliche Situation mit dem Stadtschloß (siehe Abb. S. 296). Die Reste des im Zweiten Weltkrieg stark beschädigten Stadtschlosses wurden in den Jahren 1960/61 abgetragen. Heute, nach Abbruch eines 1989 begonnenen und nicht fertiggestellten Theaterneubaus, stellt sich dieser Bereich als Brachfläche dar. In diesem Kontext wird sicher die Frage zu stellen sein, ob die städtebauliche Ordnung des Stadtgrundrisses und die Proportionen der Platz- und Straßenräume wieder aufgenommen

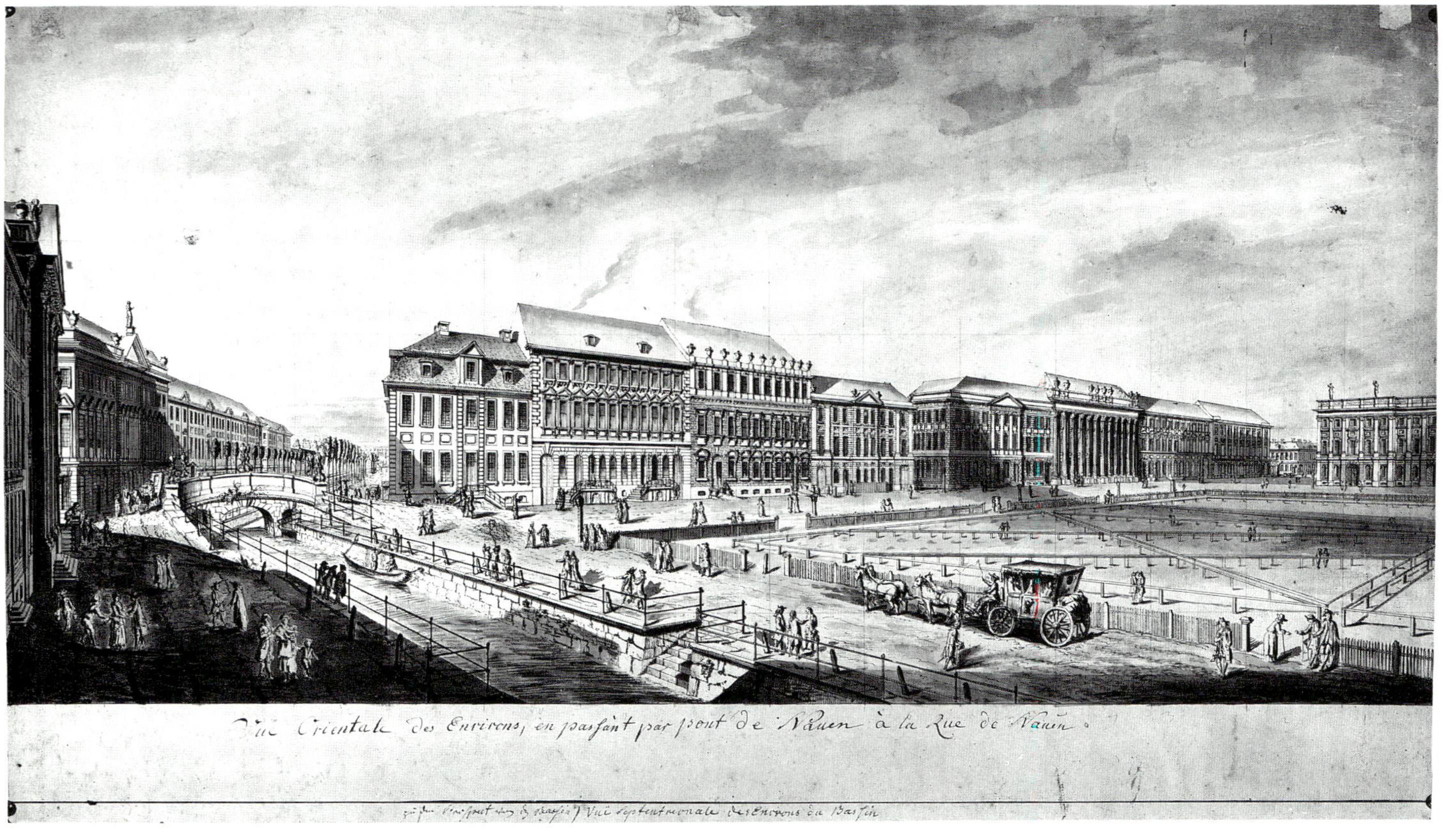

*Lavierte Federzeichnung von Johann Conrad Krüger, Potsdam, Wilhelmsplatz, 1773. (Blick auf den Stadtkanal)*

*Potsdam, Yorckstraße, Blick nach Osten. Zum ›Straßenbegleitgrün‹ herabgewürdigter Stadtkanal*

werden können oder ob eine neue städtebauliche Ordnung gefunden werden sollte. Ebenso bedarf es der Antwort auf die zentrale Frage, ob – wie vehement in der Öffentlichkeit diskutiert wird – zerstörte historische Bauten zumindest in der baulichen Hülle nach alten Dokumenten neu errichtet werden sollen. Bei aller Berechtigung der Suche nach einer vielleicht verloren geglaubten Identität muß in dieser Diskussion mehr Vertrauen in die Kraft moderner qualitätvoller Architektur gefordert werden. Auch sie kann und wird über den Tag hinaus Bestand haben, wenn sie gut ist. Architekt, Bauherr, Planungs- und Genehmigungsinstanzen der Bauverwaltung müssen dazu gebracht werden, die Frage der altstadtverträglichen Einordung von Neubauten in historischer Umgebung offensiv anzugehen und umzusetzen. Ein maßstäblich eingepaßter Neubau wird jede erhaltende Stadterneuerung wirkungsvoll flankieren, gerade auch wenn er sich als Bau der heutigen Zeit zu erkennen gibt. Städte sind nicht an einem Tag

*Radierung von Johann Conrad Krüger, Potsdam, Blick vom Brauhausberg auf die Heiliggeistkirche und Nowawes, 1772.*

*Potsdam, Blick vom Brauhausberg auf die Stadt*

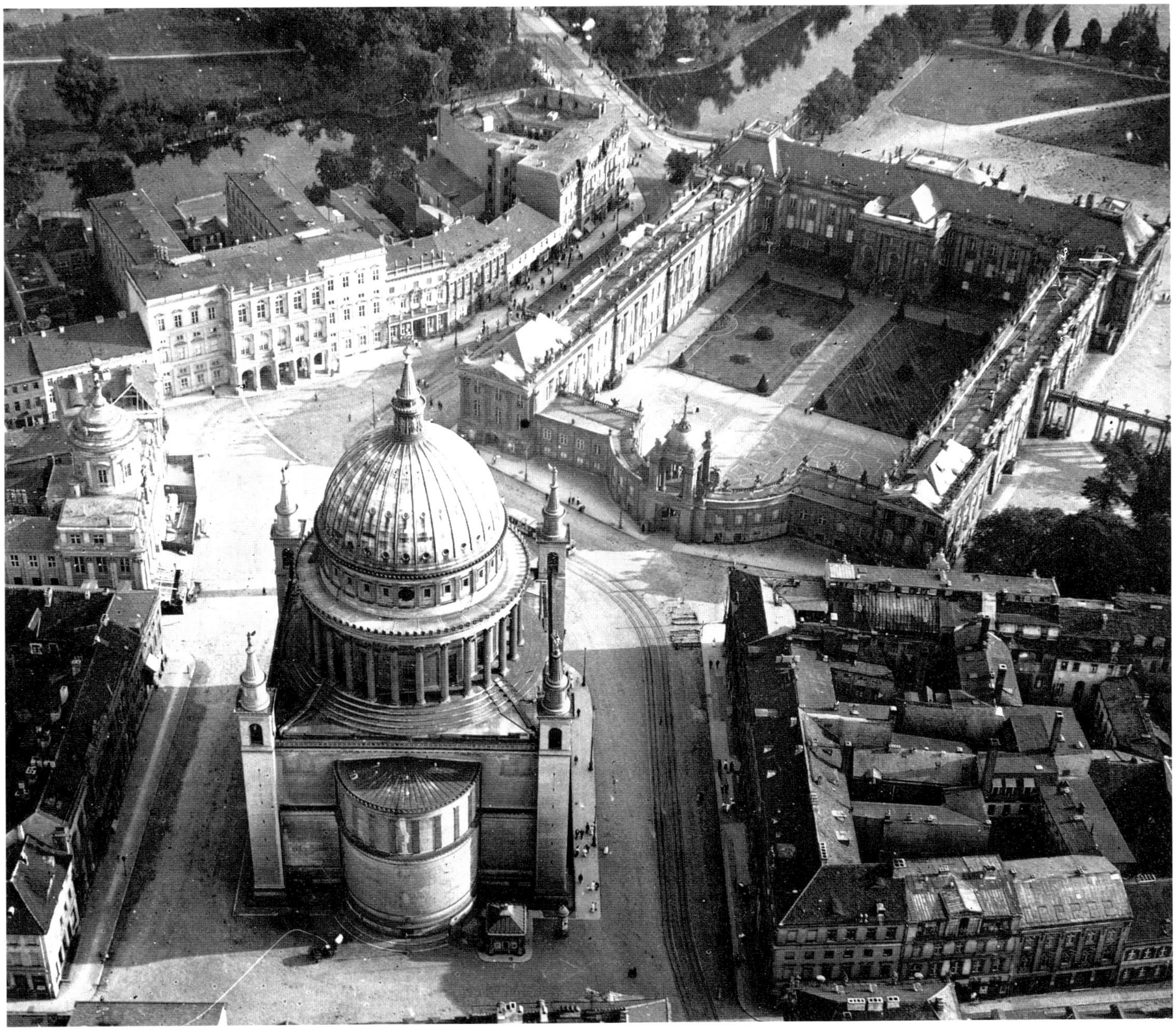

*Potsdam, Blick von der Nikolaikirche in Richtung Havel (historische Aufnahme von 1919)*

gebaut, es kann nicht gelingen, kurze Phasen ihres Seins auf Dauer festzuschreiben.

Die Stadterneuerung bestimmt die innere Entwicklung unserer Städte. Dabei haben sich die Vorstellungen über Maß, Umfang und Vorgehensweise mehrfach geändert; dies wird auch in Zukunft nicht anders sein. Es bleibt aber dabei, daß ohne eine qualitätvolle Stadterneuerung eine für alle Beteiligten akzeptable Stadtentwicklung nicht möglich sein wird.

Die moderne Stadtentwicklung im Industriezeitalter folgt nicht nur funktionalen Gesichtspunkten. Sie hat sich auch an Befindlichkeiten und Wünschen der Menschen zu orientieren, deren Lebensraum die Stadt ist. Weiter bestimmen technische und gesellschaftliche Veränderungen die Lehre von der Entwicklung unserer Städte. Stadtentwicklung ist ein Prozeß, dessen Begriffsinhalt sich allein in diesem Jahrhundert mehrfach geändert hat. Auf die teilweise unerträgliche Verdichtung der städtischen Ballungszentren in den gründerzeitlichen Jahrzehnten des 19. Jahrhunderts folgte die Vorstellung von der Auflockerung und Gliederung der Städte. Einhergehend mit der dramatischen Verteuerung städtischen Baulandes schwappt nun seit den siebziger Jahren eine neue Welle über uns hinweg, zusammengefaßt in dem Begriff der

Urbanität, nichts anderes meinend als städtische Verdichtung.

Aber auch die Veränderung hat eine innere Logik: Stadtentwicklung ist immer dem Gesetz der möglichst kurzfristigen Kapitalverwertung gefolgt. Daraus ergeben sich in der sensiblen Situation nach dem Zusammenbruch der DDR und mit der Gründung der neuen Länder erhebliche Gefahren und Handlungszwänge.

Ohne steuernde Eingriffe würde Entwicklung nur dort stattfinden, wo Grundstücke am preisgünstigsten verfügbar sind, wo Verkehrshindernisse nicht bestehen, wo wenig Widerstand staatlicher Institutionen zu erwarten ist und die Eigentumsverhältnisse eindeutig geklärt sind; mit anderen Worten auf der grünen Wiese, außerhalb der Stadt. Entscheidende Impulse für die Innenstädte müßten ausbleiben. Gerade die Stadterneuerung ist deshalb ein wesentliches Element, um derartige Tendenzen auszugleichen. Sie ist eine der maßgeblichen Voraussetzungen für das Entstehen neuer urbaner Strukturen.

Geschäfte, Kneipen, Restaurants, Kultureinrichtungen müssen jetzt im Rahmen der ersten großen Phase der Stadterneuerung in den Innenstädten etabliert werden. Staatliche Programme zur Stadterneuerung sind der Anstoßgeber für

*Potsdam, Blick von der Nikolaikirche in Richtung Havel.*
*Auf der Brachfläche befand sich früher das Stadtschloß*

eine derartige Entwicklung, die von privaten Investoren getragen werden muß.

Unterbleiben solche Investitionsentscheidungen, weil Gemeinden dem Drängen nach außerstädtischer Ansiedlung auf der grünen Wiese nachgeben, werden unsere Innenstädte dauerhaft verwahrlosen. Mit öffentlichen Programmen allein ist es jedenfalls nicht möglich, baulichen Verfall auch nur annähernd zu stoppen oder gar Entwicklungen umzukehren. Über das Instrument der Stadterneuerung als enge Zusammenarbeit der Gemeinden mit den potentiellen Investoren muß eine Handlungseinheit hergestellt werden, die eine qualitativ vollwertige, den jetzigen Rahmenbedingungen angepaßte Stadtentwicklung ermöglicht. Stadtentwicklung in Brandenburg und den neuen Bundesländern steht und fällt mit dem Grad der Zusammenarbeit zwischen den einzelnen Beteiligten an diesem Prozeß; sie reduziert sich nicht auf gemeindliche oder ministerielle Zuständigkeiten.

# Anhang

## Namensregister

## Ortsregister

## Fotonachweis

Akademie der Künste, Berlin, Sammlung Baukunst Abb. S. 223 (unten); Scharoun-Archiv Abb. S. 230 (unten)
Anders, Jörg. P., Berlin Abb. S. 60, 90
Aus: Bau- und Kunstdenkmäler der Provinz Mark Brandenburg, Kreis Niederbarnim, Berlin 1939, S. 292, Abb. 380: Abb.S. 113 (oben)
Aus: Bruno Taut, Ein Wohnhaus, Stuttgart 1927: Abb. S. 228 (unten; Foto: Ilona Ripke, Berlin)
Aus: Detlef Karg, Der Schloßpark von Rheinsberg, Rheinsberg 1981: Abb. S. 52, 53, 61
Aus: Deutsche Architektur 1959, Heft 6, S. 303/04: Abb. S. 246/47
Aus: Deutsche Architektur 1960, Heft 7, S. 665: Abb. S. 251
Aus: Gerd Zeuchner, Stadtgestaltung, 1989, S. 170: Abb. S. 253 (oben)
Aus: Hermann von Pückler-Muskau, Andeutungen über Landschaftsgärtnerei, Stuttgart 1834: Abb. S. 135, 140 (Fotos: Dieter Möller, Berlin)
Aus: J.F. Colberg, Abhandlung über die ... Unterthanen-Gebäude ... der Mittelmark ... mit Rissen und Anschlägen, Berlin 1792: Abb. S. 123 (oben)
Aus: Otto Haesler, Mein Lebenswerk als Architekt, Berlin 1957, S. 88: Abb. S. 239
Aus: Paul Eichholz u.a., Die Kunstdenkmäler des Kreises Ruppin, Berlin 1914: Abb. S. 49, 54
Aus: Planen und Bauen, 1952, Heft 2, S. 30: Abb. S. 241
Aus: Sebastian Münster, Cosmographey Abb. S. 262 (unten)
Aus: W. Kulm, Friderizianische Kleinsiedlungen, Stuttgart 1912: Abb. S. 123 (unten)
Aus: Wasmuth's Monatshefte für Baukunst, 1919/20: Abb. S. 233 (Foto: Ilona Ripke, Berlin)
Aus: Wilfried Hansmann, Im Glanz des Barock, Köln 1992: Abb. S. 76 (unten), 106
Bartsch, Hans-Joachim, Berlin Abb. S. 110 (unten)
Beyer, Klaus G., Weimar Abb. S. 107
Bildarchiv Foto Marburg Abb. S. 67, 68, 84
Bildarchiv Preußischer Kulturbesitz, Berlin Abb. S. 270 (oben)
Brandenburgisches Landesamt für Denkmalpflege, Berlin Foto: Dieter Möller, Berlin Abb. S. 10, 25, 27, 29, 41, 43, 44 (oben), 55, 138, 141 (beide), 143 (beide), 150 (unten), 152 (unten), 153 (unten), 156 (beide), 157, 160, 181 (unten rechts), 184 (oben und unten links), 186, 198, 200 (rechts), 202, 204, 205, 207 (unten), 209, 256, 257, 258, 260 (beide), 262, 263, 264/65, 268, 269, 272, 273, 274, 275 (beide); Foto: Assen Tschilingirov Abb. S. 57
Brandenburgisches Landesamt für Denkmalpflege, Berlin, Meßbildarchiv Abb. S. 191, 270 (unten), 278, 279
Brandenburgisches Landeshauptarchiv, Potsdam Abb. S. 124 Foto: F. A. Schwartz Abb. S. 206, 210; Foto: Joachim Fritz Abb. S. 26, 42, 44 (unten), 45; Foto: Regina Leßmann Abb. S. 113 (unten), 122; Foto: Renate Worel S. 112, 184 (unten rechts), 199; Foto: Udo E. Hänel Abb. S. 187 (unten), 211
Foto-Fricke, Frankfurt an der Oder Abb. S. 259 (unten)
Geheimes Staatsarchiv Preußischer Kulturbesitz, Berlin, Bundesarchiv Merseburg Abb. S. 119
Hamm, Manfred, Berlin Abb. S. 162
Hüter, Karl-Heinz, Ziegenhals Abb. S. 223 (oben), 235, 236
Kober, Bertram, Leipzig Abb. S. 244 (beide), 245, 246, 248, 250, 253 (unten), 254
LOOK, München Abb. S. 70/71 (Foto: Johaentges)
Märkisches Museum, Berlin Abb. S. 166, 267, 281 (drei)
Monheim, Florian/Götz, Roman von, Düsseldorf Abb. S. 6, 19, 20, 30, 31, 37, 40, 183, 291
Murza, Gerhard, Berlin Abb. S. 46, 50, 58, 59 (beide), 63 (beide), 64 (beide), 65, 66, 77, 78 (beide), 79, 81, 82 (beide), 86-89, 91, 92, 97, 98, 100, 101, 103, 105, 221
Rheinisches Amt für Denkmalpflege, Pulheim-Brauweiler, Foto Alexander Pottel Abb. S. 48; Foto Manfred Steinhoff Abb. S. 74, 94/95, 99
Schink, Hans-Christian, Leipzig Abb. S. 240, 249, 252
Schreiber, Heinpeter, Köln Abb. S. 13, 15, 16/17, 21-24, 28, 32–34, 36, 38, 39, 72, 75, 76 (oben), 83, 85, 120, 121, 126, 128, 130, 131, 134, 161, 171 (Mitte und unten), 172/73, 174/75, 177, 178 (oben), 179, 180 (oben), 187 (oben), 192, 195, 196, 197, 200 (links),203, 207 (oben), 208 (beide), 212, 213, 214/15, 216, 220, 222, 224, 225 (beide), 228 (oben), 229, 230 (oben), 231 (beide), 234, 237, 289 (beide), 290, 292, 293, 294 (unten), 295 (unten), 297, Umschlag (Vorder- und Rückseite)

Staatliche Museen Preußischer Kulturbesitz, Berlin, Kupferstichkabinett Abb. S. 117, 168 (unten), 169, 170 (beide), 180 (unten), 181 (oben), 181 (oben und unten links), 182 (oben; Foto: Jörg P. Anders), 182 (unten), 188/89

Stiftung Preußischer Kulturbesitz, Kunstbibliothek, Berlin Abb. S. 134 (Foto: Paulmann u. Jungblut, Berlin)

Stiftung Schlösser und Gärten, Potsdam-Sanssouci Abb. S. 56, 73, 80 (beide), 96 (beide), 104, 109, 110 (oben), 168 (oben), 171 (oben), 176, 178 (unten), 185, 190, 294 (oben), 295 (oben); Foto: Handrick, Potsdam Abb. S. 146, 148, 152 (oben), 153 (oben), 154, 155, 158, 159, 161 (oben); Foto: J. Littkemann, Berlin Abb. S. 144/45, 150 (oben), 151, 161 (unten)

Stiftung Schlösser und Gärten, Potsdam-Sanssouci, Plankammer Abb. S. 125 (beide), 127 (beide)

Strähle KG (Abteilung Luftbild), Schorndorf Abb. S. 259 oben, 276, 282/83, 284/85

Topfstedt, Thomas, Leipzig Abb. S. 243

Ullstein-Bilderdienst, Berlin Abb. S. 296